BIM 云平台工程项目管理

主　编　李立宁　文　博　王静琦
副主编　韦素青　陆　峰　蒋立骏

中国建材工业出版社
北　京

图书在版编目（CIP）数据

BIM 云平台工程项目管理/李立宁，文博，王静琦主编；韦素青，陆峰，蒋立骏副主编． --北京：中国建材工业出版社，2024.8

ISBN 978-7-5160-3626-6

Ⅰ．①B… Ⅱ．①李… ②文… ③王… ④韦… ⑤陆… ⑥蒋… Ⅲ．①互联网络－应用－基本建设项目－项目管理－教材 Ⅳ．①F284-39

中国版本图书馆 CIP 数据核字（2022）第 239030 号

内容简介

本教材根据云技术、建筑信息模型（Building Information Modeling，BIM）技术在建设工程项目管理中的应用前沿，针对"1+X"BIM 职业技能等级考试（中级）、建造师等执业资格考试中建设工程管理类科目的考试要求，按照先项目管理概论、后项目管理理论和方法、再项目管理全要素和全过程的逻辑编排章节内容，结合大量建设工程项目管理案例，系统介绍了各相关方在建设工程项目全过程的管理工作内容、方法和基本要求；利用"互联网+"在线资源，重点讲解了 BIM 等信息技术在建设工程项目管理中的具体应用。

本教材可供高等职业教育阶段土木工程大类专业师生选用，也可供全国范围内建设工程管理人员、执业资格考试人员参考使用。

BIM 云平台工程项目管理
BIM YUNPINGTAI GONGCHENG XIANGMU GUANLI

主　编　李立宁　文　博　王静琦
副主编　韦素青　陆　峰　蒋立骏

出版发行：中国建材工业出版社
地　　址：北京市西城区白纸坊东街 2 号院 6 号楼
邮　　编：100054
经　　销：全国各地新华书店
印　　刷：北京雁林吉兆印刷有限公司
开　　本：787mm×1092mm 1/16
印　　张：19
字　　数：440 千字
版　　次：2024 年 8 月第 1 版
印　　次：2024 年 8 月第 1 次
定　　价：68.00 元

本社网址：www.jccbs.com，微信公众号：zgjcgycbs
请选用正版图书，采购、销售盗版图书属违法行为
版权专有，盗版必究。本社法律顾问：北京天驰君泰律师事务所，张杰律师
举报信箱：zhangjie@tiantailaw.com　举报电话：(010) 63567684
本书如有印装质量问题，由我社事业发展中心负责调换，联系电话：(010) 63567692

本书编委会

主 编

李立宁　文　博　王静琦

副主编

韦素青　陆　峰　蒋立骏

参 编

蒋秋宁　廖颖文　刘　萍　郭　杨
黄　雷　曾根莲　赵文涛　林真旭
黄秋瑜　谭翰哲　蒙绍国　卢城燊

国家"双高计划"建筑室内设计高水平专业群
国家级职业教育教师教学创新团队
"装配式建筑工程技术"专业
教材编审委员会

主 任
黎 卫

副主任

蒙良柱	吴代生	宁 婵	杨佳佳	韦素青
黄 雷	王宇平	朱正国	杨智慧	高云河
何 谊	钟继敏	苏 彬		

委 员
（按姓氏笔画排序）

王 静	王唯佳	韦才师	邢耀文	刘 勇
刘 萍	刘永娟	李 娜	李立宁	李国升
张 龙	练祥宇	钟吉华	莫振安	翁素馨
郭 杨	唐祖好	黄晓明	黄耀义	谢 芮
谢梅俏	熊艺媛			

前言
Preface

住房城乡建设部发布的《"十四五"建筑业发展规划》指出，建筑市场作为我国超大规模市场的重要组成部分，是构建新发展格局的重要阵地，在与先进制造业、新一代信息技术深度融合发展方面有着巨大的潜力和发展空间。特别是随着建筑信息模型（Building Information Modeling，BIM）、云技术、大数据、物联网、智能化等前沿技术的持续发展，新一代信息技术在新型建筑工业化方面集成应用水平的不断提高，培养具备新型信息化思维、掌握建筑信息化技术应用技能人才的需求也在持续增长。

目前，国内工程管理领域相关的职业院校相继开设了基于新一代信息技术的管理学和工程类专业课程，开发了不少融入信息技术的基础课、专业课教材。但作为工程管理、建设工程管理等专业的核心专业课程之一，目前市面上能较好地结合云技术、BIM技术的建设工程项目管理类新形态教材比较少，无法很好地反映新一代信息技术在建设工程全生命周期的应用前沿，对响应国家有关政策的战略部署，加快建筑业高素质复合型人才培养的步伐是不利的。

自南宁职业技术学院凭借建筑室内设计专业成为中国特色高水平高职学校和专业建设计划的建设单位以来，总结历年来管理科学和工程类课程建设、教材开发的有益经验，有机融入"以德树人、润物无声"的课程思政元素和内容，编写了这本《BIM云平台工程项目管理》。本教材的编写，力图体现如下特点：

一是在建设工程项目管理中深度融合建筑信息技术。本教材与国内工程信息龙头企业深度合作，选择国内主流工程项目管理软件为平台，基于云技术、BIM技术等在建设工程项目管理中的应用场景，将网络进度计划、三维场地布置、"3D+成本+进度"的BIM 5D管理等内容有机融入建设工程项目管理质量、成本、进度、职业健康和环境管理等模块，一方面较好地体现了建筑信息技术在工程项目管理中的最新应用；另一方面依托BIM等信息化技术可视化、模拟性等特点，将抽象的工程项目管理通过具象、可视的BIM模型展示出来，更有利于教学实训的开展。

二是贯彻"岗课赛证"融通的职业教育理念。本教材在内容、难度、深度等方面对标建造师、监理工程师、造价工程师等职业资格考试中建设工程项目管理类科目的考试要求，融入"1+X"BIM中级（工程管理方向）职业技能等级考试的相关内容，并可供全国知名BIM应用竞赛工程管理赛项的参赛者备赛使用。

三是全面、灵活，体现工作手册式教材的特点。考虑到不同使用者课程设置、学生学情的特点，本教材按"教材即课程"的理念编写，按先易后难、理实一体的逻辑编排，使用较大的篇幅介绍与工程项目管理关系密切的管理学基础知识，便于不同类型教育、企业培训课程的组织实施，也有利于零基础学生的自主学习。同时，本教材以建设工程项目施工管理为核心，全面涵盖了建设工程项目管理全过程的知识体系，也可作为建设工程项目管理的工具书或管理手册使用。

四是广泛采用"互联网＋"的信息技术，便于开展"线上＋线下"的混合式教学。本教材包含系统化、情景化的教学视频、微课，教学所需的图纸、样板文件、族文件和习题等学习资料，形成近百个二维码，可通过扫码快速获取，有利于使用者进行自学、复习。

本教材由全国首批中国特色高水平高职学校和专业建设计划建设单位、国家级职业教育教师教学创新团队立项建设单位及企业共同建设，由李立宁、文博、王静琦（广联达科技股份有限公司）担任主编，韦素青、陆峰（广联达科技股份有限公司）、蒋立骏（广西现代职业技术学院）担任副主编。参编人员有南宁职业技术学院的蒋秋宁、廖颖文、刘萍、郭杨、黄雷、曾根莲、赵文涛、林真旭，以及广西体育高等专科学校的黄秋瑜、谭翰哲、蒙绍国、卢城燊等。

由于编者水平有限，书中难免存在疏漏之处，恳请读者批评指正。读者在使用本教材及其配套在线数字资源时如遇到问题，欢迎与我们交流。

李立宁

2023 年 11 月

目 录
CONTENTS

单元 1　建设工程项目管理的内涵与原理　　001

　　模块 1.1　建设工程项目管理的内涵 …………………………… 002
　　模块 1.2　建设工程的采购模式 ………………………………… 014
　　模块 1.3　建设工程项目管理的原理、方法和内容 …………… 022
　　模块 1.4　建设工程项目的范围管理 …………………………… 037
　　模块 1.5　建设工程项目的管理目标 …………………………… 041
　　模块 1.6　练习提高 ……………………………………………… 043

单元 2　建设工程策划与决策　　044

　　模块 2.1　建设工程的策划 ……………………………………… 045
　　模块 2.2　建设工程的决策 ……………………………………… 051
　　模块 2.3　练习提高 ……………………………………………… 057

单元 3　建设工程项目的组织管理　　058

　　模块 3.1　组织管理的基本知识 ………………………………… 058
　　模块 3.2　建设工程项目的组织管理要点 ……………………… 066
　　模块 3.3　建设工程项目的沟通与冲突管理 …………………… 073
　　模块 3.4　练习提高 ……………………………………………… 082

单元 4　建设工程项目的进度管理　　083

　　模块 4.1　建设工程项目进度管理概述 ………………………… 084
　　模块 4.2　网络计划技术 ………………………………………… 095
　　模块 4.3　建设工程项目的进度控制 …………………………… 108
　　模块 4.4　建设工程项目进度的信息化管理 …………………… 116

模块 4.5　练习提高 ··· 117

单元 5　建设工程项目的成本管理　　　　　　　　　　　　　　118

　　　模块 5.1　建设工程项目成本管理概述 ································· 119
　　　模块 5.2　建设工程项目的施工成本管理 ····························· 124
　　　模块 5.3　练习提高 ··· 143

单元 6　建设工程项目的质量管理　　　　　　　　　　　　　　144

　　　模块 6.1　建设工程项目质量管理概述 ································· 144
　　　模块 6.2　建设工程项目施工质量管理 ································· 157
　　　模块 6.3　练习提高 ··· 179

单元 7　建设工程项目的职业健康安全与环境管理　　　　　　180

　　　模块 7.1　职业健康安全与环境管理概述 ····························· 181
　　　模块 7.2　建设工程项目的施工职业健康安全与环境管理 ··· 193
　　　模块 7.3　建设工程项目的施工现场管理 ····························· 210
　　　模块 7.4　建设工程项目施工现场的信息化管理 ················· 220
　　　模块 7.5　练习提高 ··· 221

单元 8　建设工程项目的采购与合同管理　　　　　　　　　　222

　　　模块 8.1　建设工程项目的采购管理 ····································· 223
　　　模块 8.2　建设工程项目的合同管理 ····································· 243
　　　模块 8.3　练习提高 ··· 267

单元 9　建设工程项目其他要素和阶段的管理　　　　　　　　268

　　　模块 9.1　建设工程项目的资源管理 ····································· 268
　　　模块 9.2　建设工程项目的信息、知识和技术管理 ············· 274
　　　模块 9.3　建设工程项目的设计与收尾阶段管理 ················· 287
　　　模块 9.4　练习提高 ··· 293

参考文献　　　　　　　　　　　　　　　　　　　　　　　　294

单元 1　建设工程项目管理的内涵与原理

案例导入

著名的长江三峡水利枢纽工程是世界上规模最大的水电站，也是中国有史以来建设最大型的工程项目。早在1919年，孙中山先生在《建国方略之二——实业计划》中就提出了建设三峡工程的设想。但根治长江水患、开发三峡的梦想在积贫积弱的旧中国难以实现。中华人民共和国成立后，三峡工程这个国家之梦又一次被提上议程。从修建陆水水库试验坝"练兵"到上马葛洲坝工程进行"预演"，在党中央、国务院的决策领导下，三峡工程的各项准备工作顺利进行。进入改革开放时期，三峡工程的世纪之梦进入新的阶段。1992年4月3日，七届全国人大五次会议上三峡工程议案获得通过；1994年12月14日，三峡工程正式开工；1997年11月8日，大江截流成功；2003年，三峡工程如期实现蓄水135米、船闸试通航、首批机组发电的三大目标；2020年11月1日，水利部、国家发展改革委公布，三峡工程日前完成整体竣工验收全部程序。三峡工程自竣工至今，建设任务全面完成，工程质量满足规程规范和设计要求、总体优良，运行持续保持良好状态，防洪、发电、航运、水资源利用等综合效益全面发挥。

三峡工程规模巨大而技术又复杂，整个建设过程处在我国经济体制改革、产业结构调整升级和经济快速发展的时期，涉及国计民生，党中央、国务院非常重视。在工程建设一开头，就确定了采用工程项目业主负责制和国家宏观调控有机结合的建设管理体制，明确了政企分开的原则，国家在工程建设过程中起宏观调控和监督作用，工程实行项目法人责任制为中心的招标承包制、工程监理制和合同管理制的运行机制。项目法人中国三峡总公司根据三峡工程的特点、规律和建设程序，依靠科技进步，围绕质量、进度和造价三方面的控制目标，运用社会主义市场经济规律组织建设，并努力使中国三峡总公司朝着现代企业制度方向发展。自工程开工以来，通过工程实践，在吸取国内外工程建设科学管理成熟经验的基础上，已逐步建立了三峡工程全面的质量管理、进度掌握、投资掌握、合同管理和安全管理的项目管理体系，对工程建设有效地实现了全过程计划、组织、协调和全面掌握，按期完成了工程建设和运行的各项目标任务。

三峡工程的经验表明，在各类建设工程，特别是大中型建设工程中，都要进行科学有效的管理。而要进行建设工程的管理，就必须建设工程项目管理的内涵与原理，掌握建设工程项目管理的基本概念和方法，掌握建设工程阶段划分、发承包模式、管理目标和任务、管理原理和方法等基本知识。本单元将从"工程"这一基本术语出发，渐次展开，介绍与建设工程和建设工程项目管理有关的一些基本概念。

模块 1.1

建设工程项目管理的内涵

学习目标

知识目标：1. 建设工程的定义；2. 建设工程的生命周期；3. 建设工程的相关方；4. 建设工程各相关方的需求、期望和目标；5. 建设工程管理的定义和内涵

课程导入

"工程"是一个涵盖了许多领域的广泛术语，人们在生活中常接触各种类型的"工程"，如建筑工程、土木工程、软件工程、电气工程、机械工程、生物工程等。那么，什么是"工程"，这些"工程"有哪些含义呢？

根据"工程"一词出现的语境，一般至少有以下 3 种含义：

1. 改造世界的活动

工程是人类为满足有关需求，有目的、有组织的改造世界的活动。其中：

① 有关需求：包括功能性需求、经济性需求、安全性需求等。

② 改造世界的活动：工程是由一系列诸如研发、设计、制造、建造、运行、管理等人类改造、开发自然的活动构成的。

③ 有目的：工程的根本目的是获取一定的抽象成果（如研究成果、技术升级等）或具象成果（如机械设备、医药产品等）。

④ 有组织：工程活动不是无意识的、顺其自然地开展的，而是需要通过一定程度的组织和管理，综合应用科学原理和技术手段而进行的。

根据这一定义，人们面临自然灾害时的撤离不是工程，因为这是适应世界，不是改造世界；污染环境不是工程，因为没有人会有目的地这样做；古人把野生稻改造为栽培稻也不是工程，因为不是有组织地进行的。

按照被改造的对象、改造的成果不同，工程也可以相应分为环境工程（改造的对象是环境）、建筑工程（改造的成果是建筑）等。

2. 工程学科、专业

随着人们在各类工程活动中不断探索并积累知识，逐渐地在不同领域形成了相对独立的知识体系和学科，在高等学校和中等专业学校中形成了不同的学业门类。因此，

"工程"一词既可以指某领域有关的工程活动,也可以指与该领域科学技术研究、专业人才培养有关的学科和专业。

3. 工程实体

在建筑、土木工程领域,"工程"一词还常用于指代在建、建成的工程实体,如著名的长江三峡水利枢纽工程、南水北调工程等。

1.1.1 建设工程的定义和内涵

1. 建设工程的定义

建设工程是与建筑物、道路、桥梁、运河、水坝、机场、污水处理系统、线路管道和铁路等设施有关的工程。我国《建设工程安全生产管理条例》《建设工程质量管理条例》规定,建设工程是建筑工程、土木工程、线路管道和设备安装工程、装修工程的总称。

根据工程的定义,建设工程包括论证、设计、建造、安装等一系列活动和工作。

关联知识 1.1.1.1
建设工程与 Civil Engineering

2. 建设工程的生命周期

绝大多数建设工程从无到有,从建成、使用到最后拆除,大致需要经过以下主要阶段:

(1) 策划决策阶段

本阶段大致要解决"是否要开展建设工程"的问题。主要工作可包括以下四个方面:

① 构思和需求:建设工程通常从构思和需求开始。国家、地方政府、部门、企业和个人等为了实现其发展战略或为了满足某些具体需求,可能需要开展一些工程建设。如为了解决汽油短缺的问题,石化公司决定兴建一座新的炼油厂;为了拓展业务,石油公司决定开发新的油田项目;为了满足客户的要求,电力公司决定建设一个新的配电站;某公司为了提高生产效率和降低产品成本,决定进行技术改造;由于新的环保法规的制定和实施,某地区需要兴建新的污水处理设施;为了解决某地区的洪水灾害问题,国家批准建造一座水坝等。

这些工程构思有的并不完善,有的甚至无法实现。因此,在工程构思的基础上,还需要对组织的需求进一步识别和评价,以使需求更明确、更合理化。

② 提出解决方案:即设计、策划解决问题或满足需求的解决方案。如对于一个制造企业来说,扩大厂房的解决方案可能包括异地建设、对现有建筑或设备进行改造等不同方案。

③ 方案论证和对比:由于不同方案的投资规模、建设周期、满足生产能力的程度均有所不同,因此,首先要论证解决方案的可行性(无法实现的方案没有意义),随后要采用科学的方法进行方案间对比,分析不同方案的优势和劣势。

④ 方案的选择和决策：根据论证和对比结果，应当在现实条件的约束下选择相对较优的可行方案。选择的过程实际上就是决策的过程。

（2）实施阶段

本阶段大致要解决"如何开展工程"的问题。主要工作包括以下三个方面：

① 工程设计：在对建设工程所需的技术、经济、资源、环境等条件进行综合分析、论证的基础上，依据策划决策阶段确定的方案编制建设工程设计文件。

② 工程施工：按照设计图纸和相关文件的要求，在建设场地上根据设计意图进行测量、建造、安装、检验等工作，最终形成工程实体，获得工程产品的活动。

③ 工程试运行：在工程完工后，对整个工程的设计、计划、实施和管理进行的综合性检验工作。此阶段需尽可能按设计生产能力满负荷运行，以检验工程的实施效果。

（3）使用阶段

本阶段大致要解决"工程如何满足需要"的问题。主要工作包括以下两个方面：

① 运营维护：工程在设计使用年限内正常运行、使用和维护，确保满足预期的需求。

② 评价评估：评估工程决策和实施的效果、需求的满足程度，为今后其他工程评价、评估提供有益的经验。

（4）拆除（清理）阶段

在某些文献论及建设工程全生命周期时，认为在使用阶段后尚存在一个拆除阶段。例如，英国皇家特许测量师学会认为，工程的全生命周期是指包括整个工程的建造、使用以及最终清理的全过程。工程的全生命周期一般可划分为工程的建造阶段、运营阶段及清理阶段。

根据这一定义，拆除阶段就是当建设工程处于超过使用期限、失去使用价值、建设失败、无法满足需求等状态时，将工程全部或部分拆除，并回收其中可用的部分。

（5）建设工程的生命周期

以上 4 个阶段依次衔接，构成了建设工程的生命周期。表 1.1.1.1 展示了建设工程生命周期中常见的主要阶段和子阶段划分。

表 1.1.1.1 建设工程生命周期中常见的主要阶段和子阶段

主要阶段	子阶段	建设工程项目的管理阶段
策划决策阶段	项目建议书阶段	策划决策管理 Development Management（DM）
	可行性研究报告阶段	
实施阶段	设计准备阶段	项目管理 Project Management（PM）
	初步设计阶段	
	技术设计阶段	
	施工图设计阶段	
	施工（采购）阶段	
	试生产及竣工验收阶段	
使用阶段	保修阶段	设施管理 Facility Management（FM）
	正常运行阶段	

续表

主要阶段	子阶段	建设工程项目的管理阶段
拆除阶段	拆除阶段	拆除管理
	清理阶段	

在实践中，某个建设工程的生命周期划分、各阶段的具体名称等可能随不同行业、组织、岗位而有所不同。如施工单位根据其在建设工程中的工作内容和管理程序，常将施工阶段划分为投标签订合同阶段、施工准备阶段、施工阶段、验收结算阶段、质量保修阶段等。

虽然建设工程的生命周期划分、命名可根据需要调整，但各阶段的主要工作内容、工作次序常常反映了工程建设过程的某种客观规律，不宜任意调整和更改。我国法律法规规定了大部分建设工程（特别是主要使用政府资金建设的工程）的建设程序，对其生命周期主要阶段的划分、工作次序进行了明确规定，必须严格遵守。

3. 建设工程的相关方

建设工程的相关方（Interested Party 或 Stakeholder）是指符合如下特点的组织（Organization，指为实现其目标而具有职责、权限和关系等自身职能的个人或群体）：

① 能够影响建设工程的组织；
② 受到建设工程影响的组织；
③ 感觉自身可能受到建设工程影响的组织。

常见的建设工程相关方包括：参与工程建设并承担相应法律责任的工程建设组织（又称参建方，包括建设单位、承包单位等）、金融机构、政府、社会公众等。

（1）建设单位

建设单位是最主要的工程建设组织，是工程建设的总组织者。建设单位可能出于自身需要或使用自有资金开展建设，也可能受投资人（Inventor）或其他组织的委托，利用其他来源的资金开展工程建设。建设单位也常常被称为业主、业主方（Owner），这表明了在很多情况下建设单位作为建设工程所有者、投资人、建设组织人和经营人的中心地位。

在我国，建设单位一般应是具有民事权利能力和民事行为能力，依法独立享有民事权利并承担民事义务的个人或组织（即项目法人）。如：

① 某企业作为建设单位（业主）在自有土地上新建厂房并负责全部的建设、后期运营管理工作。

② 某房地产集团在开发一个新的住宅项目时单独注册一个项目公司（项目法人）作为建设单位，将项目融资的债务风险、经营风险尽可能限制在项目公司内部（即以注册资本为限承担责任），同时便于向其他投资者融资。住宅完工后，住宅的所有权逐渐向购房者转移，并将住宅的维护工作移交给物业公司（运营单位）。

③ 在我国，许多以政府投资为主的建设工程必须按《政府投资条例》等法律法规的要求，落实项目法人责任制，成立项目单位（项目法人），并由项目单位及其法定代表人对项目建设的安全质量负总责。

（2）承包单位

在市场经济环境中，由单一组织完成工程的所有工作既难以实现，也没有必要。建设单位或其他组织往往通过建设工程采购向更专业的供应商获取工程服务和产品，并向其支付一定的报酬和费用。在这种工程采购的过程中，采购方仿佛是将工作"打包"交给他人实施似的，即进行所谓的"发包"，而供应商承揽了服务和产品的供应，即进行所谓的"承包"。相对应的，采购方也被称为"发包人""发包单位"，供应商则被称为"承包人""承包单位"。

承包单位是主要的工程建设组织。根据承包单位提供工程服务和产品的不同，承包单位可分为：

① 咨询、监理单位：主要是在工程策划决策阶段、实施阶段提供决策咨询、工程管理等服务的承包单位。

② 勘察、设计单位：主要是在工程策划决策阶段、实施阶段提供各类地质和水文勘察、项目决策文件（如项目建议书和可行性研究报告）编制、初步设计、施工图设计等服务的承包单位。

③ 施工单位：主要是在工程实施阶段提供建造、采购、安装、劳务、试运行等服务的承包单位。

④ 供应单位：主要是提供各类设备设施、机械材料等的承包单位。包括各类建筑材料供应商、施工机械租赁商等。

⑤ 总承包单位：总承包单位是在总承包模式下，提供项目全过程工程咨询、项目总包管理等服务的承包单位。

关于承包单位及其提供产品、服务的更多知识，详见"建设工程的采购模式"章节。

（3）政府

政府（包括各级建设行政主管部门或者其他有关部门）是主要的建设工程相关方。

建设工程常常规模体量大，建设周期长，对社会经济发展、人民安全健康、生态环境保护等都有较大影响。为了确保工程安全、质量、环保、社会效益等符合基本的要求，必须由政府对建设工程的投资、立项、用地、规划等环节进行必要的审批、核准或备案。在建设工程实施过程中，政府及其委托机构（如建设工程质量监督站、建设工程安全监督站等）还将依据相关法律法规的要求，对建设工程进行安全、质量、环保等方面的监管。

此外，政府本身也是许多公共事业工程的发起人和投资人。在政府投资的许多工程中，政府通过筹建、授权和委托等方式设立（或成为）项目法人（具有民事权利能力和民事行为能力，依法独立享有民事权利和承担民事义务，专门负责项目运作的组织），并对建设工程的策划决策、资金筹措、建设实施、生产经营、偿还债务、资产保值增值等实行全过程负责。

（4）金融机构

金融机构（包括银行、担保机构、保险公司等）是重要的建设工程相关方，它们不仅通过投资、融资等方式帮助工程建设组织获取资金，而且对建设工程风险的转移、分担、防范和化解起到重要作用。如担保机构可以在合同签订、履行过程中起到担保作用；银行可以向工程建设组织提供贷款；保险公司向工程建设组织出售工程保险等。

某些金融机构（如保险公司）也是重要的建设工程投资人、发起人。

(5) 使用者

使用者是重要的建设工程相关方,是工程使用阶段的用户或管理单位(包括物业管理单位、公路桥梁管理单位等)。

(6) 社会公众

社会公众是不直接参与工程建设,但可能受到或感觉受到建设工程影响的群体。社会公众虽然不直接参与工程建设,但其对工程态度、支持程度常常影响到建设工程的顺利开展。诸如石油化工、垃圾处理、核电站等社会、环境影响较大的工程,建设和使用过程中可能产生噪声、强光、固液气等污染工程都应在建设前征询社会公众的意见,充分听取和回应社会公众关切,在建设和运营使用过程中减轻工程的不良影响,争取社会公众的理解和支持。

4. 建设工程各相关方的需求、期望和目标

(1) 建设工程各相关方的目标

虽然建设工程主要围绕建设单位的需求而开展,但其他相关方也会在建设工程全生命周期的各个阶段提出自己的需求、期望或要求。如果将这些进一步明确为建设工程最终要实现的结果、开展各项活动的目的、运行使用的准则等,就是建设工程各相关方的目标。

由于各方的立场、利益不同,其在建设工程中的目标也有所不同。这些目标通常涵盖安全和职业健康、质量、成本、进度等多个方面,既包括有结果性目标〔如工程产品和服务的质量、工程(总)投资、工程竣工交付的日期等〕,也包括过程性目标(如工程实施过程中的安全和职业健康保证、分段交付的时间节点等)。其中,主要包括以下目标:

① 职业健康安全目标:是建设工程的首要目标。职业健康安全指工程有关人员规避伤害,避免健康受到不良影响和职业性伤害的状态。

② 质量目标:是工程项目的重要目标。质量是指建设工程产品和服务固有的特性(如使用功能、安全性等)满足各相关需求及国家有关法律法规、指导文件、标准规范和规程规定的程度。

③ 成本目标:是工程项目的重要目标。建设工程的建造、使用和运营都需要花费一定的资源,这种资源用货币的形式统计出来,就是建设工程的成本。

④ 进度目标:进度是指工程产品和服务实施、进展和最终完成并交付的时间,各相关方在建设工程中的进度目标就是这种时间的期限。如工业厂房工程的进度目标可能是最早建成投产的期限;商业建筑工程的进度目标是最早营业时间的期限;防洪工程的进度目标是在下一个洪水期前发挥作用等。

⑤ 环境目标:根据我国有关法律法规、政策文件等的要求,建设工程还应符合绿色设计、绿色施工、节能减排、保护环境等方面的要求。

表 1.1.1.2 列举了上述各相关方在建设工程中的目标。

表 1.1.1.2 不同相关方在建设工程中的目标

相关方	安全目标	质量目标	进度目标	成本目标	效益目标
建设单位	工程全过程安全,符合职业健康要求	满足使用需求,质量优秀	按期完工	控制、降低投资费用	投资收益高

续表

相关方	安全目标	质量目标	进度目标	成本目标	效益目标
承包单位	承包过程安全，符合职业健康要求	质量合格	按期完工	成本低	获取较高利润，提升自身竞争力，维持组织存续和发展
金融机构	与金融业务有关的阶段工程安全	—	按期偿付贷款	—	贷款收益好，不发生理赔、违约等事件
使用者	运营阶段安全，符合职业健康要求	满足使用需求，质量优秀	进度快	使用成本低	满足使用需求，降低运营维护费用
政府	工程全过程安全，符合职业健康要求	满足使用功能，质量合格	满足行政审批管理要求	—	良好的社会、经济效益
社会公众	工程全过程安全	—	—	—	对自身不良影响低

（2）建设工程各相关方目标的对立统一性

以上不同相关方的目标之间、同一个相关方的目标之间既有统一，也有矛盾、冲突。这是唯物辩证法在建设工程领域的具体体现，体现了建设工程各相关方目标的对立统一性。

不同相关方之间目标的对立统一性可能体现在：

① 所有相关方都希望工程满足基本的安全要求。这种对安全的追求是各相关方的统一目标。

② 建设单位希望在尽可能降低投资费用的同时获得更好的质量，承包单位希望获取更多建设单位支付的款项，并在较低成本的基础上保证合格质量。这种需求常引发双方的冲突。

③ 政府在工程监管中往往更关注项目的社会效益，而其他工程建设组织则常常从经济效益出发，容易忽视工程对社会、环境和公众的影响。

④ 某些工程的兴建虽然会带来许多经济效益，但征地、拆迁、补偿等工作难以得到社会公众的理解。

因此，如果各相关方仅从自身角度出发行事，忽视其他相关方的目标，则无论是对工程建设的顺利开展，还是对经济社会的和谐发展都是不利的。各相关方只有从整体角度出发，寻求各方利益共生、权利共享、责任共担的最大公约数，才能使建设工程更符合社会总体利益。

同一个相关方目标的对立统一性可能体现在：

① 加快进度往往需要增加资源投入，并导致费用增加。同时，过快的进度还会影响工程的组织和实施，并可能增加安全、质量的隐患和风险。

② 提高工程质量通常需要更好的材料，更多的资源投入，并增加费用和投资。

③ 合理的组织、安排工程实施，就有可能在不增加费用的情况下缩短工期、提高质量。

因此，如何正确地界定工程的工作范围和整体目标，如何确保建设工程最终能达成预定的目标，是各相关方，特别是各工程建设组织所有管理活动的核心出发点。

5. 建设工程管理的定义和内涵

马克思曾指出:"一切规模较大的直接社会劳动或共同劳动,都或多或少地需要指挥,以协调个人的活动,并执行生产总体的运动——不同于这一总体的独立器官的运动——所产生的各种一般职能。一个单独的提琴手是自己指挥自己,一个乐队就需要一个乐队指挥。"

历史和实践都表明,从原始部落、氏族部落到现代文明社会,从企业、军队、学校到政府机构、科研单位,人类要完成具有一定规模的任何社会活动,就必须进行一些诸如计划、组织、领导、协调、沟通、监督、检查、控制等在内的专业化、具有特殊职责和功能的"指挥"活动,这些活动就是管理(Management)、管理活动。开展、从事管理活动的个人、组织就是管理人员、管理者(Manager)。可以说,管理的出现是由人类活动的特点决定的。

显然,作为一种规模较大的社会活动,建设工程的顺利实施、各相关方目标的顺利达成也离不开专业化的管理活动。在建设工程全生命周期中为达成各相关方目标而进行的专业化管理活动,就是建设工程管理(Professional Management in Construction)。

根据这一定义:

① "在建设工程全生命周期":表明建设工程管理是涵盖策划决策阶段、实施阶段、使用阶段和拆除阶段的全生命周期管理。

在过去,建设工程的管理者往往只关注策划决策、实施阶段(特别是施工阶段)的管理,注重工程建造的成本和质量。但许多研究表明,很多工程在使用阶段的费用与实施阶段的工程成本相比,不仅大致相当,有时甚至更高。从建设工程的最终目的和使用功能来看,建设工程在使用阶段的质量(即是否能更好地发挥使用功能、是否便于维修维护、运营的费用支出是否合理、工程是否具有可持续性、工程是否能保持甚至提升长期价值)也往往比建造质量更为重要。因此,建设工程管理不仅要在实施阶段达成各相关方的目标,还要提升工程使用阶段的价值和质量,为工程增值。

② "建设工程各相关方":表明建设工程管理涉及建设单位、承包单位、使用者等各相关方。

③ "达成各相关方目标":表明建设工程管理的核心任务是实现各相关方的目标。建设工程管理应是包括建设单位、承包单位、金融机构、使用者等各内容的管理。根据管理学的基本理论,没有目标的建设工程不是管理的对象。

需要注意的是,对于许多建设工程相关方(特别是以盈利为目的的建设单位和承包单位)而言,仅仅达成较低的建设工程目标可能是不够的。为了实现组织的宗旨和目标,确保组织在市场竞争中延续和发展,就需要为客户、使用者提供更好的产品和服务,满足并超越客户的期望、需求和目标。从这个角度来看,也可以说建设工程管理的核心任务是为建设工程增值,建设工程管理是一种增值服务。

图 1.1.1.1 展示了建设工程管理定义的上述内涵。

建设工程的管理者一般是工程建设的组织者和使用者(如运营单位、用户)。某些建设工程相关方(如政府或世界银行、亚洲开发银行等金融机构)也可根据需要参与建设工程管理。

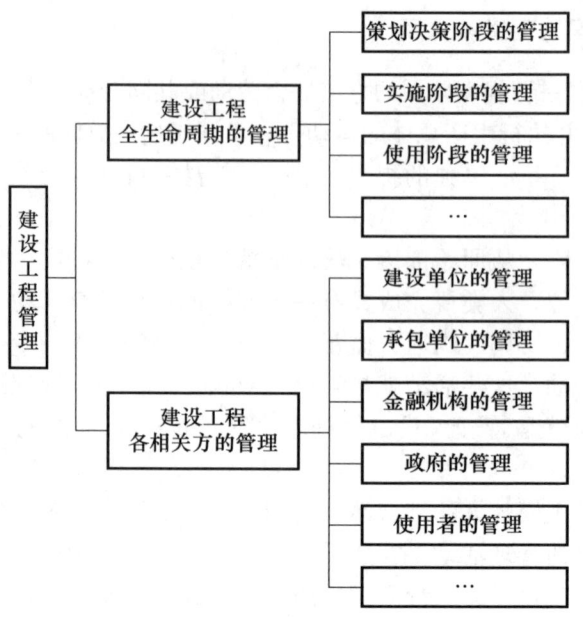

图 1.1.1.1 建设工程管理的内涵

关联知识 1.1.1.2
管理的词源

关联知识 1.1.1.3
管理思想和管理学的发展

1.1.2 建设工程项目管理的内涵

1. 项目的定义和内涵

（1）项目的定义

《项目、项目群和项目组合管理 项目管理指南》ISO 21502：2020（Project, programme and portfolio management-Guidance on project management）、《项目管理 框架》GB/Z 23692—2009 指出，组织的工作可分日常工作（Operation）和项目（Project）。

① 日常工作：或称为运营，是持续的工作，致力于维持组织运作，产出并交付重复的产品或服务。如通信运营商为客户提供持续的通信服务。

② 项目：是一组暂时或临时（即有开始日期和结束日期的）的工作，致力于为组织、利益相关方和客户实现需求、提升能力或增加价值。如科研项目、培训项目、建设工程项目等。

(2) 项目的特征

根据项目的定义、核心特征包括以下三方面：

① 临时性（一次性）：项目的主要过程应有开始日期和结束日期，因此，项目也有开始日期和结束日期。需要注意的是，在项目范围中可能包括一部分运营类的工作，ISO 21500：2021 将其归类为项目的"其他相关工作"。

② 独特性：尽管许多项目具有相似的特性，但各个项目的项目目标、项目背景、预期成果、提供产出、利益相关方的影响、资源利用、项目复杂性、项目限制、采用过程和方法等方面可能存在差异，因此每个项目都是独一无二的。如某地开展多个设计、标准和要求完全相同的标准厂房建设项目，但由于单个标准厂房在地理位置、开工时间、材料运用等方面不可能完全一致，因此，每个标准厂房建设项目都是独一无二的。

③ 目标明确性：组织开展项目是为了实现项目目标，因此项目的所有过程、过程的所有活动都是为实现项目目标而进行的。根据项目背景和组织治理的导向，项目目标的实现意味着获取了符合特定要求的，有助于利益相关方（包括发起组织、其他内外部利益相关方、客户等）的可交付物、产出、成果和效益等的组合。达成项目目标后，项目即可宣告结束，而项目进行过程中发现无论如何也无法达成项目目标的，项目也将终止而结束。

(3) 项目的分类

从不同角度、使用不同方法，可以对项目进行各种分类。

① 按规模：可分为大型项目、中型项目、小型项目；

② 按所属主体：可分为政府项目、企业项目、私人项目；

③ 按生命周期：可分为长期项目、短期项目；

④ 按复杂程度：可分为大型集成项目、复杂项目、一般项目等；

⑤ 按成果形态：可分为工程的项目、非工程的项目。其中，工程项目主要产出是实体成果，如机械工程项目、航天工程项目、建设工程项目等。非工程的项目主要产出是非实体成果，如软件开发项目、技术研发项目、文艺演出项目等。

2. 建设工程项目的定义和内涵

(1) 建设工程项目的定义

使用"日常工作"和"项目"的定义对建设工程各阶段的工作进行考察可以发现：

① 策划决策阶段：本阶段的主要工作包括编制项目建议书、可行性研究报告等。这些工作均符合"项目"的定义。一旦项目建议书或可行性研究报告编制完成并审批通过，组织做出工程建设决策，则本阶段工作即结束。

② 实施阶段：本阶段主要进行勘察、设计、采购、施工、试运行、竣工验收等工作。这些工作也符合"项目"的定义。如当取得勘察成果、设计成果，完成工程采购和建造，完成工程试运行和竣工验收后，其工作即结束。

③ 使用阶段：本阶段大部分工作是持续、重复的工作。这些工作均符合"日常工作"的定义。虽然使用阶段也可能包含一些临时、独特且具有明确目标的工作，如对建设工程的考核评价（后评价）、维修、升级、改造等。但这些工作所占时间比例在本阶

段中相对较小，且可以单独设立一个"项目"进行管理。如工业厂房开展生产，物业机构对商业建筑和居住建筑的管理等都是持续性的工作。

因此，可以将为完成建设工程而进行的、有起止日期的、需要达到规定要求的一组相互关联的受控活动，包括策划决策、勘察、设计、采购、施工、试运行、竣工验收和考核评价等阶段的工作统称为建设工程项目。在不同的语境中，建设工程项目也常常被简称为工程项目、项目。需要注意的是，由于各相关方工作性质、工作任务和利益的不同，对建设工程项目所包含阶段的划分也有所不同。如我国建造师常常将建设工程项目划分为决策阶段、实施阶段（包括勘察、设计、采购、施工、试运行、竣工验收等）和使用阶段。相应的，"建设工程项目管理"（Professional Management in Construction）是对实施阶段和部分使用阶段（从竣工至保修期结束）的管理，如表1.1.1.1所示。而我国咨询工程师对建设工程项目的定义则更广一些，一般将策划决策阶段也包含在建设工程项目的范围之内。

考虑到部分承包单位（特别是EPC总承包单位、代建单位）的工作范围更广，因此本教材将采用较为广义的建设工程项目定义，即认为建设工程项目包含策划决策、勘察、设计、采购、施工、试运行、竣工验收、考核评价和保修阶段。

（2）建设工程项目的特征

建设工程项目除具备一般项目临时性、独特性、目标明确性特征外，还具有固定性、复杂性、整体性、对社会政治经济环境影响大等特点。

① 固定性：建设工程项目的主要成果和工作过程一般固定在某一地点。

② 复杂性：建设工程项目涉及的相关方众多，内外部关系复杂；策划实施阶段涉及多种专业、技术和工艺，参与人数众多，且各种新技术、新材料、新工艺、新设备层出不穷，日新月异。

③ 整体性：建设工程项目通常由多个不同功能、专业、分工的工作部分组成，只有将这些工作部分系统整合起来，才能完成工程建设并达成工程的预期目标。

④ 对社会政治经济环境影响大：大中型建设工程项目的建设规模大，不仅自身受到社会、政治、经济、环境的各种影响，建设过程中、建设完成后又对周边地区乃至跨地区、跨行业施加影响。

⑤ 不可逆性：受当前科技水平、经济社会发展水平的限制，大部分建设工程实施到一定程度后就难以返工、拆除，即使可以恢复到之前的状态，所耗费的资源、时间也难以弥补。

（3）建设工程项目的分类

由于不同建设工程项目千差万别，为了更深入地研究其一般规律和特殊规律，有必要对不同的建设工程项目按照其自然属性、投资作用、投资性质、投资来源等进行分类，如表1.1.2.1所示。

表1.1.2.1 建设工程项目的分类

分类方式	分类内容
按照自然属性分类	建筑工程项目：与房屋建筑及其附属设施（包括配套的线路、管道、设备）的建造、安装有关的工程项目

续表

分类方式	分类内容
按照自然属性分类	土木工程项目：与除房屋建筑以外的构筑物及其附属设施的建造、安装有关的工程项目。如公路工程项目、铁路工程项目、民航机场工程项目、港口与航道工程项目、水利水电工程项目、市政公用工程项目、通信与广电工程项目、矿业工程项目等
	机电工程项目：以机械、电气设备及其附属设施的建造、安装有关的工程项目。如发电设备工程项目、热力管道工程项目、工业炉窑工程项目等
按照投资作用分类	生产性建设项目：直接用于物质生产或满足物质生产需要的建设项目。如工业建设项目、农林水利气象建设项目、运输邮电建设项目、商业和物资供应建设项目、地质资源勘探建设项目等
	非生产性建设项目：不直接用于物质生产或满足物质生产需要的建设项目。如办公用房建设项目、居住建筑建设项目、公共建筑建设项目、其他不属于生产性建设用途的建设项目等
按照投资性质分类	新建项目：从无到有新建工程的项目
	扩建项目：在现有工程基础上新增、扩大规模的项目
	改建项目：出于提高使用效益、节能、安全、环境保护等需要，对原有工程进行改造，或新增一些附属设施设备的项目
	迁建项目：根据生产经营、事业发展、经济发展战略、环境保护等需要，将原有工程搬迁异地建设的项目
	恢复项目：原有工程因自然灾害、战争等导致全部或部分报废，需要重建的项目
按照投资来源分类	政府投资项目：资金主要来源于政府资金的项目
	非政府投资项目：资金主要来源于非政府资金的项目
按照投资效益分类	竞争性项目：投资效益比较高，竞争性比较强的项目。如商务办公楼、酒店、度假村、工厂等建设项目
	基础性项目：具有自然垄断性、建设周期长、投资额大而收益较低的基础设施，或需要政府重点扶持的一部分基础工业项目，以及直接增强国力的符合经济规模的支柱产业项目。如交通、能源、水利、城市公用设施等建设项目
	公益性项目：为社会发展服务、难以产生经济效益的建设项目。如科技、文化、卫生、体育和环保等设施，公、检、法等行政机关以及政府机关、社会团体、办公设施、国防建设等建设项目

3. 建设工程项目管理的定义和内涵

和建设工程管理类似，在建设工程项目中，为达成各相关方目标，满足甚至超越各相关方需求和期望，也必须运用系统的理论和方法，在建设工程项目中开展计划、组织、指挥、协调和控制等专业化的管理活动，即"建设工程项目管理"。根据不同的语境，建设工程项目管理可简称为工程项目管理、项目管理。

建设工程项目的管理者主要是各类工程建设组织。根据管理者的不同，建设工程项目管理也可以分为建设单位的项目管理、咨询和管理方的项目管理、勘察设计方的项目管理、施工方的项目管理、设备材料供应方的项目管理、总承包方的项目管理等。

关联知识 1.1.2.1
建设工程项目管理与项目管理

关联知识 1.1.2.2
PMBOK

关联知识 1.1.2.3
ICB

模块 1.2

建设工程的采购模式

学习目标

知识目标：施工任务采购的模式；设计采购的模式；工程总承包的模式；物资采购的模式；项目咨询和管理采购的模式

课程导入

根据建设单位向承包方采购方式、采购的服务和产品不同，相应形成了不同的工程采购模式（Procurement Method，PM），而不同的采购模式产生了建设单位、承包方间在合同签订履行、权责风险分配等方面的差异，也导致了不同相关方项目管理任务、工作的不同。

工程采购模式可分为项目咨询和管理采购的模式、设计采购的模式、施工任务采购的模式、工程总承包采购的模式、物资采购的模式等。

在工程采购的过程中，业主往往需要通过建设工程项目招标投标的形式在众多潜在供应商中合理、公平地择优选择承包单位。

同时，为了保障业主和承包单位的正当权利，规范双方行为，防止工程采购交易过程中意外情况的不良影响，保障交易的正常进行，业主和承包单位还需要通过建设工程项目合同对整个采购和交易过程加以约定，以合同的法律效力获得法律的保护。

关于建设工程的建设工程采购管理、建设工程项目合同管理的有关知识，详见"建设工程项目的采购与合同管理"章节。

关联知识 1.2.0.1
建筑市场

关联知识 1.2.0.2
工程采购的发展

1.2.1 施工任务采购的模式

施工任务采购的模式根据建设单位、施工总承包单位、施工分包单位之间的委托关系，分为以下 3 种情况：

1. 施工总承包

施工总承包模式（General Constructor，GC）是由建设单位委托一个承包单位负责全面的施工工作。大型建筑工程或者结构复杂的建筑工程，则可以由两个以上的承包单位联合共同承包。共同承包的各方对承包合同的履行承担连带责任。

《中华人民共和国建筑法》规定：

① 施工总承包的，建筑工程主体结构的施工必须由总承包单位自行完成。

② 总承包单位可以将承包工程中的部分工程发包给具有相应资质条件的分包单位；但是，除总承包合同中约定的分包外，必须经建设单位认可。

③ 总承包单位按照总承包合同的约定对建设单位负责；分包单位按照分包合同的约定对总承包单位负责。总承包单位和分包单位就分包工程对建设单位承担连带责任。

《中华人民共和国建筑法》禁止以下非法转包、分包行为：

① 承包单位将其承包的全部建筑工程转包给他人。

② 承包单位将其承包的全部建筑工程肢解以后以分包的名义分别转包给他人。

③ 总承包单位将工程分包给不具备相应资质条件的单位。

④ 分包单位将其承包的工程再分包。

2. 施工总承包管理

施工总承包管理（Managing Contractor，MC）于 20 世纪 60 年代末在英国出现，是效法北美地区的 CM 模式而发展起来的一种项目管理模式。在该模式中，建设单位委托一个施工总承包管理单位（类似于 CM 单位，但 CM 单位通常是咨询管理单位，在设计阶段就参与项目管理工作；MC 单位主要承担施工阶段的管理和施工任务）负责全面的施工管理工作。施工总承包管理单位可以通过工程招投标等竞争形式承接一部分施工任务。MC 模式常采用快速路径施工加快工程进度。在合同管理方面，可以采用 2 种方式：

（1）建设单位与施工分包单位各自签订合同

本模式相当于代理型 CM 模式，合同结构如图 1.2.1.1 所示。此时，由于施工总承包管理单位对施工项目负总体管理责任，因此，所有由建设单位选择并签订合同的施工分包单位都需要获得施工总承包管理单位的认可。如果施工总承包管理单位认为某个分包单位没有承担施工任务的能力，且业主拒绝更换的，则施工总承包管理单位可以拒绝认可该分包合同，且不承担对该分包人的管理责任。

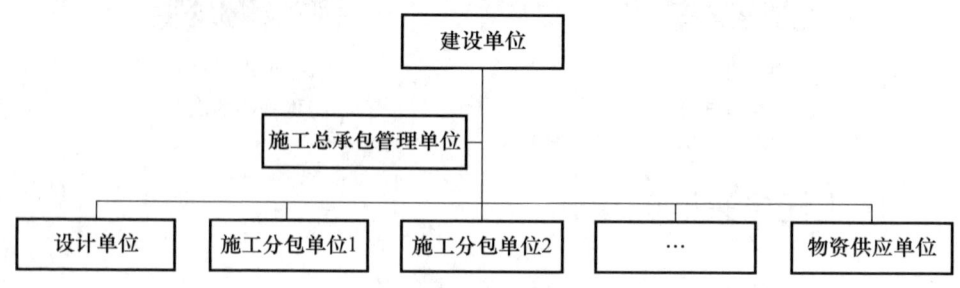

图 1.2.1.1　建设单位与施工分包单位各自签订合同的合同结构

（2）施工分包单位与施工总承包管理单位直接签订合同

本模式相当于非代理型 CM 模式，合同结构如图 1.2.1.2 所示。此时，施工总承包管理单位对施工分包单位的选择需征得建设单位的同意。

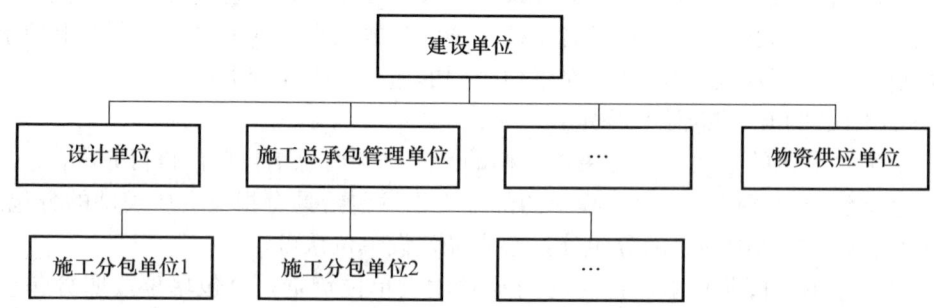

图 1.2.1.2　施工分包单位与施工总承包管理单位直接签订合同的合同结构

3. 施工平行分包

在该模式中，建设单位不委托施工总承包单位，而是根据需要将施工任务分拆，并分别委托给多个分包单位进行。

1.2.2　设计采购的模式

设计采购的模式与设计单位的组织体制、设计产品的供应方式等因素有关。在欧美一些老牌工业国家，设计单位大多数是专业设计事务所，如建筑师事务所、结构工程师事务所、设备工程师事务所等，规模一般较小。这些事务所一般实行建筑师事务所为主导，其他专业事务所配合的建筑师负责制。建设单位将设计任务委托给建筑师事务所后，事务所会成立以建筑师为核心的设计团队，将部分设计任务再次委托给其他事务所，最终将符合要求的建筑产品交付给建设单位。符合一定条件的建筑师团队除了承担固有的设计职能，还可以根据合同约定开展其他工作，如城市规划设计、策划咨询、造价咨询、招标代理、工程监理、运行维护等。我国部分地区已开始逐步探索、发展这类建筑师负责制。

当前，我国的设计单位一般是综合性设计单位，具备开展建筑设计、结构设计、给排水设计、装饰设计等建（构）筑物整体设计的能力，因此我国常用设计总承包、设计平行分包等模式。

1. 设计总承包

在设计总承包模式中，建设单位往往委托一个设计总承包单位负责全面的工作。经过建设单位许可，设计总承包单位可以将部分设计工作另行委托给其他设计单位负责。

2. 设计平行分包

在该模式中，建设单位不委托设计总承包单位，而是根据需要将设计任务分拆，并分别委托给多个设计单位进行。

1.2.3 工程总承包的模式

工程总承包是指由具备工程总承包资质的企业或由具备设计、施工、物资供应等资质的单位组成的联合体或合作体，根据合同约定对建设项目的勘察、设计、采购、施工、试运行等阶段实行全过程（或涉及多个阶段）的承包。工程总承包通过集成统筹设计、采购、施工等过程，促进各阶段的紧密配合，减少设计和施工阶段分离所产生的矛盾和不协调，为工程项目增值。我国鼓励在建设工程项目中实施总承包。

工程总承包的主要形式有设计-采购-施工总承包和设计-施工总承包等。

1. 设计-采购-施工总承包

设计-采购-施工总承包又可分为 EPC 总承包和交钥匙总承包。

① EPC 总承包是指工程总承包企业按照合同约定，承担工程的设计、采购、施工、试运行等工作，并对承包工程的质量、安全、工期、费用全面负责。

② 交钥匙总承包是指工程总承包企业在 EPC 的基础上，将业务和责任向前、向后延伸，根据建设单位的需求（可以是具体的需求，也可以是模糊的，甚至是概念性的需求）承担工程的策划、决策、设计、采购、施工、试运行、运营等工作，最终向业主提交一个满足使用功能、具备使用条件的工程。在此过程中，由于工程总承包承担了绝大部分工程的工作，仿佛建设单位只需要提出要求就可以等待工程总承包企业交付"钥匙"后进入工程使用，因此被称为"交钥匙"工程。

2. 设计-施工总承包

设计-施工总承包，又称为 DB 总承包，是指工程总承包企业按照合同约定，承担工程项目设计和施工，并对承包工程的质量、安全、工期、造价全面负责。

根据工程项目的不同规模、类型和业主要求，DB 总承包模式还可以有设计-采购总承包（EP）、采购-施工总承包（PC）等变种模式。

1.2.4 物资采购的模式

工程项目中所用的物资、设备，如建筑材料、构配件、施工设备等的采购可以通过招投标的方式进行，也可以直接采购。详见"建设工程项目的采购管理"章节。

1.2.5 项目咨询和管理采购的模式

建设单位可以自行策划和管理建设工程，也可以向专业单位寻求建议或委托其负责决策和管理。这些专业单位需遵循独立、公正、科学的原则，运用多学科知识和实践经验，为建设单位提供阶段或全程的智力服务，即所谓的咨询和管理单位。根据建设单位委托工作的内容和方式不同，相应地形成了项目管理服务（PM）、项目管理承包（PMC）、CM 模式、代建制、建设工程监理等模式。

1. 项目管理服务模式（PM）

项目管理服务模式（Project Management，PM）是指工程项目咨询和管理单位按照合同约定，在工程项目策划决策阶段为业主编制可行性研究报告，进行可行性分析和项目策划；在工程项目实施阶段为业主提供招标代理、设计管理、采购管理、施工管理和试运行（竣工验收）等服务，代表业主对工程项目进行质量、安全、进度、费用、合同、信息等的管理和控制。

PM 模式适用于投资规模大、工艺技术复杂、业主缺乏管理能力的工程项目，但管理费用较高。它在大型国际工程中比较常见。

2. 项目管理承包模式（PMC）

项目管理承包模式（Project Management Contract，PMC，或称为项目管理咨询模式）与 PM 模式类似，是指工程项目管理企业按照合同约定，除完成项目管理服务（PM）的全部工作内容外，还可以负责完成合同约定的工程初步设计（基础的工程设计）等工作。对于需要完成工程初步设计工作的工程项目管理企业，应当具有相应的工程设计资质。项目管理承包企业一般应当按照合同约定承担一定的管理风险和经济责任。

相对于 PM 模式，PMC 模式中项目管理企业需要承担更多的管理责任和经济责任。它适用于投资规模大、工艺技术复杂、业主缺乏管理能力的工程项目，但管理费用较高。它在大型国际工程中比较常见。

3. CM 模式

CM 模式起源于美国人汤姆森（Charles B. Thomson）等于 1968 年在研究关于如何加快设计、施工进度、改进管理控制方法时首先提出的快速路径施工管理（Fast Track Construction Management），又称为阶段施工法（Phase Construction Method），后来在此基础上发展为 CM 模式。由于 Construction Management 的中文直译为"施工管理"或"建设管理"，而这两个概念在我国已有明确的内涵，因此习惯上直接称为 CM 模式。

CM 模式常见于北美地区，美国建筑师学会（American Institute of Architects，AIA）和美国总承包商协会（Associated General Contractors of America，AGC）于 20 世纪 90 年代初共同制定了 CM 模式标准合同条件。该模式最主要的特点是在工程实施阶段（主要包括施工图设计阶段/详细设计阶段、施工和采购阶段）中引入了 CM 单位（建设管理单位，可以由专业的 CM 单位或咨询监理单位承担）。CM 单位一般对设计单位没有指令权，只能向设计单位提出合理化建议。

根据业主向 CM 单位采购服务的不同，CM 模式又分为代理型 CM 模式和非代理型 CM 模式。

（1）代理型 CM 模式（Agency CM）

在该模式下，建设单位与 CM 单位签订项目咨询管理服务合同，由 CM 单位在工程设计的早期介入项目管理，并帮助建设单位组织快速路径施工。CM 单位主要为业主提供招标代理、采购管理、施工管理等服务；帮助业主与设计单位、施工单位、物资供应单位、总承包单位等其他承包单位签订合同（即 CM 单位一般不负责具体的设计、施工、采购等业务）；代表业主对工程项目进行安全、质量、费用、进度等的管理和控制。

（2）非代理型 CM 模式（Non-Agency CM）

在该模式下，CM 单位不仅提供项目咨询管理服务，还被建设单位授权与施工单位、物资供应单位等其他承包单位直接签订合同（但必须经过业主的确认）。因此，建设单位与 CM 单位签订的合同中不仅包含项目咨询管理服务的内容，还包含有分包管理等内容。

由于 CM 单位是在工程设计的早期就介入项目管理，因此建设单位与 CM 单位签订合同时尚不能完整、精确地计算所有工程费用，建设单位对实际发生的工程费用难以控制，故建设单位往往要求在合同中预先确定一个具体数额来保证最大价格（Guaranteed Maximum Price，GMP，包括工程费用和 CM 管理服务费），并在合同中约定。如果实际工程费用超过了保证最大价格，则超出部分由 CM 单位承担；如果实际工程费用低于保证最大价格，则节余部分归建设单位或规定将一定比例的节余作为奖励支付给 CM 单位。

关联知识 1.2.5.1
快速路径施工管理

4. 代建制

代建制是在我国政府投资项目中借鉴非代理型 CM 模式而推行的一种项目管理委托模式。2004 年 7 月，国务院颁布的《国务院关于投资体制改革的决定》（国发〔2004〕

20号)提出,"对非经营性政府投资项目加快推行'代建制',即通过招标等方式,选择专业化的项目管理单位负责建设实施,严格控制项目投资、质量和工期,竣工验收后移交给使用单位。增强投资风险意识,建立和完善政府投资项目的风险管理机制。"

在代建制中,代建单位在合同规定的服务范围内作为建设单位的"代理人",对建设工程进行全面管理,在管理中起主导作用,除涉及工程项目的重大决策外,一般的管理工作和项目决策均由代建方进行;建设单位仅派少量人员在工程现场收集工程建设信息、对工程项目的实施进行跟踪和监督。

代建制也适用于业主缺乏工程管理能力的其他项目。

5. 建设工程监理

20世纪80年代初,我国进入改革开放和社会主义现代化建设新时期,国务院决定在基本建设和建筑业领域采取一系列重大的改革措施。1988年,建设部发布了《关于开展建设监理工作的通知》,提出要"参照国际惯例,建立具有中国特色的建设监督制度,以提高投资效益和建设水平,确保国家建设计划和工程合同的实施,逐步建立起建设领域社会主义商品经济的新秩序。"1997年,《中华人民共和国建筑法》以法律制度的形式做出规定,使建设工程监理制度在全国范围内进入全面推行阶段。

建设工程监理是指工程监理单位受建设单位委托,以书面形式订立建设工程监理合同,根据法律法规、工程建设标准、勘察设计文件及合同,在施工阶段对建设工程质量、造价、进度进行控制,对合同、信息进行管理,对工程建设相关方关系进行协调,并履行建设工程安全生产管理法定职责的服务活动。

与国际上一般的工程咨询服务不同(如PM模式),我国的工程监理是一项具有中国特色的工程建设管理制度。我国的监理不仅定位为建设工程项目的管理服务,而且法律法规将工程质量、安全生产管理方面的部分责任和义务赋予工程监理单位。

关联知识 1.2.5.2
建筑法关于工程监理的有关规定

关联知识 1.2.5.3
必须实行监理的建设工程范围

关联知识 1.2.5.4　建设工程监理规范

6. 全过程工程咨询服务

根据《国务院办公厅关于促进建筑业持续健康发展的意见》（国办发〔2017〕19号）及《国家发展改革委 住房城乡建设部关于推进全过程工程咨询服务发展的指导意见》（发改投资规〔2019〕515号）等文件的要求，我国将大力发展全过程工程咨询服务，以更好地满足投资者或建设单位在固定资产投资项目决策、工程建设和项目运营过程中的综合性、跨阶段、一体化的咨询服务需求。

由于工程咨询服务市场化快速发展，形成了专业化的咨询服务业态。随着我国固定资产投资项目建设水平的逐步提高，投资者或建设单位对综合性、跨阶段、一体化的咨询服务需求日益增强，这与现行制度造成的单项服务供给模式之间的矛盾日益突出。为深入学习贯彻习近平新时代中国特色社会主义思想和党的二十大精神，深化工程领域咨询服务供给侧结构性改革，破解工程咨询市场供需矛盾，必须创新咨询服务组织实施方式，大力发展以市场需求为导向、满足委托方多样化需求的全过程工程咨询服务模式，特别是要遵循项目周期规律和建设程序的客观要求，在项目决策和建设实施两个阶段重点培育发展投资决策综合性咨询和工程建设全过程咨询，为固定资产投资及工程建设活动提供高质量智力技术服务，全面提升投资效益、工程建设质量和运营效率，推动高质量发展。

在房屋建筑、市政基础设施等工程建设中，鼓励建设单位委托咨询单位提供招标代理、勘察、设计、监理、造价、项目管理等全过程咨询服务，满足建设单位一体化服务需求，增强工程建设过程的协同性。除投资决策综合性咨询和工程建设全过程咨询外，咨询单位可根据市场需求，从投资决策、工程建设、运营等项目全生命周期角度，开展跨阶段咨询服务组合或同一阶段内不同类型咨询服务组合。鼓励和支持咨询单位创新全过程工程咨询服务模式，为投资者或建设单位提供多样化的服务。但同一项目的全过程工程咨询单位与工程总承包、施工、材料设备供应单位之间不得有利害关系。

关联知识 1.2.5.5
全过程工程咨询与工程总承包的联系

关联知识 1.2.5.6
建设工程的投融资模式

关联知识 1.2.5.7
建筑法关于鼓励总承包的规定

关联知识 1.2.5.8
《关于培育发展工程总承包和
工程项目管理企业的指导意见》

模块 1.3

建设工程项目管理的原理、方法和内容

学习目标 >>>

知识目标：建设工程管理的基本原理；建设工程项目的基本方法；建设工程项目管理的任务和内容

课程导入 >>>

建设工程项目管理需要遵循哪些基本规律？存在普遍适用的管理方法吗？应该开展哪些工作？这些问题对于建设工程项目管理至关重要，但学界目前尚未达成统一意见。本模块将介绍被广泛接受的建设工程项目管理基本原理和基本方法，帮助学习者理解各知识领域、常见管理制度、常用管理方法和措施等。同时，结合美国项目管理协会（Project Management Institute，PMI）发布的《项目管理知识体系指南（PMBOK 指南）第六版》和《建设工程项目管理规范》GB/T 50326—2017 的内容，简要介绍建设工程项目管理的主要任务和内容。需要注意的是，与自然科学不同，建设工程项目管理的许多内容属于社会科学领域，难以仅凭简单的公理、假设构建完整的理论体系。因此，其原理和方法往往包含了一些经验性的内容。

关联知识 1.3.0.1
关于系统论、控制论和信息论

1.3.1 建设工程管理的基本原理

1. 人本原理

建设工程管理和建设工程项目管理是人类为了达成相关方目标，满足需求甚至超越期望而开展的专门化活动。从本质上来说，它们与其他改造世界的活动一样，都是为了造福人类、促进人类发展。管理需要以人为主体，调动和激发人的积极性、主动性和创造性，并为人类服务。

关联知识 1.3.1.1
人本原理

2. 责任原理

马克思在《德意志意识形态》中指出："一个民族的生产力发展的水平，最明显地表现于该民族分工的发展程度。任何新的生产力，只要它不是迄今已知的生产力的单纯的量的扩大（例如，开垦土地），都会引起分工的进一步发展。"分工的出现和发展是历史发展的必然产物。随着分工的发展，人类社会不断地趋向发展与进步。

在建设工程项目中，工程建设组织的各方主要通过工程采购的方式进行组织间的分工，并通过签订合同、协议等方式明确各自的责任和义务。关于组织间责任、义务履行的问题，详见"建设工程项目的采购与合同管理"章节。

在工程建设组织各方、项目管理机构内部也应当进行合理分工，在工作分解、划分的基础上，将各项工作的责任明确赋予不同的个体（包括部门和个人）。这种组织赋予个体的责任，就是个体的职责。组织需要通过行政性规定、制度等确保个体履行职责，维持组织正常运行，保证组织宗旨和目标的达成。

根据分工和责任原理，建设工程项目需要开展的管理工作包括以下方面：

① 工程建设组织各方应通过授权的方式，指定、组建负责直接实施项目管理，确保项目管理目标实现的责任组织，即建设工程项目的项目管理机构（Project Management Organization）。项目管理机构可以是相对独立的项目管理公司、项目部、工程监理部，也可以是工程建设组织各方负责实施项目管理的相关部门，如建设单位的基建办公室等。项目管理机构应在项目启动前建立，在项目终止后解体。

② 工程建设组织各方的法定代表人应在建设工程项目上授权、委托项目负责人（Project Leader，又称项目经理，Project Manager）作为自己的代理人和项目的总负责人。

③ 工程建设组织各方、项目管理机构要建立项目管理责任制度、项目负责人责任制，明确管理机构和负责人的责任、权限、利益、能力的基本要求，根据其完成职责情况进行考核、评价和奖惩。

④ 工程建设组织各方、项目管理机构在各类活动、工作的分工实施时也要建立相关组织及责任体系。如建设工程项目的职业健康安全管理的组织和责任体系，质量管理的组织和责任体系等。

关于项目管理机构、项目负责人等与组织管理有关的内容，详见"建设工程项目的组织管理"章节。

关联知识 1.3.1.2
消灭分工

关联知识 1.3.1.3
责任分配的基本原则

3. 效益原理

所谓效益，是指效果或收益。效益可以是劳动占用、劳动消耗与获得的劳动成果之间的比较，也可以是对社会、经济、环境等所做的贡献等。一般将建设工程的效益分为三种。

① 经济效益：指实施某些活动后，经济收入、财富的增加。从国家或国民经济总体的角度分析时，经济效益是所有社会各方面能够获得的收益。从某个组织的角度分析时，一般只将组织的实际收入算作经济效益。如某开发商建设并运营一座商业综合体的经济效益可包括营业和办公场所租赁、自有物业经营的收益等。

② 社会效益：指实施某些活动后，在保障社会安定、促进社会发展和提高人民福利等方面获得的效果和收益。如建造水坝不仅可以创造就业机会，而且可以降低下游洪涝干旱的风险和损失；修建医院可以改善卫生和生活条件等。

③ 环境效益：指实施某些活动后，环境（包括水环境、大气环境、生活环境）得到的保护或改善。如修建污水处理厂可以防止水污染，修建垃圾处理厂可以降低固体污染等。评估、衡量建设工程效益的高低、好坏的原则如下：

① 增加的收益：从给社会、组织带来的收益大小估算效益。如实施公路道桥工程带来的促进经济发展收益；由于水利灌溉工程的实施增加的农业产量等。

② 减免的损失：从可减免损失的角度估算效益。如建造防洪堤可减少洪灾对社会、经济造成的损失。

③ 节省的费用：从可减免、替代而节省成本的角度估算效益。如建设水电站可节省火电、核电站的费用等。

由于在特定的历史时期，人类认识和改造自然的能力总是有限的，能够利用从自然获取的物质和能量开展的改造活动也是有限的，而人类希望通过这些资源和产出来满足的需要却是无限的。为了缓和这种矛盾，人们就必须优先开展效益更高的活动，并在这些活动中尽量获得更好的效益，这就是管理学的效益原理。同样的，建设工程项目的各种活动、工作（包括管理活动和管理工作）通常也需要耗费某种资源。因此，在管理策划阶段就有必要评估开展某些活动、工作的必要性。如，为了转移建设工程项目的某类风险，可能需要花费资金购买保险（即保险费）。如果这类风险的后果（损益值）与保险费相比显得很低，那么就不宜通过保险的形式处理。又如，建设工程项目部分工作发生延误致使项目整体进度推迟。如果实施紧急赶工，则花费的成本很高，而如果项目推迟交付，工程建设组织各方的损失却很小，则此时也有必要仔细评估、决策是否要采取赶工措施，以达成原有的项目进度目标。

此外，由于建设工程中的各类活动、工作给各相关方带来的效益有时并不完全一致，因此建设工程的效益还存在某种对立统一的关系。如要提升环境的保护效果，一般要增加环境管理的费用支出，从而使经济效益降低。

总体来说，效益原理要求在建设工程中充分评估、衡量各类效益，以达成总体上相对最优的效益。

1.3.2 建设工程项目的基本方法

在建设工程项目领域，基于系统论、控制论等基本理论发展出了系统方法、目标动态控制方法、过程方法、PDCA循环、基于风险的思维和风险管理等管理控制常用的方法论。

1. 系统方法

(1) 系统的定义

系统（System）一词频繁出现在科学技术、日常生活等各种场合、领域中，而不同语境下，"系统"一词的定义也有所不同。从系统论、一般系统论的角度来看，系统是相互联系、相互作用的若干部分（要素）按一定的结构组合而成，具有某些功能的有机整体。其中：

① 若干部分（要素）：可以是个体、元件、零件，甚至是一个系统（子系统）。如运算器、控制器、存储器、输入/输出设备组成了计算机的硬件系统，而硬件系统又是计算机系统的一个子系统。

② 一定的结构：组成系统的各部分、要素间是以相对稳定的层次关系相互联系、制约的，这些关系的表现形式就是系统的结构。如钟表是由齿轮、发条、指针等零部件按一定的方式装配而成的，但一堆齿轮、发条、指针随意放在一起并不能构成钟表。

③ 系统的功能：系统与外部环境相互联系、相互作用中表现出来的性质、能力、功能。如工程项目的信息管理系统是由信息采集系统、信息报告系统等多个部分组成的，完整的信息管理系统具备信息的收集、传递、储存、加工、维护、使用等功能，可以辅助决策，帮助实现管理的目标。

将什么规划为一个系统，取决于人们对客观事物的观察方式；系统可大可小，最大的系统是宇宙，最小的系统是粒子；一个建筑企业、一所学校、一个科研项目等都可被视为系统。在工程领域，系统论的主要研究对象是各类人造、人工的系统。将建设工程项目按照系统的观点进行研究，可以发现：

① 将项目的所有目标视为一个建设工程项目的目标系统。

② 将项目的所有工作和过程视为一个建设工程项目的行为系统。

③ 将项目的所有管理工作和过程视为一个建设工程项目的管理系统。

④ 将负责项目管理工作的组织视为一个建设工程项目的组织机构系统。

⑤ 将目标系统、行为系统、管理系统、组织机构系统等所有要素按照一定的层次相互组合，就构成了建设工程项目系统。

(2) 系统的基本特征和系统方法

系统论认为，系统的基本特征包括集合性、关联性、目标性、层次结构性、动态性、环境适应性等。

① 集合性：系统至少由两个要素组成，单个要素不能构成系统。

② 关联性：系统内每一要素相互依存、相互制约、相互作用，从而形成了一个相

互关联的整体。要素间的关联、关系不仅使要素聚合成一个系统整体，而且不同要素关系还会影响系统的整体特性。往往某个要素发生了变化，其他要素也因这种关联、关系而随之发生变化，最终引起系统的变化。

③ 目标性：人工系统都具有明确目的，即系统表现出的某种特定功能。这种目的必须是系统的整体目的，不是构成系统要素或子系统的局部目的。当局部的目标与整体目标冲突时，应以整体的目标为重。

④ 层次结构性：系统的功能很大程度上是由系统的结构和层次决定的。通过构造系统模型，调整改善系统结构，使系统的设计、控制和管理达到最优。

⑤ 动态性：系统的活动是动态的，系统的一定功能和目的是通过与环境进行物质、能量、信息的交流实现的。人造系统一般需要经历产生、发展、衰退、消灭等变化过程，这样体现了系统的动态性。

⑥ 环境适应性：人造系统一般处于更大的社会、经济系统环境中，系统与环境要进行各种形式的交换，受到环境的制约与限制。环境的变化会直接影响到系统的功能及目的。因此，系统必须在环境变化时对自身功能做出相应调整，不致影响系统目的的实现，而研究系统本身问题时，也必须研究周围环境的问题。

建设工程项目系统的基本特征与上述系统的基本特征是相符的。因此，建设工程项目系统中的各类活动、工作（包括管理活动、管理工作）的开展，也应遵循上述系统的基本特征，这就是建设工程项目管理的系统方法。

（3）建设工程项目的系统管理

在建设工程项目中应用系统的原理和方法进行管理，就是建设工程项目的系统管理。系统管理是围绕项目整体目标而实施管理措施的集成，是包括质量、进度、成本、安全、环境等管理相互兼容、相互支持的动态过程。系统管理不仅要满足每个目标的实施需求，而且需确保整个系统整体目标的有效实现。

组织应根据总体协调的需要，确定系统管理的系统分析、系统设计、系统实施和系统综合评价方法，以达到最优设计、最优控制和最优管理的目标。

① 在综合分析项目质量、安全、环保、工期和成本之间内在联系的基础上，结合各个目标的优先级，分析和论证项目目标，在项目目标策划过程中兼顾各个目标的内在需求。

② 在进行研究和分析时，不能局限在某一特定的知识系统内，而是要把自然科学和社会科学（包括经济学）中的基础思想、理论、策略、方法等联系起来，应用现代数学和信息技术等工具全面、整体地进行。

③ 进行方案设计时，要强调多方案设计与评价，以获得整体、系统、综合的结论，并得出相对最优的方案。

④ 系统的各项工作、过程都不是孤立的，组织应对项目投资决策、招投标、勘察、设计、采购、施工、试运行进行系统整合，在综合平衡项目各过程和专业之间关系的基础上做好配合联系和彼此协调。

⑤ 要对项目的不确定性进行管理，兼顾相关过程需求，平衡各种管理关系，确保项目偏差的系统性控制。

⑥ 要对项目系统管理过程和结果进行监督和控制，评价项目系统管理绩效等。

2. 目标动态控制方法

建设工程项目实施过程中，由于所在环境、条件的变化，平衡、稳定的状态是暂时的，不平衡、不稳定是永恒的。这些不平衡、不稳定形成了对建设工程项目的扰动，影响了建设工程项目目标状态的达成。基于控制论系统的基本原理，可以在项目全生命周期中通过目标动态控制方法对所有活动进行持续控制。

（1）目标动态控制的基本原理

目标动态控制方法是建设工程项目管理最基本的方法论，其基本原理如图 1.3.2.1 所示。

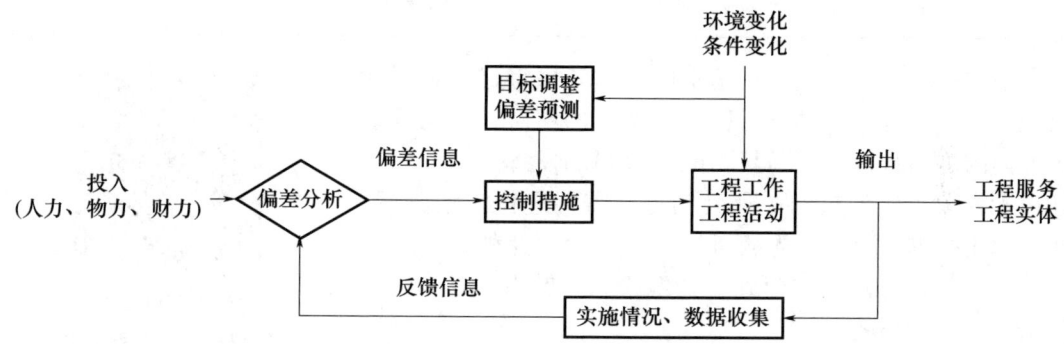

图 1.3.2.1　目标动态控制的基本原理

目标动态控制方法可按如下步骤实施：

① 进行项目策划，制订工作和活动计划，对目标进行分解，确定目标值，作为后续目标动态控制的基准。

② 工作和活动实施，定期、持续地收集实施情况和数据。

③ 将收集到的情况和数据与计划对比，分析偏差情况，决策是否需要进行纠偏，并确定需要采取的控制措施。

以上数据收集、分析、纠偏的周期需要根据项目、工作、活动的规模和特点，信息收集的能力和手段，控制措施生效的灵敏度等确定。建设工程项目的控制周期一般为 1 个月，重要的项目可定为 1 旬、1 周等。过长、过短的控制周期都不利于管理工作的开展，且可能是无效又浪费资源的。

④ 按控制措施改进工作和活动，继续监测输出是否满足预期目标，并持续反馈循环。在进行反馈的同时，要注意对可能发生的偏差情况进行预测，提前采取预控措施。

某些情况下原定目标状态需要调整的，也要及时输入前馈回路中，并采取控制措施调控目标的实现。

（2）目标动态控制的控制和纠偏措施

在上述控制、纠偏过程中可采用的控制、纠偏措施主要包括组织措施、管理措施、经济措施、技术措施 4 类，需要根据偏差产生的原因有针对性地使用，如表 1.3.2.1 所示。

表 1.3.2.1　目标控制的 4 类措施

主要措施	定义	措施举例
组织措施	分析负责管理和实施的组织方面影响目标实现的问题和因素，并有针对性地采取措施	调整组织结构、调整任务分工、调整管理职能分工、调整工作流程组织、调整组织人员等
管理措施	分析由于管理方面影响目标实现的问题和因素，并有针对性地采取措施	调整管理方法和手段、采取合适的工程采购模式、选择合适的合同结构等
经济措施	分析由于经济（资源）方面影响目标实现的问题和因素，并有针对性地采取措施	编制资源使用计划、加快资金和资源投入等
技术措施	分析由于技术方面影响目标实现的问题和因素，并有针对性地采取措施	调整设计方案、改进施工工艺和方法、改变施工机具设备等

根据系统论、组织论的基本原理，如果将建设工程项目视为一个系统，则建设工程项目系统的层次、结构等组织方面的因素直接决定了其功能、效用的发挥。因此，当建设工程项目实施过程中遇到问题，需要进行因素分析，研究解决措施时，应当先从组织方面入手。此外，对组织的调整、纠正通常无需额外的资源投入，其费效比也是 4 类措施中最理想的。

关联知识 1.3.2.1
控制论与建设工程项目管理

3. 过程方法

工程项目的各项工作都可以分解为若干过程。所谓"过程"，是指一组为实现预期结果，将输入转化为输出的相互关联或相互作用的活动。

① 过程的"预期结果"就是"输出"，根据语境不同，"预期结果"或"输出"可以是产品或服务。

② 工程的工作、工作的各个过程常常是相互关联的。一个过程的输入通常是其他过程的输出，而一个过程的输出又通常是其他过程的输入。两个或两个以上相互关联和相互作用的连续过程也可作为一个过程。

③ 为了实现预期的结果，组织通常对过程进行策划，并使其在受控条件下运行，以增加价值。

单一过程的要素可以用图 1.3.2.2 表示。

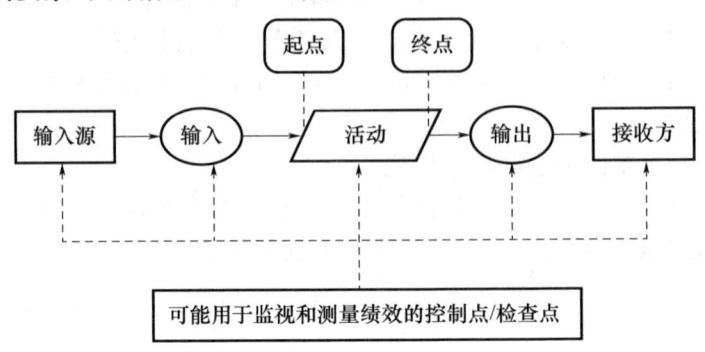

图 1.3.2.2　单一过程的要素

① 输入源、接收方可以分别是前置过程和后续过程，如内部供方、外部供方、顾客、其他相关方过程等。

② 输入和输出的内容包括物质、能量、信息等。

将工程项目相互关联的过程作为一个体系加以理解，对各过程及其相互作用进行系统的管理，有助于管理人员对相互关联、相互依赖的过程进行有效控制，高效地实现预期结果，提高整体绩效。如：

① 根据图 1.3.2.2，在单一过程的输入端、过程的不同位置及输出端都存在着可以进行测量、检查的机会，即控制点/检查点。对这些控制点实行有效的测量、检测、纠偏，就可以控制过程和输出的成果，从而达到预期目标。

② 由于一个过程的输出通常是其他过程的输入，因此可以将后一个过程看作前一个过程的"顾客"。在工程项目管理中，要在全过程贯彻"顾客第一"的原则，在每个过程都输出合格的产品，从而最终产出满足预期的成果。如为控制建设工程项目中混凝土浇筑的质量，不仅要对混凝土浇筑过程本身进行管理，还要对其上一个过程，包括钢筋工程、模板工程等进行有效管理。此外，还要对混凝土浇筑所用的材料、施工设施等做好采购管理。

通过采用 PDCA 循环以及始终基于风险的思维对过程和整个体系进行管理，可有效地利用机遇并防止发生不良结果。

4. PDCA 循环

PDCA 循环是美国统计学家沃特·阿曼德·休哈特（Walter A. Shewhart）于 20 世纪 20 年代提出的"策划-实施-检查（Plan-Do-See，PDS）"的概念。20 世纪 50 年代，美国质量管理专家威廉·爱德华兹·戴明（William Edwards Deming）将 PDS 的概念进一步发展为"策划-实施-检查-处置（PDSA 循环，Plan-Do-Study-Act，或 PDCA 循环，Plan-Do-Check-Act）"的质量持续改进模型，又称戴明循环、戴明轮（Deming Wheel）或持续改进螺旋（Continuous Improvement Spiral）。

PDCA 由策划、实施、检查、处置 4 个环节组成，有的文献将 4 个环节又细分为 8 个步骤，如图 1.3.2.3 所示。

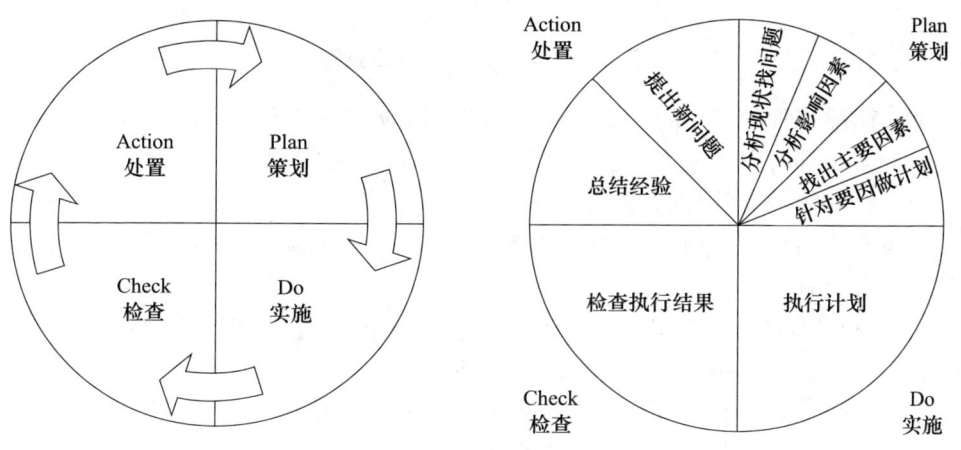

图 1.3.2.3　PDCA 循环

① P (Plan)：策划，制定某一（系列）工作、活动的方案。可分为：分析现状找问题、分析影响因素、找出主要因素、针对主要因素做计划 4 个步骤。

策划工作的前 3 个步骤常借助数理统计方法等进行分析。第 4 个步骤常采用"5W1H"等方法辅助分析。

② D (Do)：实施，执行人按照计划落实工作、活动。

③ C (Check)：检查，执行人的落实情况。结合过程方法的有关要求，应当特别注意在工作、活动过程中的控制点收集信息，分析执行过程中是否与计划产生了偏差。

④ A (Action)：处置，对检查的结果进行处理。检查的结果有符合要求的（在预期的偏差允许范围之内）情况和不符合要求（在预期的偏差允许范围之外）的情况。对于检查发现符合要求的情况，要加以肯定，总结经验，可以将有关经验进一步模式化、标准化，并适当推广，同时对组织的增值需求（更高要求）进行回应，采取措施持续满足。对于通过检查发现不符合要求的情况，出现不合格的产品、过程，应有针对性地排除或修复，对引发不合格的原因则采取措施予以预防和消除。在处置环节发现的经验和问题都要总结，积极应对，并导入下一个 PDCA 循环中。

从以上 4 个环节可知，PDCA 循环是一种螺旋前进、阶梯上升的持续改进过程，如图 1.3.2.4 所示。由于"A"环节的存在，已取得的成果得以巩固并防止问题的发生，未解决的问题、新的问题得以在下一个循环中得到解决。因此，"A"环节是 PDCA 循环的关键。

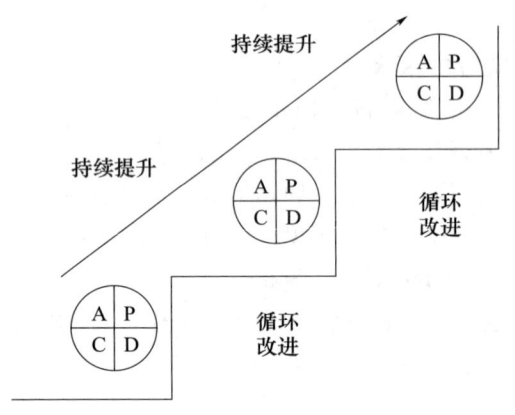

图 1.3.2.4　PDCA 循环示意图

PDCA 循环是管理活动的一般规律，建设工程项目的所有生产和服务乃至建设工程项目的管理本身都可以借鉴和运用 PDCA 循环原理，使工程项目的所有工作都合乎逻辑地有效进行。此外，将建设工程项目管理的系统作为一个过程进行分析，则 PDCA 循环可以体现为启动、策划、实施、监控和收尾这 5 个既相对独立，又相互联系的建设工程项目管理流程。

① 启动和策划流程对应"P"环节。在启动过程中，组织需要明确项目概念，初步确定项目范围，识别影响项目最终结果的内部相关方（如建设单位、勘察设计单位、施工单位、监理单位等）和外部相关方（如政府、媒体、协会、相关社区居民等）。在策划流程中，组织需要明确项目范围，协调项目相关方期望，优化项目目标，为实现项目

目标进行项目管理规划与项目管理配套策划，并作为后续目标动态控制的基准。

② 实施流程对应"D"环节。在实施过程中，组织要按项目管理策划的要求组织人员和资源，实施具体措施，完成项目管理策划中确定的工作。

③ 监控流程对应"C"环节。在监控流程中，组织对照项目管理策划，监督项目活动，定期、持续地收集实施情况和数据，分析项目进展情况，识别必要的变更需求并实施变更。

④ 收尾流程对应"A"环节。组织完成全部过程或阶段的所有活动，正式结束项目或阶段。同时，工程建设组织各方、项目管理机构等组织应遵循 PDCA 循环原理持续改进管理绩效，将外部需求与内部管理相互融合，预防项目风险、确保目标实现，提高相关方满意水平，满足组织发展的需求。在改进实施前，要组织评审各项改进措施的风险，避免或减少因改进而出现新的更大问题，保证改进措施的有效性和适宜性。应对员工在持续改进意识和方法方面进行培训，使持续改进成为员工的岗位目标，还应对项目管理绩效的持续改进进行跟踪指导和监控。

关联知识 1.3.2.2
管理控制的特点

5. 基于风险的思维和风险管理

广义的风险（Risk）指收益和损失的不确定性，包括负面（不利的威胁）风险和正面（有利的机遇）风险，强调结果可能带来收益，也可能带来损失，而且收益和风险的大小也是不确定的。如在金融领域，向投资者提示的投资风险表明，投资者不仅可能在投资活动中损失本金，其潜在的收益也可能有高有低。

狭义的风险指损失的不确定性。在建设工程项目中，风险一般指管理目标无法达成的不确定性，即狭义的风险。由于建设工程项目一般具有规模较大、工期较长、参与组织的复杂特性，在项目各阶段均蕴含大量风险。根据风险产生的原因、行为主体、影响后果等对风险进行分类，详见表 1.3.2.2。

表 1.3.2.2　建设工程项目的风险分类

分类方式	分类内容
按风险产生的原因分类	组织风险：由于组织结构模式、工作流程组织、任务分工和管理职能分工、人员的构成和能力等方面的缺陷和不足导致的风险
	环境风险：包括自然环境风险和社会环境风险。 自然环境风险：由于自然灾害、恶劣的岩土地质条件、恶劣的水文地质条件、恶劣的气象条件等导致的风险。 社会环境风险：由于政治经济变动、法律变更、市场环境改变、宏观和微观经济环境变化、工程资金供应的条件改变等导致的风险
	管理与合同风险：指由于管理人员无法适应客观条件变化、项目管理体系不完善，或主观判断失误、处置管理不当引发的风险，还包括因合同条件、合同风险条款约定不当，合同执行和管理等导致的风险
	技术风险：由于科技进步、技术变动等因素带来的风险，还包括在不同的施工条件和项目复杂度下，因工程勘测不当、工程设计失误、施工方案制定错误、物资材料和工程机械选用不当等导致风险，采用不成熟、不熟悉"四新"（新技术、新材料、新工艺、新设备）技术带来的风险等

续表

分类方式	分类内容
按行为主体分类	建设单位引发的风险。如项目目标或投资方向变更、经济实力不强、经营状况恶化、支付能力弱、不能履行合同、无法交付场地、无法供应材料、管理协调沟通能力差、缺乏诚信、苛刻刁难、发出错误指令、不能抵御外部风险因素等
	勘察设计单位引发的风险。如勘察设计能力弱、勘察设计内容不全、深度不足、成果质量低、存在引发质量安全问题的错误、沟通协调能力差、不能及时交付勘察设计成果、不能及时回应解决问题等
	施工单位及其分包单位引发的风险。如通过不正当竞争骗取中标、错误理解建设单位意图、投标报价失误、合同条款遗漏、筹融资能力差、无力采购材料物资、无法支付工资、技术管理力量不足、施工技术方案不合理、工艺落后、安全措施不当、项目负责人及项目管理机构不正确履职、项目管理机构组织有问题、分包商资质差、分包商违约等
	咨询和管理单位引发的风险。如技术管理水平低下、没有正确履职、职业道德败坏、与其他工程建设组织勾结侵害他人利益等
	其他相关方引发的风险。如金融保险机构提升利率费率、提前回收贷款、要求补充保证金、拒绝保险赔款；中介代理机构资信差、无法胜任、为获取私利实行不法行为；权力部门不合理干预；周边居民抗议干预等
按影响后果分类	可分为：安全风险、质量风险、成本风险、进度管理、职业健康和环境管理等

为了顺利达成项目的目标，项目管理机构应在建设工程项目的全过程开展风险管理，建立风险管理制度，明确各层次管理人员的风险管理责任，管理各种不确定因素对项目的影响。根据效益原理，风险管理应力求在较小成本的基础上将风险尽量降低。

风险管理的基本内容和程序包括：风险识别、风险评估、风险应对、风险监控。

（1）风险识别

由于风险的特性，不同项目需要应对的风险各有差异。因此风险管理的第一步是对建设工程项目中可能存在的风险进行识别，将不确定性转变为明确的风险陈述（如项目风险识别报告）。

风险识别的工作包括：收集与风险有关的信息；确定风险因素和风险源；编制项目风险识别报告等。

在项目风险识别报告中，应清楚地叙述风险源的类型、数量，风险发生的可能性，风险可能发生的部位及风险的相关特征等。报告没有固定的格式，也可采用项目风险识别表、项目风险一览表的形式表达。

风险识别时，可采用以下方法：

① 采用层次分析法分析、识别风险。如根据项目结构图逐层分解，列出各子项目、工作单元中蕴含的风险；根据项目的工作流程图，列出各过程、步骤、工序中蕴含的风险等。

② 按风险的分类有组织地进行分析和识别。如采用经验判断法、头脑风暴法、德尔菲法、因果分析图等方法，分别从风险产生的原因、行为的主体、影响的后果等方面逐一分析和识别风险。

关于经验判断法、头脑风暴法、德尔菲法、因果分析图等方法，详见"建设工程策划与决策""建设工程项目的质量管理"等章节。

（2）风险评估

风险评估是对已识别出的风险进行度量，从而为后续应对、监控提供基础。风险评估的工作包括：

① 分析风险因素发生的概率。必须基于已经得到的有关信息，结合管理人员的经验进行综合判断。可采用主观推断法、专家估计法或会议评审法等。

② 对风险损失量或效益水平进行估计。需考虑风险对工期、费用、质量、功能、使用效果、机会成本等方面的直接、间接影响，可采用德尔菲法、趋势外推法、敏感性分析和盈亏平衡分析、决策树等方法。

关于决策树等方法，详见"建设工程策划与决策"等章节。

③ 进行风险等级评估。

④ 出具风险评估报告。报告中应清楚地叙述各类风险发生的概率，可能造成的损失量或效益水平，风险等级确定，风险相关的条件因素等。报告没有固定的格式，也可以与项目风险识别表、项目风险一览表等合并编制为项目风险评估表。

风险评估的结果一般使用风险量、风险等级等进行表示。

① 风险量：风险量是关于损失量和损失发生概率的函数。

损失量可表现为费用超支、进度延期、事故损失（包括各种直接损失、人身医疗补偿、修复补救费用、进度损失、事故导致的第三方损失、项目无法正常使用的损失）等。为了便于综合比较，通常统一使用因风险引起的经济损失来衡量，即以货币表示的、为恢复项目正常进行所需的最大费用支出。

概率是对风险事件发生可能性的度量，可以采用统计方法或估计比较方法得出。统计方法是以基本条件不变时，类似事件发生的频率值近似代替概率值，需参考统计部门、保险行业、同行业的统计数据或专家建议；估计比较方法则是由专家根据以往经验做出的近似判断。如专家评估某事件风险发生的概率为"几乎不发生""很小可能发生""经常发生""大概率发生"4个等级中的某一个。

对于某个风险事件，如果风险量和概率都很大，则风险量也大；如果风险量和概率都很小，则风险量也小，其他情况则如图1.3.2.5所示的风险区域模型：如果某风险事

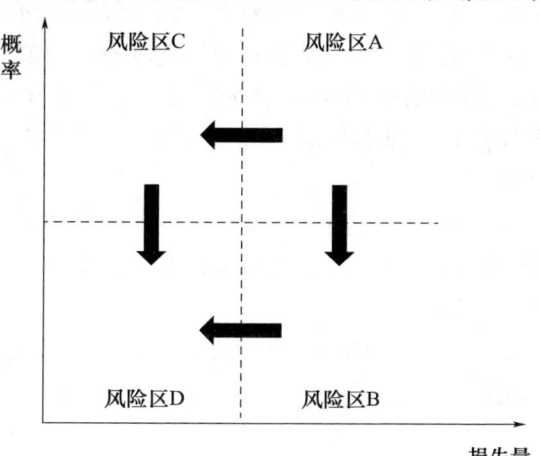

图1.3.2.5 风险事件的风险量区域

件经评估处于风险区 A，则说明其风险量很大，应采取措施移动到风险区 B（降低概率）或风险区 C（降低风险量）；如果某风险事件经评估处于风险区 B 或 C，则可以继续降低概率或风险量，将其移动到风险量小的 D 区。

② 风险等级：风险等级是由风险事件的发生概率等级和风险损失等级间的关系矩阵确定的。表 1.3.2.3 展示了某建设工程项目根据不同发生概率等级和风险损失等级确定风险等级的示例。

表 1.3.2.3　风险等级矩阵表

风险等级	风险损失等级 1	风险损失等级 2	风险损失等级 3	风险损失等级 4
概率等级 1	Ⅰ级	Ⅰ级	Ⅱ级	Ⅱ级
概率等级 2	Ⅰ级	Ⅱ级	Ⅱ级	Ⅲ级
概率等级 3	Ⅱ级	Ⅱ级	Ⅲ级	Ⅲ级
概率等级 4	Ⅱ级	Ⅲ级	Ⅲ级	Ⅳ级

根据表 1.3.2.3，Ⅰ级风险等级最高，风险后果是灾难性的，可能导致特别重大事故，对社会经济发展等造成恶劣影响。Ⅱ级风险等级较高，风险后果严重，可能导致重大事故，严重影响项目目标的实现。Ⅲ级风险等级一般，风险后果一般，可能导致较大事故。Ⅳ级风险等级较低，风险后果轻微，可能导致一般事故。

（3）风险应对

风险应对是根据风险评估报告，确定针对项目风险的应对策略和措施。常用的负面风险应对策略包括风险规避、风险减轻、风险转移、风险自留。将 4 种基本策略组合使用时，即形成风险应对的组合策略。

① 风险规避：是指主动避开损失发生的可能性。

如不参与风险较大的工程项目投标；放弃明显亏损、把握不大的项目；拒绝与实力差、信誉不佳的组织合作；在合同中制定免责条款；避免施工风险较大的技术和管理方案，比如机械施工允许的，就不采用人工挖孔桩。

虽然风险规避能从根本上消除隐患，但并非所有风险都可进行回避。在建设工程项目的经营生产活动中，风险无处不在，如果处处回避风险，只能毫无作为。

② 风险减轻：是指采取预防措施以减小损失量。由于采取措施通常意味着付出成本，风险减轻往往需要评估现时成本与避免损失所得收益的大小，并尽可能在经济适用的基础上制定风险减轻方案。

如选择风险较小的项目投标；选择风险较小的技术和管理方案；增加部分投资和成本以减少风险；选择价格高但信誉好的承包单位；在设计中增加安全冗余；加装安全防护装置；配置安全防护用品等。

③ 风险转移：是指将组织自身面对的风险全部或部分转移给另一方。

如通过合同约定将风险转移给更有优势、更专业的控制风险的其他组织（建设工程采购、分包既是分工的方式，也是风险转移的方式）；通过合同约定将部分责任转移给对方或第三方；通过工程担保将违约责任转移给担保人；通过保险将风险转移给保险公司，比如购买建设工程一切险、社会保险、工程责任险等。

④ 风险自留：是指自行承担风险。具体又分为：

非理性自留风险：对损失发生存在侥幸，对潜在损失无法估计或估计不足而保留的风险。除非受人类认知、社会科技发展水平限制而确实无法预计的风险，其他非理性自留风险都是建设工程项目管理应尽量避免的。

理性自留风险：经过分析判断，认为与潜在损失与转移、减轻所花费的成本相比，自行承担是更为经济合算的风险。如某种风险自留的损失很低（比保费更低），采取预防和转移措施都不划算，则组织可以自己承担风险。

被迫自留风险：无法转移、无法回避，只能自己承担的风险。如，不可抗力因素，包括自然灾害、政府行为等，保险公司一般均不赔付。又如，市场价格上涨的风险不是工程建设组织可以控制的风险，只能通过在预算编制、合同签订中增加一笔不可预见费进行应对。

虽然采用各种风险策略消除、减轻、转移、自留了风险，工程建设组织还应通过风险预防、风险隔离、风险分散等措施进一步应对风险。其中：

① 风险预防是增强风险意识，制定风险应对机制。如设立风险应对组织机构，定期开展风险防范的培训、教育、考核，制定应急处理的措施和程序，设置风险监控的设备装置，制定风险监控、控制、处理程序，防止风险扩大或引发次生风险等。

② 风险隔离是分隔风险单位，防止发生连锁反应或相互波及。如设置单独的项目公司以隔离财务、经营风险，分散储存材料设备，设置防火分区等。

③ 风险分散是通过增加风险分担单位，达到分担集体风险，降低个体风险的目的。如分标段采购项目，采用多种融资组合，向不同国家和地区的供应商采购以分散汇率、费率风险，向不同供应商采购以分散价格、供应链风险等。

（4）风险监控

风险监控是指在项目实施过程中，不断收集、分析与项目风险相关的各种信息，获取风险形成的风险信号，预测未来的风险并提出预警，对可能出现的潜在风险因素进行监控，跟踪风险因素的变动趋势，以便及时地采取相应的预防或补救措施。

（5）建设工程项目的风险管理工作

以上风险管理的程序和内容需要融汇在建设工程项目管理的所有基本过程、基础工作中。如：

① 工程建设组织、项目管理机构应通过制度明确风险管理的目标、组织、内容、程序等内容。

② 在开展风险管理前，应根据项目范围、招投标文件与工程合同、项目工作分解结构、项目管理策划的结果、组织的风险管理制度、其他相关信息和历史资料等，制定项目风险管理计划（可以在制定项目管理策划时同步进行）。

项目风险管理计划应根据项目范围说明、招投标文件与工程合同、项目工作分解结构、项目管理策划的结果、组织的风险管理制度、其他相关信息和历史资料等制定。项目风险管理计划的内容包括：明确风险管理的目标、范围；制定可使用的风险管理方法、措施、工具和数据；确定风险跟踪的要求；分配风险管理的责任和权限；提供风险管理必要的资源和费用预算等。项目风险管理计划执行过程中还应根据实际情况进行调整。

关联知识 1.3.2.3
建设工程项目的风险特性

③ 在安全管理、质量管理、成本管理、进度管理等目标管理中，应根据目标控制的基本过程、PDCA循环等原理，事先识别、评估安全风险、质量风险、成本风险、进度风险等风险因素，在对应的管理计划中制定风险应对、监控、控制的程序和方法，在实施过程中处置、应对风险，对实施结果进行评价、考核等。

6. 信息与建设工程项目管理

从控制论系统的基本原理可以发现，控制系统的运作与信息的传递是密不可分的统一过程。在诸如导弹、飞行器乃至建设工程的控制过程中，巨大的能量、材料、人力、资金等的运作和行动，都可以通过带有相对微小质能的信息进行指挥和控制。用信息的观点研究自动化机器、社会经济运行和建设工程管理，是控制论方法的又一重大应用。

在建设工程项目领域，信息是由组织内部和外部在建设工程项目各个阶段众多活动中产生的，对信息接收者具有重要意义，在当前或未来的行动和决策中具有实际的或可察觉价值的，以各种形式存在的情报、资讯或数据。为了在建设工程项目管理的全过程中能及时、准确、全面地收集信息，安全、可靠、方便、快捷地存储、传输信息，有效、适宜地使用信息，组织应建立项目的信息管理体系，开展建设工程项目的信息管理。关于建设工程项目的信息管理，详见"建设工程项目的信息、知识和技术管理"章节。

1.3.3 建设工程项目管理的任务和内容

以上对建设工程项目管理基本原理的分析，实际上反映了对建设工程项目管理工作的诸多要求。结合建设工程项目各相关方的目标定义，我们可以将建设工程项目管理的主要任务和内容总结为以下几个方面：

① 根据系统原理，将所有的管理工作视为一个系统进行整体统筹和协调，开展建设工程项目的策划、决策和系统管理。

② 识别、理解各相关方的需求和期望，开展建设工程项目的范围管理、制定目标管理。

③ 组建项目管理机构，任命项目负责人，开展建设工程项目的组织管理。

④ 实施多种与目标控制有关的管理，开展建设工程项目的安全管理、质量管理、成本管理、进度管理、职业健康管理、环境管理。

⑤ 在建设工程的各个阶段，对影响目标实现各种要素、活动和阶段进行管理，进行建设工程项目的风险管理、采购管理、合同管理、设计管理、技术管理、信息管理、资源管理、收尾管理等。

本书的其他单元基本是按以上管理的工作内容划分编排的。由于系统管理、风险管理等方面的内容在之前的章节已被述及，故下文不再赘述。

模块 1.4

建设工程项目的范围管理

学习目标

知识目标：建设工程项目范围和范围管理的内涵；建设工程项目范围管理的主要内容
技能目标：能利用工作分解结构（WBS）的方法进行简单项目和工作分解

课程导入

虽然各相关工作性质、工作任务和利益不同，但无论项目管理的组织如何变化，各组织都应识别项目的所有相关方，了解其需求和期望，在顾客满意的基础上兼顾其他相关方的期望和要求，开展项目的范围和管理目标，确保所有管理的过程和结果与相关方的期望相一致。

1.4.1 建设工程项目范围和范围管理的内涵

建设工程项目的范围是指为达成项目目标所必须进行的所有工作及过程（包括生产工作过程、管理工作过程等）。为了明确项目的所有工作、过程，定义需要交付的产品和服务，并在项目实施过程中确保能完成所有预定内容的所有活动，就需要开展工程项目的范围管理。

范围管理是开展各项管理工作的重要基础。如果项目范围变动，则项目的目标、影响项目目标实现的因素都会变化。根据效益的原理，组织及其项目管理机构应在达成目标时仅完成必需的所有工作和过程。如：

① 某道路工程项目由于征地问题需要改线，则该项目的成本、进度都会受到影响。

② 某建筑工程项目实施过程中，建设单位突然要求在建筑中新增建筑智能化系统。虽然系统是否有用尚未可知，但项目的成本肯定需要增加，而且施工方法、质量、进度要求也发生了改变。

关于建设工程项目应该包括什么、不包括什么的定义和管理，对于工程建设组织各方，特别是建设单位、EPC 总承包单位等十分重要。许多项目一开始仅粗略地确定项目范围，而在项目进行到一定阶段后又对项目范围随意变更，使得项目最终的成本、进度和质量如同无底洞一般无法控制。对于设计单位、施工单位等承包单位而言，大多数项目的范围管理就相对简单一些，因为这些项目范围基本已由建设工程项目合同所限定了。

1.4.2 建设工程项目范围管理的主要内容

工程建设组织各方都应在建设工程项目的策划阶段进行范围管理工作。范围管理工作的主要内容包括：
① 范围计划。
② 范围界定。
③ 范围确认。
④ 范围变更控制等。

1. 范围计划

范围计划的主要工作包括制定范围说明书和范围管理计划。

① 范围说明书：是对范围描述、范围论证、项目产品、可交付成果和项目目标等内容进行描述的文档。范围说明书应在对形成项目产品、服务的所有工作和过程进行分析、明确的基础上进行。其中：范围描述是关于项目范围基本共识的描述。范围论证可为项目范围是否可行提供基础。项目产品主要说明产品、服务的基本情况。可交付成果用于描述产品、服务的具体构成和列表。项目目标定义产品、服务的安全、质量、成本、进度等目标。

② 范围管理计划：范围管理计划是具体描述项目范围管理规划、内容、流程、管理组织等内容的文件。

2. 范围界定

范围界定是将项目主要的可交付成果细分成较小的、更易管理的组分。范围界定的主要工具是项目结构图（Project Diagram），又称工作分解结构（Work Breakdown Structure，WBS）。其基本思想是：以可交付成果为导向，将项目目标、项目任务逐层分解为最小（不宜或不可继续细分）的工作单元或工作包（Work Package），从而清楚、方便地分析和展示项目的所有工作任务（项目的组成部分）。基于分解出的工作单元，建设工程项目的管理人员可以很方便地识别出其工作范围、质量要求、费用预算、时间安排、资源要求和组织职责。

（1）项目结构图的表示方法

项目结构图可以采用树状图或词典的形式表示。

项目结构图的树状图表示是以矩形表示工作任务（或不同层次的子项目），矩形框之间用连线表示逻辑关系（从属关系）。

例如，图1.4.2.1中的项目首先分解为主要可交付成果，主要可交付成果又分解为可交付的子成果，子成果分解为工作任务，工作任务分解为各岗位、人员的活动，从而得到树状图形式的项目结构图。

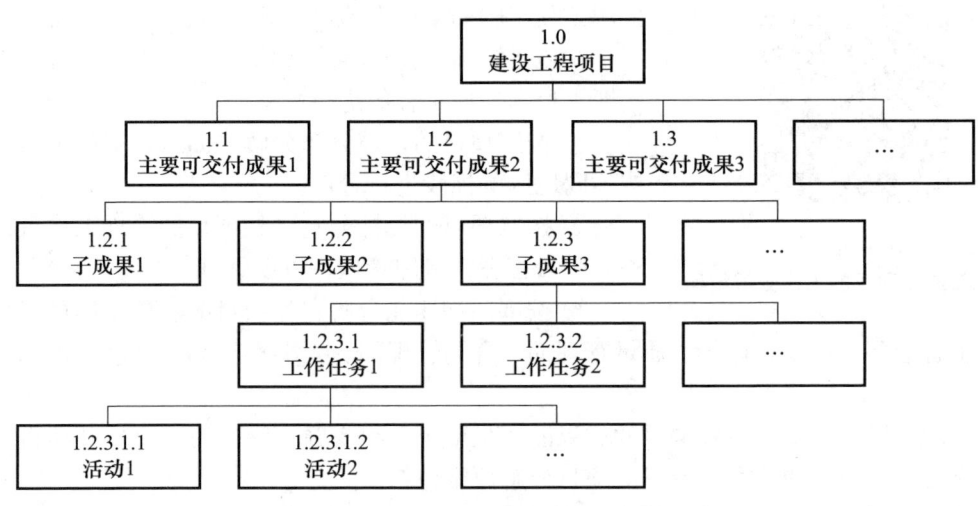

图 1.4.2.1　工作分解结构树状图

项目结构图的词典表示是以表格的形式对所有工作进行罗列。其优点是便于同时描述工作的其他信息和要求，如工作的基本情况、进度要求、费用要求、人员分配等。表 1.4.2.1 是对图 1.4.2.1 工作分解结构的词典形式表述。

表 1.4.2.1　工作分解结构的词典形式

一级编码	二级编码	三级编码	四级编码	五级编码	名称	描述	工期	责任人	费用
1					建设工程项目	…	…	…	…
	1.1				主要可交付成果 1	…	…	…	…
	1.2				主要可交付成果 2	…	…	…	…
		1.2.1			子成果 1	…	…	…	…
		1.2.2			子成果 2	…	…	…	…
		1.2.3			子成果 3	…	…	…	…
			1.2.3.1		工作任务 1	…	…	…	…
				1.2.3.1.1	活动 1	…	…	…	…
				1.2.3.1.2	活动 2	…	…	…	…
				…	…	…	…	…	…
			1.2.3.2		工作任务 1	…	…	…	…
…					…	…	…	…	…
	1.3				主要可交付成果 3	…	…	…	…
	…				…	…	…	…	…

（2）项目结构图的分解方法

一个建设工程项目可以有不同的项目结构的分解方法。常见的分解方法有：

① 按产品的物理结构分解：如建筑工程可以按地基与基础工程、主体结构工程、屋面工程等进行分解。

② 按功能分解：如工业厂房项目可以按照原材料存储、初加工厂房、深加工厂房、

例 1.4.2.1
某铁路建设项目的工作分解结构

公用工程、辅助生产设施等进行分解。

③ 按照实施过程分解：如供配电工程项目可以按照一期工程、二期工程等进行分解。

④ 按照项目的地域分布分解：如道路工程项目可以按不同地区的标段进行分解。

⑤ 按照项目的目标分解：如项目的管理工作可以分解为质量管理、费用管理、进度管理等。

⑥ 按部门和职能分解：如项目的监理工作可以分解为投资管理部、进度管理部、质量管理部、合同管理部、人事管理部、信息管理部等的工作。

总的来说，只要项目分解后的成果能满足整个工程实施、管理的需要，其项目结构图就是可行、合理的。可供参考的项目分解原则包括：

① 符合项目产品、服务的自然属性特点。

② 有利于项目工作、管理工作的开展和相互协调。

③ 有利于与合同结构、组织结构等相协调。

④ 同一工作在项目结构图中只能出现一次，否则工作内容将会重复。如果不同工作间存在共性内容的，可以提取出来作为一个单独部分。如项目的管理工作、人员的培训工作等。

⑤ 上一个级别的工作任务的内容是其下所有级别工作任务的总和。

⑥ 工作单元的职责必须可以明确地赋予部门或个人，且同一类工作最好能由具有相同能力的一类人承担。

⑦ 分解层次以满足实施、管理需要为准。数量上，一般不超过 20 个层次，较小的工程项目 4~6 层也能满足要求。内容和深度上，不要求所有的工作都分解到同一层次，只要满足管理的精准性要求即可停止分解。

⑧ 跨度时间长的工作可以按照 80 小时法则（80-Hour Rule）或两周法则（Two Week Rule）的时间间隔划分，太粗的间隔划分对管理和控制不利，但太细的划分又会使管理的成本上升，且影响其他工作的开展，影响组织成员的积极性。

⑨ 由于工作单位间存在着相互作用、相互联系、相互影响的复杂关系，分解时还要注意对工作单元之间的工作界面（即单元间的结合部，又叫接口部位）仔细分析处理。

（3）项目的编码

在工作分解结构的树状图和词典中用到了以数字表示的工作编码。如果对项目的各类要素进行更完善的编码，并形成建设工程项目的编码系统，则不仅可以根据编码系统对项目所产生的信息进行分类、记录、存储，而且可以方便地进行信息的检索、整理和加工。关于建设工程项目的编码系统，详见"建设工程项目的信息、知识和技术管理"章节。

3. 范围确认

范围确认是工程建设组织各方对项目范围的正式认定。一般在成果交付、项目验收的收尾阶段进行。

4. 范围变更控制

由于各种因素对项目的影响，项目范围的变化很难完全避免，严格按范围计划完工的建设工程项目是比较罕见的。当项目范围发生变更时，就需要对其进行有效控制。范围变更控制比较好的方法是制定一套规范、有效的变更控制程序，并在变更发生后按照规范程序处理。范围变更控制的程序可以包括：

① 识别变更是否发生在范围计划内。
② 如果变更在项目范围之内，则评估变更造成的影响。
③ 根据变更评估的结果制定措施。如增加费用、延迟进度、放弃变更等。

模块 1.5

建设工程项目的管理目标

知识目标：建设工程项目的管理目标；建设工程项目的管理目标系统；建设工程项目管理目标系统的调整和改进

1.5.1 建设工程项目的管理目标

根据目标控制的基本原理，项目管理组织所有工作都必须转化为目标后才能进行管理。如果某个工作、管理领域没有目标，这个领域的工作必然被忽视。所谓建设工程项目的管理目标，就是工程建设组织各方及其项目管理机构对所有管理工作的要求。

根据这一定义，建设工程项目的管理目标应当包括：

① 达成建设工程项目的目标：所有的管理工作都是为了达成建设工程项目的目标，包括安全目标、质量目标、费用目标、进度目标、职业健康目标、环境目标等。如果建设工程项目的目标都达成了，则建设工程项目管理的目标也就达到了。

② 为实现建设工程项目的目标而必须进行的，对建设工程项目进行的系统、组织、风险、信息、合同、采购、资源、沟通等方面管理工作的目标。

③ 为符合政府法律法规要求、工程建设组织各方自身发展目标而进行的，诸如文档管理、成本核算、绩效评价等方面管理工作的目标等。

1.5.2 建设工程项目的管理目标系统

工程建设组织各方及其项目管理机构应识别项目的需求和范围，根据自身项目管理能力、相关方约定及项目目标之间的内在联系，确定项目的管理总目标，并将管理目标分解为各类型、各层次的管理目标，以作为组织机构内各部门、个人开展管理工作的依据。

在确定项目的管理目标时，可将建设工程项目的所有管理目标作为一个系统进行分析。如：

① 建设单位（或承担建设单位部分职责的总承包单位、代建制单位等）通常在策划决策阶段根据各相关方的需求和目标、有关法律法规的要求、项目范围、项目特点、环境条件、合同约定、组织及其项目管理机构的管理能力，结合历史数据、最新技术发展资料等，采用科学方法进行综合研究、分析，提出总体的管理目标，如各类项目管理总目标、总安全目标、总质量目标、总进度目标、总成本目标等。

② 采用层次分析的方法，将工程项目的总体目标分解得到二级目标，二级目标再分解成三级目标等，如此一直分解下去，以形成系统性、层次性的建设工程项目管理目标系统。

③ 通过工程采购、签订工程合同等形式，将部分产品、服务的管理目标分解、分配给各承包单位，并要求他们达成合同约定的基本目标。

④ 各承包单位根据工程合同、设计文件以及国家有关法律法规、规程规范的要求，制定各自的管理目标、安全目标、质量目标、进度目标、成本目标等。各承包单位为了实现较高的顾客满意度，可以提出超越建设单位需求或期望的，既没有明示，也不是通常隐含或必须履行的管理目标。

设置建设工程项目的管理目标系统时，应注意以下几点：

① 目标系统应协调一致，注重系统整体性。要确保所有层次目标的实现能支持总目标和整体目标的实现。

② 目标系统要具体量化，有明确的达成时间或期限，以便于检查和评价。要区分长期目标和短期目标、重要目标和次要目标，以免顾此失彼。各层次目标要有实现可能，又要有一定的挑战性以激发成员的潜能。

③ 应将目标管理和组织管理结合起来，要根据目标系统评估和调整组织系统，确保每个目标都有确定的责任主体。

④ 管理目标不一定单纯由上级给下级直接指定，可以适当采用参与式协商的方式，由上级和下级共同设定、逐级分解出目标系统，共同制定整体目标、部门目标和个人目标。

⑤ 上级和下级应共同明确实现目标所需的权利和资源，就实现目标后的利益分配和奖惩事宜达成一致。可以通过项目管理目标责任书等形式进行约定。

1.5.3 建设工程项目管理目标系统的调整和改进

组织应建立高效合理的建设工程项目管理机构，制定有效的协调沟通机制，提供管理活动必需的资源,上级要对下级提供必要的支持,确保达成目标。

根据目标的动态控制原理,组织在建设工程项目的实施过程中应根据管理目标系统开展管理策划,实施各类管理活动,开展各类前馈控制、反馈控制,确保各类目标的实现。

组织应在规定的时间检查、评价管理目标系统的实施和达成情况,通过考核、奖惩等激励手段提高组织成员的积极性。当确实出现严重影响管理目标实现的不可测事件时,组织可在对原有目标系统和调整方案的评估、决策基础上,通过一定程序修订原有目标。

模块 1.6 练习提高

请扫描二维码查看本单元习题:

单元 2　建设工程策划与决策

案例导入

　　港珠澳大桥是一座连接香港、广东珠海和澳门的桥隧工程。位于广东珠江口伶仃洋海域内，为珠江三角洲地区环线高速公路南环段。工程项目总投资额1269亿元，其因超大的建筑规模、空前的施工难度和顶尖的建造技术而闻名世界。一项项填补诸多"中国空白"乃至"世界空白"的成就当中，港珠澳大桥全部采用"搭积木"的方式来建造更让人惊叹：大桥的所有构件，无论大小，包括上千吨重的桥墩、桥身和100多米高的桥塔，都是在岸上工厂整件制造，然后运至海上，像"搭积木"一样拼装在一起，实现了精密制造、精密安装。这种先进的设计和建造方案，并不是项目一开始就确定的。在大桥总设计师孟凡超带领设计团队制定港珠澳大桥设计和建造方案时，一个有关中华白海豚的环保问题被提了出来。环保专家提出，港珠澳大桥跨越的伶仃洋海域，正好经过国家一级保护动物中华白海豚的栖息地。在他们向国家有关部门提交的报告中，建议大桥要么绕行，要么不要建。而如果要避开中华白海豚保护区，大桥的运营里程、建设规模和建造成本都将大大增加，"粤港澳一小时经济生活圈"也将成为一句空话。为此，孟凡超带领团队仔细研究中华白海豚的生活习性，不断思考如何尽可能减少工程对白海豚的干扰和影响，创造性地提出了"大型化、工厂化、标准化、装配化"的设计和建造方案，不仅可以满足工程质量、工期和安全的需要，而且把对中华白海豚生活的干扰降到最低，也避免了中华白海豚"搬家"。后来的事实证明，港珠澳大桥建造过程中和建成后，经过有关部门的统计和分析，中华白海豚数量不但没有减少，反而增加了。

　　港珠澳大桥的工程经验表明，建设工程项目离不开完善的策划和决策，建设工程项目管理各方必须综合考虑各种因素，从而制定完善的计划和方案。本单元主要介绍建设工程项目在各阶段的策划和决策内容，并介绍若干常用的策划和决策方法。

模块 2.1

建设工程的策划

知识目标： 建设工程的策划；建设工程项目的管理策划

2.1.1 建设工程的策划概述

策划过程是一个开放性的工作过程，它需整合多方面专家的知识，组织和集成各类信息，本质上是知识管理的过程，即通过知识的获取，经过知识的编写、组合和整理而形成新的知识。优秀的建设工程策划更有利于平衡、达成甚至超越建设工程的各项目标，有利于提高社会效益和经济效益，有利于建设工程的组织和协调，最终为建设工程增值。

1. 建设工程各阶段策划的主要内容

建设工程各阶段策划的主要内容与该阶段的主要工作（包括管理工作）密切相关。如建设工程策划决策阶段的主要策划内容是定义或严格确定建设工程的任务和意义；建设工程项目实施阶段策划的主要任务是确定如何组织该项目的开发或建设等。表2.1.1.1列举了策划决策阶段和实施阶段常见的策划内容。

表 2.1.1.1　建设工程各阶段策划的主要内容举例

策划内容	策划决策阶段	实施阶段
环境调查和分析	项目所处的自然环境和社会环境，如宏观经济环境、政策环境、市场环境、能源和基础设施、周边环境等	与策划决策阶段相同
项目定义和项目目标论证	确定项目建设的目的、宗旨和指导思想；定义项目的规模、组成、功能和标准；规划和论证项目总投资、建设周期等	投资目标的分解和论证、编制项目投资总体规划、进度目标的分解和论证、项目建设总进度规划编制、项目功能分解、确定项目功能和质量目标等
组织策划	确定本阶段的组织结构、任务分工、管理职能分工、工作流程，确定实施阶段的组织总体方案，建立项目编码体系等	各工程建设组织的组织结构、各工程建设组织的任务分工和管理职能分工、管理工作流程、项目编码体系等
管理策划	项目实施阶段的管理总体方案、生产运营期设施管理总体方案、生产运营期经营管理总体方案等	各工程建设组织为实现项目目标而对管理工作进行的构思和安排。详见"建设工程项目的管理策划"章节

续表

策划内容	策划决策阶段	实施阶段
合同策划	确定本阶段的合同结构、合同内容和文本、确定实施阶段的合同结构总体方案等	方案设计竞赛的组织、项目的合同结构方案、合同文本等
经济策划	项目建设成本分析、项目效益分析、融资方案制定、资金需求量计划编制等	资金需求量计划、融资方案的深化分析等
技术策划	技术方案分析和论证、关键技术分析和论证、技术标准、规范的应用和制定等	技术方案的深化分析和论证、关键技术的深化分析和论证、技术标准和规范的应用和制定等
其他策划	风险和保险策划等	与策划决策阶段相同

2. 建设工程策划的基本思路和方法

策划的基本思路是围绕"5W1H"方法来开展。即策划必须清楚地确定和描述6个方面的内容：原因（Why）、对象（What）、地点（Where）、时间（When）、人员（Who）、方法（How）。

例如，在建设工程项目中，要研究提升混凝土浇筑质量的计划方案，可以按表2.1.1.2所示的"5W1H"进行策划。

表 2.1.1.2 提升混凝土浇筑质量的"5W1H"策划

原因（Why）	为什么要提升混凝土质量？混凝土浇筑质量不高的原因？哪些是主要因素？哪些是次要因素？
对象（What）	哪些因素是可以改善的？本次计划要从哪些因素进行改善？
地点（Where）	在哪里进行？
时间（When）	什么时间进行？
人员（Who）	由哪些人负责？
方法（How）	采用哪些方法提升质量？

根据以上策划的基本思路，就可以按一定的逻辑，比较科学地安排建设工程项目的策划步骤和策划过程。一般的策划过程可包括：

① 识别范围和管理目标，即解决"What""Why"的问题：范围是需要完成的所有工作，管理目标是组织对所有一般工作和管理工作的成果要求。目标和范围描绘了组织对未来状况的估计和预测。以此为标准，可用于衡量实际工作的成效，并分解落实到各个部门、各个活动环节。各工程建设组织实现项目目标而对管理工作进行的构思和安排详见"建设工程项目的管理策划"章节。

② 研究工作和活动实施的现实条件、历史经验，预测未来的状况：工作和活动实施的过程、结果必定受到现在和未来各种条件的制约。这些条件不仅包括技术、环境等因素，还包括项目文件、相关法律法规和标准的约束。忽视现实条件和可能的未来状况进行的各种安排只能是不切实际的空想，对未来的工作和活动也没有指导意义。此外，研究和借鉴类似项目的经验资料，对认识工作和活动的基本规律，识别和应对实施中的各类风险，快速制定总体安排和实施方法也有很大帮助。可以采用个案分析、时间序列

分析等预测工具辅助进行。

③ 确定组织模式、组织结构和职责分工，即解决"Who"的问题。具体的方法和工具详见"建设工程项目的组织管理"章节。

④ 确定总体安排和实施方法，对所需的管理过程也进行策划，即解决"When""Where""How"等问题。其中，进度安排应形成进度计划，宜采用可视化图表表达；方法和场地（如果需要）的安排应符合实施现场的条件约束。根据建设工程项目的特点，本步骤一般还需配置提供各类资源，测算相应的成本，按保证质量和降低成本的要求对各类安排、方法进行比较。在本步骤中，应尽可能地提出更多的可行性方案，依据科学的方法进行方案决策，对提升组织和各相关方的满意程度十分重要。管理人员应群策群力，充分利用组织内、外部专家的意见，发扬创新精神，利用好头脑风暴法等工具，制定较优的方案。

关联知识 2.1.1.1
"5W1H" 方法

⑤ 将策划结果用文字、数字等形式表达出来，形成关于策划的正式文件。

2.1.2 建设工程项目的管理策划

建设工程项目的管理策划是为了达成建设工程项目的有关目标，在调查、分析各类环境条件、历史经验数据等信息的基础上，遵循一定的程序，对未来（整体或某项）的管理工作进行全面的构思和安排。这种安排需要在空间、时间、组织上进一步分解、分配目标和任务，在多种可能方案中选择目标和任务合理可行的达成方式，制定工作结果的检查控制的流程和方法，并根据目标要求和环境变化进行修改和调整，将项目的管理策划结果使用文字、指标等形式表述，形成关于组织在未来一段时间工作内容、方式安排的管理文件，就是项目的管理策划文件。

建设工程项目的管理策划通常由项目管理规划策划和项目管理配套策划组成。其中：

① 项目管理规划策划：是由工程建设组织各方及其项目管理机构系统、整体进行的策划活动，其结果一般形成正式的管理文件。

② 项目管理配套策划：是不涉及项目管理规划（或相关内容没有在其成果文件中明文规定，或是相关深度不到位），特别是现场各类管理人员的"口头策划"（不需要书面文件和记录的策划）。

当然，项目管理配套策划的结果是否最终形成文件，具体需依据国家、行业、地方法律法规要求和组织的有关规定执行。总体来说，组织都应建立项目管理策划的管理制度，确定项目管理策划的管理职责、实施程序和控制要求。

项目管理策划的管理过程包括：

① 分析、确定项目管理的内容与范围。

② 协调、研究、形成项目管理的策划结果。

③ 检查、监督、评价项目管理的策划过程。

④ 履行其他确保项目管理策划的规定责任。
⑤ 在项目实施过程中，应依据项目的策划文件开展各类跟踪检查和必要的策划调整。
⑥ 项目结束后，宜编写项目管理策划的总结文件。

1. 项目管理规划策划

根据组织的立场、角度，承担的工作和责任不同，项目管理规划策划可分为建设单位的项目管理规划策划、监理单位的项目管理规划策划、施工单位的项目管理规划策划：

① 建设单位的项目管理规划策划：是建设单位对某一总体规划范围内、统一立项审批、单一或多元投资、经济独立核算的建设工程进行整体策划。策划的成果一般是《建设项目管理规范》等规划文件。

② 监理单位的项目管理规划策划：是咨询、监理单位对项目监理工作的整体性策划，其策划成果一般是《监理大纲》《监理规划》和《监理实施细则》等规划文件。表2.1.2.1展示了上述监理规划文件之间的关联和异同之处。

表2.1.2.1 监理单位的项目管理规划

	《监理大纲》	《监理规划》	《监理实施细则》
主要作用	用于投标的全局性、战略性监理工作规划	整体性、指导性的监理工作规划	操作性、实施性的监理工作规划
编制依据	① 招标文件； ② 法律法规、规章制度； ③ 相关标准、规范	① 法律、法规、规章制度； ② 监理合同和其他建设合同； ③ 设计文件和其他建设文件； ④ 相关标准、规范	① 监理规划； ② 工程建设标准、工程设计文件； ③ 施工组织设计、专项施工方案
主要内容	① 监理工作内容； ② 难点、重点； ③ 监理可行性建议等	① 工程概况； ② 监理工作的范围、内容、目标； ③ 监理工作依据； ④ 监理组织形式、人员配备及进退场计划； ⑤ 监理人职责、监理工作制度； ⑥ 工程质量控制、工程造价控制、工程进度控制、安全生产管理的监理工作、合同与信息管理、组织协调（即"三控二管一协调"）； ⑦ 监理工作设施等	① 专业工程特点； ② 监理工作流程； ③ 监理工作要点； ④ 监理工作方法及措施
编制时机	投标阶段	签订监理合同收到设计文件后，在第一次工地会议前报送建设单位	收到施工组织设计或者专项施工方案后
编制人员	监理单位技术负责人组织编写	总监理工程师组织专业监理工程师编写	专业监理工程师组织编写
审批人员	监理单位技术负责人	监理单位技术负责人	总监理工程师

③ 施工单位的项目管理规划策划：是施工单位对项目内的单位工程、单项工程或具有独立使用功能的交工系统（指其功能是与其他设施相对独立的，可以单独交工的系

统,比如消防系统、电力系统、供水系统等,一般含多个)进行的整体性策划。策划的成果一般是《工程项目管理规划》。根据用途、内容、深度等的不同,《工程项目管理规划》又可分为《工程项目管理规划大纲》(以下简称《规划大纲》)、《工程项目管理实施规划》(以下简称《实施规划》)和各类项目管理计划。

《规划大纲》和《实施规划》的编制依据、主要内容等如表 2.1.2.2 所示。

表 2.1.2.2 施工单位的项目管理规划

	《规划大纲》	《实施规划》
主要作用	项目管理工作中具有战略性、全局性和宏观性的指导文件,用于满足投标文件要求和签订合同要求的规划文件。 对于工程总承包、代建制模式项目的《规划大纲》,由于承包单位的工作包括了诸多建设单位的职能(特别是工程设计管理、招标采购管理等内容,直接受投资规划与决策理念的影响),需统筹进行策划,将项目投融资、项目结构分解与范围管理、勘察设计管理、工程招投标管理及项目试运行管理等内容纳入规划大纲	对项目管理规划大纲的内容深化、细化,用于指导实施阶段的各项管理工作。一般情况下,施工单位的《施工组织设计》等同于《实施规划》。对于满足以下条件的工程项目,一般也只编制《实施规划》,无需编制《规划大纲》: ① 规模小、技术简单的一般工业与民用建筑工程项目; ② 可接受项目管理实施规划投标的工程项目; ③ 分部分项工程或专业分包工程项目
编制依据	① 项目文件、相关法律法规和标准; ② 类似项目经验资料; ③ 实施条件调查资料	① 适用的法律、法规和标准; ② 项目合同及相关要求; ③ 项目管理规划大纲; ④ 项目设计文件; ⑤ 工程情况与特点; ⑥ 项目资源和条件; ⑦ 有价值的历史数据; ⑧ 项目团队的能力和水平
主要内容	① 项目概况; ② 项目范围管理、项目管理目标; ③ 项目管理组织和职责; ④ 项目采购与投标管理、项目进度管理、项目质量管理、项目成本管理、项目安全生产管理、绿色建造与环境管理、项目资源管理、项目信息管理、项目沟通与相关方管理、项目风险管理、项目收尾管理等; ⑤ 各项管理内容的程序和方法要求; ⑥ 各项管理所需资源的提供和安排	① 项目概况; ② 项目总体工作安排; ③ 组织方案; ④ 设计与技术措施; ⑤ 围绕专门目标、阶段、任务等进行的管理计划。如进度计划、质量计划、成本计划、安全生产计划、绿色建造与环境管理计划、资源需求与采购计划、信息管理计划、沟通管理计划、风险管理计划、项目收尾计划、总承包管理计划(如果有)等; ⑥ 项目现场平面布置图; ⑦ 项目目标控制计划; ⑧ 技术经济指标
编制时机	在投标之前编制	项目实施前
编制人员	承包单位	承包单位的项目管理机构
审批人员	报送企业管理层审批后作为正式投标和签订合同的依据	参照施工组织设计的审批要求进行

2. 施工单位项目管理规划策划

(1)《规划大纲》的策划

组织在制定《规划大纲》时,可先进行框架结构和内容要点的策划。

① 框架结构可结合有关标准、规范的目录体系,并结合工程项目特点和管理目标,

经策划人员共同选择、分析、调整、补充和完善后形成。

② 内容要点着重强调工作思路，需集成项目管理团队的共同智慧，对项目管理重要事项明确地提出方向性、策略性的工作思路和办法。

（2）《实施规划》的策划

管理机构在制定《实施规划》时，需依据《规划大纲》编制，把《规划大纲》策划过程的决策意图体现其中，将《规划大纲》的内容全面深化和具体化，以满足实现项目目标的实际需要，并将实施风险预控在可以接受的水平。管理机构还要结合目标分解和管理职能分工，处理好不同机构、部门的交叉衔接关系，做好专业管理、子项管理以及协同管理机制、措施的安排。

3. 项目管理配套策划

常见的项目管理配套策划包括：

① 确定项目管理规划的编制人员、方法选择、时间安排。这是项目管理规划编制前的策划内容，不在项目管理规划范围内，其结果不一定形成文件。

② 安排项目管理规划各项规定的具体落实途径。这是规划编制或修改完成后，如何实施落实的策划和安排。其内容可能在项目管理规划范围内，也可能在项目管理规划范围之外，其结果不一定形成文件。这里既包括落实项目管理规划文件需要的应形成书面文件的技术交底、专项措施等，也包括不需要形成文件的口头培训、沟通交流、施工现场焊接工人的操作动作策划等。

③ 补充项目实施的保证性措施，规定应对临时性、突发性情况的措施。如可能需要的项目全过程的总结、评价计划，项目后勤人员的临时性安排、现场突发事件的临时性应急措施，针对作业人员临时需要的现场调整，与项目相关方（如社区居民）的临时沟通与纠纷处理等。

这些内容往往需要有关责任人员进行应对措施的策划，其策划结果不需要形成书面文件，或者无法在实施前形成文件，但是其策划的缺陷、不完善必须通过项目管理策划的有效控制和预防。类似的现象和管理需求在工程项目现场普遍存在。制度建设是解决此类问题的基础，需要时，组织可依据自己的惯例和文化，通过团队建设进行管理。

（1）项目管理配套策划的依据

项目管理配套策划必须依据以下内容进行：

① 项目管理制度：指组织关于项目管理配套策划的授权规定（如岗位责任制中的相关授权）。

② 项目管理规划。

③ 实施过程需求。

④ 相关风险程度：指在风险程度可以接受的情况下项目管理的配套策划，如果策划风险超过了预期的程度，则需把该事项及时纳入项目管理规划的补充或修订范围。

（2）项目管理配套策划的管理

项目管理机构应保证有关人员的策划缺陷可控，确保配套策划的风险可被控制在预期范围内。具体工作包括：

① 界定配套内容策划的范围、内容、职责和权利。

② 规定配套内容策划的授权、批准和监督范围。
③ 确定配套内容策划的风险应对措施。
④ 总结评价配套内容策划水平。

各相关方的项目管理机构应建立下列保证项目管理配套策划有效性的基础工作过程，并成为项目管理制度的一部分：
① 积累以往项目管理经验。
② 制定有关消耗定额。
③ 编制项目基础设施配置参数。
④ 建立工作说明书和实施操作标准。
⑤ 规定项目实施的专项条件。
⑥ 配置专用软件、建立项目信息数据库。
⑦ 进行项目团队建设。

只有建立和保持这些基础工作，才能形成有效确保策划正确的文化氛围和管理惯例，从而保证项目管理配套策划的有效性。

关联知识 2.1.2.1
施工组织设计

模块 2.2

建设工程的决策

学习目标

知识目标：决策理论；决策方法
技能目标：能使用定量决策方法进行简单的建设工程项目决策

2.2.1 决策理论

1. 决策的分类

可以按照不同标准对决策进行分类，如表 2.2.1.1 所示。

表 2.2.1.1 决策的分类

分类方式	分类	定义
影响周期	长期决策	与组织今后发展、方针和长期目标有关的长远性决策。如投资的方向、组织的确定、主营业务的选择等
	短期决策	为保障长期决策的实施而采取的短期手段。如生产计划制定、人员资源配置等

续表

分类方式	分类	定义
影响范围	战略决策	与组织方针、目标等涉及组织各方面的全局性问题有关的决策
	战术决策	战略决策执行过程中的具体决策
	业务决策	日常工作中进行的、对组织产生局部影响的决策
决策主体	个人决策	由单人做出的决策
	集体决策	由多人做出的决策。相对个人决策,集体决策信息获取渠道多,容易拟定更多备选方案,决策的结果能获取更多支持等。但成本(时间和费用)相对较高,决策责任不易分清,且个人易被集体影响
是否重复	程序化决策	决策的对象和问题可能重复出现,通常已积累了处理经验、程序、规则,可以按常规办法解决的决策,又称为常规决策、例行决策
	非程序化决策	决策的对象和问题是偶然发生的、新颖的、性质不明,没有固定的处理模式,必须做出创新性判断和取舍的决策,又称非常规决策、例外决策
决策结果的确定性	确定型决策	详见"决策方法"章节
	风险型决策	
	非确定型决策	

2. 决策的理论

决策理论是关于决策过程、准则、类型及方法较完整的理论体系。比较有代表性的决策理论有古典决策理论和以行为决策理论为基础的现代决策理论。

(1) 古典决策理论

古典决策理论又称规范决策理论,盛行于 20 世纪 50 年代以前。古典决策理论假设决策者是完全理性的"经济人",决策应从经济、效益的角度出发,为组织获取最大利益。古典决策理论的基本假设和主要内容是:

① 组织要实现的目标是明确的,决策问题是可以被识别并精确陈述的。

② 决策者可以收集所有的信息,据此制定所有可能的方案,并准确地预测各方案的执行结果,从而使决策变成完全确定的。

③ 决策者能用统一标准(如经济利益、效益等)对执行结果进行量化评估。

④ 决策者完全依据方案的利益大小进行选择,从而得出"最优决策"。

在很多情况下,古典决策理论的上述基本假设和内容是不完全符合实际的,所谓的"最优决策"也是难以达成的。如:

① 人们难以完全了解方案的执行结果。

② 决策者在决策过程中还要考虑非经济因素。

因此,古典决策理论逐渐被更新的现代决策理论替代了。

(2) 现代决策理论

现代决策理论由 20 世纪 50 年代发展至今,是针对古典决策理论难以解决的问题,利用观察法、调查法(如问卷调查法、访谈调查法)和实验法(如心理学实验、经济学实验)等研究工具逐渐发展起来的。现代决策理论的主要假设和原则是有限理性和满意原则。

① 有限理性：在复杂和高度不确定的决策环境中，人的知识、评估、计算等能力是相对有限的。决策者在决策过程中容易受知觉上偏差的影响，对未来的判断更多的借助直觉、经验，而非基于逻辑、概率进行分析。受决策时间、可用资源等决策环境、条件的限制，决策者只能尽量了解各种备选方案的情况，而无法做到全部了解。因而决策者在决策过程中并不总是选择收益最大的方案，而是基于对风险的态度做出选择。在某些情况下，决策者极其厌恶风险，会按风险规避的心理选择收益稳妥的方案。而在另一些情况下，决策者又试图以小博大，选择可能性较小，但收益较大的方案。

② 满意原则：决策者在决策中往往只求满意的结果，而不愿费力寻求最佳方案。导致这一现象的原因包括，如果有现成的可行方案可供选择，决策者一般不会费力开发其他可行性方案；并非所有的决策者都具备决策能力，或者某些情况下决策者主要从个人的角度、因素出发选择方案；获取完全可靠的信息、制定和评估所有可能方案花费的成本也许远高于决策结果所带来的利益。

此外，现代决策理论还研究了其他影响决策的因素。如：

① 威廉·大内（William Ouchi）提出，东西方文化差异会影响组织的决策行为。

② 查尔斯·林德布洛姆（Charles Lindblom）认为，在某些情况下（特别是在公共管理、政策制定、企业治理等领域），决策过程应是一个渐进式的过程（即渐进决策）。如果决策者缺乏明确的目标、完备的信息、充足的决策能力、公允的评价标准，各个方案难以明显的区分优劣时，则最好在现行方案的基础上小修小补，逐渐调整。虽然渐进决策耗时长久，难以应对大的变革，但渐进决策的方案一般现实可行，具有很强的实用性与灵活性，使决策者有足够的时间和机会研究各种备选方案的结果，达到稳中求变的目的，避免引发动荡，并容易获取各方支持，实现各方基本满意的状态。

③ 皮尔·索尔伯格（Peer Soelberg）在观察某商学院毕业生择业的过程中发现，很多情况下毕业生很早就确定了自己的"隐含最爱方案"，随后毕业生会继续寻找其他备选方案，并选定最优的第二备选方案或"证实性备选方案"。毕业生在后续的决策中会通过多种努力（包括感知的扭曲）试图证明自己的"隐含最爱方案"属于"证实性备选方案"，使自己确信其决策过程是理性且符合逻辑的。但实际上"隐含最爱方案"通常只在很少的方面优于"证实性备选方案"。索尔伯格将这种利用直觉进行的决策称为回溯决策。在一些研究中发现，这类基于直觉的决策在实践中不仅效率更高，其结果与系统理性的决策结果相当，甚至更优。

2.2.2 决策方法

基于现代决策理论，建设工程项目常用的决策方法可分为定性决策方法和定量决策方法。

1. 定性决策方法

定性决策方法又称软方法，是直接利用决策者本人或有关专家的知识、经验和判断能力，在所能掌握的信息基础上，通过对决策问题的本质、特征、内在规律等进行描

关联知识 2.2.2.1
定性决策方法

述、分析所做出的决策。适用于具有多重目标、环境条件不确定，难以用数值描述，涉及经济、社会、心理等复杂因素的综合性问题。常用的定性决策方法有头脑风暴法（Brainstorming）、德尔菲法（Delphi Method）等。

2. 定量决策方法

定量决策方法又称硬方法，是将决策问题数量化，应用数学工具、计算机工具等建立反映决策问题各种因素关系的数学模型，并通过对这种模型的计算和求解，从而选出数量指标最优的决策方案。运用定量分析的方法可以提高决策的最优性、可靠性和准确性，是决策方法科学化的重要标志。由于并非所有因素都可以数值化描述，因此在大部分实际决策问题中，必须综合应用定量决策方法和定性决策方法，从而提高决策的质量。定量决策方法可包括确定型决策、不确定型决策、风险型决策等。

例 2.2.2.1
某建设工程项目的融资方案决策

（1）确定型决策

确定型决策是指决策的备选方案在未来的状态是确定的，相应的结果也是可以测算的。此时比较各方案的损失和效益（损益值）就能选出最令人满意的方案。

（2）不确定型决策

不确定型决策是指决策的备选方案在未来存在多种自然状态，各种状态下的结果是可以测算的，但具体出现哪种状态，出现的可能性是未知的。由于缺乏可靠信息，不确定型决策需要依靠人们的经验、主观判断、接受风险的程度等进行方案选择。主要的方法（或准则）包括等可能法、保守法、乐观法、乐观系数法、取最小的最大后悔值法。

① 等可能法：又称拉普拉斯法、拉普拉斯准则。如果决策者不能判断哪种结果更容易出现，则可以认为所有的结果发生的可能性（概率）是相等的。假设存在 n 种自然状态，每种自然状态对应一种结果，则每个自然状态出现的概率为 $1/n$，计算每种结果的收益值，取收益最大（或损失最小）的方案就是最令人满意的方案。这种方法是法国数学家皮埃尔·西蒙·拉普拉斯（Pierre Simon Laplace）首先提出的。即选择 $\max\limits_{1\leqslant i\leqslant n}\{E_i\}$，其中 E_i 按下式计算：

$$E_i = \sum_{j=1}^{n} \frac{1}{n} v_{ij}$$

② 保守法：又称悲观法、悲观准则、瓦尔德准则，源于匈牙利数学家亚伯拉罕·瓦尔德（Abraham Wald）提出的一种决策模型。在这种模型中，决策者对未来持保守、悲观的态度，认为未来会出现最差的状态。因此，决策者首先计算不同方案的"最小损益值"，然后选择最小损益值最大的方案。即选择：

$$\max_{1\leqslant i\leqslant n}\left\{\min_{1\leqslant j\leqslant m}\{v_{ij}\}\right\}$$

③ 乐观法：又称冒险法。在此方法中决策者对未来持积极、乐观的态度，认为未来会出现最好的状态。因此，决策者首先计算不同方案的最大损益值 $\max\limits_{1\leqslant j\leqslant m}\{v_{ij}\}$，然后

选择最大损益值最大的方案。即选择：

$$\max_{1\leqslant i\leqslant n}\left\{\max_{1\leqslant j\leqslant m}\{v_{ij}\}\right\}$$

④ 乐观系数法：又称为折中法，是介于保守法和乐观法之间的一种决策方法。具体思路是人为设定一个乐观系数 α，α 的取值应介于 0 至 1 之间（即 $0\leqslant\alpha\leqslant 1$），并取悲观系数为 $1-\alpha$。显然，决策者对未来的预计越乐观，α 的取值就越接近 1。

随后按如下公式计算可能收益值 Net_i（即将乐观系数和悲观系数作为权数，分别对每一个方案的最大损益值、最小损益值取平均值）：

$$Net_i = \alpha \max_{1\leqslant j\leqslant m}\{v_{ij}\} + (1-\alpha)\min_{1\leqslant j\leqslant m}\{v_{ij}\}$$

取可能收益值 r_i 最大的方案为决策结果，即选择：

$$\max_{1\leqslant i\leqslant n}\{r_i\}$$

⑤ 取最小的最大后悔值法

这种方法的思路是，如果决策者选择其中一个方案后，如果未来其他方案的损益值比该方案大，则决策者会后悔。某种自然状态下后悔的程度用后悔值 r_i 表示，等于该状态下各方案的最大损益值 $\max\limits_{1\leqslant i\leqslant n}\{v_{ij}\}$ 减去该方案的损益值 v_{ij}，即：

$$r_i = \max_{1\leqslant i\leqslant n}\{v_{ij}\} - v_{ij}$$

随后取最大后悔值为最小的方案，即选择：

$$\min_{1\leqslant i\leqslant n}\{r_i\}$$

例 2.2.2.2 某承包商的不确定型投标决策

下面通过例 2.2.2.2 介绍这几种决策方法。

（3）风险型决策

风险型决策是指决策的备选方案在未来有多种自然状态，每种状态的结果是可以测算的，且各种状态出现的可能性（即概率）也是可获知的。由于无论选择哪种方案，最终结果可能带来收益，也可能带来损失，这种收益和损失的不确定性与风险的定义十分相似，因此被称为风险型决策。

由于确切地获知各种自然状态出现真实概率是很困难的，通常需要在决策中使用主观概率。所谓主观概率是指人们对某事件（假设为事件 A）发生可能性的主观评价。即主观概率 $P(A)$：

$$P(A) = [对 A 发生的信用度]$$

主观概率必须符合概率论的基本定理，如 $P(A)$ 必须大于等于 0，小于等于 1；各方案所有自然状态出现的概率之和必须等于 1。

在确定各种状态出现的概率后，就可以使用期望值或效用值进行方案对比了。下面通过例 2.2.2.3 说明基于损益期望值的风险型决策方法。

例 2.2.2.3 某承包商的风险型投标决策

（4）关于风险决策的若干讨论

在实际的风险决策过程中，概率的可靠程度、效用、连续决策等问题是值得决策者进一步关注的。

首先是概率的可靠程度问题。概率应基于客观数据的调查和统计分析取值，并可以在增加样本信息的基础上使用贝叶斯公式获取后验概率，进一步提高决策的可靠性。虽然获取更多信息可减少概率和决策的不确定性，但即使在获得完全信息的情况下，项目的决策收益也是有限的，因此决策者需要合理把握获取信息的成本。

其次是关于效用（Utility）的问题。由于损益值一般仅反映了经济效果，没有考虑不同决策者对风险的态度、个人的倾向和偏好等主观因素。因此可以通过建立效用函数，使用效用期望值的方法进行决策。所谓效用，是指决策者对损益值的独特感受和取舍。图 2.2.2.1 以损益值为横坐标，以效用值为纵坐标，将 4 类决策者对风险态度的变化描点、拟合成 4 条不同的效用曲线。

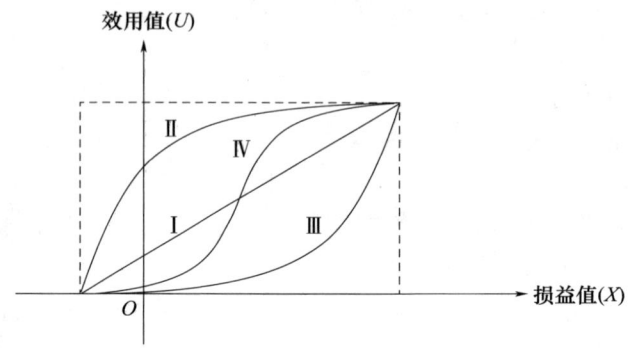

图 2.2.2.1　效用曲线

① 直线 Ⅰ 表示效用与损益呈线性关系，对应这种效用函数的决策者对风险持中立态度，即决策者的满意程度与损益数值的增减是同步的。

② 曲线 Ⅱ 表示随着损益值的增加，决策者的满意程度随之增加，但到一定程度后决策者的满意程度增长越来越慢。这类决策者对损失较为敏感，而较大额收益对其吸引力却不是很大，因此倾向保守决策，避免风险。

③ 曲线 Ⅲ 表示效用值随损益值的增加而递增，且递增速度越来越快。这类决策者对小的收益并不十分关心，而更专注于获取大额收益，因此倾向激进、冒险，并能承受小额的亏损。

④ 曲线 Ⅳ 表示决策者在损益值不大时，具有一定的乐观、冒险特征，但损益值增加到一定程度后，就会转化为风险厌恶的保守决策者。这种决策者往往更为常见。

根据上述效用函数、效用曲线，将损益值换算为效用值后计算效用期望值，就是基于效用的风险决策。

此外，实际决策中每个备选方案并非只有若干自然状态，决策方案是同时被多种因素所干扰的，特别是在某些自然状态中，还存在多种次级方案的决策问题。此时采用直接计算的方法就比较困难，可以利用决策树法（Decision Tree）的方法，将这种复杂的连续决策过程分解为树枝状结构，然后根据损益期望值或效用期望值进行分析。决策树法的图形一般由以下要素构成：

① 决策结点：用方块表示，表示决策者在此做出选择。

② 方案枝：决策结点引出的支线，代表不同的方案。

③ 状态结点：用圆圈表示，代表在此计算不同自然状态下的期望值。

④ 概率枝：状态结点引出的支线，表示某种自然状态及其出现的概率。

下面通过例 2.2.2.4 展示决策树法的决策过程。

例 2.2.2.4
某承包商基于决策树的投标决策

模块 2.3

练习提高

请扫描二维码查看本单元习题：

单元 3　建设工程项目的组织管理

案例导入

某地铁 X 号线施工总承包项目全长 18.28 公里，设 15 座车站，15 个区间，1 座停车场，整个项目划分为 10 个工区平行施工。该项目采取施工总承包项目管理部和工区项目部两级管理体系。其中，总承包企业成立了施工总承包管理部，施工总承包管理部设置总承包管理层和职能管理层，职能管理层设置了前期工程部、工程管理部、安全质量环保部、计划合同部、综合管理部、财务部等部门。在各个工区又设置了工区项目部，根据特点，一般设置经营部、技术部、工程部、成本部、材料部、财务部、综合部，部分工区还设置了专门的设备部。根据总承包项目管理部的要求，各级管理组织建立了必要的规章制度，规范各岗位人员的行为，确保各项工作的规范化、标准化和科学化。为了促进各部门之间的信息交流和沟通，项目使用了先进的信息管理系统。由于建立了高效、有序的组织机构系统，工程的各项工作得以顺利进行，项目也顺利竣工并交付使用。

本单元将从项目管理的母学科——组织理论着手，首先介绍组织理论 3 个方面的基本知识，包括：

① 组织结构模式：组织中要素间从属关系，以及组织中指令的下达关系。不同的结构决定了组织的管理方式、项目负责人与项目管理机构的相互关系，提供了不同的管理环境，也决定了项目管理机构的权、责、利。

② 组织分工：组织中各要素间的分工、协作，包括工作的分工和管理职能的分工。

③ 工作流程组织：组织信息、物质流动的方式，组织所承担的工作、活动间的逻辑关系。

随后，本书将基于这些组织理论介绍如何开展建设工程项目的组织管理工作。

模块 3.1　组织管理的基本知识

学习目标

知识目标：建设工程项目的组织结构；建设工程项目的组织分工；建设工程项目的

工作流程组织

技能目标： 能绘制组织结构图；能绘制工作流程图

建设工程项目的组织管理基本上是基于现代组织理论而进行。作为项目管理的母学科，组织理论的基本原理、基本方法对建设工程项目的组织管理十分重要。因此，本章首先介绍组织理论3个方面的基本知识，包括：

① 组织结构模式：组织中要素间从属关系，以及组织中指令的下达关系。不同的结构决定了组织的管理方式、项目负责人与项目管理机构的相互关系，提供了不同的管理环境，也决定了项目管理机构的权、责、利。

② 组织分工：组织中各要素间的分工、协作，包括工作的分工和管理职能的分工。

③ 工作流程组织：组织信息、物质流动的方式，组织所承担的工作、活动间的逻辑关系。

随后，本书将基于这些组织理论简单介绍如何开展建设工程项目的组织管理工作。

3.1.1 建设工程项目的组织结构

组织的结构可以用组织结构图、合同结构图等进行描述，是一种相对静态的组织关系。

1. 合同结构图

合同结构图反映的是组织外部不同相关方之间通过合同关联起来的工作或组织指令关系，一般使用矩形框表示合同方，用双向箭线表示合同关系。图3.1.1.1是某工程项目的合同结构图示例。

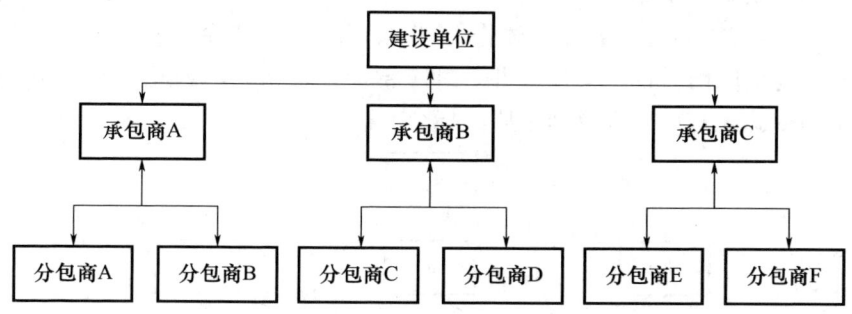

图 3.1.1.1 **某工程项目的合同结构图**

合同结构图可以比较清晰地表达某工程项目所有产品和服务的采购、获取方式，明确不同工作的责任组织，有利于制定关于工程项目的整体规划、策划。

2. 组织结构图

对组织内部进行层层分解，并用图的方式表示，就得到了组织结构图（Diagram of Organizational Breakdown Structure，DBS）。组织结构图用矩形框表示工作部门，用单向箭线表示上级部门对下级部门的指令关系。图 3.1.1.2 展示了某企业的组织结构图。

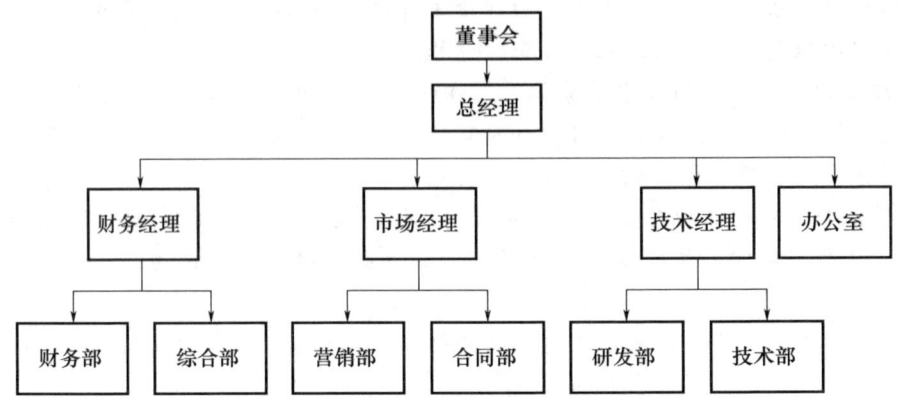

图 3.1.1.2　某企业的组织结构图

根据组织结构图中指令关系的特点，可以将组织结构划分为 3 种模式：

（1）职能式组织结构

职能式组织结构（Functional Organization Structure）又称为多线性组织结构，是一种传统的组织结构形式。20 世纪初，法国管理学家亨利·法约尔（Henri Fayol）对其经营的煤矿公司所采用的该种组织结构进行了总结，因此又称"法约尔模型"。

职能式组织结构是将具有相同职能的业务和人员组合在一起，实行高度的专业化分工，设置相应的管理部门和管理职务，每个职能部门都可根据其管理职能，对其直接和非直接的下属部门下达指令或进行指导。

图 3.1.1.3 展示了职能式组织结构的组织结构图。Ⅰ、Ⅱa、Ⅱb、Ⅱc、Ⅲb、Ⅲc、Ⅲd 和 Ⅲe 等都是工作部门；Ⅰ可以对Ⅱa、Ⅱb、Ⅱc下达指令；Ⅱa、Ⅱb、Ⅱc都可以在其管理的职能范围内对Ⅲb、Ⅲc、Ⅲd、Ⅲe 部门下达指令，因此Ⅲb、Ⅲc、Ⅲd、Ⅲe 部门有多个指令源，有可能接收到矛盾的指令。

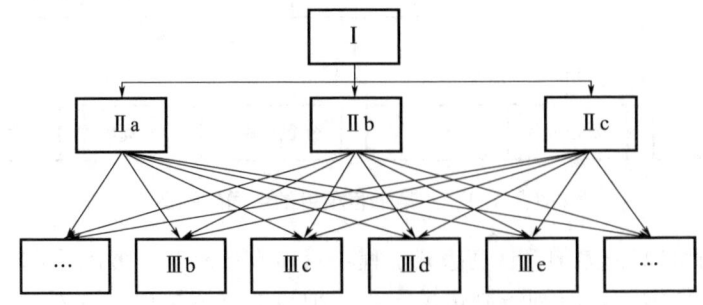

图 3.1.1.3　职能式组织结构

职能式组织结构的优点：
① 职能部门内部资源、技术力量易于调配，并为整个组织服务。
② 职能部门内部专业人员便于相互交流、对创造性地解决问题很有帮助。

职能式组织结构的缺点：令出多门，下层收到的指令经常发生冲突。

职能式组织结构主要适用于中小型的、产品和服务比较单一、技术发展较慢、外部环境比较稳定，即经营管理相对简单、部门较少、部门间协调难度小，适应性要求较低的企业或项目组织。

此外，虽然当企业或项目的规模、复杂程度、外部环境的不确定性超出了职能式组织结构的限度时，在企业或项目的某些局部，也可以采用这种职能部门划分的方法，以便于这些职能部门为整个组织服务。

(2) 线性式组织结构

线性式组织结构（Linear Organization Structure）来源于军事组织机构系统。是指按照纵向关系逐级安排责权的组织方式。整个组织从上到下，上层的责权大于下层，逐级降低，构成一个金字塔状的责权管理系统。

图 3.1.1.4 展示了线性式组织结构的组织结构图。Ⅰ可对其直接下属部门Ⅱa、Ⅱb和Ⅱc下达指令。Ⅱb可对其直接的下属部门Ⅲc、Ⅲd下达指令。Ⅱa、Ⅱc虽然比Ⅲc、Ⅲd高一个组织层次，但Ⅱa、Ⅱc不允许对Ⅲc、Ⅲd下达指令。

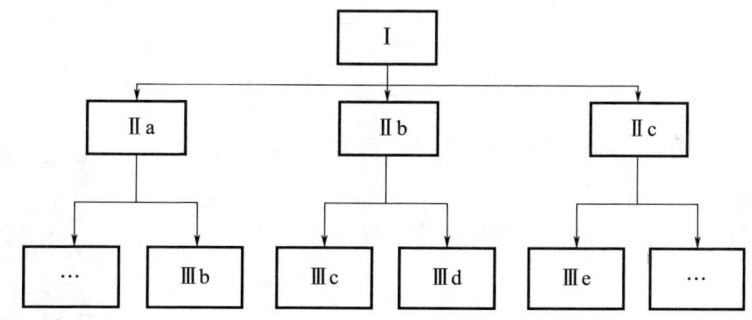

图 3.1.1.4　线性式组织结构

线性式组织结构的优点：
① 权利集中，职权和职责分明。
② 命令统一，信息沟通简捷方便，便于统一指挥，集中管理。

线性式组织结构的缺点：
① 各级部门负责人必须熟悉与本部门业务相关的各种活动，且最高层级管理部门必须具备对所有业务进行管理的能力。
② 同级部门间缺乏横向的协调关系，当管理工作比较复杂时，虽然能避免指令冲突的情况，但仍不能避免各部门间工作冲突的可能。
③ 在较大的组织机构系统中，由于线性组织机构系统的指令路径过长，可能会造成运行的困难。

线性式组织结构一般适用于规模不大，职工人数不多，生产和管理工作都比较简单的企业或现场作业管理。在项目中多用于需要避免矛盾指令的多单位协调管理中。

(3) 矩阵式组织结构

矩阵式组织结构（Matrix Organization Structure）是为了改进直线职能制横向联系差、缺乏弹性的缺点而形成的一种较新的组织形式。矩阵式组织结构在最高层级管理部门下设横向（Xa、Xb、Xc）和纵向（Ya、Yb、Yc）共 2 种不同类型的工作部门。此时，每一个横向、纵向交汇的工作内容（或部门），都收到来自横向和纵向工作部门的管理和指令。为了避免两个方向指令间发生冲突，可以由组织定义以其中一个方向的指令为主。例如在施工企业中，横向的工作部门可以为不同建设工程项目的项目部，纵向的工作部门为进度管理部门、质量管理部门、成本管理部门、合同管理部门等。

图 3.1.1.5 展示了矩阵式组织结构的组织结构图。图中每个工作内容（或部门）均接收来自横向和纵向的指令。其中，横向的实线部分表示该组织以横向部门命令为主，反之亦然。

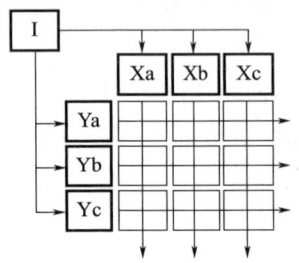
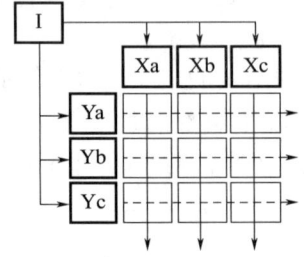

图 3.1.1.5　矩阵式组织结构

矩阵式组织结构较好地平衡了职能式组织结构和线性式组织结构的优缺点，一般适用于企业中一些规模较大、临时性、复杂的项目，因此也特别适用于建设工程项目管理。

3.1.2　建设工程项目的组织分工

关联知识 3.1.1.1
项目管理组织的模式

组织分工反映的是一个组织机构系统中各要素（包括子系统）的分工。根据工作内容的不同，可以分为：

① 工作（包括一般工作、管理工作等）的分工。
② 管理职能的分工。

组织分工可以用工作任务分工表、管理职能分工表等表示，是一种相对静态的组织关系。

1. 管理工作分工

工程建设组织各方都有不同的项目管理任务，对项目管理任务的分工应基于对项目各阶段所需开展的所有管理工作进行分析、分解的基础上开展，随后根据责任原理可以将具体的管理任务分配到不同的部门、职位上。

例如，表 3.1.2.1 通过工作分解结构词典的形式表示了某工程项目的管理工作（局部）。

表 3.1.2.1　某工程项目的管理工作分解

一级编码	二级编码	三级编码		名称	描述
1				项目建议书阶段项目管理	
2				可行性研究阶段项目管理	
3				初步设计阶段项目管理	
4				施工阶段项目管理	…
	4.1			施工阶段安全管理	
		4.1.1		建立安全生产管理制度	
			4.1.1.1	安全生产责任制度	
			4.1.1.2	安全措施计划制度	
			4.1.1.3	特种作业人员持证上岗制度	
			4.1.1.4	专项施工方案专家论证制度	
			…	…	
		4.1.2		建立安全管理预警体系	
		4.1.3		建立生产安全事故应急预案	
		4.1.4		制定施工安全技术措施	
		4.1.5		进行施工安全技术交底	
		4.1.6		开展安全生产检查监督	
		4.1.7		安全隐患和安全事故处理	
		4.1.8		施工现场安全文明施工管理	
		…	…	…	
	4.2			施工阶段质量管理	
	…	…	…	…	
	4.3			施工阶段进度管理	…
	…	…	…		

在管理任务分工的基础上，定义项目管理机构各部门、成员的工作任务，从而编制管理任务分工表，将管理工作明确到部门和个人。表 3.1.2.2 展示了某项目管理任务的分工表。

表 3.1.2.2　某项目管理任务分工表

编号	管理工作	项目负责人	技术负责人	工程部	安全部	质量部	…
4.1.2	建立安全管理预警体系		协办	配合	主办		
4.1.3	建立安全生产事故应急预案	配合	主办	配合	协办		
4.1.4	制定施工安全技术措施			协办	主办		
	…						

2. 管理职能分工

管理职能是管理组织机构系统中各部门、个人应有的责任和功能。而关于管理活动应具有哪些职能这一问题，虽然经过很长时间的研究，至今仍众说纷纭。如：

① 法国管理学家亨利·法约尔（Henri Fayol）提出的管理职能（古典的提法）应包括计划、组织、智慧、协调、控制。

② 我国管理学家周三多提出的管理职能应包括决策、组织、领导、控制、创新。

③ 还有人认为管理职能应包括计划、组织、用人、指导、指挥、领导、协调、沟通、激励、代表、监督、检查、控制、创新等。

在建设工程项目领域，一般根据目标动态控制原理、PDCA循环、管理流程等原理和方法，将建设工程项目的管理职能划分为策划、决策、实施、检查、改进等。如某建设工程项目施工过程中，发现进度落后于计划，于是开展了表 3.1.2.3 所示的管理活动，并将每种管理活动都分配给了特定的部门或个人负责。

表 3.1.2.3　某建设工程项目进度落后的管理控制活动

管理活动	主要承担部门、个人	管理职能
按进度计划进行施工	工程技术部	执行
检查、对比实际与计划的偏差，发现进度落后	进度控制部	检查
提出加快进度的若干可行性方案	进度管理部、工程技术部	策划
选择、决定要采用的加快进度方案	项目负责人、技术负责人、进度管理部	决策
实施加快进度的方案	工程技术部	执行
检查方案执行效果，发现是否存在其他问题	进度控制部	检查
研究改善施工方案和加快进度的方案	进度控制部、工程技术部	改进

以上管理过程的分工实际上就是管理职能的分工。我国许多项目管理机构常采用岗位责任制、岗位责任书等方式将这种管理职能分工固定下来。所谓的岗位，是指要求个人承担的责任、需完成的工作以及为此赋予的权利、资源的总和。通常一个岗位对应一人，而由一组相似岗位对应的，在组织机构系统中的位置称为职位，职位是组织的基本构成单位。从表 3.1.2.3 中可以发现，某些管理活动并非仅由单独的岗位、职位就能完成，因此也可采用管理职能分工表的形式，将具体工作的管理职能分配给不同的部门和个人，如表 3.1.2.4 所示。其中，各项管理职能使用了拉丁字母代表，如 P 代表策划，D 代表决策，E 代表执行，I 代表检查，A 代表改进，C 代表顾问等。

表 3.1.2.4　某建设工程项目的管理职能分工表

工作任务	项目负责人	技术负责人	工程技术部	进度控制部	质量控制部	成本控制部	合同控制部
1	D	I、P、A	E	E	E		C
2	D	C	E	P、A			C
3		D、C			E		I、P、A
…							

3.1.3 建设工程项目的工作流程组织

工作流程是组织系统中工作顺序间相互依赖、流动的逻辑关系,是一种动态关系。根据物质、能量、信息等随各项工程任务的流动情况,建设工程项目的工作流程组织可包括多种,如:

① 一般工作流程:如钢筋混凝土结构设计工作流程、钢结构施工工作流程、分项工程验收工作流程等。

② 管理工作流程:如成本控制的工作流程、进度控制的工作流程、质量控制的工作流程、合同变更管理的工作流程等。

③ 信息处理的工作流程:如数据处理工作流程。

为了便于开展管理,项目管理机构宜从工程项目的多种流程中确定主要的几种绘制成工作流程图,对其进行优化、改进后用于指导工作的开展。从而合并同类活动,消除多余的环节,避免工作冲突反复,使各项工作更经济、合理、简便,从而提高管理的效率。如某项目管理机构着重设计了以下工作流程。

① 投资控制的工作流程:包括整体流程、投资计划编制和审批工作流程、投资计划检查控制工作流程、投资变更控制流程、款项结算工作流程、付款工作流程等。

② 进度控制的工作流程:包括进度总计划编制与审批工作流程、月度计划编制与审批工作流程、周计划编制与审批工作流程、进度计划检查控制工作流程等。

③ 安全和质量控制的工作流程:包括主要分部分项工程施工工艺流程、危险性较大分部分项工程的专项施工方案编制和审批流程、施工质量控制流程、施工安全检查流程控制流程、变更处理流程、验收流程等。

④ 采购管理的工作流程:包括采购计划编制与审批工作流程、招标工作流程、采购合同签订与谈判工作流程、采购验收工作流程等。

⑤ 合同管理的工作流程:包括合同交底的工作流程、合同变更的工作流程、索赔的工作流程等。

⑥ 信息管理的工作流程:包括信息收集和处理的工作流程、文档管理的工作流程、外来文件处理的工作流程、设计文件处理的工作流程、变更文件处理的工作流程等。

主要工作流程确定后,就可以通过工作流程图的形式表示各工作的逻辑关系。其中,矩形框表示工作和执行者,箭头表示工作队逻辑关系(流向),菱形框表示进行情况判断。图 3.1.3.1 表示了某工程项目危险性较大分部分项工程的专项施工方案编制和审批流程。

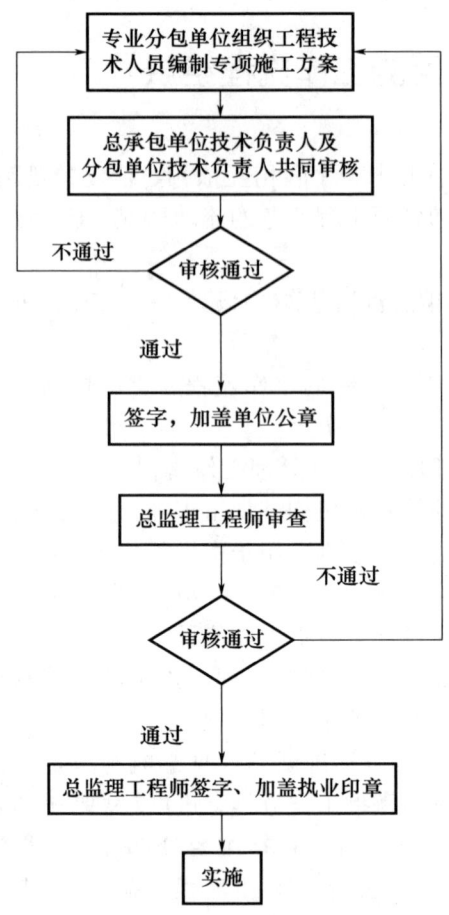

图 3.1.3.1　专项施工方案编制和审批流程

模块 3.2

建设工程项目的组织管理要点

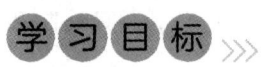

知识目标：建设工程项目组织管理的主要内容；建设工程项目的项目负责人
技能目标：能描述建设工程项目管理机构的组织结构和组织分工

3.2.1 建设工程项目组织管理的主要内容

建设工程项目的组织管理主要工作包括：明确组织管理的基本原则，进行组织计划与设计，建立项目管理机构，建立项目管理制度，组织运行与优化等。

1. 组织计划与设计

组织计划与设计是根据组织理论，整合、优化有限的组织资源，对组织结构、工作流程等进行整体设计，从而确立适应不同阶段工程项目管理需要的组织构架和运行模式的工作。

由于许多工程建设组织在多年的经营运行中已经总结出若干适合自身特点、行之有效且适用性较广的项目管理机构组织模式，并通过制度固定下来，因此他们在新设立项目管理机构时，常常根据工程实际对组织模式的"模板"适当调整后使用。而对于项目和组织规模庞大、工程技术复杂的项目，则可以在正式建立项目管理机构前进行专门的组织计划与设计。

组织计划与设计的主要方法和内容包括：管理工作和职能分析、结构框架设计、联系沟通设计、工作流程设计、制度设计等内容。

（1）管理工作和职能分析

根据项目结构图层层分解、确定项目管理所需的所有工作和管理职能。可以使用WBS、管理任务分工表、管理职能分工表等工具进行，详见"建设工程项目的范围管理""建设工程项目的组织分工"等章节。

（2）结构框架设计

根据项目管理规划大纲、项目管理目标责任书及合同要求，按项目规模、项目特点、专业特点、工作和管理职能分析的结果设计项目管理机构的结构，如管理层次和幅度、部门职位划分等，并为部门和成员分配职责、权限、利益和需承担的风险。

可以使用组织结构图等工具进行，具体详见"建设工程项目的组织结构"章节。

在设计组织结构时，以能满足项目管理的要求为准，不宜设置与生产和管理业务无关的部门。如：

① 可以在大型项目的管理机构按控制目标设置管理职能部门，包括进度控制部门、质量控制部门、成本控制部门、安全控制部门、合同管理部门、信息管理及组织协调部门等。而在小型项目一般只设置职能人员即可。

② 对于实施过程专业性很强的，可设置专业的机电工程部、安装工程部等部门。

③ 不要在施工单位的项目管理机构中设置经营与咨询、研究与发展等非生产性部门。

（3）联系沟通设计

有分工就有协调，因此需要对组织内各层次、各部门间的协调、联系、沟通的方式、渠道、制度等进行设计。详见"建设工程项目的沟通与冲突管理"章节。

（4）工作流程设计

主要设计各项工作（包括管理工作）的程序、标准和方法，并作为组织的行为规范。

（5）制度管理

广义的制度是指一定条件下形成的政治、经济、文化等方面的体系（Systems），如政治制度、经济制度等。狭义的制度是一个组织系统中要求成员遵守的办事规程或行动准则，如工作制度、财务制度、作息制度、教学制度等。制度可以为完成工作或达成目标提供保证。

在建设工程项目管理中，项目管理制度是关于组织机构、职责、资源、过程和方法等规定要求的集合。工程建设组织、各项目管理机构应在明确管理目标、管理过程、管理机构的前提下，根据组织发展需求及合同约定，将项目管理组织、管理过程的各项规定、要求成文固定下来形成制度文件，建立科学、有效的项目管理制度体系，并以此作为项目正常运转、管理有效进行、职工合法利益不受侵害的基本保证。组织需要策划、建立的基本制度需包括各类责任制度、规章制度、计划制度等。其中：

① 责任制度：用于规定工作职责、职权和利益的界定及其关系。主要包括项目管理责任制度和项目负责人责任制。项目管理责任制度是项目管理的基本制度，而项目负责人责任制又是项目管理责任制度的核心内容。此外，还包括人力资源与劳务管理制度、劳动工资与劳动待遇管理制度、监督和奖惩制度等内容。

② 规章制度：用于规定工作内容、范围和工作程序、方式的制度。包括与各类管理任务有关的制度。如与项目管理策划、采购管理、合同管理、设计管理、收尾管理、各项目标管理（进度管理、质量管理、成本管理、安全生产管理等）、信息管理、沟通管理（如例会、协调等）、风险管理、资源管理等有关的制度。此外，还包括管理细则、行政管理制度、生产经营管理制度等内容。

关联知识 3.2.1.1
组织设计的原则

在项目实施过程中，组织应按制度文件的要求实施项目管理制度，建立制度运行监控和评估改进的管理机制。根据制度运行的实际情况，按有关管理流程变更、修改管理制度及文件。

2. 建立项目管理机构

建设工程项目正式开始前，应参照根据组织计划与设计的结果，确定具体的人员配置，进行必要的培训，正式建立项目管理机构，并由组织管理层审核认定。

所建立的项目管理机构应遵循下列规定：

① 能满足项目实施和管理需求，符合项目管理工作规律，符合项目特点，满足组织有关制度、工程合同、项目管理规划大纲、项目管理目标责任书等文件的规定。

② 应有明确的管理目标、运行程序和责任制度。

③ 机构成员应满足项目管理要求及具备相应资格。人员配置上可考虑专职或兼职并用，功能、数量上应满足生产和管理的需要，主要管理人员应符合有关法律法规的资格要求。如，《建筑施工企业安全生产管理机构设置及专职安全生产管理人员配备办法》规定，总承包单位、分包单位等应按项目规模配备一定数量专职安全生产管理人员。又如，我国部分地区陆续出台了施工现场主要管理人员配备标准，规定了不同工程规模、工程合同价情况下施工单位、分包单位、监理单位现场主要管理人员配备标准。

④ 组织分工应相对稳定并可根据项目实施变化进行调整。作为一次性的管理组织，项目管理机构不宜设置固定的管理和作业队伍。可根据工程实施情况实时选聘、调整、优化人员结构和人员配置，进行管理机构的动态管理。

关联知识 3.2.1.2
建筑施工企业安全生产管理机构设置及专职安全生产管理人员配备办法

3. 组织运行与优化

组织的建立和运行是一个动态的过程，项目管理机构在建设工程项目进行过程中也不是静态的、固定不变的。当项目条件、管理目标、任务发生变化，或者原有组织机构不能适应管理要求时，就要对原有组织机构也进行评估、调整和优化。如：

① 由于响应环境保护的新要求需要组建环境评估专门小组；由于台风天气即将到来需要建立抗洪防涝临时工作小组等。

② 某项目管理组织在设计阶段结束后，扩展了组织架构，新增了招标管理、施工管理等部门和人员。

③ 由于设计进度落后、设计质量不良，项目管理机构更换了设计管理部门的负责人。

项目管理机构在项目进行过程中应进行定期或不定期的监控检查，分析评估组织运行情况是否满足项目管理的要求，并根据分析评估结果进行必要的组织机构调整和优化。

组织机构的调整、优化应遵循组织计划与设计的基本原则和方法，并应注意以下几点：

① 应以项目目标为中心，避免由于个人喜好、人际关系等原因随意调整组织，且调整、优化后的组织应能解决存在的问题或适应项目管理的需要。

② 应保持项目工作（包括管理工作）的持续性，避免组织调整、优化中断项目工作，造成不利影响。

③ 应注意调整和优化的时机，避免在关键环节、关键领域撤换主要人员，调整和优化组织前还应做好各项准备工作。

④ 应注意遵守法律法规、合同约定等要求。根据我国某些地区关键岗位人员配备和在岗履职管理办法、《建设工程施工合同（示范文本）》GF—2017—0201 等规定，企业自中标至完成合同约定的工程量为止，除不可抗力等因素外，项目经理、项目技术负责人等关键岗位成员不得变更。

4. 项目管理机构的解体

项目管理机构是一次性的，具有弹性的管理组织机构。当项目即将结束的时候（包括正常结束和非正常结束），项目管理机构应及时做好解体准备，并做好善后处理工作。

关于项目管理机构解体的条件、程序与善后工作，详见"建设工程项目的收尾阶段管理"章节。

3.2.2 建设工程项目的项目负责人

关联知识 3.2.2.1
建设工程合同示范文本关于项目负责人的一般定义和基本要求

在我国，建设工程项目的项目负责人是指根据合同要求，受工程建设组织法定代表人委托，对工程项目实施的过程全面负责的项目管理人员，是工程建设组织法定代表人在工程项目上的代表人和负责人。根据项目负责人责任制的有关要求，项目负责人也是项目管理机构的核心和领导者，是项目策划、执行和控制的总负责人和执行人（Executive Producer）。

工程建设组织各方都应设置项目负责人，并应满足法律、法规、合同等规定的要求和资质。其中，监理单位的负责人是总监理工程师，施工单位的项目负责人一般又称为项目经理。

1. 项目负责人责任制和项目管理目标责任书

项目负责人责任制是以项目负责人为主体，从项目开始到结束的全过程项目管理目标责任制度，实施的依据是项目管理目标责任书。

项目管理目标责任书是明确项目管理机构应达到的成本、质量、工期、安全和环境等管理目标及其承担的责任，并作为项目完成后考核评价及奖罚依据的文件，属于组织内部明确责任的系统性管理文件。

项目管理目标责任书的内容应符合组织制度要求和项目自身特点，并根据组织的管理需要和工程项目建设特点，细化管理工作目标和具体要求，以便更好地实施。

（1）项目管理目标责任书的编制依据

项目管理目标责任书编制的依据包括：

① 项目合同文件。

② 组织管理制度。

③ 项目管理规划大纲。

④ 组织经营方针和目标。

⑤ 项目特点和实施条件与环境等。

（2）项目管理目标责任书的内容

项目管理目标责任书的内容可包括：

① 项目管理实施目标；项目现场质量、安全、环保、文明、职业健康和社会责任目标；项目设计、采购、施工、试运行管理的内容和要求等。

② 组织和项目管理机构职责、权限和利益的划分。

③ 项目所需资源的获取和核算办法。

④ 法定代表人向项目管理机构负责人委托的相关事项。

⑤ 项目管理机构负责人和项目管理机构应承担的风险；项目应急事项和突发事件处理的原则和方法。

⑥ 项目实施过程中相关责任和问题的认定和处理原则。

⑦ 项目管理效果和目标实现的评价原则、内容和方法；项目完成后对项目管理机构负责人的奖惩依据、标准和办法。

⑧ 缺陷责任期、质量保修期及之后对项目管理机构负责人的相关要求；项目管理机构负责人解职和项目管理机构解体的条件及办法等。

（3）项目管理目标责任书的编制和实施

项目管理目标责任书应在项目实施之前由组织法定代表人或其授权人（代表项目承包人组织）与项目管理机构负责人（代表项目管理机构），根据企业的项目管理制度、工程合同及项目管理目标要求协商制定，并共同签署。如果有必要，还应征询项目管理机构成员的意见并达成一致。

制定责任书时，应确保其内容具体，责任明确，各项目标的制定要详细、全面，尽量用量化的指标表述，具有可操作性。

责任书中的各项目标水平要适中，应综合考虑历史类似项目的指标、同行业平均水平制定，过高的指标不仅难以实施，而且易引发成本、质量和安全隐患；过低的指标则无法有效地激发项目负责人和管理机构的积极性。

项目管理目标责任书一经签署，即对项目负责人、项目管理机构起强制性作用。项目负责人和机构成员应认真学习，明确分工，制定措施，积极履行。

组织应在项目进行的各个阶段考核、认定项目管理目标责任书的完成情况，并根据考核结果和项目管理目标责任书的奖惩规定，对项目管理机构负责人和项目管理机构进行公平、公正的奖励或处罚，确保目标责任书的约束性和管理的有效性。

在项目进行过程中，项目管理目标责任书还应根据实施变化的情况进行补充、修订和完善。

2. 项目负责人的职责

根据项目管理目标责任书、合同等的规定，项目负责人的职责可包括：

① 项目管理目标责任书、工程质量安全责任承诺书等文件中规定的职责。

② 组织或参与编制项目管理规划大纲、项目管理实施规划，对项目目标进行系统管理。

③ 建立各类专业管理制度，并组织实施；组织或参与评价项目管理绩效；进行授权范围内的任务分解和利益分配。

④ 主持制定并落实质量、安全技术措施和专项方案，负责相关的组织协调工作；制定有效的安全、文明和环境保护措施并组织实施。

⑤ 对各类资源进行质量监控和动态管理；对进场的机械、设备、工器具的安全、质量和使用进行监控。

⑥ 按规定完善工程资料，规范工程档案文件，准备工程结算和竣工资料，参与工程竣工验收；协助和配合组织进行项目检查、鉴定和评奖申报。

⑦ 接受审计，处理项目管理机构解体的善后工作；配合组织完善缺陷责任期的相关工作。

关联知识 3.2.2.2
施工单位项目负责人的职责

3. 项目负责人的权利、利益和能力

项目负责人应具备基本的资格、资质、较高的管理能力，并被赋予相称的权利和利益。

（1）项目负责人的权利

项目负责人的权利一般是由企业的法定代表人授予，由合同具体约定的，一般包括：

① 参与项目招标、投标和合同签订。

② 参与组织对项目各阶段的重大决策。

③ 参与组建项目管理机构；主持项目管理机构工作；在组织制度的框架下制定项目管理机构管理制度。

④ 参与选择并直接管理具有相应资质的分包人；参与选择大宗资源的供应单位。

⑤ 决定授权范围内的项目资源使用。

⑥ 在授权范围内与项目相关方进行直接沟通。

⑦ 法定代表人和组织授予的其他权利。

（2）项目负责人的利益

项目负责人除领受组织发放的基本工资和福利外，一般还有如下利益：

① 从项目效益中获取分红或收益。如项目负责人的绩效工资与项目效益挂钩。

② 全面完成项目管理目标责任书、工程质量安全责任承诺书等确定的项目目标，接受企业考核、审计后，获取相应的物质奖励和表彰、记功、荣誉称号等物质奖励。反之，则应接受经济和行政处罚。

（3）项目负责人的能力

一个称职的项目负责人应当具备较高的基本素质、知识结构和管理能力。表 3.2.2.1 展示了某施工企业项目负责人的基本要求。

表 3.2.2.1　某施工企业项目负责人的基本要求

基本要求	具体要求	详细内容
素质要求	政治和道德素质	① 高度的政治思想觉悟和职业道德，政策性强。 ② 强烈的事业心、责任感，有改革创新、竞争进取、敢于承担风险的精神。 ③ 有正确的经营管理理念，能较好地平衡社会效益和经济效益。 ④ 作风正派，密切联系群众，发扬民主作风，不谋私利，实事求是。 ⑤ 言行一致、以身作则，不计较个人恩怨
	职业和行为素质	① 勤奋努力，积极面对各项工作，工作效率高。 ② 自律性强，善于自我控制。 ③ 善于自我管理、自我发展、自我激励，主动提升自我，不断学习新知识，提高工作能力。 ④ 富有团队精神，能有效地团结队伍开展工作
	身心素质	① 年富力强、身体健康。 ② 精力充沛、思维敏捷、记忆力良好。 ③ 心理健康，意志坚强，具有较好的抗压能力
	创新素养	① 能创造性地运用工程和管理知识解决项目中遇到的各类问题。 ② 具备技术创新能力，推动新技术、新材料、新工艺、新设备的应用

续表

基本要求	具体要求	详细内容
素质要求	数字素养	① 在日常生活、工作、交流和沟通中利用信息化技术获取信息、使用信息、交互分享的基本能力。 ② 运用信息技术开展项目管理必备的报表制作、档案归集、计算机制图等素养和能力。 ③ 运用 BIM 等数字化手段开展项目管理的能力
知识要求	基础知识	掌握必备的数学、自然科学、社会科学、健康运动、数字网络等方面的公共基础知识
	专业知识	具备与施工项目专业相关的经济、法律、工程、管理等方面的知识
管理能力	—	① 对项目进展中的各类问题、矛盾有敏锐的洞察力，能迅速分析判断并有效地解决问题。 ② 面对危机、冲突和挑战时多谋善断、当机立断的应变和决策能力。 ③ 安排工作时协调多种因素，排除干扰实现目标的组织能力和协调能力。 ④ 具备良好的沟通能力，能够与组织内外部进行有效的沟通；具有一定的公共关系能力。 ⑤ 知人善任、任人唯贤，善于发现并使用人才的能力

此外，项目负责人需定期或不定期参加建设主管部门和行业协会组织的教育培训活动，及时掌握行业动态，提升自身素质和管理水平。

关联知识 3.2.2.3
关于建造师管理规定的
部分法律法规

关联知识 3.2.2.4
施工单位项目负责人
（项目经理）的沿革

关联知识 3.2.2.5
建设工程项目组织的团队建设

模块 3.3

建设工程项目的沟通与冲突管理

 学习目标

知识目标：沟通的原理和方法；建设工程项目的沟通与协调管理；建设工程项目的冲突协调和处理

沟通是人与人之间、人与组织之间信息、思想、感情的传递和反馈过程。建设工程项目的产品和服务是由多个组织共同参与产出的。在此过程中，各相关方内外部都要进行各类沟通，协调人际关系、组织关系、约束关系，传递各相关和项目内部信息，解决因需求、期望、行为不一致而产生的各类冲突，形成人与人、事与事、人与事的和谐统一，集各方合力实现项目目标。

所谓沟通管理，就是根据合同文件、相关法规、类似惯例、道德标准、社会责任、项目沟通管理计划、项目具体情况等要求，为保证沟通顺畅，避免沟通障碍，有效管控和处理冲突，在项目全过程中对项目内外部关系的协调及信息交流进行各种策划、组织和控制等管理活动。

各项目管理人员需要充分理解沟通的意义，把握沟通的原理和方法，在项目中开展沟通管理，适时运用沟通技巧，提升沟通的能力。

3.3.1 沟通的原理和方法

1. 沟通的要素和过程

沟通可分为5个基本要素、7个基本过程，如表3.3.1.1、表3.3.1.2所示。

表3.3.1.1 沟通的基本要素

基本要素	内涵
沟通主体	指有目的地对沟通客体施加影响的组织。沟通主体可以选择沟通客体、沟通介体、沟通环境和沟通渠道，在沟通过程中处于主导地位
沟通客体	即沟通对象，包括个体沟通对象和团体沟通对象。沟通对象是沟通过程的出发点和落脚点，在沟通过程中具有积极的能动作用
沟通介体	沟通主体与沟通客体间建立联系，用以影响、作用于沟通客体的中介，包括沟通内容和沟通方法
沟通环境	包括社会整体环境（如政治制度、经济制度、政治观点、道德风尚、群体结构等）和区域环境（如学习、工作、单位或家庭等）
沟通渠道	沟通介体在沟通主体与沟通客体间相互联系的途径。沟通渠道不仅包括沟通主体对沟通客体的传输、传达功能，还有收集沟通客体反馈信息的功能。选择合适的沟通渠道可以提高沟通的效能，如根据情况选择讨论、开会、座谈等

表3.3.1.2 沟通的基本过程

基本环节	内涵
信息定义	发送者定义要向接受者传递的信息。此处的信息是一个广义的概念，可包括观点、想法、资料等

续表

基本环节	内涵
信息翻译	发送者将把要传递的信息"翻译"成接受者可理解的、可承载信息的符号。这些符号必须适应沟通介体、沟通渠道的特点。如应根据接受者的特点选择不同的语言等
符号传送	将符号传递给接受者。根据符号的不同，传递的方式可包括书面方式（如信函、备忘录）、口头方式（如交谈、演讲、电话）、身体动作（如手势、面部表情、姿态）等
符号接受	接受者接受符号。接受者根据符号的特点选择相应的接受方式。如信函应进行阅读，电话需要仔细倾听，否则符号承载的信息可能会丢失
符号翻译	接受者将符号"翻译"成具有特定含义的信息。由于发送者、接受者翻译、传递能力的差异，信息的内容和含义经常被曲解
信息理解	接受者理解被翻译的信息内容
信息反馈	发送者通过反馈以了解信息是否已被对方准确地接受

2. 沟通的分类

根据上述沟通要素和过程中功能、方法、组织系统、方向等的不同，可以对沟通进行分类，如表 3.3.1.3 所示。

表 3.3.1.3　沟通的分类

分类标准	分类	定义
按功能分类	工具式沟通	旨在发送者将信息、知识、想法、要求传达给接受者，其目的是影响和改变接受者的行为，最终达到组织目标的沟通
	感情式沟通	旨在相互表达情感，获得对方精神共鸣，加强和改善相互间的关系
按媒介分类	口头沟通	通过口语表达进行沟通
	书面沟通	通过书面材料进行沟通
	非言语沟通	通过表情、体态、姿势、动作等进行沟通
	电子媒介沟通	通过网络等媒介进行沟通
按组织分类	正式沟通	以正式组织系统为渠道的信息传递，如公函、备忘录等
	非正式沟通	以非正式组织系统或个人为渠道的信息传递，如私下交谈、聚合场合沟通等
按方向分类	下行沟通	上级将信息传达给下级，是由上而下的沟通
	上行沟通	下级将信息传达给上级，是由下而上的沟通
	平行沟通	同级之间横向的信息传递，故又称横向沟通
	网状沟通	利用网络可实现上下左右的网状沟通
按是否反馈	单向沟通	没有反馈的沟通；一般适用于信息简单、传递时间要求短、接受者易于理解等情况
	双向沟通	有反馈的沟通；一般适用于时间充裕，问题较复杂，需要反复交换信息等情况

需要注意的是，非正式沟通虽然表面上没有传达组织的正式要求，但非正式沟通在建设工程项目中常常扮演十分重要的角色。这可能体现为：由于无需经过正式的沟通程序，非正式沟通的信息交流速度较快；非正式沟通一般是有选择地、针对个人的兴趣传播信

息，因此效率较高；非正式沟通可以传达某些正式沟通无法传达的信息和态度；非正式沟通可以满足职工的安全需要、社交需要和尊重需要。由于非正式沟通中的信息常常被夸大、曲解，而且常常缺乏正式沟通的官方背书，其可靠性也需要仔细查证，慎重对待。

非正式沟通总是客观存在于各类工程活动中，因此管理人员必须正确认识非正式沟通，充分地利用非正式沟通为管理服务，从非正式沟通获取更多正式渠道不可能获得的信息，传递不便从正式渠道传递的信息，通过非正式渠道更正某些错误信息。

3. 沟通障碍

在各类沟通过程中，由于许多干扰、扭曲信息传递因素的存在，常使需要传递的信息和意图受到误解，造成沟通失真，并形成沟通障碍。根据干扰因素，可将沟通障碍分为发送者的障碍、接受者的障碍、沟通通道的障碍。

（1）发送者的障碍

发送者的情绪、倾向、个人感受、表达能力和判断力等都会影响信息的完整传递。包括：表达能力不佳、信息传送不全、信息传递不及时或不适时、知识经验的局限、对信息的过滤等。

（2）接受者的障碍

与发送者的障碍相似，接受者的障碍也包括信息译码不准、对信息的筛选、对信息的承受力、心理上的障碍、过早的评价情绪等。

（3）沟通通道的障碍

沟通通道也会影响到沟通的效果。包括：

① 选择沟通媒介不当。如重要的事情口头传达效果较差，因为接受者会认为"口说无凭""随便说说"而不加重视。

② 几种媒介相互冲突。如同一种信息，通过口头传达和纸质传达的内容相互矛盾，则会使接受者无所适从，无法准确了解要传递的真正内容。

③ 沟通渠道过长。如组织的层次多，则最高层至最低层的信息传达、反馈的环节多，沟通过程中的各种中间部门常常筛选、截留信息，从而造成信息失真，且沟通效率低下。

④ 外部干扰。沟通过程经常受到自然的、社会的各种因素干扰。如电话沟通中的物理噪声、机器故障，交谈过程被他人打扰、中断等。

理解以上沟通障碍，对提升和改进建设工程项目管理诸多工作很有帮助。如，扁平化的组织结构有利于信息沟通；沟通中应注意理解对方的立场、需求，注意根据对方的个性因素（包括个体性质、气质、态度、情绪、见解、经验水平、知识水平等）有针对性地调整沟通的方式和渠道。

又如，组织间沟通的基础是对自身和其他各相关方需求的识别与评估。如果对各相关方需求识别和评估不当，对工艺方案、资源投入、施工作业、实施效果以及环境影响等方面的意见不一，则易出现认识偏差、理解分歧，从而引发矛盾和冲突。

再如，管理人员在听取意见时，应不带成见、虚心听取下级的见解，并营造轻松和谐的氛围，否则下级往往会因为缺乏信任、保守谨慎和恐惧心理而仅传达部分正面、局部的信息，对真正了解下级实际情况和想法帮助不大。

4. 管理人员的沟通能力和技巧

沟通能力指沟通双方所具备的，能胜任项目各类沟通工作的主观条件，包含着表达能力、争辩能力、倾听能力和设计能力（对沟通过程中的形象设计、动作设计、环境设计等）。

建设工程项目的管理人员是否具备沟通能力，掌握好沟通外在技巧和内在动因，不仅是其个人素质的重要体现，也是开展管理工作的必然要求。评价管理人员沟通能力的标准是沟通的效益。具体包括：

① 沟通行为符合沟通情境和彼此相互关系的标准或期望。
② 沟通活动在功能上是否达到了预期的目标，或者满足了沟通者的需要。

可以通过以下途径提升管理人员的沟通能力和技巧可通过以下途径：

① 锻炼沟通过程中的清晰思维，有效地收集信息，准确地进行逻辑分析和判断。
② 锻炼表达能力，准确地（通过口头、书面等各种方式）表述自己的思维过程和结果。
③ 理解和把握对方的心理和思维，提前做出反应，使交流从语言层面上升到思维层面。

3.3.2 建设工程项目的沟通与协调管理

各相关方及其项目管理机构均应开展建设工程项目的沟通与协调管理工作，提高沟通的有效性，避免和消除在项目运行过程中的障碍、冲突和不一致，实现相互之间沟通与协调的顺畅和高效，确保组织内部与外部各个层面的交流与合作。项目沟通管理的程序和内容包括：

① 理解各相关方需求。
② 明确沟通与协调的内容和方法。
③ 制定沟通与协调计划。
④ 建立沟通与协调的制度和机制。
⑤ 按既定方案进行沟通与协调。
⑥ 记录、总结评价沟通与协调效果。

1. 理解各相关方需求

建设工程项目的沟通与协调的基础是对自身和其他各相关方需求的识别与评估。如：

① 建设单位及其项目管理机构应分析和评估其他各相关方对项目质量、安全、进度、造价、环保方面的理解和认识，同时分析各方对资金投入、计划管理、现场条件以及其他方面的需求。
② 勘察、设计单位及其项目管理机构应分析和评估建设单位、施工单位、监理单位以及其他相关单位对勘察设计文件和资料的理解和认识，分析对文件质量、过程跟踪

服务、技术指导和辅助管理工作的需求。

③ 施工单位及其项目管理机构应分析和评估建设单位以及其他相关方对技术方案、工艺流程、资源条件、生产组织、工期、质量和安全保障以及环境和现场文明的需求，分析和评估供应、分包和技术咨询单位对现场条件提供、资金保证以及相关配合的需求。

④ 监理单位及其项目管理机构应分析和评估建设单位的各项目标需求、授权和权限，分析和评估施工单位及其他相关单位对监理工作的认识和理解、提供技术指导和咨询服务的需求。

⑤ 专业承包、劳务分包、供应单位及其项目管理机构，应当分析和评估建设单位、施工单位、监理单位对服务质量、工作效率以及相关配合的具体要求。

2. 沟通与协调的内容和方法

建设工程项目沟通与协调的范围可根据沟通主体、主要协调关系等分为工程建设组织内部沟通与协调、工程建设组织之间沟通与协调、建设工程项目外部沟通与协调等内容，各类型沟通和协调的内容和方法如表 3.3.2.1 所示。

表 3.3.2.1　建设工程项目沟通与协调的内容和方法

沟通与协调的范围	沟通与协调的关系	沟通与协调的主体	沟通与协调的内容和方法举例
建设工程项目内部	工程建设组织内部		
	领导关系、业务工作关系	企业与项目负责人	① 加强思想政治工作，培养职业道德； ② 执行企业规章制度，重大决策坚持民主集中制； ③ 多种形式维持良好的人际关系，增进信任了解； ④ 合理化解、疏导、缓和矛盾
	领导关系、业务工作关系	项目负责人与项目管理组织	① 合理设置组织机构； ② 执行项目管理组织内部规章制度； ③ 制定工作流程； ④ 多种形式维持良好的人际关系，增进信任了解； ⑤ 建立沟通与协调的制度和机制； ⑥ 合理化解、疏导、缓和矛盾
	领导关系、业务工作关系	项目管理组织与施工作业人员	① 严格执行分包合同、劳务合同； ② 建立利益协调保障机制； ③ 做好安全、质量协调控制工作； ④ 定期通过现场会等方式沟通协调； ⑤ 多种形式维持良好的人际关系，增进信任了解； ⑥ 建立沟通与协调的制度和机制； ⑦ 合理化解、疏导、缓和矛盾
	业务工作关系	施工作业人员与施工作业人员	① 多种形式维持良好的人际关系，增进信任了解； ② 建立沟通与协调的制度和机制； ③ 合理化解、疏导、缓和矛盾
	工程建设组织之间		
	合同关系、服务关系	发包人与承包人	① 合理洽谈、签订合同； ② 依法履行合同及其他法定的责任、义务； ③ 制定合理的项目目标； ④ 发布合理的业主指令、监理指令； ⑤ 依据合同及法律、法规解决争议、纠纷； ⑥ 多种形式维持良好的人际关系，增进信任了解； ⑦ 建立沟通与协调的制度和机制； ⑧ 合理化解、疏导、缓和矛盾

续表

沟通与协调的范围	沟通与协调的关系	沟通与协调的主体	沟通与协调的内容和方法举例
建设工程项目内部	工程建设组织之间 业务工作关系	承包人与承包人	① 按法律法规的要求接受咨询监理单位的工程监督和管理； ② 执行业主指令、监理指令； ③ 多种形式维持良好的人际关系，增进信任了解； ④ 建立沟通与协调的制度和机制； ⑤ 合理化解、疏导、缓和矛盾
建设工程项目外部	直接关系 合同关系、服务关系、业务工作关系	工程建设组织与金融机构、基础设施供应商等	① 充分利用市场竞争机制、价格调节机制、制约机制； ② 合理洽谈、签订合同； ③ 遵守法律法规，维护金融和基础设施稳定、秩序； ④ 依据合同及法律法规解决争议、纠纷
	间接关系 管理关系、服务关系、业务工作关系	工程建设组织与公众、司法机关、政府管理部门等	① 依法办理法定的审批、审查等手续； ② 接受司法机关、政府部门的指导和监督； ③ 对监督检查中发现的问题及时整改； ④ 维护社会和周边安全稳定，保护自然环境、绿化树木、文物遗址、城乡面貌等； ⑤ 多种形式维持良好的人际关系，增进信任了解

3. 制定沟通管理计划

项目管理机构应在项目运行之前，由项目负责人组织编制项目沟通管理计划。

项目沟通管理计划应依据下列内容编制：

① 合同文件。

② 组织制度和行为规范。

③ 项目相关方需求识别与评估结果。

④ 项目实际情况。

⑤ 项目主体之间的关系。

⑥ 沟通方案的约束条件、假设以及适用的沟通技术。

⑦ 冲突和不一致解决的预案和工作方案。

项目沟通管理计划应包括下列内容：

① 沟通范围、对象、内容与目标。

② 沟通和信息发布的方法、手段及人员职责。如，项目管理机构可采用信函、邮件、文件、会议、口头交流、工作交底以及其他媒介沟通方式与项目相关方进行沟通，重要事项的沟通结果应书面确认。又如，项目管理机构应编制项目进展报告，说明项目实施情况、存在的问题及风险、拟采取的措施，预期效果或前景。再如，针对重大沟通目标和过程，应准备相应的预案。此外，项目管理机构还可以运用包括 BIM 在内的计算机信息管理技术进行信息收集、归纳、处理、传输、应用等工作，建立有效的信息交流和共享平台，提高执行效率，减少和避免分歧。具体详见"建设工程项目的信息、知

识和技术管理"章节。

③ 沟通需要的资源。

④ 沟通效果检查与沟通管理计划的调整。

项目沟通管理计划应由授权人批准后实施。

4. 建立沟通与协调的制度和机制

组织应建立健全沟通管理的制度和机制,确保组织内部与外部各个层面的交流与合作。主要内容包括:

① 界定重大沟通事项和一般沟通事项的范围。

② 建立沟通的责任和任务制度,完善、固化重要沟通的方法、程序和具体要求。

③ 应将沟通管理纳入日常管理计划。

5. 沟通管理实施、评价与改进

项目管理机构应对项目沟通过程进行记录,并定期对项目沟通管理计划进行检查和评价。针对项目不同实施阶段的实际情况,应及时调整沟通计划和沟通方案。

在项目收尾阶段或后评价阶段,应对沟通管理进行总结、评价和改进。

3.3.3 建设工程项目的冲突协调和处理

1. 冲突的定义

冲突是由于各相关方认识、理解、利益和行为的不一致,在建设工程项目中常存在组织与组织之间、组织与个人之间、个人与个人之间的抵触、争执或争斗的对立状态。无论这种不一致是否真实存在,只要有组织或个人感受到了不一致的存在,冲突就可能发生。

2. 建设工程项目的冲突管理

(1) 组织之间的冲突管理

在项目运行过程中,项目各相关方应从项目建设大局出发,相互之间及时发现问题、弥补不足,避免冲突和脱节。各相关方应建立协调制度,规范协调程序和管理。

项目管理机构可采取的避免冲突发生、升级和扩大措施包括:

① 确保自身行为规范和履行合同,保证项目运行节点交替的顺畅。

② 就容易发生冲突和不一致的事项,形成预先通报和互通信息的工作机制,确定冲突解决的工作方案,并在沟通管理计划中予以体现。工作方案应根据潜在冲突类型和性质进行及时调整和完善,确保冲突受控、防患于未然。

③ 分阶段、分层次、有针对性地进行组织人员之间的交流互动,增进了解,避免分歧。

④ 尽早识别和发现问题，并采取有效应对措施。

⑤ 实施沟通管理和组织协调教育，树立和谐、共赢、承担和奉献的管理思想，提升项目沟通管理绩效等。

组织间发生冲突的，最好先力争通过一般的消除冲突和障碍方法解决，即通过沟通的方法。如：

① 选择适宜的沟通与协调途径，如例会、交底等。

② 有效利用第三方调解。

③ 创造条件使项目相关方充分地理解项目计划，明确项目目标和实施措施等。

确实无法解决的，再考虑其他冲突的处理机制。具体详见"建设工程项目的采购与合同管理"章节。

（2）组织内部的冲突管理

许多管理人员将冲突视为组织内部矛盾、斗争、不团结的征兆，并试图消除、回避或掩饰所有冲突。但只要存在认识、理解、利益和行为的不一致，冲突就不可避免地存在于一切组织之中。管理人员需要承认冲突是正常现象，而且要辩证地认识冲突对组织的影响和作用：

① 虽然过多、过激的冲突会造成混乱、涣散、分裂，但一个毫无冲突，任何意见都保持一致的组织，成员必将对组织的事务态度冷漠，对环境和组织反应迟钝、缺乏创新。

② 保持适度的冲突，养成批评与自我批评、不断创新、努力进取的风气，则组织会出现奋发向上的局面，组织更有生命力。

因此，管理人员可以从以下几个方面处理组织内部的冲突：

① 组织缺乏良性冲突、批评和自我批评时，管理人员应评估自身和组织内部是否存在以下问题：过于看重意见一致，过分强调团结、友谊，处理问题过于中庸，在用人、奖励、惩罚时过于关注不同意见，管理过程独断专行，对不同意见者态度过于严厉。身为高层管理人员，还要特别注意是否身边已经被"点头称是的人们"所包围。为了促进良性冲突，管理人员可以有意识地鼓励、支持持不同意见的人，通过引进人员、调整机构等方法改变组织现状。

② 组织中存在恶性冲突时，管理人员首先对冲突进行评估，不宜插手、干涉处理某些难度大，时间精力花费长，但对组织目标达成帮助不大的冲突。管理人员宜将注意力放在职工关注、影响面大、对组织和团队建设有意义的事件上。

③ 为了解决冲突，除了深入了解引发冲突的直接事件，还要仔细研究冲突双方的代表人物、主要观点、人格特点、价值观、经验等因素，进一步分析冲突的根源和强度。

④ 冲突处理策略有 5 种，即回避、迁就、强制、妥协、合作。对无关紧要、双方情绪激动，需要冷静时间的冲突，可采用回避策略。当维持和谐关系十分重要时，可采用迁就策略。当必须对重大事件或紧急事件迅速处理时，可采用强制策略牺牲某一方利益，后续再做安抚工作。当冲突双方势均力敌、争执不下，可以采用妥协策略。如果双方坚持不可妥协时，可以通过开诚布公的谈判促进对双方均有利的合作。

模块 3.4

练习提高

请扫描二维码查看本单元习题:

单元 4　建设工程项目的进度管理

案例导入

某房地产开发项目包括 2 栋超高层精装公寓，1 栋街区商业裙房，地下 2 层（局部 3 层），地上裙房 5 层，两主塔 49 层。合同总工期仅合同工期 1416 天。为了满足业主合同要求，并预留适当的弹性时间，项目管理机构采用了进度计划软件辅助编制项目的进度计划：

① 进度计划采用总进度计划、月计划与其他进度计划相结合的模式编制。利用进度计划软件的资源配置与资金平衡编制功能，做好人材机与费用的统计工作，准确掌握资源使用情况。针对关键节点和重要工序，还编制了专项施工进度计划。

② 设立计划管理部，专人负责设计进度管理和图纸深化、优化工作；根据施工计划编制设计需求计划，充分考虑材料进场加工和人员组织周期。

③ 针对主塔楼深基坑深，涉及支护降水等工序多，且雨季施工受环境影响较大，进度滞后风险高的特点，在进度计划编制中，将塔楼及其商业相连的区域划分为一个工区，统一进行计划编排，并压缩深基坑施工的持续时间，保证塔楼和商业协调施工。在计划管控中，重点关注此区域施工进度，及时预警纠偏，避免对主要节点及总进度计划产生影响。

在项目实施过程中，项目管理机构采用了进度软件的跟踪监控功能，对进度进行监控和管理：

① 总进度计划编制完成相关单位审批后，由项目总工就总进度计划向项目管理人员和各专业分包单位进行交底；项目计划管理部通过定期组织召开的月、周例会及不定时召开的工期协调会将生产计划向项目两个大工区各工长和施工作业人员交底，并下达到各工区、作业队，分包商签字确认。

② 各工区按照计划管理部下达的计划进行监督、控制，并指导施工。计划管理部负责每日的计划比对，并将对比结果发送到项目微信群，进行工期提醒和预警。

③ 计划管理部根据进度计划软件的预警纠偏功能，实时发现日、周、月和关键线路工期偏差时的情况，制定相应的纠偏措施。

④ 项目管理机构制定项目计划管理考核办法，每月对项目全体管理人员进行考核，确保项目周、月进度计划刚性执行。并与分包单位在进场前或分阶段签订考核责任状，明确分包工程开工时间与施工周期，界定双方权责，明确工期奖罚条件及标准，便于项目部对分包进行过程管控与完工考核。

由于进度管理措施得当,项目提前完成并创造了较大的经济效益。

上述房地产项目的进度控制符合目标动态控制原理的典型特点,而大多数建设工程项目的进度管理也是按照"编制计划、计划实施、偏差监控、计划纠偏"这一逻辑展开的。据此,本单元首先介绍进度计划编制的工具和方法,随后介绍进度计划偏差监控和纠偏的方法。随着建筑信息化的不断发展,学习者还应掌握运用进度计划软件辅助开展进度管理的基本技能。

模块 4.1

建设工程项目进度管理概述

学习目标

知识目标:进度目标与进度计划;进度计划的编制方法和工具;流水作业
技能目标:能估算建设工程项目的工作持续时间;能绘制简单的横道图;能进行简单的流水施工排布和计算

课程导入

为了达成建设工程项目的进度目标,工程建设组织及其项目管理机构需要在项目各阶段开展与进度有关的各类管理活动,即建设工程项目的进度管理。

各组织应建立进度管理制度,明确进度管理程序,规定进度管理职责及工作要求,按项目进度管理的基本程序开展进度管理。

建设工程项目进度管理的基本工作包括:
① 编制进度计划、论证进度目标。
② 进度计划交底,落实管理责任。
③ 实施进度计划,进行进度控制和变更管理。

4.1.1 进度目标与进度计划

在进行建设工程项目的进度管理前,工程建设组织必须制定建设工程项目的(总)进度目标,分析和论证(总)进度目标实现的可能性。而这种进度目标的制定、论证工作是基于进度计划的编制而进行的。如果将进度目标的制定、论证与进度计划的编制视为一个动态过程,则大致的工作流程为:

1. 调查研究和收集资料

重点收集以下资料：
① 与工程项目有关的工作任务、环境条件、设计数据等资料。
② 有关的标准、定额、制度等。
③ 资源、资金需求和供应情况。
④ 有关的工程建设经验、统计资料及历史资料。
⑤ 其他有关的工程技术经济资料，如潜在承包单位、分包单位的管理和技术资料等。

以上资料和数据可以通过实际观察、测量与询问、专家调查、会议调查、资料阅读和检索、预测与分析等获得。

2. 分析项目结构，制定总体部署和工作安排

在制定总进度目标、编制总进度计划时，首先应确定工程项目的范围：
① 建设单位需要考虑（部分）策划决策阶段、设计阶段、施工阶段、试运行等阶段的工作和过程，并综合考虑招标投标、物资采购、各阶段准备的工作。
② 其他承包单位在制定进度目标、编制进度计划时，则需针对设计文件、合同等约定的工程范围进行分析。

随后将工程项目分解为较小的、易于管理的基本单元。工作分解结构的层次和范围应根据工程项目的具体情况、进度计划编制的难易程度等确定。工作分解结构的成果可用工作分解结构图或表以及分解说明书表达。具体详见"建设工程项目的范围管理和建设工程项目的管理目标"章节。

由于在制定进度目标时往往还无法掌握较详细的设计资料，也缺乏工程项目实施的一些细节信息，因此进度目标和进度计划的制定和论证工作都必须基于对工程项目实施总体部署和工作安排的策划、决策而开展。

3. 编制进度计划

采用多种工程持续时间的估算工具（如定额计算法、三时估计法）和进度计划编制工具（如横道图、双代号网络计划、单代号网络计划等）编制各层次进度计划，并协调、汇总为总体进度计划。其中，反映总进度目标的总体进度计划被称为总进度纲要，反映其他工程建设组织进度目标的计划则是各种二级、次级（子系统）进度计划。

具体详见"进度计划的编制方法和工具"章节。

4. 调整总体进度计划，确定（总）进度目标

分析、评估总体进度计划中各工作和过程的时间参数、项目最终完成时间等指标是否与组织的需求和期望一致：
① 如果一致，则总体进度计划的各项指标就是（总）进度目标。
② 如果不一致，则应调整工程项目实施总体部署和工作安排，重新估算持续时间，并修订进度计划。这种调整工作可能持续多轮，直至各时间参数、完成期限都符合组织

预期为止。此时（总）进度目标也相应确定下来。

5. 调整进度预期

如果经过多次调整，总体进度计划仍不能满足组织需求和期望的，则应向有权限的决策部门提出建议，并提请调整、设置一个具有可行性的较优进度目标。

4.1.2 进度计划的编制方法和工具

1. 工作持续时间的估算方法

工作和过程的持续时间，可以依据工作任务量、资源供应能力、工作组织方式、工作能力及生产效率等进行估算。常用的估算方法包括数理统计法、工程经验数据法、定额计算法、三时估计法等。

例 4.1.2.1
某工程项目土方开挖的工作持续时间

（1）定额计算法

定额计算法是以事先制定的产量定额为标准，根据工程量计算工作持续时间的一种直接计算法。适用于已制定完整的定额管理制度，具备定额测定和统计能力，各种定额稳定、准确的组织。

当工作任务总量 Q、资源数量 R、产量定额 S 已知时，工作的持续时间 D 可采用下式计算：

$$D = \frac{Q}{R \times S}$$

（2）三时估计法

首先利用专家估计法等方法确定 3 个重要的时间参数：

① 最乐观时间 a：完成该工作最少需要的时间。

② 最悲观时间 b：完成该工作最多需要的时间。

③ 最可能时间 m：完成该工作最可能需要的时间。

根据统计学原理，如果工作的完成时间符合三角分布，则完成某活动的期望值 D 为：

$$D = \frac{a+m+b}{3}$$

如果将三角分布以贝塔分布代替（大多数情况下工期更符合这种分布），则完成某活动的期望值 D 为：

$$D = \frac{a+4m+b}{6}$$

此外，该活动的标准差 σ 为：

$$\sigma = \frac{b-a}{6}$$

工作在 $D\pm\sigma$ 时间内完成的概率为 68.3%，工作在 $D\pm 2\sigma$ 时间内完成的概率为 95.4%，工作在 $D\pm 3\sigma$ 时间内完成的概率为 99.7%，如图 4.1.2.1 所示。

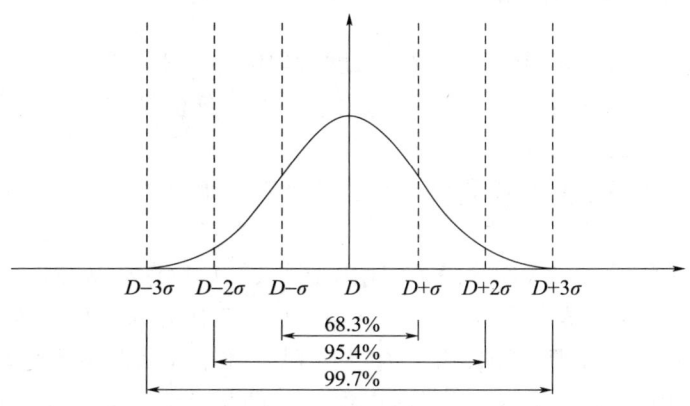

图 4.1.2.1　三时估计法的标准差

2. 横道图

横道图又称条状图（Bar Chart）、甘特图（Gantt Chart），是 1917 年由美国管理学家亨利·劳伦斯·甘特（Henry Laurence Gantt）发明的一种以水平线条表示工作流程和进度的图表。

甘特图的表达方式是：以横轴表示时间，以纵轴表示工作或活动，以线条表示工作，并将线条的起点对齐工作开始时间，以线条的终点对齐工作结束时间，从而使线条可以表示工作的进展和完成情况。

例 4.1.2.2
某子项目的三时估计

现假设例 4.1.2.2 中的各项工作是从第 0 天开始依次进行的（即完成工作 A 后立即进行工作 B，工作 B 完成后立即进行工作 C，以此类推），绘制表示各项工作进度的横道图。做法是：以时间为横坐标、以工作为纵坐标，以线条表示工作，并依次绘制在图上，如图 4.1.2.2 所示。

工作过程	作业进度(天)							
	2	4	6	8	10	12	14	16
A								
B								
C								
D								

图 4.1.2.2　某子项目的横道图表示

横道图是一种简单、有效的进度计划工具。如果将工作的实际进展与计划表示在同一张图上，则管理人员可以快速、直观地掌握各项工作的进度情况（如还有哪些工作需要开展、哪些工作正常进行、哪些工作落后）；而如果将横道与资源需要量结合起来，管理人员还可以据此绘制出资源需要量计划，从而有针对性地开展各类进度、资源控制工作。自横道图发明、完善以来，就被广泛用于各行各业生产管理活动中，在许多建设工程项目的进度管理中都有应用。

3. 网络计划技术的基本知识

虽然横道图简洁高效，但仍无法解决进度管理中的一些重要问题。如：

① 难以简洁清楚地表示工作间的逻辑关系，难以分析具体工作的进度变更对其他工作进度和整体进度的影响。

② 难以分析不同工作的重要程度，无法有针对性地对具体工作进行进度优化或进度控制。

为克服横道图的局限，人们开发了使用以箭线、节点组成的有向、有序的网状图形表示工作流程及工作间的逻辑关系，在网络图中加注工作时间参数的网络计划技术，从而可以更好地开展进度管理。2015年，中华人民共和国住房和城乡建设部发布了《工程网络计划技术规程》JGJ/T 121。根据规程，在建设工程领域，常用的网络计划是以关键路径法和计划评审技术为基础的工程网络计划，包括双代号网络图、双代号时标网络计划、单代号网络图、单代号搭接网络计划等。

关联知识 4.1.2.1
各类网络计划方法的定义和特点

关联知识 4.1.2.2
网络计划技术的发展

4.1.3 流水作业

1. 流水作业的定义

在制定进度目标和进度计划时，除了考虑各工作间的搭接关系，有时还可以对某些符合特定条件的工作，根据其工艺逻辑和组织逻辑之间的关系要求，将工作分为若干个区段（施工段），在时间和空间上组织区段间均衡、连续的作业，从而达到合理统筹，缩减进度的目的。

例如，图 4.1.3.1 所示的项目包含支模板、绑钢筋、浇混凝土 3 个工作过程，假设每种工作可以分为 3 个区段各自独立进行。

下面按 3 种方式组织施工作业：

（1）依次作业

每种工作过程各投入 1 支施工队伍，施工队伍人数分别为 10 人、16 人、8 人。每支施工队伍依次在 1 个区段内工作，完成该个区段后再转入下一个区段工作。此时，总工期为 45 周，每周最多同时需要安排 16 人在现场。

区段	工作过程	人数	施工周数	进度(周)									进度(周)			进度(周)				
				05	10	15	20	25	30	35	40	45	05	10	15	05	10	15	20	25
Ⅰ	支模板	10	5	—									—			—				
	绑钢筋	16	5		—								—				—			
	浇混凝土	8	5			—								—				—		
Ⅱ	支模板	10	5				—						—				—			
	绑钢筋	16	5					—					—					—		
	浇混凝土	8	5						—					—					—	
Ⅲ	支模板	10	5							—			—						—	
	绑钢筋	16	5								—		—							—
	浇混凝土	8	5									—		—						—
资源需要量				10	16	8	10	16	8	10	16	8	30	48	24	10	26	34	24	8
作业组织方式				依次作业									平行作业			流水作业				
工期				45周									15周			25周				

图 4.1.3.1 作业的组织方式

在这种作业方式中，工作之间、工作的区段之间都是按工艺流程顺次进行的，前一个部分完成后，才开始后一个过程的作业。依次作业是一种最基本、最原始的作业组织方式。

依次作业的特点是：

① 没有充分地利用工作面争取时间，工期长。

② 工作队、工人不能连续作业。

③ 单位时间投入资源量较少，有利于资源供应。

④ 施工现场的组织和管理比较简单。

（2）平行作业

每种工作过程均投入 3 支施工队伍，每个施工队伍人数分别为 10 人、16 人、8 人，且 3 个区段同时开展工作，在区段内依次完成 3 种工作。此时，总工期为 15 周，每周最多同时需要安排 48 人在现场。

如果工作面和资源供应都允许，则平行作业可以投入多个队伍同时作业，能最大程度地缩短工期。平行作业的特点是：

① 充分利用工作面，工期缩短。

② 工作队、工人不能连续作业。

③ 单位时间投入资源量成倍增长，现场临时设施等相关管理成本随之增加。

④ 施工现场组织和管理复杂、协调工作量大。

（3）流水作业

每种工作过程只投入 1 支施工队伍，但每支队伍完成区段工作后，立即由后续工作队伍接手，且队伍立即转移到另一个区段工作，如此循环至工作完成。此时，总工期为 25 周，每周最多同时需要安排 34 人在现场。

在这种作业方式中，各作业队伍虽然在区段的作业是依次进行的，但每个队伍完成 1 个区段内工作后，就立即转移到下一个区段连续、均衡的施工，可以有效缩短工期，且资源投入量较低。流水作业的特点是：

① 能科学地利用作业面，合理压缩工期。

② 专业化施工有利于工作质量和效率。

③ 连续作业减少窝工和其他支出。
④ 单位时间投入资源量均衡,有利于资源组织供给。
⑤ 为了确保连续作业的管理、协调难度较大。

总的来说,如果条件允许,流水作业是一种较理想的作业组织方式。开展流水作业的一些必备条件包括:

① 各工作可以明确地划分为若干个部分(或过程),且每个部分又可以划分为若干工作量(工程量、劳动量)相差不大的区段(或施工段)。
② 每个部分、区段可以由单独的组织(包括部门或个人)负责完成。
③ 可以确定每个区段的工作持续时间。
④ 每个区段作业完成后,负责区段作业的组织可以连续地转移到另一个区段,直至完成所有同类工作。

2. 流水作业的表达方式

在图 4.1.3.1,各项工作是以横道图的方式表达的。在建设工程领域,更常使用的表达方法是水平指示图表法。与横道图类似,水平指示图表以横坐标为持续时间,以纵坐标为工作过程或区段,横道用于表示不同的作业,并在横道上方加注工作过程或区段编号,如图 4.1.3.2 所示。

工作过程	作业进度(天)																
	01	02	03	04	05	06	07	08	09	10	11	12	13	14	15	16	17
土方开挖A	I		II		III												
浇筑垫层B					I	II		III									
砌筑墙基C									I			II		III			
回填土方D											I		II			III	

图 4.1.3.2 水平指示图表

此外,流水作业还可以采用垂直指示图表的方法表示。以横坐标为持续时间,纵坐标为倒序放置的区段,斜线表示各工作流程,并在斜线上加注工作过程编号。相对于水平指示图表法,垂直指示图可以用斜率更直观地反映作业速度的快慢。图 4.1.3.3 是以垂直指示图表法表示的图 4.1.3.2 中所示的流水作业。

区段	作业进度(天)																
	01	02	03	04	05	06	07	08	09	10	11	12	13	14	15	16	17
III																	
II			A			B					C				D		
I																	

图 4.1.3.3 垂直指示图表

3. 流水作业的基本参数

为了更清楚地表达流水作业在工艺流程、空间布置和时间排列等方面开展的状态和方式，需要引入一些术语和符号，称为流水作业参数。常用的流水作业参数包括工艺参数、空间参数和时间参数。表 4.1.3.1 列举了这些常用的流水作业参数。

表 4.1.3.1　常用流水作业参数

类别	基本参数	符号	说明
工艺参数	作业/施工过程数	n	施工过程是根据施工组织设计、计划安排需要划分出的计划任务子项，可以是单位工程、分部工程、分项工程、施工工序等。施工过程的范围可根据实际需要确定。在这些过程中，包含了建造类过程、运输类过程、制备类过程等。其中： ① 建造类过程：占据空间和工作面的工作过程，如地下工程、主体工程、装饰工程等。 ② 运输类过程：将建筑材料、各类构配件、成品、制品和设备等运到工地仓库或施工现场使用地点的施工过程。 ③ 制备类过程：如砂浆制备、混凝土制备等。 由于建造类施工过程占有施工对象的空间，直接影响工期的长短，因此必须列入进度计划，并且大多作为主导过程、关键工作。运输类、制备类过程一般不占有施工对象的工作面，不列入流水施工进度计划中；只有当其占有工作面并影响工期时，才列入进度计划中。如钢筋混凝土构件的现场制作过程；构件垂直吊运过程等
工艺参数	流水强度	V_i	某作业过程在单位时间内所完成的工程量
工艺参数	施工队伍数	b_i n_1	单个作业过程安排的作业队伍数量为 b_i，所有作业队伍的总数量 $n_1 = \sum_{i=1}^{n} b_i$
空间参数	工作面	—	某作业过程必备的操作空间；其大小根据相应工种产量定额、操作规程、安全规程等确定
空间参数	区段/施工段数	m	流水作业在空间上布置的划分数。划分区段时必须考虑如下因素： ① 要有利于各工作过程间相互衔接。如混凝土结构分段时应与结构界限、伸缩缝、沉降缝、施工缝等一致，或设置在对结构整体性影响较小，易于修复的部位。 ② 同一作业队伍在各区段间的劳动量大致相当，上下浮动不宜超过10%～15%。 ③ 每个区段具有足够的工作面，可以容纳足够的人工、机械，从而合理组织较高效率的生产作业。 ④ 同一时间内，同一区段一般仅安排一个作业队伍，因此不宜划分过多区段，且最好能保证主导工作过程的工作队伍可以连续施工
空间参数	作业/施工层数	r	为了满足作业对垂直空间因素的要求，将作业在垂直方向上分为若干层进行。如，高层、多层建筑的主体结构施工时，一般必须完成下层施工后才能进行上层施工。又如，砌筑工程每日施工高度不得超过1.2m，因此可以按1.2m划分作业层数。 为了使工作能连续进行，区段数应大于层数，即 $m \geq r$
时间参数	流水节拍	t_i	流水节拍是指某个作业队伍在某个区段/施工段上的作业持续时间。流水节拍的大小可反映流水施工速度的快慢、节奏感的强弱和资源消耗量的多少。流水节拍的取值可以根据作业方案、区段工程量、投入资源数、工作班次等参数，采用定额计算法、三时估计法等确定。 对于已经确定工程量和工期的项目，可以根据工期倒排流水节拍，并反算出资源需要量和工作班次。当某工作持续时间 T_i、区段数 m 已知时，$t_i = T_i/m$。当 m 确定后，t_i 越小，则工期越短。因此，理想情况下，人们总是希望 t_i 越小越好。但实际上，受工作面、安全规程等限制，流水节拍不能无限缩小

续表

类别	基本参数	符号	说明
时间参数	流水步距	$K_{i,i+1}$	相邻2种工作的作业队伍,在保证连续施工、最大限度搭接的条件下,相继投入作业的最小间隔时间。显然,流水步距的个数为 $n-1$
	技术间歇	$Z_{i,i+1}$	由于工艺技术要求,相邻2种工作过程之间的间歇等待时间称为技术间歇。如混凝土浇筑后的养护时间,砂浆抹面和油漆面的干燥时间等
	组织间歇	$G_{i,i+1}$	由于安排、组织方面的原因造成的间歇等待时间称为组织间歇。如人员、机械在区段间转移,隐蔽工程遮蔽前进行检查验收等
	平行搭接时间	$C_{i,i+1}$	当工作面条件允许时,允许2个作业队伍同时开展部分工作,从而使2种工作过程存在时间搭接的关系。两者同时作业的时间长度,称为平行搭接时间。如绑扎钢筋与支模板可平行搭接一段时间
	流水作业工期	T	从第一个作业队伍开始作业,到最后一个队伍完成作业,并退出流水作业的整个持续时间

4. 流水作业的组织和计算

根据流水作业基本参数的特点,可以将流水作业分为等节奏流水、异节奏流水和无节奏流水三大类。

(1) 等节奏流水

等节奏流水又称为全等节奏流水、固定节奏流水、同步距流水等。其特点是:

① 所有工作过程在各区段/施工段的流水节拍 t_i 均相等。

② 所有的流水步距 $K_{i,i+1}$ 相等,且等于流水节拍。即:$K_{i,i+1}=K=t_i$。

③ 每个工作过程安排1支作业队伍,即:$n_1=n$。

④ 每个作业队伍可以在不同区段/施工段间连续施工,没有空闲。

等节奏流水的流水作业易于组织,但实际工程中完全符合等节奏流水的工程很少。等节奏流水的组织方式为:

① 确定区段/施工段数 m。应按下式计算:

$$m=n_1+\frac{Z_{\max}}{K_b}+\frac{G_{\max}}{K_b}+\frac{Z_{b\max}}{K_b}$$

式中　$Z_{\max}$——各楼层内技术间歇时间总和的最大值,按下式计算:

$$Z_{\max}=\max\{\sum Z_{i,i+1}^1,\sum Z_{i,i+1}^2\cdots\sum Z_{i,i+1}^r\}$$

$G_{\max}$——各楼层内技术间歇时间总和的最大值,按下式计算:

$$G_{\max}=\max\{\sum G_{i,i+1}^1,\sum G_{i,i+1}^2\cdots\sum G_{i,i+1}^r\}$$

$Z_{b\max}$——各楼层之间的间歇时间的最大值,按下式计算:

$$Z_{b\max}=\max\{Z_b^1,Z_b^2\cdots Z_b^{r-1}\}$$

② 计算工期为:

$$T=(mr+n-1)K+\sum Z_{i,i+1}^1+\sum G_{i,i+1}^1-\sum C_{i,i+1}^1$$

式中　$\sum Z_{i,i+1}^1$——首个作业层中的技术间隙时间总和;

　　　$\sum G_{i,i+1}^1$——首个作业层中的组织间隙时间总和;

　　　$\sum C_{i,i+1}^1$——首个作业层中的组织平行搭接时间总和。

例 4.1.3.1
等节奏流水施工的组织和计算

（2）异节奏流水

异节奏流水分为等步距异节奏流水和异步距异节奏流水。

① 等步距异节奏流水

等步距异节奏流水是异节奏流水的一种，又称为成倍节奏流水。其特点是：

a. 同一种工作过程在各区段/施工段的流水节拍t_i相等。同一区段/施工段内，不同工作过程的流水节拍不尽相同，但均存在倍数关系。

b. 相邻工作队伍间的流水步距K_b与不同工作间的流水步距$K_{i,i+1}$相等，且等于流水节拍的最大公约数。即：

$$K_b = K_{i,i+1} = 最大公约数\{t_1, t_2 \cdots t_i\}$$

例 4.1.3.2
等步距异节奏流水的组织和计算

c. 每个工作过程可能安排多个作业队伍，且$n_1 > n$。

d. 每个作业队伍可以在不同区段/施工段间连续施工，没有空闲。

等步距异节奏流水的组织方式为：

a. 确定各作业过程安排的作业队伍数量b_i，以及所有作业队伍的总数量n_1，按下式计算：

$$b_i = \frac{t_i}{K_b}$$

$$n_1 = \sum_{i=1}^{n} b_i$$

b. 确定区段/施工段数m。应按下式计算：

$$m = n_1 + \frac{Z_{max}}{K_b} + \frac{G_{max}}{K_b} + \frac{Z_{bmax}}{K_b}$$

式中 Z_{max}——各楼层内技术间歇时间总和的最大值，按下式计算：

$$Z_{max} = \max\{\sum Z_{i,i+1}^1, \sum Z_{i,i+1}^2 \cdots \sum Z_{i,i+1}^r\}$$

G_{max}——各楼层内组织间歇时间总和的最大值，按下式计算：

$$G_{max} = \max\{\sum G_{i,i+1}^1, \sum G_{i,i+1}^2 \cdots \sum G_{i,i+1}^r\}$$

Z_{bmax}——各楼层之间的间歇时间的最大值，按下式计算：

$$Z_{bmax} = \max\{Z_b^1, Z_b^2 \cdots Z_b^{r-1}\}$$

c. 计算工期为：

$$T = (mr + n_1 - 1)K_b + \sum Z_{i,i+1}^1 + \sum G_{i,i+1}^1 - \sum C_{i,i+1}^1$$

式中 $\sum Z_{i,i+1}^1$——首个作业层中的技术间隙时间总和；

$\sum G_{i,i+1}^1$——首个作业层中的组织间隙时间总和；

$\sum C_{i,i+1}^1$——首个作业层中的组织平行搭接时间总和。

② 异步距异节奏流水

异步距异节奏流水的特点是：

a. 同一种工作过程在各区段/施工段的流水节拍t_i相

例 4.1.3.3
异步距异节奏流水的组织和计算

等。同一区段/施工段内,不同工作过程的流水节拍不尽相同,且不存在倍数关系。

b. 不同工作间的流水步距$K_{i,i+1}$可能不相等。

c. 每个工作过程安排1支作业队伍,且$n_1=n$。

d. 每个作业队伍可以在不同区段/施工段间连续施工,但有的区段之间会存在空闲。

e. 如果考虑作业层/施工层间关系,则流水作业的组织和计算均很复杂,本书暂不做讨论。

异步距异节奏流水的组织方式为:

a. 计算流水步距。根据前后2个工作的流水节拍关系,又有:

如果$t_i \leqslant t_{i+1}$,则$k_{i,i+1}$按下式计算:

$$k_{i,i+1}=t_i$$

如果$t_i > t_{i+1}$,则$k_{i,i+1}$按下式计算:

$$k_{i,i+1}=mt_i-(m-1)t_{i+1}$$

b. 计算工期为:

$$T=\sum k_{i,i+1}+mt_n+\sum Z_{i,i+1}+\sum G_{i,i+1}-\sum C_{i,i+1}$$

式中　t_n——最后一个工作过程的流水节拍;

$\sum Z_{i,i+1}$——技术间歇时间的总和;

$\sum G_{i,i+1}$——组织间歇时间的总和;

$\sum C_{i,i+1}$——搭接时间之和。

(3) 无节奏流水

无节奏流水的特点是:

① 各工作过程在各区段/施工段的流水节拍t_i都不相等,且不存在倍数关系。

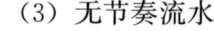

例4.1.3.4
无节奏流水的组织和计算

② 不同工作间的流水步距$K_{i,i+1}$可能不相等。

③ 每个工作过程安排1支作业队伍,且$n_1=n$。

④ 每个作业队伍可以在不同区段/施工段间连续施工,但有的区段之间会存在空闲。

⑤ 如果考虑作业层/施工层间关系,则流水作业的组织和计算均很复杂,本书暂不做讨论。

组织等步距异节奏流水的关键在于确定流水步距。最常用的方法为潘特考夫斯基法,又称累加数列错位相减取最大差法。具体步骤为:

① 将各工作过程在不同区段上的流水节拍逐项累加,形成累加数列。

② 从第一种工作过程开始,将下一个工作过程的累加数列错开一位,然后相减,得到新的相减结果数列。

③ 取相减结果数列中的最大值为流水步距(需考虑正负值)。

无节奏流水的工期可按下式计算:

$$T=\sum k_{i,i+1}+\sum t_i^n+\sum Z_{i,i+1}+\sum G_{i,i+1}-\sum C_{i,i+1}$$

式中　$\sum t_i^n$——最后一个工作过程的所有流水节拍之和;

$\sum Z_{i,i+1}$——技术间歇时间的总和;

$\sum G_{i,i+1}$——组织间歇时间的总和;

$\sum C_{i,i+1}$——搭接时间之和。

模块 4.2

网络计划技术

知识目标：双代号网络计划；双代号时标网络计划；单代号网络计划；单代号搭接网络计划

技能目标：能绘制简单的双代号网络进度计划并计算时间参数；能绘制简单的双代号时标网络计划并计算时间参数；能绘制简单的单代号网络计划并计算时间参数；能绘制简单的单代号搭接网络计划并计算时间参数

4.2.1 双代号网络计划

双代号网络计划是以箭线及其两端节点的编号表示工作的双代号网络图进行进度编制和控制的方法。

1. 双代号网络图的表示方法

在双代号网络图中，工作的表示方法如图 4.2.1.1 所示。

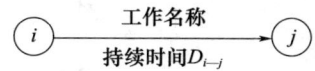

图 4.2.1.1 双代号网络图的工作表示方法

① 工作以箭线表示。箭线应画成水平直线、垂直直线或折线，水平直线投影的方向应自左向右。工作名称应标注在箭线上方，持续时间应标注在箭线下方。可以用"工作 $i—j$"的形式称呼某个工作。

② 箭线的首端和末端应标注节点。节点应用圆圈表示，并应在圆圈内编号。节点编号顺序应从左至右、从小到大，可不连续，但严禁重复。

③ 一项工作应只有唯一的一条箭线和相应的一对节点编号，箭尾的节点编号应小于箭头的节点编号。

2. 双代号网络图的逻辑关系

建设工程项目中常见的工作间逻辑关系（主要指工作间先后顺序关系）包括：

① 工艺关系：由生产工艺、工作程序决定的先后顺序。如柱绑扎钢筋一般在柱支模之前进行。

② 组织关系：由于组织安排、资源调配需要而人为规定的先后顺序。如不同施工段的先后施工顺序。

这些逻辑关系在双代号网络图中以箭线方向表示。如图 4.2.1.2 所示的双代号网络图表明，应先进行工作 $h\text{—}i$，工作 $h\text{—}i$ 完成后，立即进行工作 $i\text{—}j$，工作 $i\text{—}j$ 完成后，立即进行工作 $j\text{—}k$，以此类推。此时，工作 $h\text{—}i$ 称为工作 $i\text{—}j$ 的紧前工作，工作 $j\text{—}k$ 称为工作 $i\text{—}j$ 的紧后工作。

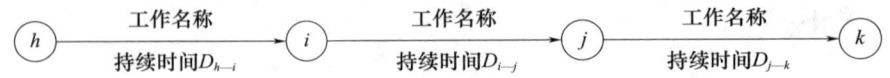

图 4.2.1.2　双代号网络图的工作逻辑

将多个工作按照先后顺序连接成网状的图形，可以表示更复杂的工作逻辑关系，如图 4.2.1.5 所示。在双代号网络图中表示工作的逻辑关系，还必须符合以下要求：

① 不得出现循环的回路，否则工作循环往复，项目也无法结束。

② 不得出现带双向箭头或无箭头的连线，不得出现没有箭头节点或没有箭尾节点的箭线，否则工作间的逻辑无法明确。

③ 双代号网络图中应只有一个起点节点，在不分期完成任务的网络图中，应只有一个终点节点，其他所有节点均应是中间节点，否则项目的开始和结束时间无法明确。

④ 为了更清晰地表达工作间的逻辑，可以使用不耗费时间仅表达工作流向的虚工作。虚工作应以虚箭线表示，无需标注名称和持续时间（持续时间为 0），如图 4.2.1.5 所示。

⑤ 当起点节点有多条外向箭线或终点节点有多条内向箭线时，对起点节点和终点节点可使用母线法绘图，如图 4.2.1.3 所示。

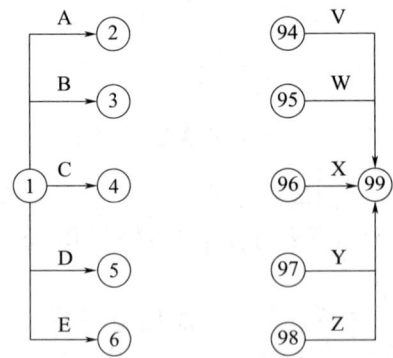

(a)起点节点有多条外向箭线　(b)终点节点有多条内向箭线

图 4.2.1.3　双代号网络图的母线法表示

⑥ 绘制网络图时，箭线不宜交叉。当交叉不可避免时，可用过桥法、断线法或指向法，如图 4.2.1.4 所示。

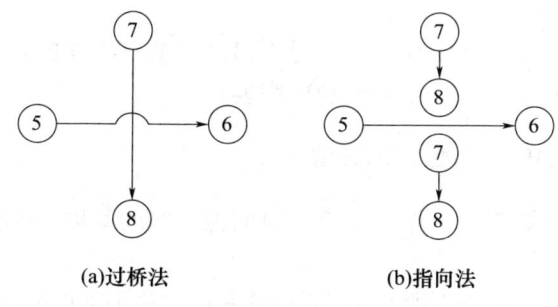

(a) 过桥法　　　　　　(b) 指向法

图 4.2.1.4　双代号网络图的过桥法和指向法

此时，图 4.2.1.5 所示的双代号网络图中表示的逻辑关系为：
① 工作 A、B、C 必须同时开始，而工作 D 必须在 A、B、C 都结束后才开始。
② 工作 D 在工作 E、F 都结束后开始。
③ 工作 G 在工作 E 结束后即可开始，但工作 H 必须在工作 E、F 都结束后才开始。
④ 工作 J 在工作 G、H 都结束后开始。
⑤ 工作 J 结束后，同时开始工作 K、L、M，且工作 K、L、M 都完成后，项目结束。

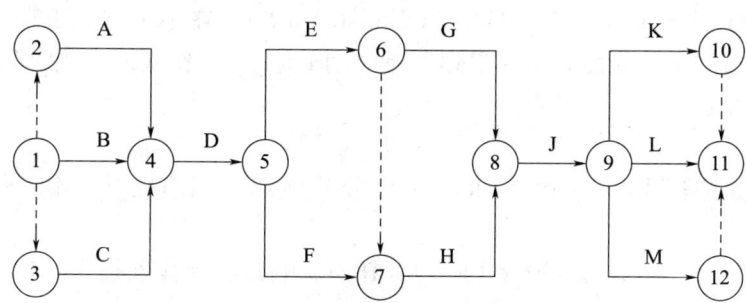

图 4.2.1.5　虚工作表示的逻辑关系

3. 双代号网络图的绘制方法

所有工作逻辑已知后，可按以下步骤绘制双代号网络图：

（1）绘制起始节点

起始节点无紧前工作，也是整个项目的起点。如果有多个工作均无紧前工作时，表明这些工作都可以同时开始。可以采用母线法、虚工作等方法合并始节点，以保证整个网络图仅有一个起始节点。

（2）绘制各项工作

按照工作的先后顺序，从起始节点开始依次向后（右侧）绘制，同时标注工作名称和持续时间。

（3）绘制终点节点

所有箭线、节点绘制完毕后，合并所有无紧后工作的结束节点，以保证网络图仅有一个终点节点。

例 4.2.1.1
双代号网络图的绘制

（4）节点编号

为所有节点顺序编号。特别复杂、一时难以确定节点次序的，可采用不连续编号的方法，确保所有节点编号符合从小到大的次序要求。

4. 双代号网络图的时间参数表示方法

时间参数是网络计划图中工作、节点的时间值。时间参数对确定关键路径、进度计划分析调整非常关键。

采用工作计算法时，双代号网络图需要计算并标注关于工作的 6 个时间参数，包括：

① 工作最早开始时间 ES_{i-j}（Earliest Start Time）：完成所有紧前工作后本工作最早开始时刻。

② 工作最早完成时间 EF_{i-j}（Earliest Finish Time）：完成所有紧前工作后本工作最早完成时刻。显然，工作最早开始时间 ES_{i-j} 与工作最早完成时间 EF_{i-j} 之间必定符合如下关系：

$$ES_{i-j} + D_{i-j} = EF_{i-j}$$

③ 工作最迟开始时间 LS_{i-j}（Latest Start Time）：在不影响总工期前提下，本工作最迟必须开始时刻。

④ 工作最迟完成时间 LF_{i-j}（Latest Finish Time）：在不影响总工期前提下，本工作最迟必须完成时刻。显然，工作最迟开始时间 LS_{i-j} 与工作最迟完成时间 LF_{i-j} 之间必定符合如下关系：

$$LS_{i-j} + D_{i-j} = LF_{i-j}$$

⑤ 工作总时差 TF_{i-j}（Total Float）：在不影响总工期前提下，本工作可利用的最大机动时间。

⑥ 工作自由时差 FF_{i-j}（Free Float）：在不影响紧后工作前提下，本工作可利用的最大机动时间。

采用工作计算法计算各时间参数时，还需要计算并标注关于节点的 2 个时间参数，包括：

① 节点最早时间 ET_i（Earliest Event Time）：该节点后所有工作的最早开始时间。

② 节点最迟时间 LT_i（Latest Event Time）：该节点前所有工作的最迟完成时间。

以上工作、节点的时间参数需标注在工作、节点的上方，如图 4.2.1.6 所示。

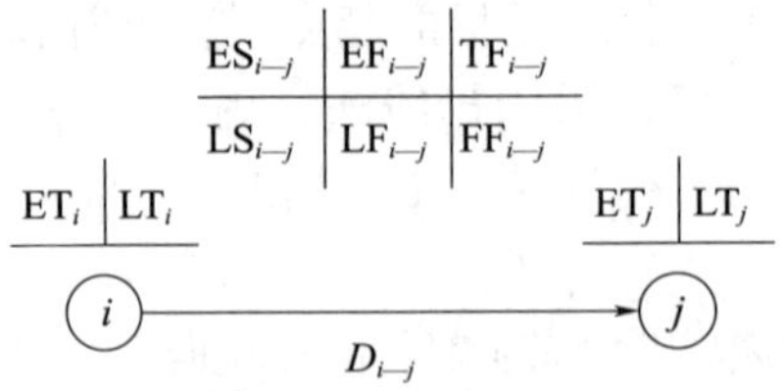

图 4.2.1.6 双代号网络图的时间参数标注

5. 双代号网络图时间参数的工作计算方法

在计算双代号网络图的时间参数前，还需引入以下 3 种工期参数的概念。

① 计算工期 T_c（Calculated Project Duration）：根据网络计划时间参数计算出的工期。

② 要求工期 T_r（Specified Project Duration）：任务委托人所要求的工期。

③ 计划工期 T_p（Planned Project Duration）：在要求工期、计算工期基础上确定的预期工期。

随后按公式计算时间参数如下：

① 计算工作最早开始时间：工作 $i-j$ 的最早开始时间 ES_{i-j} 应从网络计划的起点节点开始顺着箭线方向依次逐项计算。以起点节点 i 为箭尾节点的工作 $i-j$，当未规定其最早开始时间时，应按下式计算：

$$ES_{i-j} = 0$$

其他工作的最早开始时间 ES_{i-j} 应按下式计算：

$$ES_{i-j} = \max\{ES_{h-i} + D_{h-i}\} = \max\{EF_{h-i}\}$$

式中 ES_{h-i}——工作 $i-j$ 各项紧前工作 $h-i$ 最早开始时间；

D_{h-i}——工作 $i-j$ 各项紧前工作 $h-i$ 的持续时间；

EF_{h-i}——工作 $i-j$ 各项紧前工作 $h-i$ 的最早结束时间。

② 计算工作最早结束时间：工作的最早结束时间 EF_{i-j} 应按下式计算：

$$EF_{i-j} = ES_{i-j} + D_{i-j}$$

③ 计算工期 T_c：计算工期 T_c 应按下式计算：

$$T_c = \max\{EF_{i-n}\}$$

式中 EF_{i-n}——以终点节点 $j=n$ 为箭头节点的工作 $i-n$ 的最早完成时间。

当已规定要求工期 T_r 时，计划工期不应超过要求工期，即 $T_p \leqslant T_r$。当未规定要求工期 T_r 时，可令计划工期等于计算工期，即：$T_p = T_c$。

④ 计算工作最迟完成时间：工作 $i-j$ 的最迟完成时间 LF_{i-j} 应从网络计划的终点节点开始，逆着箭线方向依次逐项计算。以终点节点 $j=n$ 为箭头节点的工作，最迟完成时间 LF_{i-n} 应按下式计算：

$$LF_{i-n} = T_p$$

其他工作的最迟完成时间 LF_{i-j} 应按下式计算：

$$LF_{i-j} = \min\{LF_{j-k} - D_{j-k}\} = \min\{LS_{j-k}\}$$

式中 LF_{j-k}——工作 $i-j$ 的各项紧后工作 $j-k$ 的最迟完成时间；

D_{j-k}——工作 $i-j$ 的各项紧后工作 $j-k$ 的持续时间。

⑤ 计算工作最迟开始时间：工作 $i-j$ 的最迟开始时间 LS_{i-j} 应按下式计算：

$$LS_{i-j} = LF_{i-j} - D_{i-j}$$

⑥ 计算工作总时差：工作 $i-j$ 的总时差 TF_{i-j} 应按下式计算：

$$TF_{i-j} = LF_{i-j} - EF_{i-j}$$

或

$$TF_{i-j} = LS_{i-j} - ES_{i-j}$$

⑦ 计算工作自由时差：当工作 $i-j$ 有紧后工作 $j-k$

例 4.2.1.2
双代号网络图时间参数的
工作计算方法

时，其自由时差 FF_{i-j} 应按下式计算：

$$FF_{i-j} = \min \{ES_{j-k} - EF_{i-j}\}$$

以终点节点 $j=n$ 为箭头节点的工作，其自由时差 FF_{i-n} 应按下式计算：

$$FF_{i-n} = T_p - EF_{i-n}$$

例 4.2.1.3
双代号网络图时间参数的节点计算方法

6. 双代号网络图时间参数的节点计算方法

双代号网络图时间参数的节点计算方法与工作计算方法有一些相似的地方。以下通过例 4.2.1.3 说明这种节点计算方法。

7. 关键工作和关键线路

研究图 4.2.1.7 的网络计划可以发现，不同的工作发生延误时，其后果是不同的。

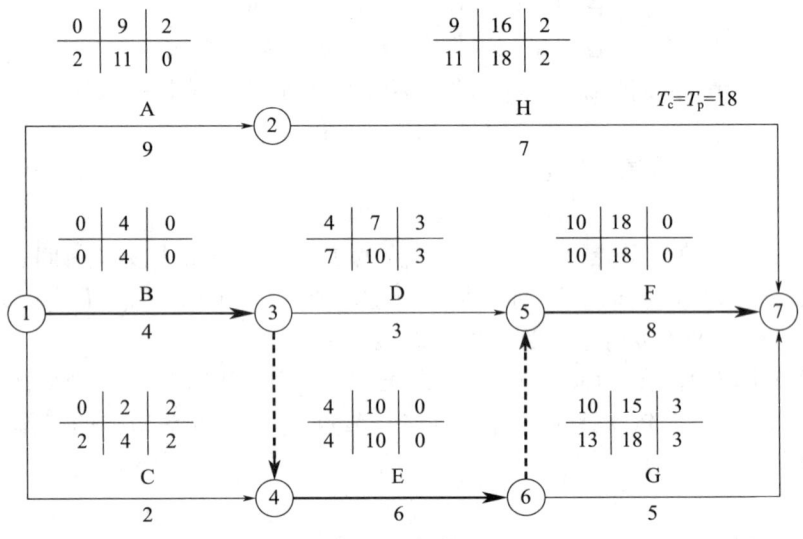

图 4.2.1.7　网络计划图

① 如果工作 A 延误 1 天，则工作 H 的开始时间必定延迟，但计算工期 T_c 不受影响。

② 如果工作 A 延误超过 2 天，则不仅工作 H 的开始时间必定延迟，且计算工期 T_c 也会随之延误。

③ 如果工作 B 延误 1 天，则工作 D、E 的开始时间必定延迟，且计算工期 T_c 也会延误 1 天。

对网络计划技术的进一步研究表明，如果定义工作 $i-j$ 的延误时长为 Δ_{i-j}，则：

① 如果该工作的延误小于自由时差（$\Delta_{i-j} \leqslant FF_{i-j}$），则这种延误对紧后工作、总工期均无影响。

② 如果该工作的延误大于自由时差，但小于自由时差（$FF_{i-j} < \Delta_{i-j} \leqslant TF_{i-j}$），则紧后工作延后 $FF_{i-j} - \Delta_{i-j}$，但总工期不受影响。

③ 如果该工作的延误大于总时差（$\Delta_{i-j} > \mathrm{TF}_{i-j}$），则总工期、紧后工作均会延误，且总工期延误$\Delta_{i-j} - \mathrm{TF}_{i-j}$。

由此可见，在进度的计划编制、优化、控制和调整过程中，应重点关注那些总时差和自由时差较小的工作。可以将网络图中总时差最小的工作称为关键工作，将自始至终全部由关键工作组成的线路，或线路上各工作持续时间之和最长的线路，称为关键线路。关键线路宜用粗线、双线或彩色线标注，如图 4.2.1.7 所示。

当计划工期等于计算工期，即$T_p = T_c$时，关键工作的总时差、自由时差均为 0，即：
$$\mathrm{TF}_{i-j} = 0$$
$$\mathrm{FF}_{i-j} = 0$$

4.2.2 双代号时标网络计划

虽然一般的双代号网络图相对横道图可以更容易地表示和计算工作逻辑与时间参数，但对各工作持续时间、进展状态的观察就不那么简单、直观了。为此，可将箭线长度与工作持续时间联系起来，即：

① 以水平时间坐标为尺度表示工作时间。时间单位可根据需要选择确定，如：小时、天、周、旬、月、季、年等。

② 以箭线在时间坐标上的水平投影表示工作持续时间。考虑到节点的存在，规定以节点中心的位置对准相应的时标位置。

③ 由于虚工作持续时间为 0，可以用垂直方向的虚箭线表示。

④ 各项工作之间存在自由时差的，用波形线表示。

这样就形成了双代号时标网络图，对应的网络技术称为双代号时标网络计划。双代号时标网络图的各时间参数的定义与普通双代号网络图一致。

由于某些工作的最早开始时间、最早完成时间、最迟开始时间、最迟完成时间是不一致的，因此双代号时标网络图可分为 2 种，即：

① 早时标网络计划：按最早开始时间和最早完成时间绘制的时标网络计划。

② 迟时标网络计划：按最迟开始时间和最迟完成时间绘制的时标网络计划。

建设工程领域使用最多的是早时标网络计划，《工程网络计划技术规程》JGJ/T 121—2015 也推荐采用这种方法。

双代号时标网络图的绘制可以采用间接绘制法（即先计算时间参数，再根据参数在坐标上绘制）或直接绘制法。

如果希望在事先不计算时间参数的情况下，先绘图再计算时间参数，可使用直接绘制法进行。以下通过例 4.2.2.1 说明这种直接绘制法。

例 4.2.2.1
双代号时标网络图的直接绘制

4.2.3 单代号网络计划

单代号网络计划是以节点及其编号表示工作，以箭线表示工作之间的逻辑关系的单代号网络图进行进度编制和控制的方法。

1. 单代号网络图的表示方法

在单代号网络图中，工作的表示方法如图4.2.3.1所示。

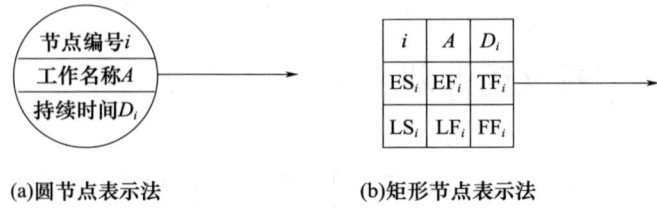

(a)圆节点表示法　　　(b)矩形节点表示法

图4.2.3.1　单代号网络图的工作表示方法

① 工作应以圆圈或矩形表示。一项工作应至少在节点内标注节点编号、工作名称、持续时间。

② 节点的编号号码可间断，但不得重复。箭线的箭尾节点编号应小于箭头节点编号，一项工作应有唯一的一个编号。

2. 单代号网络图的逻辑关系和绘制方法

单代号网络图中工作之间的逻辑关系应以箭线表示。箭线应画成水平直线、折线或斜线。箭线水平投影的方向应自左向右。

单代号网络图绘制的方法和基本要求与双代号网络图类似，如：

① 不得出现回路。

② 不得出现双向箭头或无箭头的连线。

③ 不得出现没有箭尾节点的箭线和没有箭头节点的箭线。

④ 绘制网络图时，箭线不宜交叉。当交叉不可避免时，可采用过桥法或指向法绘制。

⑤ 单代号网络图应只有一个起点节点和一个终点节点，当网络图中有多项起点节点或多项终点节点时，应在网络图的两端分别设置一项虚拟节点，作为该网络图的起点节点S_t和终点节点F_{in}。

单代号网络图与双代号网络图的主要图元的对比如表4.2.3.1所示。

表4.2.3.1　单代号网络图与双代号网络图的主要图元的对比

	双代号网络图	单代号网络图
箭杆	1个箭杆代表1个工作，箭杆消耗时间和资源，箭杆长短可表达时间	1个箭杆表示1种工作间逻辑关系，箭杆不消耗时间和资源，无法用箭杆表达时间
节点	节点用于表示工作起点和终点，节点不消耗时间和资源	1个节点代表1个工作，节点消耗时间和资源

续表

	双代号网络图	单代号网络图
逻辑关系	用箭杆方向表示	用箭杆方向表示
虚工作	虚箭杆表示逻辑关系	一般没有虚箭杆（单代号搭接网络除外）

例如，图 4.2.3.2 是由图 4.2.1.7 转化成的单代号网络图。

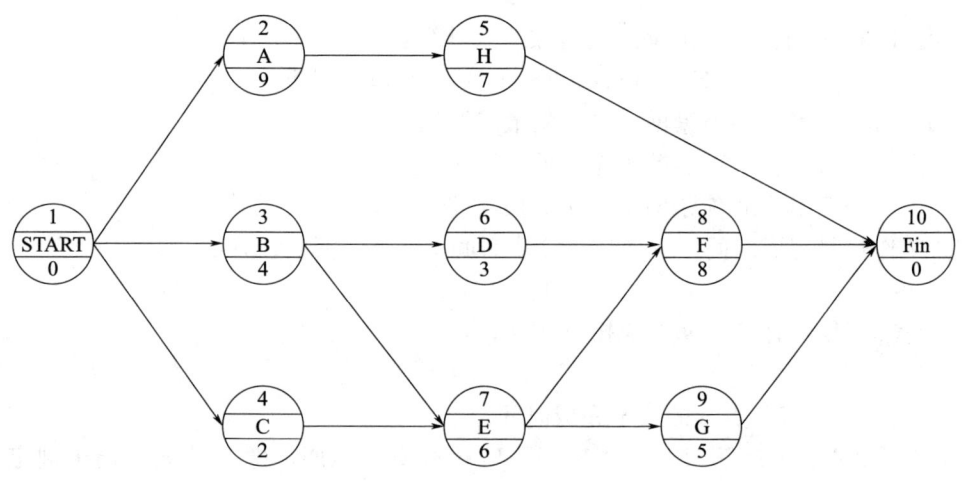

图 4.2.3.2 单代号网络图

3. 单代号网络图的时间参数表示方法

与双代号网络图相似，单代号网络图也需要标注 6 种基本的时间参数，即最早开始时间 ES_i、最早完成时间 EF_i、最迟开始时间 LS_i、最迟完成时间 LF_i、工作总时差 TF_i、自由时差 FF_i。此外，还需要标注相邻两项工作 i 和 j 之间的间隔时间 $LAG_{i,j}$。

单代号网络图的时间参数表示方法如图 4.2.3.3 和图 4.2.3.4 所示。

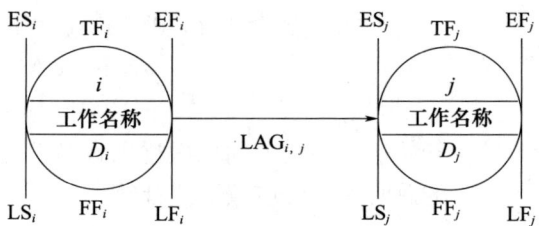

图 4.2.3.3 单代号网络图的时间参数方式一

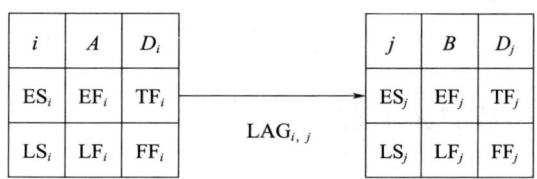

图 4.2.3.4 单代号网络图的时间参数方式二

4. 单代号网络图的时间参数计算

单代号网络图时间参数的工作计算方法为：

① 工作最早时间：工作的最早开始时间 ES_i 应从网络计划的起点节点开始顺着箭线方向依次逐项计算。当起点节点 i 的最早开始时间 ES_i 无规定时，应按下式计算：

$$ES_i = 0$$

其他工作 i 的最早开始时间 ES_i 应按下式计算：

$$ES_i = \max\{ES_h + D_h\} = \max\{EF_h\}$$

式中 ES_h——工作 i 各项紧前工作 h 的最早开始时间；
D_h——工作 i 各项紧前工作 h 的持续时间；
EF_h——工作 i 各项紧前工作 h 的最早完成时间。

② 工作最早完成时间：工作最早完成时间 EF_i 应按下式计算：

$$EF_i = ES_i + D_i$$

③ 计算工期：计算工期 T_c 应按下式计算：

$$T_c = EF_n$$

式中 EF_n——终点节点 n 的最早完成时间。

当已规定要求工期 T_r 时，计划工期不应超过要求工期，即 $T_p \leqslant T_r$。当未规定要求工期 T_r 时，可令计划工期等于计算工期，即 $T_p = T_c$。

④ 计算间隔时间：当终点节点为虚拟节点时，相邻两项工作 i 和 j 的间隔时间 $LAG_{i,n}$ 应按下式计算：

$$LAG_{i,n} = T_p - EF_i$$

其他节点的间隔时间 $LAG_{i,j}$ 应按下式计算：

$$LAG_{i,j} = ES_j - EF_i$$

⑤ 自由时差：终点节点 n 所代表工作的自由时差 FF_n 应按下式计算：

$$FF_n = T_p - EF_n$$

其他节点的自由时差 FF_i 应按下式计算：

$$FF_i = \min\{LAG_{i,j}\}$$

⑥ 总时差：工作总时差 TF_i 应从网络计划的终点节点开始逆着箭线方向依次逐项计算。终点节点 n 所代表工作的总时差 TF_n 应按下式计算：

$$TF_n = T_p - EF_n$$

其他节点 i 的总时差 TF_i 应按下式计算：

$$TF_i = \min\{TF_j + LAG_{i,j}\}$$

例 4.2.3.1
单代号网络图的时间参数计算

4.2.4 单代号搭接网络计划

在上述各类网络图中，工作之间的关系是依次衔接的（完成紧前才能进行紧后），这与工程实际并不完全相符。如某些工作的开始和结束必须以其他工作的进展为前提，而许多工作之间还存在重叠、间歇等关系。用一般的网络图表示这种复杂逻辑关系，则图面会很复杂，时间参数的计算、分析也多有不便。为了解决这类复杂逻辑的表示、计算问题，使用箭线和时距共同表示逻辑关系的搭接网络计划技术被逐渐发展出来。目前，最常用的搭接网络计划是以单代号网络图为基础的单代号搭接网络计划，《工程网络计划技术规程》JGJ/T 121—2015 也推荐采用这种方法。

1. 单代号搭接网络计划的时距与最早开始时间

在单代号搭接网络计划中，时距就是工作之间时间的重叠和间歇关系。用以表示搭接关系的基本时距有 4 种，分别是开始到开始的时距（STS）、开始到结束的时距（STF）、结束到开始的时距（FTS）、结束到结束的时距（FTF）。

时距应标注在网络图中，如图 4.2.4.1 所示。

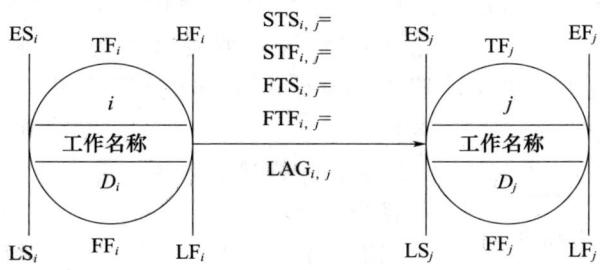

图 4.2.4.1　时距的标注

（1）开始到开始的时距

开始到开始的时距（Start to Start，STS）是前项工作 i 开始后，经过开始到开始的时距（$STS_{i,j}$），后项工作 j 即可开始，如图 4.2.4.2 所示。

在道路工程中的路基铺设工作 i 开始一段时间（$STS_{i,j}$）后，路基工作面逐渐具备，就可以开始一部分路面铺筑 j 的工作。

在这种搭接关系中，前项工作和后项工作的时间关系为：

$$ES_j = ES_i + STS_{i,j}$$

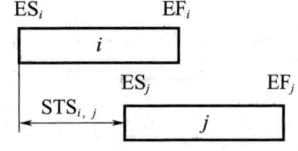

图 4.2.4.2　开始到开始的时距

（2）开始到结束的时距

开始到结束的时距（Start to Finish，STF）是前项工作 i 开始后，必须经过开始到结束的时距（$STF_{i,j}$）长度的时间后，后项工作 j 才能结束，如图 4.2.4.3 所示。

边坡开挖工作 i 开始达到一定程度后，必须进行基坑监测 j 的工作，且基础监测 j 一般要持续到一定的时间（$STF_{i,j}$，如竣工结束 2 年后）才能结束。

在这种搭接关系中，前项工作和后项工作的时间关系为：

$$ES_j = ES_i + STF_{i,j} - D_j$$

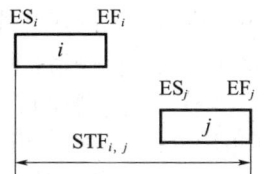

图 4.2.4.3　开始到结束的时距

(3) 结束到开始的时距

结束到开始的时距（Finish to Start，FTS）是前项工作 i 结束后，必须经过结束到开始的时距（$FTS_{i,j}$）长度的时间后，后项工作 j 才能开始，如图 4.2.4.4 所示。

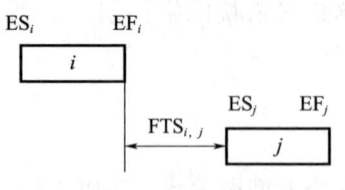

图 4.2.4.4　结束到开始的时距

下层混凝土浇筑工作 i 结束后，必须经过（$FTS_{i,j}$）的养护时间，才能开始上层的后续施工工作 j。

在这种搭接关系中，前项工作和后项工作的时间关系为：

$$ES_j = ES_i + D_i + FTS_{i,j} = EF_i + FTS_{i,j}$$

(4) 结束到结束的时距

结束到结束的时距（Finish to Finish，FTF）是前项工作 i 结束后，必须经过结束到结束的时距（$FTF_{i,j}$）长度的时间后，后项工作 j 才能开始，如图 4.2.4.5 所示。

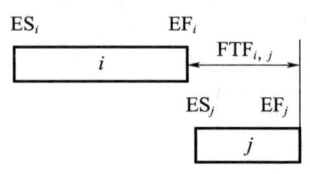

图 4.2.4.5　结束到结束的时距

基坑开挖之前必须进行基坑降水 j 工作，且基坑降水必须持续到基础施工 i 结束一段时间（$FTF_{i,j}$）后才能结束。

在这种搭接关系中，前项工作和后项工作的时间关系为：

$$ES_j = ES_i + D_i + FTF_{i,j} - D_j = EF_i + FTF_{i,j} - D_j$$

(5) 混合的时距关系

如果以上 4 种时距中的若干种同时存在于两个工作之间，则会形成混合的时距关系，如图 4.2.4.6 所示。

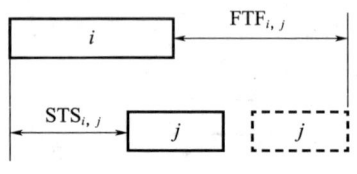

图 4.2.4.6　混合的时距关系

在这种搭接关系中，前项工作和后项工作的时间关系必须综合考虑多种时距的影响。

在图 4.2.4.6 中，假设工作 i 持续时间为 16 天，工作 j 持续时间为 8 天，$FTF_{i,j}$ 为 2 天，$STS_{i,j}$ 为 4 天，则：

① 如果按 STS 搭接计算：

$$ES_j = ES_i + STS_{i,j} = 0 + 4 = 4$$

② 如果按 FTF 搭接计算：

$$ES_j = ES_i + D_i + FTF_{i,j} - D_j = 0 + 16 + 2 - 8 = 10$$

为使工作之间的逻辑关系不至于发生冲突，在搭接关系中的 ES_j 显然应该取较大的值。因此，当有两项或两项以上紧前工作时，应分别计算其最早开始时间，并取最大值。

(6) 特殊情况的虚箭线表示

此外，在单代号搭接网络计划中，有时还会出现以下几种特殊情况：

① 工作 ES_j 计算值可能为负值。

在图 4.2.4.6 中，假设工作 i 持续时间为 8 天，工作 j 持续时间为 16 天，$FTF_{i,j}$ 为 2 天，$STS_{i,j}$ 为 4 天，则：

如果按 STS 搭接计算：

$$ES_j = ES_i + STS_{i,j} = 0 + 4$$

如果按 FTF 搭接计算：
$$ES_j = ES_i + D_i + FTF_{i,j} - D_j = 0 + 8 + 2 - 16 = -6$$
为了使逻辑不发生冲突，应将该工作与起始节点用虚箭线相连接，并确定其时距为：
$$STS_{St,j} = 0$$
同理，如果中间工作的最早完成时间 EF_j 大于终点节点的最早完成时间，则此时应将该工作与终点节点用虚箭线相连接，并确定其时距为：
$$FTF_{j,Fin} = 0$$

2. 单代号搭接网络的时间参数计算

单代号搭接网络的其他时间参数的计算方法和步骤为：

（1）计算最早完成时间

在确定了各工作的最早开始时间 ES_i 后，最终的计算工期 T_c 应取终点节点的最早完成时间 EF_{Fin} 或 EF_n。

（2）最早结束时间和计算工期

各工作的最早结束时间可根据下式计算：
$$EF_i = ES_i + D_i$$
计算工期为：
$$T_c = \max\{EF_i\}$$
当某项工作的最迟完成时间大于计划工期时，应将该工作与终点节点用虚箭线相连，并重新计算其最迟完成时间。

（3）间隔时间

相邻两项工作 i 和 n 之间不存在时距时，其间隔时间（$LAG_{i,j}$）的计算方法与非搭接单代号网络图的计算方法相同，即：
$$LAG_{i,n} = T_p - EF_i$$
或：
$$LAG_{i,j} = ES_j - EF_i$$
相邻两项工作 i 和 j 之间存在时距 $STS_{i,j}$ 时，间隔时间（$LAG_{i,j}$）应按下式计算：
$$LAG_{i,j} = ES_j - ES_i - STS_{i,j}$$
相邻两项工作 i 和 j 之间存在时距 $STF_{i,j}$ 时，间隔时间（$LAG_{i,j}$）应按下式计算：
$$LAG_{i,j} = EF_j - ES_i - STF_{i,j}$$
相邻两项工作 i 和 j 之间存在时距 $FTS_{i,j}$ 时，间隔时间（$LAG_{i,j}$）应按下式计算：
$$LAG_{i,j} = ES_j - EF_i - FTS_{i,j}$$
相邻两项工作 i 和 j 之间存在时距 $FTF_{i,j}$ 时，间隔时间（$LAG_{i,j}$）应按下式计算：
$$LAG_{i,j} = EF_j - EF_i - FTF_{i,j}$$
当相邻两项工作之间存在两种时距及以上的搭接关系时，应分别计算出间隔时间并取最小值，即：
$$LAG_{i,j} = \min \begin{Bmatrix} ES_j - ES_i - STS_{i,j} \\ EF_j - ES_i - STF_{i,j} \\ ES_j - EF_i - FTS_{i,j} \\ EF_j - EF_i - FTF_{i,j} \end{Bmatrix}$$

（4）自由时差

终点节点的自由时差 FF_n 应按下式计算：

$$FF_n = T_p - EF_n$$

其他工作 i 的自由时差 FF_i 的计算方法与普通单代号网络图的计算方式相同，即：

$$FF_j = \min\{LAG_{i,j}\}$$

（5）总时差

总时差应从网络计划的终点节点开始，逆着箭线方向依次逐项计算。终点节点所代表工作的总时差 TF_n 应按下式计算：

$$TF_n = T_p - EF_n$$

其他工作 i 的总时差 TF_i 的计算方法与普通单代号网络图的计算方式相同，即：

$$TF_i = \min\{TF_j + LAG_{i,j}\}$$

（6）工作最迟完成时间

终点节点 n 所代表工作的最迟完成时间应按下式计算：

$$LF_n = T_p$$

其他节点 i 的最迟完成时间应按下式计算：

$$LF_i = EF_i + TF_i$$

如果当某项工作的最迟完成时间 LF_j 大于计划工期 T_c 时，应将该工作与终点节点用虚箭线相连，并重新计算其最迟完成时间。

（7）工作最迟开始时间

工作 i 的最迟开始时间应按下式计算：

$$LS_i = LF_i - D_i$$

或

$$LS_i = ES_i + TF_i$$

例 4.2.4.1
单代号搭接网络计划的时间计算

模块 4.3

建设工程项目的进度控制

知识目标：进度控制的基本工作；进度计划的比较方法

技能目标：能描述建设工程项目进度控制的基本措施；能使用横道图法进行进度比较；能使用 S 形曲线进行进度比较；能使用香蕉形曲线进行进度比较；能使用前锋线进行进度比较

4.3.1 进度控制的基本工作

进度实施、控制与变更要求组织进一步编制完善进度计划系统，识别和评估进度的风险因素，根据进度计划实施工程建设，在实施过程中做好进度检查和对比，分析和评估进度偏差，有针对性地采取进度控制和纠偏措施。

如果在执行过程中确认原有进度无法达成的，应调整和变更原有进度计划，确实有必要的，还可以变更进度目标。

1. 编制进度计划系统

在实施阶段，各相关方可根据（总）进度目标，相应地制定不同深度、不同用途、不同周期的进度计划，从而形成相互关联的建设工程项目进度计划系统。如：

① 由不同相关方的进度计划构成的进度计划系统，包括：建设单位工作的进度计划、设计进度计划、施工进度计划、采购和供货进度计划等。

② 由不同深度的进度计划构成的进度计划系统，包括：总进度计划、子系统进度计划、单项工程进度计划等。

③ 由不同功能的进度计划构成的进度计划系统，包括：控制性进度计划、指导性进度计划、实施性进度计划等。

④ 由不同周期的进度计划构成的进度计划系统，包括：10年、5年、年度、季度、月度、旬进度计划等。

在以上这些进度计划中：

① 一般总工期跨越1个年度以上的项目就应根据不同年度的规划实施内容编制年度、季度的控制性进度计划，并确定重要的进度节点目标，即所谓的里程碑（Milestone）。里程碑是一个没有持续时间的时间节点，通常以重要子项目或工作过程的开始、结束时间作为里程碑。通过在各类目标计划（特别是进度计划）中设立、检验各项工作到达里程碑的情况，可以明确为达到特定的里程碑需要完成一系列活动，并设置时间目标。这种基于里程碑建立的目标计划又称为里程碑计划（Milestone Plan）。图4.3.1.1展示了某项目的里程碑计划。

图 4.3.1.1　某项目的里程碑

② 根据年度、季度建立的月、旬进度计划是对控制性计划的落实与调整，重点解决工作、过程之间的关系，它是进度计划的具体化，必须具有可实施性，且便于对进度情况进行测量、控制和检查。每月末、旬末，项目管理机构应根据当期进度的完成情况，提出下期目标和工作项目，并针对进度偏差情况采取纠偏措施。

2. 进度的风险管理

建设工程项目的进度风险因素是指可能影响建设工程项目进度目标实现的不确定因素。组织应首先识别、评估项目的进度风险因素，制定进度风险的应对策略与措施，制定进度风险的管理计划，并在工程实施过程中做好进度的风险控制。具体可参考"建设工程项目管理的原理、方法和内容"章节。

3. 进度计划的实施

各相关方及其项目管理机构应根据有关进度计划组织实施，并做好以下工作：

① 协调好各项工作的实施条件和工作面，提供所需的资源，相应编制资源供应计划、资金供应计划、分包工程实施进度计划等。

② 通过签发工作任务书（如施工任务单、限额领料单、考勤表等）的方式落实工作职责和责任。工作任务书在实施过程中要做好记录，任务完成后回收，作为进度和其他目标控制的原始记录和检查、评价、考核的依据。

③ 各级进度计划的执行者都要做好实施记录，如实记载计划执行情况，包括每项工作的开始和完成时间，每日完成数量，记录实施过程中发生的各种情况、干扰因素的排除情况。

④ 项目管理机构要在各级进度计划记录的基础上，做好形象进度，工程量，总产值，耗用的人工、材料、机械台班、能源等数据的统计、汇总工作，根据有关制度和文件的要求沟通汇报，并作为其他目标管理的重要依据。

⑤ 项目管理机构还应掌握其他工程建设组织的计划实施情况，做好实施过程中各相关方、各环节、各专业、各工种的协调配合，统筹组织好内外部资源供应、分包商管理等工作。

⑥ 项目管理机构应采取各种措施排除各种干扰和矛盾，保证连续均衡施工，监控可能影响进度的风险因素，尽早发出预警，及时解决问题。

4. 进度计划的检查

进度计划的检查时间应根据项目的类型、规模、环境和条件、策划和计划的要求、对进度执行的要求程度等确定。具体包括：

① 常规性检查一般每月、半月、旬、周检查一次。

② 遇到重大进度风险事件（如恶劣天气、资源供应不利）时，检查间隔可缩短，检查次数应增加。

③ 对进度有重大影响的关键工作任务可以每日检查或派专人监督。

检查的内容包括：

① 对比月、半月、旬、周等进度计划与实际执行情况。

② 对比累计完成工程量计划与实际执行情况。
③ 检查工作生产效率，如检查人员、机械的生产率。
④ 分析影响进度的条件和因素。如分析窝工人数、窝工机械台班等。
⑤ 统计汇总进度偏差情况。

检查的实施方法包括：
① 检查进度报表和数据。
② 按进度沟通和协调机制检查。如定期召开进度汇报和检查会议。
③ 负有进度管理职责和责任的人员应经常到现场检查进度情况。

5. 进度分析和对比

应根据进度检查的结果，将收集到的数据、资料进行统计、汇总，使之与进度计划具有可对比性。常用的数据指标有：实物工程量、产值、劳动消耗量、累计百分比等。将整理后的数据与计划进行对比，可采用多种比较方法，如横道图比较法、S形曲线比较法、香蕉形曲线比较法、前锋线比较法、列表比较法等。详见"进度计划的比较方法"章节。

基于进度比较的结果，如果发现进度计划与实施之间确实存在偏差，则组织应进一步判断偏差对后续工作和总工期的影响。根据网络计划技术中关键工作和关键线路的定义，进度偏差分析的主要步骤包括：

① 分析出现偏差的工作是否为关键工作：如果是关键工作，则无论偏差大小，均会影响后续工作及总工期，必须采取纠偏措施。
② 分析偏差是否大于总时差：如果不是关键工作，则进一步分析偏差值是否大于总时差。如果大于总时差，则必须采取纠偏措施，如果小于总时差，则进一步分析是否大于自由时差。
③ 分析偏差是否大于自由时差：大于自由时差时，应根据后续工作的允许影响程度确定纠偏措施，尽量减少后续工作所受的影响。如果小于自由时差，则暂可不做调整，但需要密切关注当前工作的执行情况，判断进度延误的可能，及时发现、处理进度偏差的风险。

6. 进度的控制和纠偏措施

进度的控制和纠偏措施主要包括组织措施、管理措施、经济措施、技术措施等。表 4.3.1.1 展示了常见的进度控制和纠偏措施。

表 4.3.1.1 常见的进度控制和纠偏措施

措施类别	措施举例
组织措施	① 在项目管理机构中设置专门的进度管理部门和岗位。 ② 明确进度目标和计划的论证编制、进度计划的检查、采取纠偏措施、调整进度计划等工作任务和相应的管理职能，并在工作分工表、管理职能分工表中体现。 ③ 制定进度管理的工作流程，如进度计划编制流程、进度计划审批流程、进度计划调整流程等。 ④ 设计和建立进度沟通和协调机制。如设计进度会议机制，明确会议类型、主持人和参加人员、召开时间、会议文件整理分发确认等

续表

措施类别	措施举例
管理措施	① 系统的编制各类进度计划，确保各层次、各类型的进度计划相互协调。 ② 对重要的进度计划，应从合理安排资源、提供工作面、利于提升质量、利于降低成本、利于安全和职业健康管理、利于绿色建造等方面进行多方案对比，优中选优。 ③ 合理选择工程采购和分包的模式，选择合理的合同结构，避免过多范围和合同交界面对进度的不良影响。 ④ 重视信息技术，特别是BIM技术在进度控制中的作用。详见"建设工程项目进度的信息化管理"章节。
经济措施	① 制定经济激励措施，在预算中考虑加快进度所需的资金和费用、需要采取的激励措施费用等。 ② 制定并严格执行资源供应计划、资金供应计划、分包工程实施进度计划。 ③ 改善资源和资金来源，充分利用自有及外来资源。 ④ 改善资源和资金供应条件，保证供应量和供应时间等。
技术措施	① 在策划和决策阶段、设计阶段就做好技术路线、技术方案的制定、论证、对比工作，选择那些对进度控制有利的方案。 ② 综合考虑技术的先进性、经济的合理性与进度的可行性。 ③ 研究进度受阻时有无改变技术方法、技术方案的可能。

7. 进度计划的调整和变更

必须调整进度计划时，可采用以下方法进行。

（1）改变工作间的逻辑关系

如果工作之间的逻辑关系允许改变的，可以优先改变有关工作之间的逻辑关系，达到缩短工期的目的。将依次进行的工作调整为平行作业或搭接作业，组织流水施工等。

（2）缩短某些工作的持续时间

如果关键工作发生延误时，可以压缩某些工作的持续时间，组织赶工，从而保证原有进度计划和目标的实现。这里采用的方法实际上就是网络计划优化中的工期优化方法和成本优化方法。

需要注意的是，这些缩短持续时间的工作必须是可以压缩的。对于混凝土养护、沉降观测等受时间限制严格的工作则不宜随意压缩。

这种方法实际上就是网络计划优化中的工期优化方法和工期与成本优化的方法。

4.3.2 进度计划的比较方法

1. 横道图比较法

横道图比较法是在横道上将实际进度表示为与计划进度平行的横线进行的比较。由于部分工作的进展速度时快时慢（如工作前期准备工作多，进度较慢，后期速度加快），因此横道图比较法又分为：

① 匀速横道图比较法：即实际进度横线表示的工作进展是匀速的，横线单位长度内的工作量相等，如图4.3.2.1（a）所示。

② 非匀速横道图比较法：即以实际进度横线长度表示工作进展的累计百分比。本法在实践中更为常用，如图4.3.2.1（b）所示。

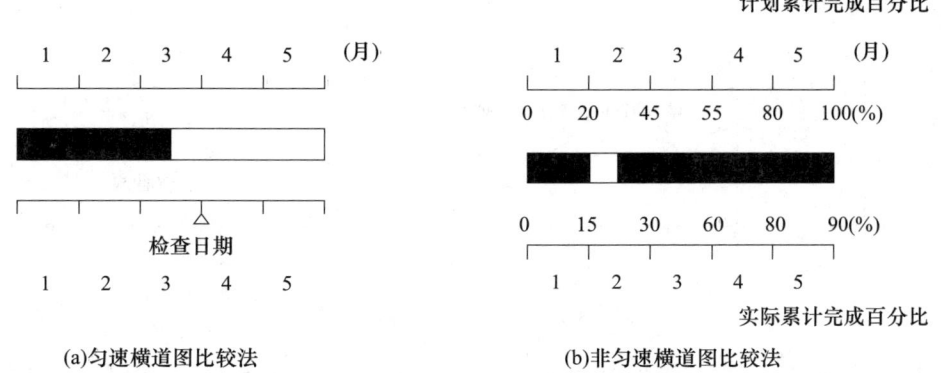

(a) 匀速横道图比较法　　　　(b) 非匀速横道图比较法

图4.3.2.1　横道图比较法

横道图比较法的具体操作方法是：
① 编制横道图进度计划。
② 在进度计划上标出检查日期。
③ 将实际进度用粗黑线标于计划进度的一侧（单侧横道图比较）或两侧（双侧横道图比较）。
④ 比较分析实际进度与计划进度。

2. 表格法

表格法是将项目编号、名称、各费用参数以及费用偏差数等综合归纳入一张表格中进行比较，从而使管理人员更直观地观察数据的偏差。表格法的优点包括：
① 灵活、适用性强。可根据实际需要设计表格，进行增减项。
② 信息量大。可以反映偏差分析所需的资料，从而有利于费用控制人员及时采取针对性措施，加强控制。
③ 表格处理可借助于计算机，从而节约大量数据处理所需的人力，并大大提高速度。

3. S形曲线比较法

S形曲线比较法是根据时间-成本累积曲线进行进度比较的方法。这是一种可以同时用于进度、成本分析比较的方法。时间-成本累积曲线的基本原理是，在大部分工程项目建设过程中，单位时间完成的工作任务量在开始阶段工作任务量少，中间阶段工作任务量多，收尾阶段工作任务量又变少。如果以工作任务的成本发生情况衡量工作任务的进展，分时段计算工作任务的成本总和，并以横坐标表示进度时间，纵坐标表示各时段的成本情况，就形成一条倒U形的时间-成本曲线，如图4.3.2.2（a）所示。

在此基础上，进一步计算各时段的累计成本，并将累计成本以纵坐标表示出来，就形成一条S形的时间-累积成本曲线，如图4.3.2.2（b）所示，即所谓的S形曲线。

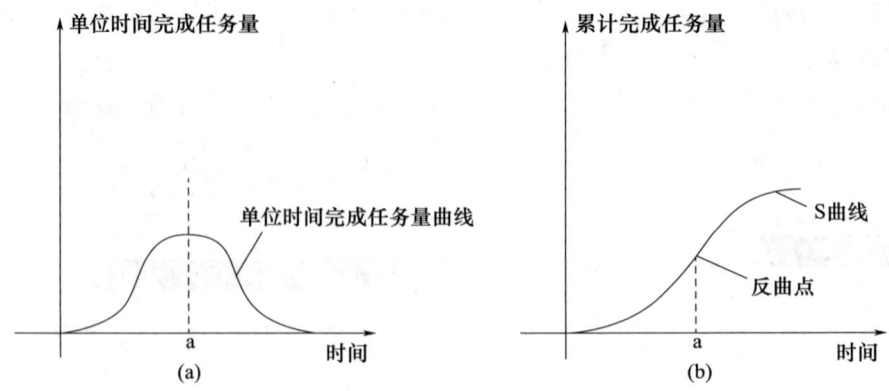

图 4.3.2.2 时间-成本累积曲线

根据上述原理，可以在策划阶段将进度计划、成本计划结合起来，绘制出一条关于计划的时间-累计成本曲线；在实施阶段，则持续记录各时段的工作任务完成情况，并计算这些工作任务对应的成本，就能得到另一条关于实际的时间-累计成本曲线，如图 4.3.2.3 所示。

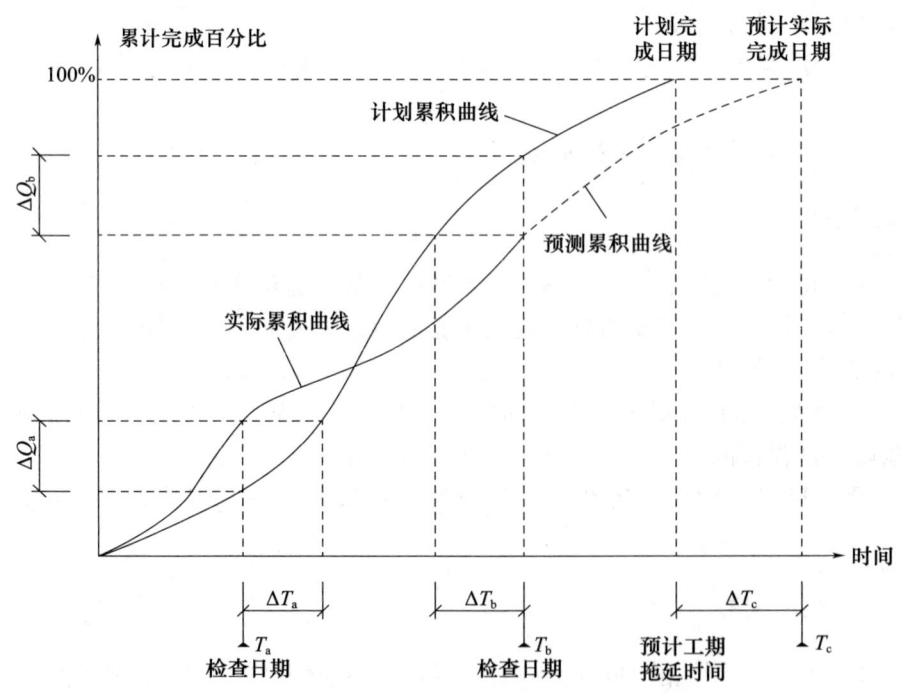

图 4.3.2.3 计划与实际时间-成本累积曲线对比

如果在计算实际工作任务成本时，采用的是成本计划价格，则可以进行计划进度与实际进度的对比分析；如果采用的是成本实际价格，则可以进行成本计划与实际成本的对比分析。用于进度-成本管理的另一种重要工具——挣值法的基本原理与此相同。详见"建设工程项目的成本管理"章节。

4. 香蕉形曲线比较法

采用网络计划分析项目各项工作的进度可以发现，某些工作具有时差，其最早开始时间（ES）、最迟结束时间（EF）是不同的。如果分别按各项工作的 ES、EF 绘制 S 曲线，就可能形成两条 S 形曲线，即关于 ES 的 S 形曲线和关于 EF 的 S 形曲线。根据 ES、EF 时间参数的特点，如果将这两条 S 形曲线表示在同一张图表上，则这两条 S 形曲线必定在开始、结束时点重合，且 ES 曲线必定落在 LS 曲线的左侧，如图 4.3.2.4 所示。

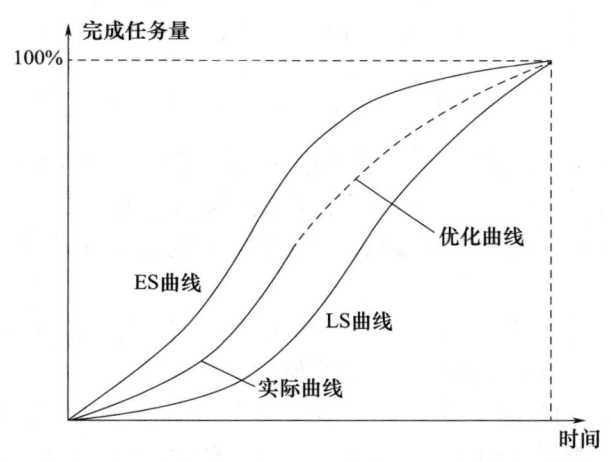

图 4.3.2.4　S 形曲线

结合 S 形曲线比较法可以发现：

① 如果表示实际进度的 S 形曲线落在香蕉形区域内，则说明各项工作均处于进度计划的范围内，工作进展正常、顺利；反之则不然。

② 如果表示实际进度的 S 形曲线偏向 ES 曲线，则进度如期完成的成功率、保证率更大，但诸如贷款利息等资金成本会增加，反之亦然。

因此，项目管理机构宜合理安排实际工程的进度和成本控制工作，使实际进度曲线处于香蕉形曲线图形中的合理位置上。

5. 前锋线比较法

前锋线一般是基于时标网络计划的检查方法。具体做法是，在时标网络计划图中，从时间坐标上表示检查时刻的时标点出发（为表达方便，可在时标网络计划图上方、下方各设一时间坐标），用虚线或点画线依次将各项工作实际进展位置点连接起来，最后与另一侧坐标相同的检查时刻时标点连接，形成名为前锋线的折线。通过前锋线与各工作箭线交点的位置就可以判断进度偏差，如图 4.3.2.5 所示。即：

① 工作实际进展位置点落在检查日期的左侧，表明该工作实际进度落后，落后的时间为两者之差。如图 4.3.2.5 显示，工作 C 进展落后 1 周。

② 工作实际进展位置点与检查日期重合，表明该工作实际进度与计划进度一致。如图 4.3.2.5 显示，工作 D 进展与计划一致。

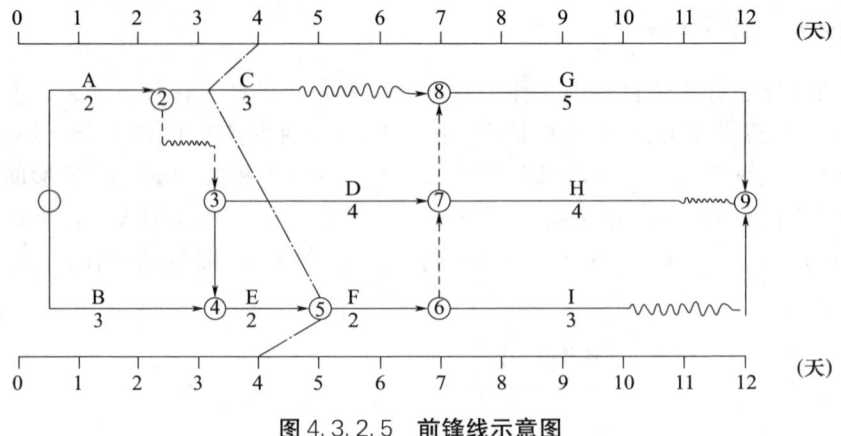

图 4.3.2.5　前锋线示意图

③ 工作实际进展位置点落在检查日期的右侧，表明该工作实际进度超前，超前的时间为两者之差。如图 4.3.2.5 显示，工作 E 进展超前 1 周。

由于实际工程中的各项工作并非匀速进行的，在标定各工作的实际进展位置点时，可采用以下方法：

① 按该工作已完任务量比例标定：根据该工作已完成任务量占计划完成总任务量的比例，在工作箭线上从左至右按相同的比例标定。

② 按尚需作业时间标定：某些工作持续时间难以按实物工程量计算，只能凭经验估算时，可先估算检查时刻到该工作全部完成尚需作业的时间，然后在该工作箭线上从右向左逆向标定其实际进展位置点。

模块 4.4

建设工程项目进度的信息化管理

由于手工编制进度图计算、排布复杂，节点较多时较难处理。从 20 世纪 70 年代末期至 80 年代初，我国在国外进度计划编制商业软件的启发下开始研制网络进度计划软件。基于计算机的网络进度计划解决了手工编制计算量大的问题，有利于确保计算的准确性，易于进行优化、调整，并有利于与资源需求计划结合起来共同编制。目前，计算机网络进度计划已成为最广泛使用的进度计划编制工具，基于 BIM 技术的建设工程项目管理也必须基于计算机网络进度计划而进行。

下面以斑马进度为例介绍利用计算机进行进度计划编制和进度控制的方法。斑马进度计划软件是一款专业的进度管理软件，可辅助开展建设工程项目的进度编制和进度过程管控。斑马进度计划软件的主要功能包括：

① 界面上采用"一表多图"的编制方式，用户在类似办公表格软件的界面中输入工作任务信息，软件就可同步生成双代号网络图、横道图等网络进度图表。此外软件也

可以直接绘制双代号网络图，实现多种输入输出、一表多图的实时联动，提高进度计划编制效率。

② 具备自动检查和预警功能，帮助用户快速检查进度计划完整性和正确性，并帮助预警、指导进度编排和进度纠偏。

③ 软件支持记录工作任务的进度信息，通过设置前锋线动态监控进度计划。

④ 可通过多种方式模拟流水施工，推演施工进度安排方案，准确预警风险，指导纠偏，让项目进度真正可控。

请扫描二维码观看教学视频：

模块 4.5

练习提高

请扫描二维码查看本单元习题：

单元 5　建设工程项目的成本管理

某高速公路全长 43.82 公里，按双向四车道高速公路标准建设，共设桥梁 3898 米，管理及养护中心 1 处，匝道收费站 3 处，项目估算总投资约 55.7 亿元，对于促进区域经济一体化发展、提升区域高速公路网的整体服务能力和整体效益都具有重要的意义。

某路桥企业承揽该高速公路项目后，成立了项目管理机构，根据中标金额、合同下达了利润目标。项目管理机构根据目标利润，考虑当前市场状况和实施条件，寻找降低成本的关键工序，进行资源配置的合理优化，重新确定了项目目标成本。

为了做好项目的成本管理工作，项目管理机构向各职能部门分配了成本管理职责，由工程部负责成本预测，安排施工计划，协助编制用料计划；合同部负责签订分包合同，落实分包成本，编制各类预算，进行工料分析；成本部负责计算、分析、落实和审核项目成本收入和支出；财务部负责账户和资金进出管理。

在项目实施过程中，项目管理机构对高速公路的基础部分成本进行了重点控制。例如：

① 成本部发现，5—7 月的人工费超过目标成本较多，主要是由于天气原因影响施工进度而不得不加班赶工，导致加班费用上升，人工费超支。为此，成本部协调工程部优化了进度计划，减少费用超支。

② 在材料费控制方面，成本部对材料采购、保管、发放、仓储实行了严格控制，与部分有实力的供应商建立了长期合作协议，享受了较大的价格优惠。

③ 协调优化了施工机械配置，提高了机械的使用效率，降低了机械费用。

④ 每月按费用进行成本归集，并将其与成本计划进行比较，分析偏差，采取相应纠偏措施。

由于采用了有效的成本管理措施，该高速公路项目按时完工，实现了项目目标成本。企业在考核项目管理机构的利润目标实现情况后，根据项目实际成本的达成情况，对项目管理机构发放了成本绩效奖励。

显然，上述高速公路工程的成本管理也符合目标动态控制的典型特点。本单元首先介绍建设工程项目成本管理的基本概念和基本工作，随后介绍开展成本管理工作所需的基本知识和常用方法。

模块 5.1

建设工程项目成本管理概述

学习目标

知识目标：建设工程项目的成本目标；施工单位的成本管理概述

技能目标：能按费用构成划分建设工程项目成本；能按工程造价形式划分建设工程项目成本；能描述建设工程项目成本控制的基本措施

课程导入

为了达成建设工程项目的成本目标，工程建设组织及其项目管理机构需要在项目各阶段开展与成本有关的各类管理活动，即建设工程项目的成本管理。

各组织应建立成本管理制度，明确成本管理程序，规定成本管理职责及工作要求，按项目成本管理的基本程序开展质量管理。

建设工程项目成本管理的基本工作包括：

① 确定成本目标。
② 进行成本管理策划，编制成本计划。
③ 实施项目，进行成本控制。
④ 进行成本检查和分析。
⑤ 进行成本核算与成本考核。

5.1.1 建设工程项目的成本目标

1. 建设工程项目的成本构成

成本是组织为生产产品、提供服务等而耗费的物化劳动、劳动中必要劳动价值的货币表现。为完成工程项目建设并达到使用要求或生产条件，在建设期内预计或实际投入的全部成本总和，就是建设工程项目的总投资。在我国，由于不同专业类别的工程项目在总投资的构成上有所不同。如各类生产性的公用、民用建设工程项目总投资包括建设投资、建设期利息和流动资金三个部分。非生产性的建设工程项目总投资包括建设投资和建设期利息两个部分。一般将建设投资、建设期利息之和对应于固定资产投资（Fixed Assets Investment），固定资产投资与建设项目的工程造价在量上相等。而流动资金一般对应于流动资产投资（Current Assets Investment），可能包括项目在投产前预先垫付、在投产后生产经营过程中周转使用的资金，也可以是企业用于购买、储存劳动生产要素（如原燃材料、电力等）以及占用在生产过程和流通过程的在产品、产成品等周转资金的投资。固定资产投资的主要构成部分是建设投资，建设投资是为完成工程项目建设，在建设期内投入且形成现金流出的全部费用。根据2006年国家发改委和建设部发布的《建设项目经济评价方法与参数（第三版）》（发改投资〔2006〕1325号）的规定，建设投资包括：

① 工程费用是指建设期内直接用于工程建造、设备购置及其安装的建设投资，可以分为建筑安装工程费和设备及工器具购置费。

② 工程建设其他费用是指建设期内为项目建设或运营必须发生的但不包括在工程费用中的费用。

③ 预备费是指在建设期内因各种不可预见因素的变化而预留的可能增加的费用，包括基本预备费和价差预备费。

由此，建设工程项目总投资的具体构成内容如图 5.1.1.1 所示。

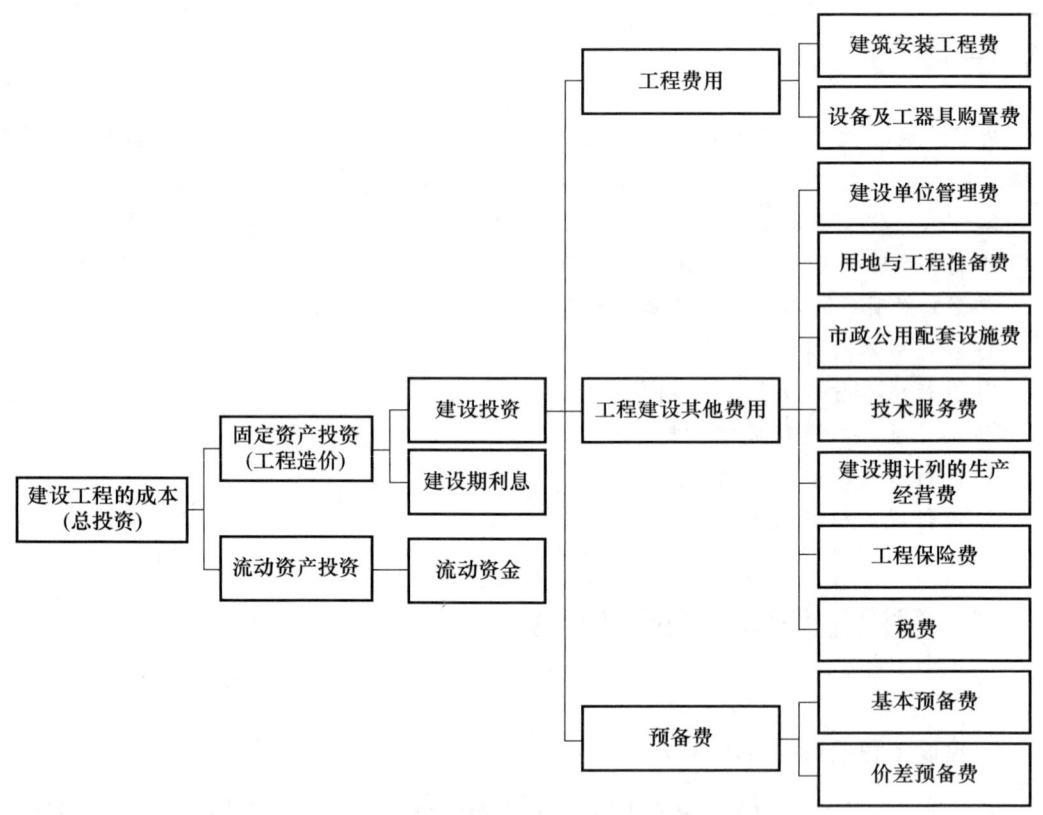

图 5.1.1.1　建设工程项目总投资的构成

2. 工程建设组织各方的成本目标与成本管理

工程建设组织是建设工程项目主要的成本投入者。根据建设工程项目成本的定义，工程建设组织各方为了获得更多效益（或尽量减少损失），一般都希望尽可能地降低并节约建设工程项目成本。由于工程建设组织各方的角色、立场不同，他们的成本目标、成本管理也有所不同。

(1) 建设单位的成本目标与成本管理

主要体现为建设工程项目总投资的控制目标。建设单位需要在总投资限额内完成项目的所有工作，达成预定目标，并尽可能地节约投资。

在策划决策阶段，建设单位（或其委托的咨询单位）通常运用工程经济学、工程造价的原理和方法预测、估算建设工程项目总投资目标，并研究选择效益最佳的投资项目或工程方案。

在实施阶段，建设单位（或其委托的咨询单位）首先采用科学的计量、计价依据和方法，合理确定工程项目的投资估算、初步设计概算、施工图预算、承包合同价等成本目标，然后在项目实施过程中通过工程造价管理、工程合同管理等手段控制工程项目的各项成本。项目实施结束后，再通过结算、决算等核算成本目标的实现情况。

(2) 勘察设计单位的成本目标与成本管理

勘察设计单位需要在实施阶段的勘察设计合同限额内完成勘察设计工作，并尽可能地降低自身的成本以提高收益。

根据国家法律法规、工程合同的有关要求，在部分工程项目中勘察设计单位可能还需要进行限额设计，即要按照批准的设计任务书及投资估算控制初步设计，按照批准的初步设计总概算控制施工图设计，并且严格控制技术设计和施工图设计的不合理变更，以保证固定资产投资（工程造价）的目标不被突破。

(3) 施工单位、物资供应单位等的成本目标与成本管理

施工单位、物资供应单位为了承揽项目并获取更多的利润，首先需要在实施阶段的工程采购中制定工程费用的目标（即建筑安装工程费和设备及工器具购置费），并在此基础上考虑适当的利润后提出相对有竞争力的报价。当正式承揽工程项目后，施工单位、物资供应单位则根据实际报价与合同签订情况制定一个工程项目的实施成本节约率/降低率目标，从而确保尽可能地提高利润（或降低损失）。

(4) 咨询和监理单位的成本目标与成本管理

与勘察设计单位的成本目标相似，咨询和监理单位首先也要在咨询监理合同限额内完成有关工作，并尽可能地降低自身的成本以提高收益。其次，咨询和监理单位还应通过提供咨询、管理服务等形式，尽可能地帮助建设单位达成其成本目标。

上述建设单位、咨询监理、设计单位的成本目标和成本管理工作是一个系统、动态、弹性的过程，涉及各阶段中各方的管理决策人员、咨询工程师、造价工程师等诸多工作范围。受限于本书篇幅，以下仅简单地介绍施工单位及其项目管理机构在施工阶段的成本管理工作。

5.1.2 施工单位的成本管理概述

1. 施工单位的成本

通常施工单位在施工阶段的成本（施工成本）相当于建设工程项目建筑安装工程费

用部分的成本。根据《住房城乡建设部 财政部关于印发〈建筑安装工程费用项目组成〉的通知》（建标〔2013〕44号），建筑安装工程费用按费用构成要素组成划分为人工费、材料费、施工机具使用费、企业管理费、利润、规费和税金。同时，为指导工程造价专业人员计算建筑安装工程造价，将建筑安装工程费用按工程造价形成顺序划分为分部分项工程费、措施项目费、其他项目费、规费和税金。此外，施工企业基于成本管理的需要，一般习惯于按照直接成本和间接成本的方式对建筑安装工程费用进行划分。

关联知识 5.1.2.1
《建筑安装工程费用项目组成》

2. 施工单位的成本管理目标

施工单位的成本管理，就是要在保证安全、质量和进度等其他项目目标达成的前提下，将成本控制在合同约定的建筑安装工程费用范围内，并进一步寻求最大的成本节约。施工单位的成本管理需贯穿从工程投标开始至项目保证金返还为止的全过程。

施工单位可以在项目管理目标责任书中约定这种成本控制的范围或成本节约指标（如成本节约率、成本降低率），并要求其项目管理机构通过有效成本管理达成相关成本目标。

3. 施工单位的成本管理任务

施工单位及其项目管理机构的成本管理任务可包括成本管理的基础工作、成本计划、成本控制、成本核算、成本分析、成本考核等。

（1）成本管理的基础工作

成本管理的基础工作主要包括：

① 统一成本管理基础性文件的内容和格式，为成本管理的业务操作提供统一的范式。具体可根据不同组织的管理习惯和需要进行设计。如为各类成本计划明确成本项目名称及编码、计量单位、单位工程量计划成本及合计金额；统一账册体系、业务台账、成本报告报表的格式、内容等。

② 编制施工单位内部的施工定额，并保持其适用性、有效性和相对先进性。

施工定额是企业自身制定的，直接用于工程计价的指标，包括劳动定额、材料消耗定额和机械台班使用定额等。先进有效的施工定额是施工单位投标报价、组织生产、编制管理策划文件（如施工组织设计、施工方案、施工预算等）、签发工程任务单和限额领料单、考核工效、计算劳动报酬、加强成本管理和经济经营核算的依据。

③ 建立生产资料市场价格信息收集、对比渠道和平台，保证价格信息的及时性和准确性。

④ 建立主要的分包商、供应商名录，定期评审，发展稳定、良好的供方关系。

⑤ 建立行业、企业项目数据和历史项目数据，特别是成本、经济、财务等数据的归集、整理、分析、使用的管理制度。

（2）成本预测

成本预测是在现有资料、信息（包括行业和企业数据、历史资料等）的基础上，综合考虑影响成本的各类因素，对未来一段时期某一成本对象的成本水平进行的估计。

由于部分建设工程项目工期较长、施工复杂，某些成本水平的主要影响因素（如主要生产要素的价格、汇率等）在施工过程中可能发生较大变化、波动，从而使成本目标和成本计划充满不确定性。施工单位在制定这类项目的成本目标和成本计划时，就有必要充分考虑这些主要影响因素的变动可能，对未来成本水平及其变化趋势做出某种预测，从而使其成本目标和成本计划更具有可行性。此外，对于某些无法准确测算成本水平的项目，也可能需要进行成本预测。

（3）成本计划

成本计划是施工单位编制的用于反映施工单位成本目标、生产费用、成本降低率、成本管理责任分配、为降低成本所采取的主要措施和规划等策划文件，是建立成本目标责任制、开展成本控制、成本核算的基础。

（4）成本控制

成本控制是组织在施工过程中根据成本计划和成本目标责任制的有关要求，对各种实际发生的消耗和支出进行的管理。

成本控制需要组织对影响成本目标实现的各种风险因素进行管理，要动态检查、对比、分析成本计划的执行情况，根据成本计划执行的偏差情况采取纠偏措施，减少或消除成本损失和浪费，最终将工程项目的总成本支出控制在成本目标的范围内。

与质量管理类似，施工单位的成本控制也可以划分为事先控制、事中控制、事后控制等环节的工作。

（5）成本核算

成本核算是将生产过程中实际发生的各类成本，按一定的对象进行分配和归集，从而计算（某个时段的）总成本和单位成本。成本核算通常以会计核算为基础，以货币为计算单位。

成本核算的作用是：

① 企业承担税务责任和义务的基础，直接影响企业财务会计部门计算、缴纳税费等工作的开展。

《中华人民共和国税收征管理法》《中华人民共和国会计法》等法律均规定，所有企业都必须根据实际发生的经济业务事项进行会计核算，填制会计凭证，登记会计账簿，编制财务会计报告。任何单位不得以虚假的经济业务事项或者资料进行会计核算。企业应根据会计核算的结果缴纳有关税费。从这一角度看，施工单位的成本核算具有法定性。

② 成本核算的结果提供了成本管理的实际数据，反映了项目和企业的成本水平，是进行本项目或其他项目成本预测、成本决策、成本计划、成本分析的基础。

③ 检查、对比成本计划与实际执行情况的重要手段，是采取成本控制和纠偏措施，进行成本控制的基础。

④ 组织评价成本管理和控制的有效性，检查、监督和考核成本管理责任履行情况，进行成本考核的基础。

（6）成本分析

成本分析是在成本核算的基础上分析成本形成过程和影响因素，挖掘成本有利偏差，纠正成本不利偏差，从而进一步寻求降低成本和持续改进。

成本分析贯穿了成本管理的全过程，需要与其他成本管理工作有机结合起来。

（7）成本考核

成本考核是在项目完成后，根据成本目标责任制的有关要求，对成本管理责任人员执行成本计划情况进行的考核。成本考核需要对比项目成本实际指标（包括数量指标、质量指标、效益指标等）与计划、定额、预算的差异，评定成本管理责任人员的业绩，并给予相应的奖励和处罚。通过成本考核，可以有效地调动项目管理机构开展成本管理和控制的积极性，有助于降低施工成本，提高企业效益。

需要注意的是，施工单位及其项目管理机构的上述成本管理任务是相互联系、相互作用的，它们共同构成了施工单位成本管理工作的有机整体。如：

① 成本预测是制定成本目标和成本计划，决定投标报价的前提。

② 成本计划是成本目标的具体化。

③ 成本控制是成本目标和成本计划实现的保证。

④ 成本核算既是对成本计划执行进行控制和监控的基础，又是成本计划是否实现的最后检验。

⑤ 成本核算、成本分析提供的信息为下一个项目的成本预测提供基础资料。

⑥ 成本考核是实现成本计划、成本目标责任制的重要保证。

模块 5.2

建设工程项目的施工成本管理

知识目标：施工单位的成本计划；施工单位的成本控制；施工单位的成本核算；施工单位的成本分析

5.2.1 施工单位的成本计划

施工成本计划的编制是一个不断深化的动态过程。

1. 成本计划的分类

根据成本管理的需要，可以按实施阶段、发挥作用等编制不同的成本计划。包括：

① 竞争性成本计划：是投标及签订合同阶段制定的成本计划。需要结合施工单位的投标策划、盈利预期、行业和企业历史资料、主要生产要素价格信息、费用指标、施

工消耗水平、成本预测等，并依据招标文件中的合同条件、投标人须知、技术规范、设计图纸、工程量清单、有关价格条件说明等进行编制。此类成本计划包括了部分成本降低的途径和措施，但总体上比较粗略。

② 指导性成本计划：是承揽工程项目，建立项目管理机构，委派项目负责人（项目经理）阶段制定的成本计划。需要依据合同价格编制。此类成本计划中各项成本指标一般作为成本目标责任制考核的基础。

③ 实施性成本计划：是施工准备阶段制定的成本计划。需要结合施工组织设计、施工定额等其他管理策划进行编制，其根本依据是施工预算。此类成本计划需要明确成本管理责任，重点关注成本降低途径和措施，通常作为项目负责人考核项目管理机构成本责任人员的依据。

以上三类成本计划相互衔接、不断深化，构成了整个工程项目成本的计划过程。其中：

① 竞争性成本计划带有战略性质，是投标文件中商务部分（商务标）的基础。当然，有竞争力的商务标书必须以先进合理的技术标书、企业的成本管理基础工作为支撑。

② 指导性成本计划、实施性成本计划都是竞争性成本计划的进一步延伸与细化，是对成本战略的战术性安排。

③ 三类成本计划将施工单位的总成本目标层层分解，落实到施工的每个环节中，形成了项目的成本计划系统，是其他成本管理工作的重要基础和根本依据。

2. 成本计划的编制原则

成本计划的编制原则主要包括：

① 统筹其他管理目标与管理工作：为了确保适用性和有效性，施工单位在编制成本计划时需要综合考虑建设工程项目的安全、质量、进度等其他目标，并结合其他管理策划文件（施工组织设计、施工方案、进度计划等）的编制。如降低成本必须以保证工程项目安全、质量和进度为前提。控制成本的有效途径包括：正确选择施工方案，合理组织施工，提高劳动生产率，改善材料供应，降低材料消耗，提高机械利用率，节约施工管理费用等。应避免为了降低成本而偷工减料，忽视质量；为了提高劳动生产率而不顾有关法律法规，单方面增加劳动强度、加班加点；为了提高机械利用率而过度、不合理地使用机械，忽视机械的维护修理；为了节省费用而降低安全文明施工费用，不给员工办理应有的保险等。

② 切合实际，适度先进：施工单位在编制成本计划时必须从国家法律法规、生产资料供应情况、组织和项目的实际条件和情况出发，以各种先进的技术经济指标为依据，采取切实可行的技术组织措施作为保证。成本计划的各项指标必须切实可行，又体现一定的先进性，这样才能充分发掘组织的成本管理潜力，有利于成本管理责任制的实行，并调动项目管理机构开展成本管理的积极性和创造性。

③ 统一领导，群策群力：施工单位的成本计划编制应在成本管理部门、项目经理的统一领导下进行，防止成本计划与其他管理策划文件、成本计划内部相互冲突、彼此脱节。应鼓励全员参与成本管理，集中各部门的智慧和经验，寻找降低成本的有效途

径，使成本计划能更好地指导成本管理的其他工作。

④ 考虑风险，留有余地：建设工程项目施工阶段通常持续较长的时间。在施工过程中，项目内外部环境的变化、生产要素价格的变动、不可抗力事件的出现等不确定性都可能影响成本计划的执行，甚至直接影响成本目标的实现。因此，施工单位的成本计划编制应当与成本风险管理同步进行，要在成本计划中识别、评估影响成本目标实现的风险因素，制定成本风险的应对和监控措施。

3. 成本计划的编制依据

成本计划的编制依据应包括下列内容：
① 合同文件。
② 项目管理实施规划。
③ 相关设计文件。
④ 价格信息。
⑤ 相关定额。
⑥ 类似项目的成本资料等。

4. 成本计划的编制程序

成本计划编制的基本程序为：
① 预测项目成本。
② 确定项目总体成本目标。
③ 编制项目总体成本计划。
④ 项目管理机构与组织的职能部门根据其责任成本范围，分别确定自己的成本目标，并编制相应的成本计划。
⑤ 针对成本计划制定相应的控制措施。
⑥ 由项目管理机构与组织的职能部门负责人分别审批相应的成本计划。

5. 成本计划的编制方法

成本计划可以按构成要素、项目结构、实施过程等方式进行编制。

（1）按构成要素编制

即将建设工程项目的成本按照《住房城乡建设部 财政部关于印发〈建筑安装工程费用项目组成〉的通知》（建标〔2013〕44号）中的建筑安装工程费用构成要素进行划分，分别由人工费、材料费、施工机具使用费、企业管理费、利润、规费、税金等组成，然后组成各层次的成本计划。

（2）按形成顺序编制

即将建设工程项目根据范围管理的有关成果（如项目结构图）分为单位工程、分部工程、分项工程等，然后将建筑安装工程费用划分为分部分项工程费、措施项目费、其他项目费、规费、税金，并分别确定费用，组成各层次的成本计划。按这种方法编制成本计划时，要注意协调总体和部分的关系。如要确保各分部分项工程的成本之和与项目总成本相当；要在总体层面和主要分项工程中各自安排适当的不可预见费，以避免成本计划缺乏弹性等。

（3）按实施过程编制

即将成本计划按照进度划分为基础施工、主体施工、装饰装修等阶段进行编制，或按照年度、季度、月度分开编制。

为了使成本控制和进度控制更好地结合起来，可以采用在网络计划的基础上扩充成本信息的方式进行编制。采用这种与网络计划结合的成本计划时，需要特别注意平衡进度控制和成本控制对工作分解的要求。因为有利于进度控制的工作分解结构可能分解过细，从而对成本控制不利，反之亦然。最终的成本计划可以通过成本计划直方图、时间-成本累积曲线（S形曲线）等方式表示，详见"建设工程项目的进度管理"章节。

需要注意的是，以上三种成本计划的编制方式并不是相互独立的。实践中往往将这三种方式结合起来使用。如可以将按构成要素编制与按形成顺序编制相结合，分为横纵向编制成本计划，从而检查各分部分项工程成本构成是否完整，有无重复计算或漏算，成本支出的对象是否明确或落实，校核数字结果有无错误等。

6. 施工预算

施工预算是施工单位及其项目管理机构在施工图预算的控制下，依据企业内部的施工定额编制的，关于各项工作人工、材料、施工机械台班消耗量及费用，以及相关工种类型，材料品种规格，施工机械参数数量等经济技术文件。施工预算不仅是编制实施性成本计划的主要依据，也是组织合理施工，进行成本管理的重要基础。

施工预算与施工图预算虽然只有一字之差，但这两者的区别是比较大的，如表5.2.1.1所示。

表 5.2.1.1　施工预算与施工图预算的对比

	施工预算	施工图预算
编制依据	施工定额：企业内部制定的定额，往往比预算定额更详细、具体，对质量要求、施工方法、劳动工日、材料品种、规格型号等均有详细的规定或要求	预算定额：可分为全国统一定额、行业统一定额和地区统一定额等。全国统一定额由国务院建设行政主管部门组织编制发布，行业统一定额由国务院行业主管部门编制发布，地区统一定额由省、自治区、直辖市建设行政主管部门编制发布
适用范围	施工单位	发包人和承包人（包括施工单位）
实际作用	施工单位组织生产、编制施工计划、准备现场材料、签发任务书、考核工效、进行经济核算等成本管理工作的基础，部分情况下对其他相关方还具有一定保密的价值	建设单位确定和控制投资的重要手段，也是制定最高投标限价（或预算控制金额）的重要参考依据。施工企业在投标时，也不能超过预算控制金额进行报价

（1）施工预算的编制要求

施工预算编制的基本要求是：

① 能反映成本和经济效益，为施工实施阶段的成本管理提供有效依据。

② 能满足签发施工任务单、限额领料单等管理措施和手段的要求，以便加强管理、实行成本和经济核算。

③ 要紧密结合工程项目特点、施工环境条件、施工组织设计和施工方案等实际情

况编制，并考虑企业正常管理和技术水平。

④ 要反映主要生产要素的实际价格，并保持一定的弹性。

（2）施工预算编制依据

施工预算编制依据包括：

① 会审后的施工图纸、勘察设计文件。

② 施工组织设计或施工方案。

③ 施工图预算书。

④ 施工定额、主要生产要素的市场价格及有关文件。

⑤ 工程现场实际勘察与测量资料。

⑥ 行业、企业的历史参考数据。

⑦ 建筑材料手册等常用工具性资料。

（3）施工预算编制的基本过程

施工预算编制的基本过程包括：

① 熟悉施工图纸、施工组织设计及现场资料。

② 熟悉施工定额及有关文件规定。

③ 列出工程项目，计算工程量。

④ 套用定额，计算直接费、间接费，并进行工料分析。

⑤ 分部分项及单位工程人工、材料、机械台班等主要生产因素的消耗量汇总。

⑥ 进行施工预算与施工图预算的"两算"对比分析。

⑦ 编写编制说明并填写封面，装订成册。

（4）施工预算的主要内容

施工预算的主要内容包括：

① 编制说明部分：简明扼要地叙述工程概况及建设地点、编制依据、工程范围、设计文件的审查意见及编制中的处理方法、采用的主要施工措施项目、"四新"（新技术、新材料、新工艺、新设备）技术应用、需要进一步解决的其他问题等。

② 预算表格部分：主要包括各类预算表格，如表5.2.1.2所示。

表5.2.1.2 预算表格

预算表格	作用和内容	编制方式
工程量计算汇总表	反映工程项目所有工作数量的计算、汇总表格，可以分层、分段、分项、分部汇总，然后进行单位工程汇总	按照有关工程量计算规则编制
施工预算工料分析表	对工程项目所有工作的人工、材料、机械台班等消耗情况进行计算、汇总	根据工程量计算汇总表的有关划分，按分层、分段、分项、分部汇总到单位工程，各类半成品、成品一般不做工料分析，应与其他现场制作、施工项目区别开，便于进行经济核算
人工汇总表	编制劳动力计划、合理调配劳动力的依据	将施工预算工料分析表中的人工消耗单独提取出来，按分层、分段、分项、分部汇总到单位工程

续表

预算表格	作用和内容	编制方式
材料消耗量汇总表	编制材料供应计划，实施材料采购运输存储的依据，包括： ① 钢筋混凝土预制构件委托加工表、金属构件委托加工表、钢木门窗委托加工表、门窗五金明细表、周转性材料需用量表； ② 现场分规格品种的钢材、木材、水泥需用量表； ③ 其他成品、半成品需用量表等	将施工预算工料分析表中的主要材料消耗单独提取出来，按分层、分段、分项、分部汇总到单位工程。定额中没有给出砂浆、混凝土的配合比时，可以参考施工手册、有关定额中的《砂浆配合比表》《混凝土配合比表》计算各类原材料用量
机械台班使用量汇总表	编制机械使用计划、合理调配机械的依据	将施工预算工料分析表中的各类施工机具及消耗台班数量单独提取出来，按分层、分段、分项、分部汇总到单位工程
施工预算表	综合反映施工成本	将已汇总的人工、材料、机械台班消耗数量分别乘以施工定额、市场价格等，从而计算出人、料、机等直接费

（5）"两算"对比

"两算"对比是对同一工程内容的施工预算与施工图预算的对比分析结果汇总，通常以表格的形式呈现。通过"两算"对比，可以分析施工预算节约和超支的原因，有针对性地提出进一步寻求成本节约的措施和手段，是施工预算本身、实施性成本计划的重要组成部分。

"两算"对比的方法有实物对比法和金额对比法。实物对比法是将施工预算和施工图预算中的人工、材料、机械消耗量分别进行对比。金额对比法是将施工预算和施工图预算中的人工费、材料费、机械费分别进行对比。

实践表明，许多工程项目的"两算"呈现如下基本规律：

① 人工量、人工费的"两算"对比：一般施工预算的人工量、人工费比施工图预算略低，这是因为预算定额中通常包括了对其他因素数量和价格的考量。例如，砌筑墙施工预算中的砂子、标准砖、砂浆的场内水平运输距离是按一个较大的平均数量考虑的，且计价定额中还包括了正常施工条件下的一些工序搭接停歇时间、零星用工、质量检查停工等时间。

② 材料消耗量、材料费的"两算"对比：施工预算的材料消耗量、材料费一般低于施工图预算。这主要是由于预算定额对额外消耗的平均考量、实际施工中通常采取的节约材料措施等因素造成的。当然，也不能排除由于定额水平不一致，导致某些工作的消耗量大于施工图预算的情况。

③ 施工机具费的"两算"对比：施工图预算中的施工机具费定额与施工预算一般差别较大，因此应根据项目情况具体分析。如果施工预算中的施工机具费大量超支又无特殊原因，则需要考虑改变施工方案、选择其他施工机具，尽量避免成本超支。

④ 周转材料消耗量、使用费的"两算"对比：周转材料主要指脚手架、模板。周转材料的"两算"对比结果一般差异较大。这是因为：施工图预算中的脚手架是按建筑面积为基数，根据不同的结构、高度综合计算的，而施工预算的脚手架则根据施工方案按搭设方式、耗费材料进行统计；施工图预算中的模板是按混凝土体积综合计算的，而

施工预算模板中的模板可以按混凝土与模板接触面积进行统计。因此，周转材料最好根据施工方案进行统计计算。

5.2.2 施工单位的成本控制

成本控制是在成本形成（也是工程服务和实体的形成）的过程中依据目标的动态控制原理，按成本计划的有关安排对生产经营的人工、材料、施工机具等各类直接费用、间接费用开支进行检查、对比、分析、评估、调整，以最终实现成本目标的各类控制活动的总和。

1. 成本控制的依据

施工单位及其项目管理机构实施成本控制的依据包括：

① 合同文件：合同是工程建设组织各方的纽带。工程价格的确定和调整、工程价款的支付、变更管理程序和计价等成本控制的基本工作都必须按合同文件的规定执行。

② 成本计划：成本计划包含了成本目标及其实现措施和规划，是成本控制的主要指导文件。

③ 进度计划及进度报告：建设工程项目的进度-成本管理常常结合在一起进行，许多成本管理工具本身也是进度管理的重要工具。

④ 工程变更与索赔资料：完全按计划完成的工程项目是极少的，绝大多数工程项目均会出现各类设计、进度、施工条件、工程量等方面的变更，并引发索赔。变更和索赔不仅会影响成本计划中某些计划、安排，也会使成本控制工作更为复杂。项目管理机构必须做好项目的变更和索赔工作，并将变更和索赔资料作为成本控制的重要依据。

⑤ 各种资源的市场信息：及时掌握市场价格信息，有助于预测成本水平。

2. 成本控制的组织和分工

施工单位及其项目管理机构应按成本目标责任制、成本计划的有关要求，明确组织各部门、成员的成本控制责任，并定期考核。为了方便检查，可以将成本计划中的指标细化，并设专人定期或不定期地进行检查。

表 5.2.2.1 展示了某项目管理机构设计的成本控制分工与考核表。

表 5.2.2.1 某项目管理机构的成本控制分工与考核表

序号	部门岗位	成本控制分工	考核方法	考核负责人	考核时间
1	项目负责人	① 主持编制成本计划、施工预算。 ② 建立成本控制组织并进行分工。 ③ 检查其他人员的成本控制职责履行情况	① 检查项目管理实施规划、成本计划等文件。 ② 检查成本控制机构结构图。 ③ 检查其他部门人员的成本考核表	企业成本部门负责人、自查	开工前检查一次，其后每季度检查一次

续表

序号	部门岗位	成本控制分工	考核方法	考核负责人	考核时间
2	成本管理部负责人	① 主持编制工程量计算汇总表、施工预算工料分析表等成本计划文件。 ② 主持分解、编制年度、季度、月度成本计划。 ③ 检查其他人员的成本控制职责履行情况	① 检查工程量计算汇总表、施工预算工料分析表等文件。 ② 检查各层次成本计划。 ③ 检查其他部门人员的成本考核表	项目负责人或其委托人	开工前检查一次,其后每月度检查一次
3	成本及预算员	① 进行成本检查、成本核算,编制相关表格。 ② 申请工程付款。 ③ 处理与变更及索赔有关的成本控制工作	① 检查资料。 ② 检查付款文件	项目负责人或其委托人	每月检查一次
4	劳务员	① 编制劳动力计划。 ② 进行人工用量、人工费核算等成本控制工作	① 检查资料。 ② 检查现场实际情况	项目负责人或其委托人	每月检查一次
5	材料员	① 编制材料供应计划。 ② 进行材料消耗量、材料费核算等成本控制工作	① 检查资料。 ② 检查现场实际情况	项目负责人或其委托人	每月检查一次
6	机械员	① 编制施工机械使用计划。 ② 进行机械台班、施工机具费核算等成本控制工作	① 检查资料。 ② 检查现场实际情况	项目负责人或其委托人	每月检查一次

3. 成本控制的基本程序

施工成本控制应遵循下列程序:
① 确定项目成本管理分层次目标。
② 采集成本数据,监测成本形成过程。
③ 找出偏差,分析原因。
④ 制定对策,纠正偏差。
⑤ 调整改进成本管理方法。

施工单位及其项目管理机构可以将成本控制的基本程序标准化、规范化、制度化。有条件的组织还可以仿照质量管理体系的建立和运行方法,相应地建立组织成本管理体系、项目成本控制体系,开展成本管理和控制体系的监视、评价、审核及改进等工作,从而使各项控制工作有序、高效地进行。

4. 成本控制的基本措施

表 5.2.2.2 列举了施工单位常用的成本控制措施。

表 5.2.2.2 成本控制措施

措施类别	措施举例
组织措施	① 实行项目负责人（项目经理）责任制和成本目标责任制。 ② 落实成本管理的组织机构和人员，明确各级成本管理人员的任务和职能分工、权利和责任等。 ③ 制定与成本管理有关的其他制度，确定成本管理的工作流程等
管理措施	① 选用合适的合同结构，在合同谈判、合同签订时争取有利于成本管理的条款，在合同中明确成本风险分担的机制和方式。 ② 在施工过程中密切注视对方合同执行情况，寻求合理的索赔机会，同时密切关注自己履行合同的情况，以防被对方索赔。 ③ 编制包括成本计划、采购计划在内的一系列项目管理策划文件。 ④ 优化资源、资金和生产要素配置，合理使用，动态管理。 ⑤ 利用定额管理、施工任务单、限额领料单等成本控制方法和工具，控制活劳动和物化劳动的消耗。 ⑥ 做好施工组织和协调，避免因施工计划不当、盲目调度、窝工、机械利用率降低、物料积压等问题。 ⑦ 利用好信息化手段，基于BIM技术等开展成本管理
经济措施	① 多渠道保证资源、资金的供应条件，避免资源、资金供应不足影响工程进展，防止资源、资金成本大幅波动。 ② 做好费用开支的记录、收集、整理、核算工作。 ③ 严格管理各类变更、签证，做好变更成本管理。 ④ 及时结算工程款，保证资金回款顺畅。 ⑤ 在成本和资金计划中考虑成本绩效考核的奖惩费用等
技术措施	① 通过技术经济分析决策最佳施工方案。 ② 结合施工方案比选主要材料，在满足安全、质量的前提下寻求通过材料代用、改变配合比、使用外加剂等方法降低材料消耗。 ③ 选用高效低耗的施工机械，制订合理的设备使用和维修保养计划。 ④ 结合施工组织设计、现场及周边环境条件，降低材料和大型机械的运输、进退场及存放成本。 ⑤ 合理应用"四新"（新技术、新材料、新工艺、新设备）技术降低成本

5. 成本控制的基本方法

根据风险管理、目标的动态控制等基本原理和方法，对施工成本的控制和节约应当从成本（费用）的主要影响因素着手。许多工程项目的成本管理实践表明，这些影响因素实际上就是成本（费用）构成要素中施工单位可控的部分，包括人工费、材料费、施工机具使用费、企业管理费等。对上述成本构成要素的具体控制方法包括：

（1）人工费的控制

人工费主要受以下因素影响：

① 社会平均工资水平：工程项目施工人员的人工单价基本与社会平均工资水平同步变动，而社会平均工资水平又取决于经济发展水平、最低工资标准等社会经济因素。由于我国多年的经济高速增长，社会平均工资水平大幅增长，人工单价也相应大幅提高。

② 通货膨胀：通货膨胀是（一国）整体物价水平持续性上升，可能表现为货币贬值或购买力下降。关于通货膨胀与工资的关系，经济学中有许多不同的观点。但一般认为通货膨胀与名义工资的上涨互为因果。我国多年以来用于衡量通货膨胀的居民消费价格指数（Consumer Price Index，CPI）和生产者价格指数（Producer Price Index，PPI）均为正值，建筑业人工工资和平均单价也在不断上涨。

③ 劳动力市场供需变化：劳动力市场如果供不应求，人工单价就会提高，如果供过于求，人工单价就会下降。

④ 社会保障和福利政策也会影响人工单价的变动。

⑤ 成本计划中的人工消耗量。

显然，上述因素中只有人工消耗量可以被施工单位及其项目管理机构控制。控制人工消耗量主要方法包括：

① 加强劳动定额管理，制定先进合理的内部劳动定额，严格执行劳动定额，控制零星用工数量。

② 推行计件工资（按生产合格品数量或劳动量计算工资）、单项工程集体承包等经济管理办法。

③ 执行按劳分配的原则，使个人所得与劳动贡献挂钩，充分调动个人劳动积极性，提高劳动力效率。

④ 提高作业队伍、班组的管理水平和工人技术水平，根据施工组织、进度要求等合理搭配工种，合理配置工人数量，减少和避免无效劳动，避免出现高级工做低级工的工作、技术工做普通工的工作等浪费现象。

⑤ 改善劳动组织和劳动条件，创造良好工作环境，提高劳动效率。

⑥ 加强技术技能培训，提高工人劳动工效。

⑦ 提倡推广"四新"（新技术、新材料、新工艺、新设备）技术，提高技术装备水平和工厂化生产水平，提高企业劳动生产率。

⑧ 实行弹性需求的劳务管理制度，保持业务骨干和基本的施工力量稳定，通过加强预测、计划管理、劳务分包、协作队伍调剂等方式解决短期施工力量需求。

⑨ 打破行业、工种界限，提倡一专多能，提高劳动力的利用效率。

（2）材料费的控制

材料费主要由材料消耗量、材料价格两方面决定，对材料费的控制也要从这两个方面着手。

控制材料消耗量的主要方法包括：

① 对于有消耗定额的材料：应加强材料定额管理，以消耗定额为依据，实行限额领料制度，要求施工班组按分项工程限额领料，施工专业队伍按分部工程限额领料，项目管理机构或分包单位按单位工程限额领料。施工单位及其项目管理机构应做好工程量清单编制、企业内部消耗定额制定、施工组织设计、变更索赔管理等工作，确保限额领料有据可依。项目管理机构应在施工前确定限额领料的实施形式，签发限额领料单，根据限额领料单发料、领料、考核、结算，针对变更索赔、环境条件变化情况按规定流程调整限额数量，在施工完成后对材料耗用的节余超支进行奖罚。

② 对于没有消耗定额的材料：应根据行业、企业及历史实际耗用情况，结合项目环境特点制定材料计划用量或领用指标，严格按计划用量、领用指标控制发料、领料。超过用量或指标的材料必须经过一定的审批手续才能领用。

③ 计量控制：做好材料收发、使用、检查、投料等工作中的计量工作，确保计量准确性。

④ 包干控制：对于部分小型及零星材料（如钢钉、钢丝等）可根据工程量计算材

料耗用量，并折算成费用，由作业者包干使用。

材料价格主要由施工单位及其项目管理机构的采购部门控制。控制材料价格的主要方法包括：

① 做好材料采购管理工作，通过招标、询价等方式控制采购过程和采购价格。

② 及时掌握市场信息，进行适当的价格预测，通过签订长期供应协议等方式确保材料价格基本稳定。

③ 平衡材料采购、运输、存储等各方面成本，按经济批量采购材料。

④ 对规模大、工期长的涉外工程，可根据组织的管理能力采用期货及衍生品交易等金融手段管理材料价格。

关于材料采购、材料管理的其他相关内容，详见"建设工程项目的采购与合同管理""建设工程项目的资源管理"等章节。

(3) 施工机械使用费的控制

施工机械使用费主要由台班数量、台班单价两方面决定。对施工机械使用费的控制也要从这两方面着手。

控制台班数量的主要方法包括：

① 确保施工机械种类、参数的选用经济合理。应根据环境条件特点，结合平面运输范围、最大起吊种类等参数选择施工塔吊，否则塔吊无法满足施工需求，施工效率低，台班数量就会大幅提高。

② 如果有施工机械内部定额产量的，应严格按定额管理台班数量，实行节超奖罚。

③ 合理组织施工生产，做好工序交接，尽量避免停工、窝工，减少台班数量浪费。

④ 加强机械设备维护保养，提高机械设备完好率，保证施工机械设备作业时间，提升施工机械利用效率。

⑤ 灵活调配机械设备，减少不必要的闲置和浪费，充分利用社会闲置机械资源。

⑥ 加强操作人员技术技能培训，提高操作效率，减少操作失误和运行浪费。

控制台班单价的主要方法包括：

① 严格控制大修、经常性修理等各项费用开支。

② 如果有配件、油料定额的，应严格按定额进行配件领料、发料，控制油料消耗数量，记录相关损耗，实行节超奖罚。

③ 做好租赁计划管理，通过融资租赁等形式平衡施工机械采购与使用成本。

(4) 分包费用的控制

施工分包的价格对施工成本影响很大，总承包单位应合理确定分包范围，做好分包询价、分包采购、分包合同管理、分包验收结算等工作，控制好分包部分的成本。

6. 成本偏差分析与挣值法

挣值法（Earned Value Management，EVM）也称赢得值法，是 1967 年美国国防部在军事工程的大型合同管理中首次提出的一种进度-成本综合管理方法，目前已被广泛运用于各行业的项目管理中。

挣值法的基本思想是，将项目关于进度、成本的计划与实际情况（工作量）都转化为某种统一的价值指标（如货币、人工工时、工程量等）进行对比，从而得知项目在某个时间节点的计划与实际偏差。

(1) 挣值法的基本参数

挣值法的这种对比需要基于某个时间节点项目进展的 3 种基本参数进行：

① 计划完成工作的预算成本 BCWS（Budgeted Cost for Work Scheduled），或称为 PV（Planned Value）：

$$BCWS = 计划完成工程量 \times 预算价格$$

② 实际完成工作的预算成本 BCWP（Budgeted Cost for Work Performed），或称为 EV（Earned Value）：

$$BCWP = 实际完成工作量 \times 预算价格$$

③ 实际完成工作的实际成本 ACWP（Actual Cost for Work Performed），或称为 AC（Actual Cost）：

$$ACWP = 实际完成工作量 \times 实际价格$$

当项目规模较大时，上述 3 个参数的计算比较复杂，可以利用基于 BIM 等信息技术的项目管理工具进行统计分析。

(2) 挣值法的对比指标

根据挣值法的 3 种基本参数，可以进一步计算 4 种对比指标，并反映进度-成本的偏差情况。

① 成本偏差 CV（Cost Variance）：

$$CV = BCWP - ACWP$$

显然：$CV < 0$，表明实际费用超过预算费用；$CV > 0$，表明实际费用低于预算费用；$CV = 0$，表明实际费用等于预算费用。

② 进度偏差 SV（Schedule Variance）：

$$SV = BCWP - BCWS$$

显然：$SV < 0$，表明实际工作量少于计划工作量（因为 BCWP、BCWS 都是采用预算价格计算的），因此实际进度落后计划进度；$SV > 0$，表明实际进度超过计划进度；$SV = 0$，表明实际进度与计划进度一致。

③ 成本绩效指数 CPI（Cost Performed Index）：

$$CPI = BCWP/ACWP$$

显然：$CPI < 1$，表明实际费用高于预算费用；$CPI > 1$，表明实际费用低于预算费用；$CPI = 1$，表明实际费用等于预算费用。

④ 进度绩效指数 SPI（Schedule Performed Index）：

$$SPI = BCWP/BCWS$$

显然：$SPI < 1$，表明实际进度比计划进度落后；$SPI > 1$，表明实际进度比计划进度提前；$SPI = 1$，表明实际进度与计划进度一致。

例 5.2.2.1 挣值法

(3) 挣值法的成本预测

利用挣值法还可以对未来的成本完成情况进行预测。引入预计完工总成本 EAC（Estimate At Completion），即项目完工时所需总费用，分 2 种情况进行计算：

① 假设未完工程按原计划效率进行计算：EAC 的值为累计已完工程实际成本，加

上未完工程按计划效率进行的成本,即:

$$EAC = \sum_{i=1}^{t} ACWP + (\sum_{j=1}^{n} BCWS_j - \sum_{i=1}^{t} BCWP_i)$$

式中　t——检查时刻的所有工作数量。

　　　n——项目的所有工作数量。

例 5.2.2.2
挣值法的预测

② 假设未完工程按当前速度进展,EAC 的值为累计已完工程实际成本,加上未完工程按目前效率进行的成本,即:

$$EAC = \sum_{i=1}^{t} ACWP + (\sum_{j=1}^{n} BCWS_j - \sum_{i=1}^{t} BCWP_i)/CPI$$

如果定义项目完工时的计划成本 BAC (Budget At Completion)、项目完工时的成本偏差 ACV (At Completion Variance),则有:

$$ACV = BAC - EAC$$

(4) 挣值法的图形表达

如果基于 S 形曲线的原理将上述参数绘制为曲线并表示在同一张图表中,则可以通过观察 3 根曲线的相互位置,直观判断出项目的成本和进度偏差,如图 5.2.2.1 所示。

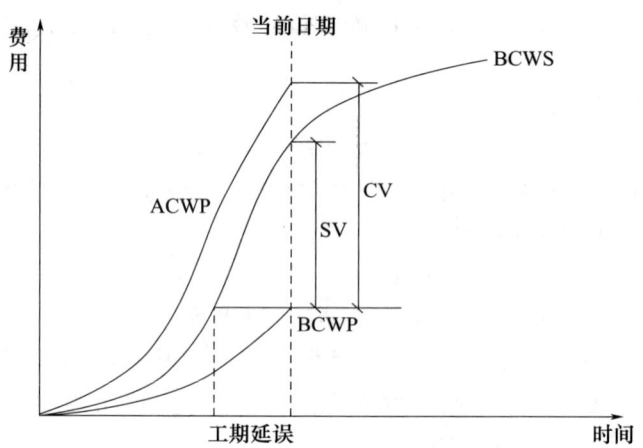

图 5.2.2.1　挣值法示意图

基于挣值法各种指标的定义和特点,可以得出如下结论:

① 项目进展的理想情况是:表示 ACWP、BCWS、BCWP 的 3 条曲线靠得很近,且平稳上升。这表明项目的进度、成本均基本按计划进行,最终达成进度、成本目标的概率较大。

② 如果 ACWP、BCWS、BCWP 相互远离,且远离的程度越来越大,则可能出现了较大的进度、成本偏差,可根据图 5.2.2.2 的参数关系特征进行检查分析,并采取纠偏措施。

常见的纠偏措施包括:调整经济技术方案、调整主要生产要素供应(如购买成品、采购成套服务等)、调整施工组织、调整项目范围、变更及索赔等,如图 5.2.2.3 所示。

序号	图形	三参数关系	分析	措施
1	 ACWP、BCWS、BCWP	ACWP＞BCWS＞BCWP SV＜0；CV＜0	效率低 进度较慢 投入超前	用工作效率高的人员更换一批工作效率低的人员
2	 BCWP、BCWS、ACWP	BCWP＞BCWS＞ACWP SV＞0；CV＞0	效率高 进度较快 投入延后	若偏离不大，维持现状
3	 BCWP、BCWS、ACWP	BCWP＞ACWP＞BCWS SV＞0；CV＞0	效率较高 进度快 投入延后	抽出部分人员，放慢进度
4	 ACWP、BCWP、BCWS	ACWP＞BCWP＞BCWS SV＞0；CV＞0	效率高 进度较快 投入超前	抽出部分人员，增加少量骨干人员
5	 BCWS、ACWP、BCWP	BCWS＞ACWP＞BCWP SV＞0；CV＞0	效率较低 进度慢 投入超前	增加高效人员投入
6	 BCWS、BCWP、ACWP	BCWS＞BCWP＞ACWP SV＞0；CV＞0	效率较高 进度较慢 投入延后	迅速增加人员投入

图 5.2.2.2　挣值法参数分析与对应措施

5.2.3　施工单位的成本核算

项目管理机构应根据项目成本管理制度明确项目成本核算的原则、范围、程序、方法、内容、责任及要求，健全项目核算台账。项目管理机构应按规定的会计周期进行项目成本核算，并编制项目成本报告。

1. 成本核算的基本原则

成本核算的基本原则主要包括：

① 合法性原则：指计入成本的费用都必须符合法律、法令、制度等规定。不符合规定的费用不能计入成本。如应由本期成本负担的费用，无论是否已经支付都要计入本期成本；不应由本期成本负担的费用（即已计入以前各期的成本，或应由以后各期成本负担的费用），虽然在本期支付，也不应计入本期成本，以便正确提供各项的成本信息。

② 可靠性原则：包括真实性和可核实性。真实性就是所提供的成本信息与客观的经济事项相一致，生产所耗用的人工、材料、施工机械等要按耗用的实际数量计算，不应掺假、虚报，或人为地提高、降低成本。可核实性指成本核算资料按一定的原则，由不同的会计人员加以核算，都能得到相同的结果。

③ 及时性原则：指成本核算应在法定的会计核算期限内完成，并反映当期成本的实际情况。及时的成本核算，还可以及时发现问题、采取措施、改进工作。

④ 分期核算原则：指施工单位和项目管理机构为了取得一定时期内的成本，必须

将持续进行的生产活动按一定阶段（如月、季、年）划分为各个时期，并分别计算各期成本。项目的成本核算的分期应与企业的会计年度分月、分季、分年相一致，使会计核算和项目成本核算相统一。

⑤ 成本核算所采用的方法前后各期必须一致，以使各期的成本资料有统一的口径，前后连贯，互相可比。

2. 成本核算的依据

成本核算的依据主要包括：

① 生产成本支出的各类原始，记录工时、材料、机械的消耗的单据，主要生产要素的结算指导价等。

② 收付款的会计凭证等。

③ 工程量统计资料等。

3. 成本核算的项目

（1）按照《企业会计准则第 15 号——建造合同》进行核算

成本核算的项目应包括从合同签订开始至合同完成止所发生的、与执行合同有关的直接费用和间接费用。间接费用是企业下属的施工单位或生产单位为组织和管理施工生产活动所发生的费用。合同的直接费用应当包括下列内容：

① 耗用的材料费用。

② 耗用的人工费用。

③ 耗用的机械使用费。

④ 其他直接费用，指其他可以直接计入合同成本的费用。

（2）按照《企业产品成本核算制度（试行）》进行核算

成本核算的项目应包括直接人工、直接材料、机械使用费、其他直接费用和间接费用等成本项目。建筑企业将部分工程分包的，还可以设置分包成本项目。其中：

① 直接人工，是指按照国家规定支付给施工过程中直接从事建筑安装工程施工的工人以及在施工现场直接为工程制作构件和运料、配料等工人的职工薪酬。

② 直接材料，是指在施工过程中所耗用的、构成工程实体的材料、结构件、机械配件和有助于工程形成的其他材料以及周转材料的租赁费和摊销等。

③ 机械使用费，是指施工过程中使用自有施工机械所发生的机械使用费，使用外单位施工机械的租赁费，以及按照规定支付的施工机械进出场费等。

④ 其他直接费用，是指施工过程中发生的材料搬运费、材料装卸保管费、燃料动力费、临时设施摊销、生产工具用具使用费、检验试验费、工程定位复测费、工程点交费、场地清理费，以及能够单独区分和可靠计量的为订立建造承包合同而发生的差旅费、投标费等费用。

⑤ 间接费用，是指企业各施工单位为组织和管理工程施工所发生的费用。

⑥ 分包成本，是指按照国家规定开展分包，支付给分包单位的工程价款。

关联知识 5.2.3.1
《企业会计准则第 15 号——建造合同》

关联知识 5.2.3.2
《企业产品成本核算制度（试行）》

4. 成本核算的基础工作

成本核算的基础工作主要包括：
① 建立健全成本核算的会计和项目管理制度。
② 加强定额管理，制定工时、材料的消耗定额。
③ 建立材料的计量、验收、领发、盘存等制度。
④ 制定内部结算价格和内部结算制度。
⑤ 建立和健全成本核算的原始凭证和记录。
⑥ 制定合理的凭证传递流程。

5. 成本核算的基本过程

施工成本核算主要包括 2 个基本环节，一是按照规定的成本开支范围对施工成本进行审核、归集和分配，计算出施工成本的实际发生额；二是根据成本核算对象，采用适当的方法，计算出该成本项目的总成本和单位成本。具体可包括：

① 选择适当的成本计算方法，确定成本计算对象（可以按单位工程为对象，也可以根据需要灵活划分）、成本项目、费用的归集、成本计算期等，正确地划分各种费用支出的界限（如本期成本与下期成本的界限、不同产品工作的成本界限等）。

② 根据国家有关法律法规、企业制度严格审核各项成本开支，并按成本开支范围处理费用的列支。

③ 进行要素费用的分配，对发生的各项要素费用进行汇总，编制各种要素费用分配表，按其用途分配计入成本明细账。属于人工费、材料费、机械使用费和其他直接费等，可以直接计入有关工程成本。间接费用则可先通过费用明细科目进行自集，然后按确定的方法分配计入有关工程成本核算对象的成本。

④ 计算本期总成本和单位成本。

⑤ 将各期已完成、已付款成本计入工程结算成本等各类账户，并在工程完工后核算竣工成本（项目管理机构一般核算竣工工程现场成本，施工企业财务部一般核算竣工工程完全成本，从而分别考核项目管理绩效和企业经营效益）。

6. 成本核算的方法

施工成本核算的方法主要有：
(1) 表格核算法
一般是由项目管理机构的核算部门、相关部门定期采集成本信息，填制表格，然后统计汇总。这种方法简便易懂，方便操作，实用性好，但精度低，覆盖面较小，一般难以通过合法合规、科学严密的会计审核，常用于项目内各岗位成本的责任核算。

(2) 会计核算法

主要建立在会计核算基础上，利用收支全面核实、借贷记账法等会计工具和方法进行的成本核算，可以处理债权债务、向发包单位报量收款等会计成本，覆盖面大，科学严密，符合法律法规的有关要求，但对成本核算人员的专业水平、工作经验要求很高。

5.2.4 施工单位的成本分析

1. 成本分析的分类

成本分析的分类一般包括：

① 时间节点成本分析：对特定时间节点已发生成本进行的分析。

② 工作任务分解单元成本分析：对单位工程、分部工程、分项工程等分别进行的成本分析。

③ 组织单元成本分析：按部门、岗位划分进行成本归集、统计和分析。

④ 单项指标成本分析：对特定指标（如人工工时、材料消耗量）等进行的成本分析。

⑤ 综合项目成本分析：将上述分析内容结合起来进行。

2. 成本分析的基本步骤

成本分析的基本步骤一般包括：

① 选择成本分析方法。

② 收集成本资料，特别是成本核算的有关资料。

③ 成本数据处理。

④ 分析成本形成原因。

⑤ 确定成本结果，制定控制、改进、纠偏措施。

3. 成本分析的方法

施工成本形成的因素很多，影响成本的因素也很多。因此，需要根据实际情况灵活采用各类成本分析方法。较常用的有：

(1) 比较法

主要是将各类（可比的）经济技术指标进行对比，从而分析成本形成、偏差的原因，进而挖掘降低成本的方法。根据对比的指标不同，可以分为：

① 实际指标与目标指标比较：主要是为了检查目标完成情况，分析影响目标完成的因素。但应基于合理的目标指标进行比较。

② 本期指标与上期指标比较：主要是为了发现各项经济技术指标的变动情况，反映成本管理水平的变化。

③ 同行业、同企业指标比较：主要是为了发现本项目经济技术指标与其他项目的差距，反映项目成本管理在行业、企业所处的水平。

（2）因素分析法

因素分析法又称连锁置换法或连环代替法。基本思想是，将影响成本的因素逐一置换，并计算各因素变动情况下对成本的影响程度。因素分析法应用的基本步骤为：

① 确定分析对象，计算数值差异。

② 确定指标构成因素，按相互关系排序。排序的规则是：先实物量，后价值量；先绝对值，后相对值。

例 5.2.4.1
因素分析法

③ 目标数因素相乘作为基数。

④ 将各因素实际数按排列顺序替换计算；每次替换计算结果与前一次的差值即为影响程度。

（3）比率法

比率法是指对 2 个以上的指标计算比例，并对比例进行分析的方法。常用的比率法包括：

① 相关比率法：计算 2 个性质不同而又相关的指标，并加以对比。

② 构成比率法：又称比重分析法、结构对比分析法。主要是通过计算成本项目在成本总量中的比例进行分析。常用于分析量、本、利的比例关系（如预算成本、实际成本和降低成本的比例关系）。

③ 动态比率法：将同类指标不同时期的数值进行对比，求出比率，以分析该项指标的发展方向和发展速度。

4. 成本综合分析的要点

综合成本是指涉及多种生产要素，并受多种因素影响的成本费用。施工单位通常需要对以下几类综合成本进行分析。

（1）分部分项工程成本分析

分部分项工程成本分析是总成本分析的基础。由于工程项目常常包括许多分部分项工程，一般没有必要对每一个分部分项工程都进行成本分析，而是对项目总成本影响重大的分部分项工程进行成本分析，并且要进行开工到竣工的"三算"分析。"三算"是指来自投标报价与合同的预算成本，施工预算的目标成本，施工过程发生的实际成本。

（2）月（季）度成本分析

施工单位应当定期的、经常性地进行中间成本分析，以便及时发现成本控制问题，并采取纠偏措施。月（季）度成本分析应依据当（季）度的成本核算表格进行。主要分析内容包括：

① 实际成本与预算成本对比：分析当月（季）度的成本降低水平。

② 累计实际成本与累计预算成本对比：分析累计的成本降低水平，预测实现项目成本目标的前景。

③ 实际成本与目标成本对比：分析目标成本的落实情况以及目标管理中的问题和不足。

④ 各项目成本分析：了解成本总量构成比例、管理薄弱环节。
⑤ 主要技术经济指标实际与目标对比：分析产量、工期、质量、"三材"节约、机械利用率等对成本的影响。
⑥ 对技术组织措施执行效果分析：寻求更加有效的节约途径。
⑦ 分析其他有利条件和不利条件对成本的影响。

（3）年度成本分析

基于年度成本核算进行的年度成本分析，不仅是会计核算、会计分析的必然工作，而且可以对施工单位及其项目管理机构本年度成本管理绩效进行综合分析，发现可能存在的问题，并研究下一年成本管理工作的重点、成本降低的其他途径。年度成本分析的要点与月（季）度成本分析基本相同，并且需要包括下一年度成本计划、成本管理的调整和改进措施。

（4）竣工成本分析

项目竣工后，组织应对本项目的竣工工程现场成本、竣工工程完全成本等进行分析，并与企业内其他项目的成本管理绩效进行对比，总结项目管理机构的成本管理经验和教训，研究企业层面成本管理体系、成本管理制度和程序等改进措施，并对未来项目的投标、管理提供历史数据支撑。

竣工成本分析的要点包括：
① 项目总成本分析对比。
② 主要资源节超对比。
③ 主要技术节约措施及经济效果分析等。

5. 成本专项分析要点

成本的专项分析包括对主要影响因素、特定成本指标的分析。通常包括：

（1）人工费分析

重点关注人工费的增减和额外支出情况，包括：
① 实物工程量增减而调整的人工和人工费数量。
② 定额人工以外的计日工工资情况。
③ 班组和个人的奖励罚款费用等。
④ 实际支付金额与人工定额、劳务分包合同的对比分析。

（2）材料费分析

重点关注以下内容：
① 主要材料的费用结构：包括对价格的变动因素（如采购价格、运输费用、途中损耗、供应不足等）和材料消耗数量的变动因素（如操作损耗、管理损耗、返工损失等）的分析。
② 周转材料的周转率和损耗率等。
③ 采购保管费用分析：主要研究采购与保管费用之和最低的平衡点。

（3）机械使用费分析

重点关注以下内容：
① 定额产量与实际产量的差异。

② 提升机械生产率的方法。

(4) 成本异常分析

成本异常分析是指实际成本与成本计划之间发生重大偏离时的专项分析。成本异常必须高度重视，彻查原因，及时纠正。成本异常的重点分析内容包括：

① 实际费用是否与成本计划相符。

② 实际费用是否与实际工程量相符。

③ 实际费用是否与实际消耗量、价格相符。

④ 实际费用是否与收付款相符。

⑤ 主要人工、材料、机械等实际消耗量、价格是否与计划相符等。

模块 5.3 练习提高

请扫描二维码查看本单元习题：

单元 6 建设工程项目的质量管理

案例导入

2019年5月，湖南长沙某小区的施工单位和监理单位发现，小区五期三标C10栋25层多处混凝土梁开裂。2019年10月、12月，长沙市住房和城乡建设局委托检测单位按照每层抽取一组芯样的原则，取构件中心部位进行检测。结果显示，大量结构构件的混凝土强度不符合设计要求，存在混凝土配合比不当，粗骨料过少，水胶比较大；云母含量过高，混凝土中未见到球状粉煤灰等一系列质量问题。通过一系列检测，最终鉴定该项目C10栋12层以上部分混凝土构件强度未达设计要求。长沙市住房和城乡建设局根据检测报告、鉴定报告和专家评审意见，于同年10月份要求参建单位对C10栋12~27层进行返工重建，经济损失巨大，社会影响十分恶劣。2019年11月，长沙市住房和城乡建设局发布《关于××混凝土有限公司混凝土质量问题涉事项目核查情况的通报》。《通报》显示，××混凝土有限公司在混凝土生产过程中未严格按国家标准规范要求进行质量控制；施工单位违反规范强制性条文，在混凝土浇筑过程中有随意加水现象。公安机关对涉事企业立案调查，并对其法定代表人代某某采取了强制措施。

质量是建设工程的基本目标，也是企业的生命线，建设工程项目质量管理涉及工程项目的各个环节、全体成员和方方面面，需要企业和项目管理机构建立有效的质量管理体系，根据PDCA、全面质量管理等原理和方法开展科学、有效的质量管理，最终确保工程质量目标的达成。

模块 6.1

建设工程项目质量管理概述

学习目标

知识目标：建设工程项目的质量；质量管理体系的基本知识；质量管理体系的建立

和运行；项目质量控制体系的建立和运行

建设工程项目质量管理是工程建设组织及其项目管理机构为达成建设工程项目的质量目标而开展的各类管理活动。工程建设组织及其项目管理机构应建立质量管理制度，明确质量管理程序，规定质量管理职责及工作要求，按项目质量管理的基本程序开展质量管理。

建设工程项目质量管理的基本工作包括：
① 制定质量目标。
② 进行质量管理策划，编制质量计划。
③ 实施项目，进行质量控制。
④ 进行质量检查和验收，提供质量保证。
⑤ 寻求质量改进。

对于已经按 GB/T 19000 族标准建立质量管理体系的组织，还应根据管理体系有关文件的要求开展建设工程项目的质量管理。

6.1.1 建设工程项目的质量

1. 建设工程项目质量的定义

《质量管理体系 基础和术语》（GB/T 19000—2016/ISO 9000：2015）指出：质量（Quality）是客体的一组固有特性满足要求的程度。质量可以使用差、好或优秀等形容词来修饰。其中：

① "客体"：指可感知或可想象到的任何事物。客体可能是物质的（如产品、人员、资源等），也可能是非物质的（如一个项目计划），甚至是想象的（如组织未来的状态）。

② "固有的特性"：特性是可以区分的特征，可以是固有的或被赋予的；可以是定性的或定量的。

特性包括各类物理特性（如机械、电、化学或生物学的特性）、感官特性（如嗅觉、触觉、味觉、视觉、听觉等）、行为特性（如礼貌、诚实、正直）、时间特性（如准时性、可靠性、可用性、连续性）、人因工效特性（如生理特性、人身安全特性）、功能特性（如飞机最高速度）等。

③ "要求"：即明示的、通常隐含的或必须履行的需求或期望。明示的要求一般是各相关方通过成文信息阐明的要求（如建设工程项目合同、设计文件的要求）。通常隐含的要求是符合各相关方惯例和一般做法、不言而喻的要求。必须履行的要求常包括法律、法规、标准、规范等规定要求。为实现较高的顾客满意，可能有必要满足那些顾客既没有明示，也不是通常隐含或必须履行的期望。

因此，可以将建设工程项目的质量定义为：工程项目产品和服务的固有特性满足要求的程度。

2. 建设工程项目质量的分类

根据上述定义，对建设工程项目的质量进行分类，详见表 6.1.1.1。

表 6.1.1.1 建设工程项目质量的分类

分类标准	分类
客体类型	① 产品的质量：主要是通过项目实施形成的工程实体的质量。 ② 服务的质量：主要包括建设工程策划决策服务的质量、建设工程设计的质量、建设工程施工的质量（特指各相关方为了达成有关目标而开展的工作质量）、建设工程咨询监理的质量等
固有特性	① 功能性方面的质量：主要表现为建设工程项目产品和服务满足使用、功能要求的程度。如房屋建筑工程的平面空间布局、通风采光性能；工业建筑工程的生产能力和工艺流程；道路交通工程的路面等级、通行能力等。 ② 安全可靠性方面的质量：包括安全性方面的质量、适用性方面的质量、耐久性方面的质量等。安全性方面的质量主要包括建设工程项目的产品满足各类刚度、强度、稳定性要求的程度；建设工程项目的服务满足安全规程、安全规范要求，规避伤害，避免健康受到不良影响和职业性伤害状态的程度。 适用性方面的质量是建设工程项目的产品满足正常使用情况下良好工作性能要求的程度。 耐久性方面的质量是建设工程项目的产品在建设工程的设计使用年限内满足各项功能要求的程度。 ③ 经济性方面的质量：是建设工程全生命周期中质量成本、质量效益等指标满足要求的程度。根据管理的效益原理，经济性方面的质量要求在获取一定数量和质量的产品、服务时，所耗费的时间和资源最少。 ④ 协调美观方面的质量：又分为文化和美观方面的质量、与自然环境协调的质量、与社会环境协调的质量等。 文化和美观方面的质量是建设工程项目的产品和服务是否能反映一定的社会、文化背景，彰显各相关方共同的文化、审美等精神追求。如建设工程产品的造型、立面、装修装饰等是否反映了一定的文化内涵、时代表征；建设工程项目的服务是否体现了不同地域的文化特点和风俗习惯等。 与自然环境协调的质量是建设工程项目的产品和服务满足绿色环保，与周边自然环境相协调要求的程度。 与社会环境协调的质量是建设工程项目的产品和服务满足社会和经济效益要求，得到周边公众支持，与周边基础设施适配的程度

3. 建设工程项目质量的特点

建设工程项目持续时间长、规模一般较大，涉及的相关方、工作过程众多，具有产品和服务的不可逆性等特点，因而建设工程项目的质量也具有一些相应的显著特点。

（1）影响因素多

影响建设工程项目质量的因素很多。如设计质量的影响因素包括设计人员的因素、技术的因素、建筑市场供应的因素、建设单位的因素、设计市场管理的因素等。施工质量的影响因素一般总结为"人、机、料、法、环"等。

（2）质量波动和变异大

一般工业品的生产是在固定的生产流水线、成套的生产设备、稳定的生产环境、规范的生产工艺、完善的检测流程中，批量产出规格、标准统一的产品。在这种一般工业品生产中，质量异常原因容易控制，质量波动就比较小。但受限于当前建筑业的科技生产水平，大部分建设工程的工业化水平还不够高，大量的建造工序是通过现场施工、现场组装完成的，造成质量波动的随机因素和系统因素很多，质量波动就很大。《住房和城乡建设部等部门关于加快新型建筑工业化发展的若干意见》（建标规〔2020〕8号）指出：我国未来的建筑业发展必须通过新一代信息技术驱动，以工程全寿命期系统化集成设计、精益化生产施工为主要手段，整合工程全产业链、价值链和创新链，实现工程建设高效益、高质量、低消耗、低排放的建筑工业化。

（3）质量隐蔽性强

建设工程项目在实施过程中，工序交接多、中间产品多、隐蔽工程多，如果不做好全过程的质量检查，保证中间过程和隐蔽工程质量，则容易留下许多表面一时无法察觉的质量隐患。这些隐患在工程建成后无法通过拆卸、解体进行检查，容易误导质量验收过程，将不合格品认定为合格品。在后期使用中，质量隐患还容易发展为质量问题，最终降低工程使用阶段的功能和价值，增加相应的维修、返修的费用。

6.1.2 质量管理体系的基本知识

1. 质量管理体系的定义和内涵

《质量管理体系 基础和术语》（GB/T 19000—2016/ISO 9000：2015）指出：质量管理（Quality Management）是关于质量的管理，是包括制定质量方针和质量目标，通过质量策划、质量保证、质量控制、质量改进以实现质量目标的一系列指挥、控制、协调等管理活动的总称。如果将这些质量管理活动集合成为一个系统，就构成了质量管理体系（Quality Management System，QMS）。质量管理体系的范围可能包括整个组织、组织中可被明确识别的职能或可被明确识别的部门、跨组织的单一职能或多个职能。

在建设工程领域，质量管理的范围也可能包括各相关的整个组织、各相关方的项目管理机构、跨组织的项目质量管理职能。由此，一般存在如下质量管理、控制体系：

（1）工程建设组织的质量管理体系

主要的工程建设组织，特别是专业化的建设工程开发单位、工程设计单位、工程施工单位等都应有关于组织的质量管理体系。

在我国，组织的质量管理体系最好能依据 GB/T 19000 族标准（等同于 ISO 9000 族标准）建立和运行。采用符合有关标准的质量管理体系是组织的一项战略决策，能够帮助其提高整体绩效，为推动可持续发展奠定良好基础。

组织根据标准实施质量管理体系的潜在益处是：

① 稳定提供满足顾客要求以及适用的法律法规要求的产品和服务的能力。
② 促成增强顾客满意的机会。
③ 应对与组织环境和目标相关的风险和机遇。
④ 证实符合规定的质量管理体系要求的能力。

（2）建设工程项目的质量控制体系

建设工程项目涉及众多相关方，为了系统、全面地开展项目的质量管理和控制，一般由项目实施的总负责单位（如建设单位及其项目管理机构，代建制中的代建单位及其项目管理机构，总承包模式下的总承包商及其项目管理机构等）负责建立和运行建设工程项目的质量控制体系。

这样的项目质量控制体系常形成多层次、多单元的系统结构。如：

① 建设工程项目系统纵向垂直分解后，相应地形成单位工程、单项工程等层次的质量控制（子）体系。每一层次的质量控制（子）体系可能有多个。

② 工程建设组织系统纵向垂直分解后，相应地形成第一层次的总负责单位的质量控制体系，第二层次的设计、施工、咨询监理等单位的质量控制（子）体系，第三层次的分包商、供应商质量控制（子）体系等，且第二、三层次的质量管理（子）体系可能有多个。

2. 不同质量管理、控制体系的联系和区别

对于已经按 GB/T 19000 族标准建立组织质量管理体系的工程建设组织，其在建设工程项目中所有的质量管理活动理所当然地应符合组织质量管理体系文件的有关要求。但从管理体系的范围和目标、服务的范围、管理控制的目标等方面来看，项目的质量控制体系并不是组织质量管理体系的局部或重复。

组织的质量管理体系与项目质量控制体系的联系和区别如表 6.1.2.1 所示。

表 6.1.2.1　组织质量管理体系与项目质量控制体系的联系和区别

	组织质量管理体系	项目质量控制体系
范围和目标	是组织管理系统中的一个子系统，是为组织运行管理服务的	是项目管理系统的一个子系统，只适用于特定项目的质量管理
服务的组织	仅涉及单一的工程建设组织	涉及项目的所有质量责任主体
作用的时效	在组织延续的全过程中持续运行	随着项目的开始而建立，随着项目的结束而消失，是一种一次性的管理体系
评价的方式	最好可以通过第三方的评估和认证	一般由项目的管理者进行自我评价与诊断

6.1.3　质量管理体系的建立和运行

在我国，质量管理体系宜按照 GB/T 19000 族标准建立和运行。这是按照等同原则，采用国际标准化组织（ISO）颁布的 ISO 9000 质量管理体系族标准制定的。需要注意的是，GB/T 19000 族标准并不是产品的技术标准，而是针对组织的管理结构、人员、技术能力、各项规章制度、技术文件和内部监督机制等一系列体现组织保证产品及服务质量的管理措施的标准。

根据 GB/T 19000 族标准质量管理体系应依据 7 项基本原则，基于过程方法、PDCA 循环以及始终基于风险的思维对过程和整个体系进行管理（详见"建设工程项目管理的原理、方法和内容"章节）。质量管理体系基于 PDCA 循环的这种方法和模式可简述如下，如图 6.1.3.1 所示：

① 策划：根据顾客的要求和组织的方针，建立体系的目标及其过程，确定实现结

果所需的资源并识别和应对风险和机遇。

② 实施：执行所做的策划。

③ 检查：根据方针、目标、要求和所策划的活动，对过程以及形成的产品和服务进行监视和测量（适用时），并报告结果。

④ 处置：必要时，采取措施提高绩效。

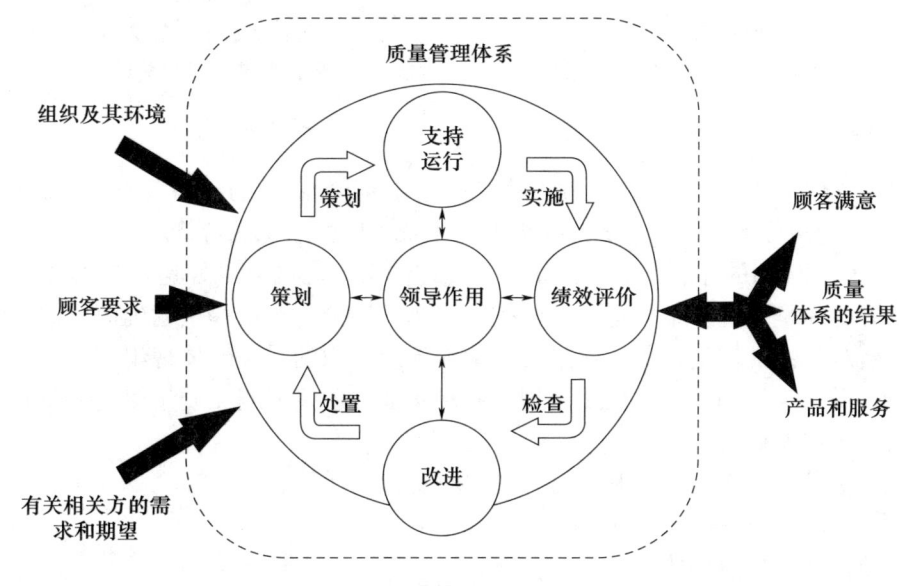

图6.1.3.1　质量管理体系的 PDCA 循环

根据图 6.1.3.1 的基本方法，GB/T 19000 族标准提出了质量管理体系的基本要求，其结构如图 6.1.3.2 所示。

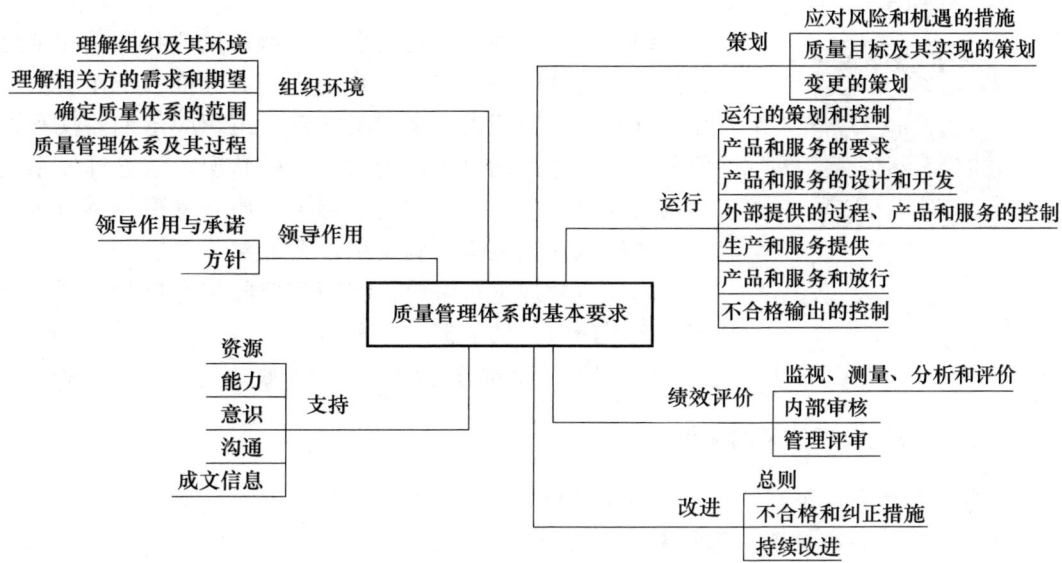

图6.1.3.2　质量管理体系的基本要求

关联知识 6.1.3.1
质量管理体系的 7 项基本原则

关联知识 6.1.3.2
全面质量管理的思想

1. 质量管理体系的建立和运行

质量管理体系是通过周期性改进，随着时间的推移而进化的动态系统。无论其是否经过正式策划，每个组织的质量管理活动都相应形成不同的组织质量管理体系。但如果能依据有关质量管理体系的标准策划和建立质量管理体系，就可以更好地适应组织的质量管理需要，并为质量管理体系的运行、监控、监测、评价、改进提供明确而有效的依据。

质量管理体系无需复杂化，而是要准确地反映组织的需求，体现组织的质量方针和质量目标，并对组织如何通过质量策划、质量保证、质量控制、质量改进等管理活动达成质量目标做出明确规定。

组织质量管理体系的建立和运行一般要经历以下阶段：
① 质量管理体系的策划与设计。
② 质量管理体系的文件编制。
③ 质量管理体系的试运行。
④ 质量管理体系的审核和评审等。

上述每个阶段又可分为若干具体步骤。对组织质量管理系统建立不熟悉的企业，可以采购专业质量咨询公司的服务。

关联知识 6.1.3.3
组织的质量管理体系建立

组织质量管理体系建立后，应当在生产和服务的全过程按质量管理体系文件所制定的程序、标准、工作要求及目标分解的岗位职责开展质量管理。组织应定期监视和评价质量管理体系的执行情况及其绩效状况，按管理体系文件的要求进行审核。审核是一种评价质量管理体系有效性的方法，以识别风险和确定是否满足要求。

为了有效地进行审核，组织需要收集有形和无形的证据。在对所收集的证据进行分析的基础上，采取纠正和改进的措施。所获取的知识可能会带来创新，使质量管理体系的绩效达到更高的水平。

2. 组织质量管理体系的认证

质量管理体系认证在国际上也称为企业认证、质量管理体系注册、质量管理体系评审和质量管理体系审核等，起源于产品质量认证中的"企业质量保证能力评定"。这种评定着重对保证质量条件进行检查，以确认该企业能否保证其申请产品能长期稳定地符合特定的产品标准。20 世纪 70 年代后期，随着质量管理理论和实践的不断发展，出现了由第三方对组织质量管理体系进行审核、评定和注册活动。组织根据标准建立的质量管理体系经过第三方机构评定、认证后，可被授予质量管理体系认证证书，并给予注册公布，以证明组织的质量管理和质量保证能力符合相应标准，或有能力按规定的质量要求提供产品的活动。

《中华人民共和国建筑法》第五十三条规定："国家对从事建筑活动的单位推行质量体系认证制度。从事建筑活动的单位根据自愿原则可以向国务院产品质量监督管理部门或者国务院产品质量监督管理部门授权的部门认可的认证机构申请质量体系认证。经认证合格的，由认证机构颁发质量体系认证证书。"

在我国许多建设工程的采购活动中，常常将组织是否具备质量管理体系认证证书作为资格审查、评标的重要参考依据。此外，这种第三方认证制度的重要意义还体现在：

① 可以提高组织的质量信誉，增强国际市场竞争能力。
② 可以促进组织完善质量管理体系。
③ 有助于减少社会重复检验和检查费用。
④ 有利于保护顾客的利益。
⑤ 有利于法规的实施。

目前，我国的质量管理体系认证主要依据《质量管理体系认证规则》等文件执行。

关联知识 6.1.3.4
管理体系认证的特点

关联知识 6.1.3.5
《质量管理体系认证规则》

6.1.4 项目质量控制体系的建立和运行

项目质量控制体系的建立和运行过程实际上是项目质量目标确定和分解，开展质量控制策划，编制质量控制计划，明确质量控制责任，制定质量控制制度，提供质量控制所需环境和资源，实施质量控制，持续进行质量改进等所有质量管理和控制工作的集合。

根据过程方法、PDCA 循环的基本原理，建设工程项目的质量管理和控制需要各工程建设组织的参与，需要对影响建设工程项目所有影响因素、所有工作和管理过程进行控制。

由于工程施工阶段是建设工程项目的建设意图形成工程实体的阶段，是最终形成项目质量和使用价值的阶段。因此对施工阶段的质量控制工作是项目质量控制体系关注的重点。

1. 项目质量控制体系建立的原则

为了保证质量控制体系的科学性和有效性，项目质量控制体系建立的原则应包括：

① 分层次规划原则：项目质量控制体系的分层次规划，是指项目管理的总组织者和承担项目实施任务的各参与单位，分别进行不同层次和范围的建设工程项目质量控制体系规划。

② 目标分解原则：项目质量控制系统目标的分解，是根据控制系统内工程项目的分解结构，将工程项目的建设标准和质量总体目标分解到各个责任主体，明示于合同条件，由各责任主体制定出相应的质量计划，确定其具体的控制方式和控制措施。

③ 质量责任制原则：项目质量控制体系的建立，应按照《中华人民共和国建筑法》《建设工程质量管理条例》有关工程质量责任的规定，界定各方的质量责任范围和控制要求。

2. 项目质量控制体系的基本依据

质量控制的基本依据包括共同性依据、专业技术性依据、项目专用性依据等。

① 共同性依据：主要包括与工程质量有关的通用性法律法规，如《中华人民共和国建筑法》《建设工程质量管理条例》等。

② 专业技术性依据：主要包括针对不同行业、专业质量控制制定的规程、标准、规定等。如与施工工艺质量有关的标准规范；与工程质量检查验收有关的标准规范；与建筑材料、半成品、构配件有关的生产、验收、包装标志等标准规范；关于"四新"（新技术、新材料、新工艺、新设备）技术的质量规定和鉴定意见等。

③ 项目专用性依据：主要包括项目专用的合同与设计文件包括工程合同、勘察设计文件、图纸会审记录、设计交底记录、设计修改和变更通知单、工程联系单、有关会议纪要，以及项目质量控制体系文件、有关质量制度文件等。

3. 项目的质量控制目标

如果说建设工程项目的质量是项目产品、服务的固有特性满足各相关方需求或期望的程度，则项目的质量控制目标就是各相关方质量需求的具体体现，也即建设工程项目的质量目标（通常被合同、设计文件等所规定）本身。当然，为了实现较高的顾客满意度，工程建设组织各方还可以提出超越各方需求或期望，满足既没有明示，也不是通常隐含或必须履行的质量目标。

根据建设工程项目质量的定义，项目的质量目标应包括产品的质量目标和服务的质量目标，还应包括功能性、可靠性、经济性、协调性等方面的质量目标。这些质量目标既包括一般性目标，又包括个性化目标：

（1）一般性质量目标

建设工程项目的一般性质量目标是有关法律法规和现行标准规范关于建设工程质量目标的基础性规定。如，《中华人民共和国建筑法》第五十二条规定："建筑工程勘察、设计、施工的质量必须符合国家有关建筑工程安全标准的要求，具体管理办法由国务院规定。"又如，建筑工程的最终工程实体，经检查验收必须合格，并符合《建筑工程施工质量验收统一标准》GB 50300—2013 和相关专业验收规范的规定。

（2）个性化质量目标

个性化质量目标是建设工程项目总负责单位（即具有建设单位职能的单位）建设意图的体现。

① 在策划决策阶段，总负责单位通过项目定义、建设目标、规模档次、系统构成、使用功能、价值标准等方面的定位决策和目标决策，将其关于工程质量的建设意图明确下来。

② 在实施阶段，总负责单位通过合同文本、设计文件等形式，将质量总目标分解、

分配到承包商等其他工程建设组织中。如，勘察设计单位依据设计合同、总负责单位关于建设意图的有关描述文件，从经济、技术等角度出发，将工程的功能性、可靠性、经济性、协调美观等方面的质量目标通过图纸等设计文件的形式进行更详细的设计和描述。又如，施工单位、咨询监理单位根据工程合同、设计文件的有关要求，将设计意图最终形成工程的质量，实现工程的使用价值。

③ 虽然合格是建设工程项目质量最基本的要求，但政府和有关团体鼓励采用先进的技术和管理方法提升建设工程的质量。全国和地方建设行政主管部门、行业协会设立了"中国建设工程鲁班奖（国家优质工程）"，和以"某某奖""某某杯"命名的（如"中国钢结构金奖""真武阁杯"）优质工程奖等，鼓励各工程建设单位追求更好的工程质量。

4. 项目的质量控制策划

组织应根据质量目标的有关要求，分层次开展项目的质量控制策划，建立各自的项目质量控制（子）体系，明确各自的质量责任和义务。

质量策划的重要结果之一是质量（控制）计划。质量计划应包括对项目产品和服务的实现过程、质量控制过程的具体描述，规定质量控制的责任人和质量控制程序，并配置质量控制所需的各类资源。质量计划需与施工组织设计、施工方案等文件相协调与匹配，体现项目从资源投入到完成工程最终检验试验的全过程质量管理与控制要求，质量计划对外是质量保证文件，对内是质量控制文件。

一般由项目的总负责单位负责编制项目总质量计划，并布置各质量责任主体分别编制其质量责任范围内的质量计划。项目质量计划应按照规定程序进行审批。项目质量计划需修改时，也应按原批准程序报批。

对于已经按GB/T 19000族标准建立组织质量管理体系的工程建设组织，其质量策划活动、质量计划应符合有关管理文件的要求。质量计划可以引用质量手册、程序文件的适用部分内容。

对于没有按GB/T 19000族标准建立组织质量管理体系的工程建设组织，其质量计划编制依据应至少包括下列内容：

① 合同中有关产品质量要求。
② 项目管理规划大纲。
③ 项目设计文件。
④ 相关法律法规和标准规范。
⑤ 质量管理其他要求。

其项目质量计划应至少包括下列内容：

① 质量目标和质量要求。
② 质量管理体系和管理职责。
③ 质量管理与协调的程序。
④ 法律法规和标准规范。
⑤ 质量控制点的设置与管理。
⑥ 项目生产要素的质量控制。
⑦ 实施质量目标和质量要求所采取的措施。

⑧ 项目质量文件管理。

5. 项目的质量控制责任

组织应根据质量策划的结果定义和分配质量控制责任，界定不同组织的控制责任的静态和动态分界面。其中：

① 静态责任分界面的划分应符合工程合同、设计文件、工程建设各方及其项目管理机构的管理制度等要求，并符合《中华人民共和国建筑法》《建设工程质量管理条例》等法律法规规定的，必须履行的要求。

② 动态责任分界面的划分应满足不同组织间具体工作和流程的协调、配合要求。

上述质量控制责任常涉及自我控制和他人监控的概念。

① 自我控制：是指质量活动主体（如施工过程的作业者）通过约束自身的质量活动，发挥技术和管理能力，最终完成符合预定质量目标的工作过程。

② 他人监控：是指由来自组织内、外部有关监督部门对质量活动主体的行为、结果进行监控和检查。如咨询监理单位对施工质量进行的检查；政府质量监督部门的检查监控等。

需要注意的是，上述质量的自我控制和他人监控是相辅相成的过程。自我控制是质量活动的第一负责人，其质量意识和质量能力是质量形成决定因素。他人监控是对自我控制的推动和约束，质量活动主体必须自觉接受其他监督部门的检查和管理。我国的法律、法规、工程合同等都规定，质量活动主体的质量责任不因他人监控主体的存在和监控职能的履行而减免、减轻。

组织应确定各自的质量控制负责人，并建立质量控制关系网，从而使各相关方及其项目管理机构的质量控制活动形成一个自我控制与他人控制相结合，有机协调的系统整体。如施工单位应建立以项目经理、项目技术负责人为首，专业工程师、作业班组长参与的内部质量控制关系网；咨询监理单位应建立以总监理工程师为首，各专业监理工程师参与的内部质量控制关系网。在上述不同单位的质量控制关系网之间，还应理顺管理关系，建立覆盖整个项目的质量控制关系网络。

关联知识 6.1.4.1
建筑法关于工程建设组织
各方质量责任的规定

关联知识 6.1.4.2
《建设工程质量管理条例》关于工程
建设组织各方质量责任的规定

6. 项目质量控制体系的主要环节

在我国的建设工程项目管理实践中，一般将项目的质量管理和控制分为事前控制、事中控制和事后控制3个主要环节。这些环节并非相互孤立的过程，它们实质上是建设工程项目质量目标管理的动态控制过程，是过程方法、PDCA循环在质量管理中的具体体现。其中：

（1）事前控制

事前控制的主要工作包括：明确质量目标，识别和评估质量风险因素，编制产品和服务实现方案及质量计划，落实质量控制责任等。

（2）事中控制

事中控制的主要工作包括：

① 根据质量计划实施各项工作。

② 在实施过程中做好质量检查和监控。

③ 对比、分析质量偏差。

④ 有针对性地采取质量控制和纠偏措施。

⑤ 监控、应对质量风险。

⑥ 防止出现质量问题和质量事故等。

（3）事后控制

事后控制又称质量把关，目的是防止将不合格的服务和产品（包括中间产品和最终产品）交付给顾客（可以将下一道工作过程视为上一道工作过程的顾客）。事后控制的主要工作包括：

① 对质量活动结果进行评价、认定。

② 对不合格品进行整改和处理。

③ 提出、实施质量改进的措施。

④ 通过竣工质量验收全面检验工程质量等。

7. 质量风险管理

建设工程项目的质量风险因素是指可能影响建设工程项目质量目标实现的不确定因素。工程建设组织各方及其项目管理机构应首先识别、评估项目的质量风险因素，制定质量风险的应对策略与措施，制定质量风险的管理计划，并在工程实施过程中做好质量的风险控制。具体可参考"建设工程项目管理的原理、方法和内容"章节。

工程建设组织各方基本的质量风险管理工作如表 6.1.4.1 所示。

表 6.1.4.1 工程建设组织的质量风险管理工作

	质量风险管理工作
建设单位	① 统筹做好各方的质量风险管理工作，制定质量风险管理总方针、总目标和主要策略，通过工程合同等约定和明确各方质量风险控制责任。 ② 做好自身责任范围内的风险识别、评估、应对、监控工作，制定质量风险管理计划和具体的工作实施办法，明确自身项目管理机构内各部门、个人的风险管理责任。 ③ 持续检查、监控、考核其他各方的质量风险管理情况
勘察设计单位	① 做好自身责任范围内的风险识别、评估、应对、监控工作，制定质量风险管理计划和具体的工作实施办法，明确自身项目管理机构内各部门、个人的风险管理责任。 ② 在勘察设计方案比选中充分考虑实施阶段各类质量风险因素，宜选择质量风险较小的方案。 ③ 在设计文件中明确降低、预防工程实施和使用阶段质量风险的各类措施和注意事项，提出防范质量风险的指导性建议。 ④ 做好勘察设计文件的审查工作，保证审查过程科学有效、公正独立，防范工程组织各方对勘察设计文件的不良干扰。

续表

	质量风险管理工作
勘察设计单位	⑤ 工程实施前，做好设计交底（一般由建设单位组织设计、施工、监理等单位共同参加）工作，明确存在重大质量风险源的关键部位或工序，提出质量风险的管理和控制要求或建议，对各方疑问进行解答、说明。 ⑥ 按风险管理计划监控、检查、应对本单位责任范围内的质量风险因素，预测风险变化趋势，对新发风险事件、潜在风险因素提出预警，及时评估、应对风险事件，做好设计变更、重新验算等工作
施工单位	① 做好自身责任范围内的风险识别、评估、应对、监控工作，制定质量风险管理计划和具体的工作实施办法，明确自身项目管理机构内各部门、个人的风险管理责任。 ② 按合同约定办理质量保险。 ③ 严格审查、核对勘察设计文件，检查现场实际水文地质等情况是否与勘察设计文件相符。 ④ 结合设计交底与质量风险管理计划的要求，编制危险性较大的分部分项工程专项施工方案，对超过一定规模的专项施工方案还要组织专家论证，专项施工方案经审批后实施。 ⑤ 关键岗位人员和特殊作业人员全部持证上岗，根据现场情况、人员特点开展质量风险教育培训。 ⑥ 加强建筑材料、半成品、构配件、工程设备的质量管理，按规定程序选择合格供应商，做好进场、使用前复检复验，防止不合格建材进入施工过程。 ⑦ 按风险管理计划监控、检查、应对本单位责任范围内的质量风险因素，预测风险变化趋势，对新发风险事件、潜在风险因素提出预警，及时评估、应对风险事件，做好设计变更、重新验算等工作
咨询监理单位	① 做好自身责任范围内的风险识别、评估、应对、监控工作，在监理大纲、监理实施细则中包含质量风险管理的工作安排，明确自身项目管理机构内各部门、个人的风险管理责任。 ② 做好各类技术方案、专项施工方案的审核工作，重点审查质量风险防范应对保障措施。 ③ 监控检查各类方案中的质量风险防范应对保障措施落实情况，及时反馈、处理质量风险相关问题。 ④ 通过巡视、旁站、平行检验等手段履行自身的质量管理职责

8. 项目的质量控制环境

项目质量控制体系的建立和运行都离不开运行环境、运行资源和运行机制的支持。如表 6.1.4.2 所示。

表 6.1.4.2 项目质量控制体系的控制环境

控制环境	环境内涵
运行环境	① 合同环境：是工程建设组织各方分工、协作的纽带，合理的项目合同结构、标准清晰的质量控制责任条款、高效合规的合同管理都可以促使各方自觉履行质量控制责任，确保质量控制体系有效运行。 ② 管理环境：质量控制体系是项目管理系统的一个子系统。从系统原理出发建立和运行质量控制体系，就需要统筹规划和协调质量控制体系与其他管理体系的关系，做好组织内外部其他与质量控制配套的各类管理制度、程序性文件的制定和运行工作
运行资源	① 人的资源：为质量控制配备各类管理和技术人员。 ② 技术的资源：为实施质量控制过程、使用各类质量控制工具和设备所需的知识和经验，质量控制人员的培训、学习等。 ③ 物资的资源：为质量控制配置必需的设备、设施、材料、工具、软件等
运行机制	① 动力机制：是质量控制体系的核心机制。动力机制有赖于对项目各相关方、项目管理人员和作业人员公正、公开、公平的责、权、利分配，以及适当的竞争机制而形成的内在动力。 ② 约束机制：取决于各质量责任主体内部的自我约束能力和外部的监控效力。约束能力表现为组织及个人的经营理念、质量意识、职业道德及技术能力的发挥，监控效力取决于项目实施主体外部对质量工作的推动和检查监督。两者相辅相成，构成了质量控制过程的制衡关系。 ③ 反馈机制：运行状态和结果的信息反馈，是对质量控制系统的能力和运行效果进行评价，并为及时做出处置提供决策依据。因此，必须有相关的制度安排，保证质量信息反馈的及时和准确

续表

控制环境	环境内涵
运行机制	④ 持续改进机制：基于 PDCA 的基本原理，在项目各阶段应不断寻求改进机会、研究改进措施，才能保证建设工程项目质量控制系统的不断完善和持续改进，不断提高质量控制能力和控制水平

将建设工程项目的质量控制机制固定下来，就形成建设工程管理质量控制的有关制度。对于已经按 GB/T 19000 族标准建立组织质量管理体系的工程建设组织，其质量控制制度还应符合有关管理文件的要求。常见的质量控制制度可能包括：

① 质量控制人员责任制度。
② 质量检查和验收制度。
③ 质量监督制度。
④ 质量信息和质量记录管理制度。
⑤ 质量报告和审批制度。
⑥ 质量协调制度。
⑦ 质量控制例会制度。
⑧ 质量问题和质量事故的处理制度等。

9. 项目质量控制体系的运行和改进

一旦建立质量控制体系，应在项目实施过程中严格执行质量计划和质量控制制度。组织应了解发包人和其他相关方对质量的意见，并根据对质量控制体系运行的监控、监测和检查的结果，开展质量控制体系的评价和审核工作，自觉运用过程方法、PDCA 循环等质量管理原理和方法，寻求对质量控制体系的不断完善和持续改进。

工程建设组织各方的项目管理机构是质量改进的主要实施者，应按组织要求定期进行质量分析，根据不合格的信息评价采取改进措施的需求，提出并实施持续改进的必要措施。当有关措施经过验证效果不佳或未完全达到预期的效果时，应重新分析原因，采取相应措施。项目管理机构应定期对项目质量状况进行检查和分析，向组织提交质量报告，明确质量状况、发包人和其他相关方的满意度、产品要求的符合性以及项目管理机构的质量改进措施。组织还应对项目管理机构进行培训、检查和考核，定期进行内部审核，确保项目管理机构的质量改进。

模块 6.2

建设工程项目施工质量管理

知识目标：施工质量控制；施工质量验收；质量事故；施工质量与设计质量的协

调；数理统计方法在质量管理中的应用

技能目标：能描述建设工程质量管理控制的基本措施；能对质量事故进行分类；能描述质量事故的报告和处理方法；能使用数理统计方法辅助建设工程项目的质量管理

6.2.1 施工质量控制

已经建立质量管理体系的组织，其施工质量控制应按质量管理体系文件的有关要求进行。尚未按有关标准建立质量管理体系的组织，应根据施工质量计划开展施工质量控制工作。

与工程项目其他质量控制的要求相似，施工质量控制也需要各工程建设组织的参与，并需要对影响施工质量的所有影响因素、所有工作和管理过程进行控制。

1. 施工质量控制的内容和流程

施工质量控制应包括下列内容和流程：
① 施工质量目标分解。
② 施工技术交底与工序控制。
③ 施工质量偏差控制。
④ 产品或服务的验证、评价和防护。

项目拟开展质量创优活动的，施工质量控制还应符合以下要求：

① 明确质量创优目标和创优计划：工程开工前需根据工程合同、工程特点、体量、规模及企业自身经营发展理念等确定项目创优的目标。项目质量创优的工程还应符合优质工程申报条件。

② 精心策划和系统管理：项目质量创优需注重事前策划、细部处理、深化设计和技术创新。施工质量策划确定项目施工质量目标、措施和主要技术管理程序，同时制定施工分项分部工程的质量控制标准，为施工质量提供控制依据。

③ 制定高于国家标准的控制准则：项目质量创优不是组织必须实施的工作，是组织根据合同要求或组织的承诺实施的一种特殊质量管理行为，其工程质量结果一般应高于国家规定的合格标准。

④ 确保工程创优资料和相关证据的管理水平。

2. 施工质量计划

根据质量管理体系标准，施工质量计划应是一个独立的文件。施工质量计划应包括对工程实体建筑的实现过程、质量控制过程的具体描述，规定质量控制的责任人和质量控制程序，并配置质量控制所需的各类资源。由于上述这些内容实际上已被建设工程项目施工的策划文件（如项目管理实施规划、施工组织设计）所包含，因此我国也常采用施工策划文件作为施工质量计划文件。在施工策划文件中统筹考虑施工质量计划的有关内容，还有助于对建设工程项目安全、质量、成本、进度等相互关联、相互制约的目标系统和目标控制进行系统的整体安排。

单独编制时，施工质量计划应由自控主体即施工企业编制。在平行发包方式下，各承包单位应分别编制施工质量计划。在总分包模式下，施工总承包单位应编制总承包工程范围的施工质量计划，各分包单位编制相应分包范围的施工质量计划，作为施工总承包方质量计划的深化和组成部分。施工总承包方有责任对各分包方施工质量计划的编制进行指导和审核，并承担相应施工质量的连带责任。在各施工企业中，通常由项目管理机构（项目经理）主持编制，报企业组织管理层（企业技术负责人）批准，总监理工程师签认后报建设单位审批。经过按规定程序审查批准的施工质量计划，在实施过程中如因条件变化需要对某些重要决定进行修改时，其修改内容仍应按照相应程序经过审批后执行。

无论是否单独编制，施工质量计划宜包括以下内容：

① 项目特点、施工环境和施工条件（包括水文地质等自然环境，合同、法规、管理等社会环境和组织条件等）分析。

② 质量总目标及其分解目标。

③ 质量管理组织机构和职责，人员及资源配置计划。

④ 施工工艺与操作方法的技术方案和施工组织方案。

⑤ 施工材料、设备等物资的质量管理及控制措施。

⑥ 施工质量检验、检测、试验工作的计划安排及其实施方法与检测标准。

⑦ 施工质量控制点及其跟踪控制的方式与要求。

⑧ 质量记录的要求等。

3. 施工质量控制点的设置和管理

施工质量控制点是施工质量控制中的重要对象。过程方法指出，在单一过程的输入端、过程的不同位置及输出端都存在着可以进行测量、检查的机会，即控制点。对这些控制点实行有效的测量、检测、纠偏，就可以控制过程和输出的成果，从而达到预期目标。

（1）施工质量控制点的设置

一般宜选择对工程质量形成有直接、重大影响的关键部位、关键工序、关键环节等作为施工质量控制点。如：

① 对施工质量有重要影响的关键质量特性、关键部位或重要影响因素。

② 工艺上有严格要求，对下道工序的活动有重要影响的关键质量特性、部位。

③ 严重影响项目质量的材料质量和性能。

④ 影响下道工序质量的技术间歇时间。

⑤ 与施工质量密切相关的技术参数。

⑥ 容易出现质量通病的部位。

⑦ 紧缺工程材料、构配件和工程设备或可能对生产安排有严重影响的关键项目。

⑧ 隐蔽工程验收。

表 6.2.1.1 展示了一般建筑工程的常见质量控制点。

表 6.2.1.1　一般建筑工程的常见质量控制点

分项工程	质量控制点
工程测量定位	标准轴线桩、水平桩、龙门板、定位轴线、标高

续表

分项工程	质量控制点
地基基础	基坑（槽）尺寸、标高、土质、地基承载力、基础垫层标高、基础位置、尺寸、标高，预埋件、预留孔洞位置、标高、规格、数量、基础杯口弹线
砌体	砌体轴线、皮数杆、砂浆配合比、预留孔洞、预埋件的位置、数量，砌块排列
模板	位置、标高、尺寸、预留孔洞位置、尺寸、预埋件的位置、模板的承载力、刚度和稳定性、模板内部清理、隔离剂涂刷
钢筋混凝土	水泥品种、强度等级、砂石质量、混凝土配合比、外加剂、混凝土振捣、钢筋品种、规格、尺寸、搭接长度、钢筋焊接、机械连接、预留孔洞及预埋件规格、位置、尺寸、数量，预制构件吊装成出厂脱模强度、吊装位置、标高、支承长度、焊缝长度
吊装	吊装设备的起重能力、吊具、索具、地锚
钢结构制作	翻样图、放大样、焊接条件、焊接工艺

(2) 施工质量控制点的重点控制对象

设置质量控制点后，还要对质量控制点的重点控制对象进行专门的预控和监控。一般选择对质量控制点有重大影响的质量特性、主导因素作为重点控制对象。表 6.2.1.2 展示了常见质量控制点的重点控制对象。

表 6.2.1.2　常见质量控制点的重点控制对象

重点控制对象	对象举例
人的行为	高空、高温、水下、易燃、易爆等危险环境中的作业；重型构件吊装、重要设备安装；对人的操作要求高、作业难度大的工序和环节等
材料的质量与性能	钢结构工程中使用的高强度螺栓；某些特殊焊接使用的焊条；混凝土工程中水泥的质量等
关键工艺与操作	预应力钢筋的张拉工艺操作过程及张拉力的控制；大模板施工中模板的稳定和组装；液压滑模施工时支撑杆稳定问题等
施工技术参数	混凝土的外加剂掺量、水胶比；回填土的含水量；砌体的砂浆饱满度；防水混凝土的抗渗等级；建筑物沉降与基坑边坡稳定监测数据；大体积混凝土内外温差及混凝土冬期施工受冻临界强度等
技术间歇	墙体砌筑完成后，应等待 6～10 天，使墙体充分沉陷、稳定、干燥，然后抹灰；混凝土浇筑后，应至少养护、等待 7 天，待混凝土强度发展到一定程度方可拆模
施工顺序	冷拉钢筋应先焊接后冷拉，否则会失去冷强；屋架安装采取对角同时施焊，否则焊接应力会使校正好的屋架发生倾斜
质量通病	建设工程中经常发生的、普遍存在的一些工程质量问题。这些存在质量通病的部位、工序、环节往往是质量不稳定的薄弱部分，需要采取专门、有效的预防、预控措施。包括混凝土结构工程的蜂窝、麻面、空洞，房屋建筑工程"渗、漏、泛、堵、壳、裂、砂、粗、锈、污"等
特殊地基或特种结构	湿陷性黄土、膨胀土等特殊土地基的处理；大跨度结构、高耸结构等技术难度较大的施工环节和重要部位等

(3) 质量控制点的重点控制措施

质量控制点的重点控制措施也应包括事前、事中、事后等环节的措施，如表 6.2.1.3 所示。

表 6.2.1.3　质量控制点的重点控制措施

控制环节	重点控制措施
事前控制	① 明确质量控制点的控制目标和控制参数。 ② 编制专项施工方案、专项作业指导书，明确专项控制措施，危险性较大的分部分项工程、特殊的施工过程还应执行专项施工方案审批、专家论证等。 ③ 制定专项检查检验方式，明确抽样数量和方法、检查结果的判断标准。 ④ 明确质量记录与信息反馈要求等
事中控制	① 做好施工方案、作业指导书的交底和记录，使操作、执行人员明确工艺标准和质量要求。 ② 发现质量控制点异常时，应及时采取措施，必要时停止施工，召开质量会议，查找原因。 ③ 相关技术人员、管理人员、质量控制人员要在现场重点指导
事后控制	① 严格执行三级检查制度（即施工单位自检、监理单位检查、建设单位检查）。 ② 施工单位必须配合其他单位的质量监督、监控工作

（4）质量控制点的动态管理

施工质量控制点具有动态特性，在一定时期、一定条件下，质量控制点可能发生转换，也可能出现新的质量控制点。

因此，一般宜在开工前、设计交底、图纸会审时先确定一批质量控制点。随着工程的开展、环境条件的变化，定期或不定期地分析、研判质量受控状态，分析当前质量控制点能否满足质量控制要求。如果不能满足的，应及时更新、调整这些质量控制点。

关联知识 6.2.1.1
质量控制点的 WHS 管理方法

4. 施工主要影响因素的质量控制

一般将施工质量的主要影响因素分为"人、机、料、法、环"等 5 种，即人的因素、材料的因素、方法的因素、机械设备的因素、环境的因素等。

这些主要影响因素既包含了施工所需的主要生产要素，又涉及质量管理必需的环境条件、组织管理等因素。对这些主要影响因素的质量进行管理，是保证工程产品最终质量符合质量目标的重要基础。

（1）人的因素

人的因素是影响建设工程项目质量的决定性因素。这里的"人"既包括群体的人，如工程建设组织及其项目管理机构，也包括个人的人，如建设工程项目的各管理人员、执行人员和操作人员等。我国实行建筑业企业经营资质管理制度、市场准入制度、执业资格注册制度、作业及管理人员上岗制度等，都是从人的素质和能力质量上进行必要的控制。此外，人作为质量管理的主体，还必须注重发挥、调动其主动性、积极性、创造性，自觉地避免质量失误。

对人的因素进行质量控制，就要求：

① 对施工企业、分包企业进行严格的资质考核，禁止无相应资质的企业承揽施工项目。

② 对关键岗位、特种作业人员执行严格的执业资格注册制度和持证上岗制度。

③ 通过对施工项目领导者、组织者、施工队伍的择优录用、合理组织、严格考核，

加强对他们的思想教育和技能培训，辅以必要的激励机制，充分发挥施工参与人员的质量自控主体作用。

(2) 机械设备的因素

建设工程项目所采用的机械设备是建造实施的重要物质基础，良好的机械选型和使用操作对提升建设工程项目的质量有直接影响。对机械的因素进行质量控制的主要措施有：

① 根据工程需要进行施工机械设备选型，确定施工机械的主要性能参数，明确其使用操作要求，确保采用的施工机械符合安全、适用、经济、可靠和节能、环保等方面的要求。

② 选用和设计保证质量、安全混凝土模具、脚手架等专用机械，超过标准定型产品使用条件的还要进行专项设计。控制安装质量，做好使用前检查验收。

③ 塔吊、施工电梯、起重吊装设备、构件吊具等危险性较大的施工设备，应在施工前编制专项安装、使用方案，经审批后实施。重要设备安装完毕必须经过自检、专业检测机构检测、相关管理部门验收合格后方可使用。使用过程中，尚需落实相应的管理制度，确保安全正常使用。

(3) 材料的因素

材料包括建设工程项目使用到的各类原材料、半成品、成品、构配件、组成工程实体的设备（如生产设备、电梯、空调、消防设备、环保设备）等，是建设工程项目最基本的物质基础。材料的质量不符合要求，建设工程项目的质量就不可能符合要求。对材料的因素进行质量控制的主要措施有：

① 确保材料、设备的性能、标准、技术参数与设计文件相符。

② 确保材料、设备各项技术性能指标、检验测试指标与标准规范要求的相符性。

③ 做好材料、设备封样、采购、进场检验、抽样检测及质保资料提交等质量控制程序，确保质量证明文件的完备性。

④ 优先选用节能低碳、安全环保的材料和设备，禁止使用国家明令禁用或淘汰的材料和设备等。

(4) 方法的因素

方法指建设工程项目全生命周期内采用的所有管理方法和操作、实施方法，如组织部署、组织措施、技术方案、工艺流程、检测方法等。方法是否选择恰当，对建设工程项目所有目标的实现，特别是质量目标的实现影响较大。对方法的因素进行质量控制的主要措施有：

① 建立项目质量管理体系，根据工程特点、环境、条件明确质量目标，制定质量计划，明确质量控制点，制定质量控制措施，确保质量控制过程有效进行，做好持续改进。

② 进行合理有效的施工管理策划，有针对性地选择施工工艺、施工方法，组织合理的施工区段划分、施工工艺流程、劳动组织等。

③ 合理选择、布置施工临时设施，合理布置施工总平面图和各阶段施工平面图。

④ 根据工程特点和需要制定"四新"（新技术、新材料、新工艺、新设备）技术的专项方案和质量管理方案。

(5) 环境的因素

建设工程项目所处的自然和社会环境、管理环境、工作和劳动环境等都可能影响建设工程项目产品和服务的质量。

① 自然环境：主要指工程地质、水文、气象条件及自然不可抗力等影响项目质量的因素。如恶劣的水文地质环境可能影响土方基坑工程的质量；雨雪天气可能影响露天混凝土浇筑的质量，引起基坑塌方，降低地基承载力；寒冷地区、寒冷季节的混凝土施工需考虑保温、防冻融的措施；干燥、大风天气施工屋面防水层易出现粘贴不牢、空鼓等质量问题。

② 社会环境因素：可能包括社会政治环境、经济环境、文化环境和心理环境等大的范畴。如国家建设法律法规的健全程度和执法力度；政府工程质量监督及行业管理成熟程度；建筑市场的健全程度、交易行为的规范程度；工程建设单位经营者、决策者的理性化程度；建设咨询服务业的发展程度及其服务水准的高低；廉政管理及行风建设的状况等。

③ 管理环境因素：主要是指工程建设组织的质量管理体系、质量管理制度、各方的管理协调等因素。如工程建设组织的质量管理体系是否健全，运行是否有效；工程的发承包关系、合同结构、管理关系是否合理；能否建立统一高效的质量管理关系网络；是否具有良好的质量管理环境和氛围等。

由于环境因素对质量的影响复杂多变、存在不确定性，且许多环境因素难以受控于工程建设组织，因此对环境因素的质量控制宜采用风险因素管理的方法进行。主要措施包括：

① 分析、识别环境因素中的质量风险因素、质量风险事件，评估风险等级，采取应对、监控措施。如在基坑工程中仔细分析岩土地质资料，采取降水、排水、加固、围护等技术控制措施；针对天气、气象的不利影响，制定专项预案，明确不利天气状况下的施工措施；制定应对洪水、台风等不可抗力事件的应急预案，落实人员、器材等方面的准备，加强施工过程中的预警与监控。

② 分析、理顺管理关系，建立协调高效的质量管理机制，确保项目质量管理体系的持续运行与改进。

③ 认真落实经过审批施工组织设计、施工方案，严格执行施工平面规划和施工纪律，确保施工条件良好，制定应对停水、停电、火灾、食物中毒等方面的应急预案。

④ 自觉抵制社会不良风气的影响，清廉自律，依法经营，共建健康有序的建筑市场环境。

5. 施工准备的质量控制

施工准备工作的质量控制包括技术准备工作的质量控制、现场准备工作的质量控制。

(1) 技术准备的质量控制

正式施工作业前通常要进行多项技术准备工作，这些工作一般在室内进行。如图纸审查、设计交底、熟悉图纸、检查验收的项目划分和编号、质量文件（包括质量计划、质量记录表等）审核、施工组织设计及施工方案细化、绘制施工详图（如测量放线图、大样图、配筋图、节点翻样图、模板配板图、配线表等)、进行必要的技术交底和技术培训等。

对上述技术准备工作的质量控制措施包括：
① 交叉、提级审核、检查设计图纸的深化、细化结果。
② 复核质量控制措施是否有效，履行必要的审批手续等。

(2) 现场准备的质量控制

现场准备工作是为作业提供必要的作业环境和条件、作业面的准备工作，主要包括计量准备工作、测量准备工作、施工平面准备工作等。对这些现场准备工作的质量控制措施包括：

① 计量准备工作的质量控制：计量准备工作包括对施工过程中的投料、半成品、成品的计量准备，还包括监测、测试、检验、分析等工作的计量准备。

对计量准备工作的质量控制措施有：建立和完善施工现场计量管理制度，明确计量控制责任人员，配置必要的计量人员和设备器具，严格按规定维修、校验计量器具，统一计量单位，组织量值传递，保证量值统一。

② 测量准备工作的质量控制：测量准备工作包括复测原始坐标点、基准线和水准点、建立工程测量控制网络等。测量准备工作的质量直接关系到工程测量放线的结果是否正确，进一步关系到各工序、由各工序形成的工程实体最终质量是否合格。

对计量准备工作的质量控制措施有：编制测量控制方案，经项目技术负责人批准后实施；仔细复测复核原始坐标点、基准线和水准点等测量控制点线，结果上报监理工程师审核；根据批准后的原始坐标点、基准线和水准点等建立施工测量控制网，并进行复测复核。

(3) 施工平面准备的质量控制

施工平面是施工过程中拟建构筑物、各类临时设施、运输道路、大型机械设备等平面的组织和安排。施工平面一般以施工平面图的形式表达。

根据工程合同、有关规程规范的要求：

① 建设单位应按照合同约定并充分考虑施工的实际需要，事先划定并提供施工用地和现场临时设施用地的范围，协调平衡和审查批准各施工单位的施工平面设计。

② 施工单位要严格按批准的施工平面布置图科学合理地使用施工场地，正确安装设置施工机械设备和其他临时设施，维护现场施工道路畅通无阻和通信设施完好，合理控制材料的进场与堆放，保持良好的防洪排水能力，保证充分的给水和供电。

③ 建设(监理)单位应会同施工单位制定严格的施工场地管理制度、施工纪律和相应的奖惩措施，严禁乱占场地和擅自断水、断电、断路，及时制止和处理各种违纪行为，并做好施工现场的质量检查记录。

6. 施工过程的质量控制

施工过程的质量控制要求对全部工作、作业的全过程进行连续、持续的质量控制。在这些过程中，由一组(或一个)执行者在某一生产区段中，对某一作业对象进行连续生产活动的综合称为工序。工序可按加工工艺过程可细分为工步，按劳动过程又可细分为若干操作。每个工序、工步、操作都受"人、机、料、法、环"等多因素影响，对所有工序、工步、操作进行质量综合控制，是整个施工过程质量控制的基础。在建设工程项目领域，一般以工序为最基本的过程质量控制单位即可。

工序质量控制的依据主要包括：

① 与质量控制的有关法律法规。

② 现行的质量标准、规范、规程。如材料质量标准、机械设备技术性能标准、施工工艺标准、操作规程等。

③ 工程合同、设计文件。

④ 项目质量控制体系的有关要求等。

工序质量控制的内容主要包括：

① 工序的施工条件质量控制：指对工序中各生产要素质量、生产环境的条件质量进行的控制。

② 工序的施工效果质量控制：指对工序产品的质量特征、特性指标进行的控制。

工序质量控制的手段主要包括：检查、跟踪、监督、测量、测试、试验、统计分析、认定质量等级、纠正质量偏差等。

工序质量控制的基本原则是：

① 预防为主：基于风险的思维要求质量控制主体根据作业内容的范围和特点、环境和条件制定作业计划（宜编制作业指导书），在作业计划中考虑影响质量的风险因素，提出应对措施，做好质量预控。

② 重点控制：作为质量控制点的关键工序应重点控制，可派专人跟踪，采用特殊、专门措施控制。对作业过程中新发现的质量薄弱环节，可定期或即时列为新的质量控制点进行重点控制。

③ 坚持标准：工序质量控制的标准和依据是各类法律法规、质量标准、规范规程、工程合同、设计文件等对工序的质量要求。各项工序的作业、检查过程中，必须严格对标上述标准和依据，不合格的作业质量不得通过验收。

④ 资料完整：根据组织质量管理体系、项目质量控制体系关于质量文件的有关要求，质量控制主体应对作业过程、质量结果如实记录，从而形成及时、准确、完整、有效、可追溯的质量记录。质量记录不仅是质量保证的基本依据，也是工程竣工验收不可或缺的基本资料。常见的质量记录包括各类材料质保书、检验试验及检测报告、质量验收记录等。质量控制主体还应保存质量计划、作业指导书等其他文件备查。

（1）工序质量的自我控制

自我控制是指工序质量主体的质量控制。从生产经营的层面来看，工序的质量主体是施工单位。施工单位必须履行法定的、合同约定的质量责任，向顾客提供合格的工程产品。从生产过程的层面来看，工序的质量主体是施工单位管理的各分包单位、作业班组、作业人员。他们必须履行自身的质量责任，完成符合预定质量目标的各项工作，为下一道工序（根据过程方法，下一道工序是上一道工序的顾客）提供合格的工作成果（中间产品）。

工序质量自我控制的主要工作包括：

① 作业技术交底：各类管理策划文件、质量计划必须被逐级交底，以使管理者的策划、决策意图被层层传达到各个层面。在工序作业层面进行的交底就是作业技术交

底。作业技术交底不仅是管理策划文件（包括施工组织设计、施工方案）的具体化，也是质量计划在工序层面实施的具体安排。作业技术交底宜依据作业指导书进行，交底的时间必须有针对性，交底的内容必须具有可行性和可操作性。此外，作业技术交底还是安全、进度、成本、环境等其他目标控制的重要手段。

② 作业活动实施：作业活动实施前，应再次检查、确认作业条件是否到位，作业的准备是否落实，主要工艺环节、工作顺序是否明晰。在此基础上，严格按有关程序、步骤、质量要求展开工序作业活动。

③ 作业质量检查验收：作业质量的检查、验收贯穿整个工序过程，是最基本的质量控制活动之一。只有上一道工序的作业质量经检查、验收合格，才能进入下一道工序的作业。质量主体的作业质量检查方法包括：作业人员自检、作业人员互检、专职质量管理人员检查、上下工序交接检查等。

其他工序质量自我控制的措施还可包括：

① 质量例会。

② 质量会诊。

③ 质量挂牌。

④ 每月质量讲评。

上述工序质量自我控制的工作内容、基本要求、基本程序和措施等宜以制度的形式固定下来，并作为质量控制的重要依据之一。

（2）工序质量的他人监控

建设单位、监理单位、设计单位、政府工程质量监督部门应在各工序作业中依据有关法律法规、工程合同等规定，对施工质量活动主体的质量行为、工程实体的质量等进行监督、监控，即工序作业质量的他人监控。

① 建设单位：领取施工许可证或开工报告前，应当按照国家有关规定办理工程质量监督手续。

② 监理单位：应根据监理规划及实施细则，通过旁站、巡视、平行检验等形式对工序质量监督检查。监理单位如发现有不符合工程设计要求、施工技术标准、合同约定的，有权要求质量责任主体改正。监理单位应进行检查而没有检查、没有按规定检查的，给建设单位造成损失时应承担赔偿责任。

③ 政府质量监督机构：主管部门依据有关法律法规（《建设工程质量管理条例》第七章）、工程建设强制性标准对工程实体质量及工程质量责任主体的行为进行监督。

工序质量监控的主要手段包括：

① 现场质量检查：对工序开始、工序交接、停工后复工的关键环节，材料、隐蔽工程、成品等关键部位进行的现场检查。

② 技术核定：技术核定是在施工过程中因施工单位对某些技术要求不甚明白，或对设计文件内部的某些矛盾、材料的调整与代用、改变建筑结构的节点构造、调整管线位置走向等问题，需要向设计单位进一步明确的，由施工单位通过技术核定单的方式向监理单位（或建设单位）提出，并报送设计单位核准确认的行为。

③ 见证取样：根据我国工程质量有关的法律法规的规定（《建设工程质量管理条例》第二十九条、第三十一条），建设工程中使用的主要材料、半成品、构配件，以及

施工过程留置的试块、试件等，应实行现场见证取样，并送具有资质的第三方检测机构试验检测。

（3）成品保护

成品保护是为了避免已完工、已检验合格的工序产品受到后续施工或其他方面的污染、破坏，从而破坏了产品的合格状态。成品保护的问题、措施应在质量计划中予以考虑，并采取防止施工顺序不当、交叉作业等对成品的质量影响。常用的成品保护措施包括：防护、覆盖、封闭、包裹等。

关联知识 6.2.1.2
现场质量检查的基本要求

关联知识 6.2.1.3
《建设工程质量检测管理办法》

关联知识 6.2.1.4
《建设工程质量管理条例》关于工程
建设组织各方质量责任的规定

关联知识 6.2.1.5
《房屋建筑和市政基础设施工程
质量监督管理规定》

6.2.2 施工质量验收

建设工程项目的质量验收主要是指施工质量的验收。所谓质量验收，是指在施工单位自行质量检查评定基础上，参与建设活动的有关单位共同对工程过程和最终产品的质量进行抽样复验，根据相关标准以书面形式对工程质量达到合格与否做出的确认。施工质量验收是质量事后控制的主要手段和内容，贯穿了建设工程项目施工的全过程。

1. 质量验收的项目划分

将施工过程按工序、工种、产品特性等进行逐级划分，并加以编号，不仅有利于质量验收的开展，便于质量记录的填写、整理和归档，而且有利于对施工过程按某种分类进行检查、评定、监督等质量控制活动。项目划分越合理、明细，就越有利于开展质量控制和质量验收。

质量验收的项目划分一般要在有关质量验收标准的基础上进行。以下以建筑工程为例，根据《建筑工程施工质量验收统一标准》GB 50300—2013，建筑工程施工质量验收应划分为单位工程质量验收、分部工程质量验收、分项工程质量验收和检验批质量验收。其中：

(1) 检验批质量验收

检验批是按相同的生产条件或按规定的方式汇总起来供抽样检验用的，由一定数量样本组成的检验体。如按工程量、楼层、施工段、变形缝等划分检验批验收。

检验批质量验收是工程质量验收的最小单位，是分项工程乃至整个建筑工程质量验收的基础。

(2) 分项工程质量验收

分项工程是按主要工种、材料、施工工艺、设备类别等划分的。建筑工程的分部、分项工程划分宜按《建筑工程施工质量验收统一标准》GB 50300—2013 附录 B 采用，室外工程可根据专业类别和工程规模按《建筑工程施工质量验收统一标准》GB 50300—2013 附录 C 的规定划分。

分项工程质量验收需在检验批质量验收的基础上进行。一般情况下，分项工程与检验批具有相同、相近性质，只是批量大小不同。通常一个分项工程可由一个或若干检验批组成。

(3) 分部工程质量验收

分部工程是按专业性质、工程部位划分的工作和工程。如果分部工程较大或较复杂的，还可以按材料种类、施工特点、施工程序、专业系统及类别等划分为若干子分部工程。如一般建筑工程中可包括地基与基础、主体结构、建筑装饰装修、建筑屋面、建筑给水排水及供暖、建筑电气、智能建筑、通风与空调、建筑节能、电梯等分部工程。

分部工程质量验收需在其所含各分项工程质量验收的基础上进行，但由于分部工程所含的分项工程性质不同，因此分部工程质量验收不是在所含各分项验收基础上的简单相加，还需对分部工程涉及的安全、节能、环保、主要使用功能等进行现场检查、见证取样、试验检测，并对观感质量做出评价。对评价为"差"的检查点，应通过返修处理等进行补救。

一般将检验批质量验收、分项工程质量验收、分部工程质量验收合称为施工质量过程验收。

(4) 单位工程质量验收

单位工程是具备独立施工条件并能形成独立使用功能的建筑物及构筑物。对于建筑规模较大的单位工程，可将其能形成独立使用功能的部分划分为一个子单位工程。

一般将单位工程的质量验收称为竣工质量验收。竣工质量验收是对即将交付使用顾客的施工成果进行的全面检验，是质量控制的末端环节，也是质量保证的核心工作。我国法律法规、工程合同均规定，未经竣工验收、竣工验收不合格的工程不得交付使用。

2. 施工过程质量验收的基本要求

根据《建筑工程施工质量验收统一标准》GB 50300—2013 等标准规范的要求，检验批质量验收、分项工程质量验收、分部工程质量验收的参加人员、基本过程、验收合格标准如表 6.2.2.1 所示。

表 6.2.2.1　施工过程质量验收

验收类别	组织人员	参加人员	验收标准
检验批	监理单位/专业监理工程师	施工单位：项目专业质量检查员、专业工长等	① 主控项目：质量经抽样检验均应合格。 ② 一般项目：质量经抽样检验合格。 ③ 具有完整的施工操作依据、质量验收记录
分项工程	监理单位/专业监理工程师	施工单位：项目专业技术负责人等	① 所含检验批的质量均应验收合格。 ② 所含检验批的质量验收记录应完整
分部工程	监理单位/总监理工程师	施工单位：项目负责人、项目技术负责人。其中： ① 勘察、设计单位的项目负责人、施工单位的技术部门和质量部门负责人应参加地基与基础分部工程验收。 ② 设计单位的项目负责人、施工单位的技术部门和质量部门负责人应参加主体结构、节能分部工程验收	① 所含分项工程的质量均应验收合格。 ② 质量控制资料应完整。 ③ 有关安全、节能、环境保护和主要使用功能的抽样检验结果应符合相应规定。 ④ 观感质量应符合要求

注：
① 主控项目：指建筑工程中对安全、节能、环境保护和主要使用功能起决定性作用的检验项目。主控项目的验收必须从严要求，不允许有不符合要求的检验结果，主控项目的检查具有否决权。
② 一般项目：除主控项目以外的检验项目称为一般项目。一般项目允许有20%的检测点的实测值超出给定的允许偏差范围，但是最大偏差不得大于给定的允许偏差值的1.5倍。

3. 竣工质量验收

竣工质量验收的依据主要包括：

① 国家相关法律法规和建设主管部门颁布的管理条例和办法。包括《建设工程质量管理条例》《房屋建筑和市政基础设施工程竣工验收规定》等。
② 建筑工程施工质量验收统一标准、专业工程施工质量验收规范。
③ 经批准的设计文件、施工图纸及说明书。
④ 工程施工承包合同。
⑤ 其他相关文件。

竣工质量验收的条件主要包括：

① 工程完工：即工程设计和合同约定的各项内容均已完成。
② 完成自检、评估和检查。其中：

施工单位在工程完工后对工程质量进行检查，确认工程质量符合有关法律法规和工程建设强制性标准，符合设计文件及合同要求，并提出工程竣工报告。工程竣工报告应经项目经理和施工单位有关负责人审核签字。

委托监理的工程项目，监理单位对工程进行了质量评估，具有完整的监理资料，并提出工程质量评估报告。工程质量评估报告应经总监理工程师和监理单位有关负责人审核签字。

勘察、设计单位对勘察、设计文件及施工过程中由设计单位签署的设计变更通知进行检查，并提出质量检查报告。质量检查报告应经该项目勘察、设计负责人和勘察、设计单位有关负责人审核签字。

对于住宅工程，进行分户验收并验收合格，建设单位按户出具《住宅工程质量分户验收表》。

③ 资料完整：即有完整的技术档案和施工管理资料，有工程使用的主要建筑材料、建筑构配件和设备的进场试验报告，以及工程质量检测和功能性试验资料。

④ 完成付款：建设单位已按合同约定支付工程款。

⑤ 承诺保修：有施工单位签署的工程质量保修书。

⑥ 整改：建设主管部门及工程质量监督机构责令整改的问题全部整改完毕。

⑦ 其他：法律法规规定的其他条件。

(1) 竣工质量验收计划

建设工程项目符合验收条件后，有关项目管理机构应在竣工前编制工程竣工验收计划，经批准后执行。工程竣工验收计划应包括以下内容：

① 工程竣工验收工作内容。

② 工程竣工验收工作原则和要求。

③ 工程竣工验收工作职责分工。

④ 工程竣工验收工作顺序与时间安排。

(2) 竣工质量验收程序和组织

竣工验收主要程序为：

① 分包工程完工后，分包单位进行自检，并应按规定的程序验收。验收时，总包单位应派人参加。单位工程完工后施工单位应组织有关人员进行自检。

② 总监理工程师应组织各专业监理工程师对工程质量进行竣工预验收。存在施工质量问题时，应由施工单位及时整改。

③ 工程完工并对存在的质量问题整改完毕后，施工单位向建设单位提交工程竣工报告，申请工程竣工验收。实行监理的工程，工程竣工报告须经总监理工程师签署意见。

④ 建设单位收到工程竣工报告后，对符合竣工验收要求的工程，组织勘察、设计、施工、监理等单位组成验收组，制定验收方案。对于重大工程和技术复杂工程，根据需要可邀请有关专家参加验收。

⑤ 建设单位应当在工程竣工验收 7 个工作日前将验收的时间、地点及验收组名单书面通知负责监督该工程的工程质量监督机构。

⑥ 建设单位组织工程竣工验收，建设、勘察、设计、施工、监理单位分别汇报工程合同履约情况和在工程建设各个环节执行法律法规和工程建设强制性标准的情况。验收组审阅各单位工程档案资料，实地查验工程质量。

⑦ 验收组对工程勘察、设计、施工、设备安装质量和各管理环节等方面做出全面评价，形成经验收组人员签署的工程竣工验收意见。参与工程竣工验收的各方不能形成一致意见时，应当协商提出解决方案，待意见一致后重新组织竣工验收。

(3) 竣工质量合格的标准

工程竣工质量合格标准主要包括：

① 所含分部工程的质量均应验收合格。

② 质量控制资料应完整。
③ 所含分部工程有关安全、节能、环境保护和主要使用功能的检验资料应完整。
④ 主要使用功能的抽查结果应符合相关专业质量验收规范的规定。
⑤ 观感质量应符合要求。
（4）竣工验收报告
工程竣工验收合格后，建设单位应当及时提交工程竣工验收报告。
工程竣工验收报告主要内容有：
① 工程概况。
② 建设单位执行基本建设程序情况。
③ 对工程勘察、设计、施工、监理等方面的评价。
④ 工程竣工验收时间、程序、内容和组织形式。
⑤ 工程竣工验收意见等。
工程竣工验收报告还应附有以下文件：
① 施工许可证。
② 施工图设计文件审查意见。
③ 质量验收条件中规定的文件。
④ 验收组人员签署的工程竣工验收意见。
⑤ 法规、规章规定的其他有关文件。
（5）竣工验收备案
建设单位应当自建设工程竣工验收合格之日起15日内，向工程所在地的县级以上地方人民政府建设主管部门备案。
建设单位办理工程竣工验收备案应当提交以下文件：
① 工程竣工验收备案表。
② 工程竣工验收报告。
③ 法律、行政法规规定应当由规划、环保等部门出具的认可文件或者准许使用文件。
④ 法律规定应当由公安消防部门出具的对大型的人员密集场所和其他特殊建设工程验收合格的证明文件。
⑤ 施工单位签署的工程质量保修书。
⑥ 法规、规章规定必须提供的其他文件。

关联知识 6.2.2.1
住宅工程分户验收的有关规定

4. 质量验收不合格的处理

根据《质量管理体系 基础和术语》GB/T 19000—2016 的有关定义，产品未满足质量要求，称为质量不合格，与预期或规定用途有关的质量不合格，称为质量缺陷。如果在施工过程中发现质量不合格的，应首先分析原因，采取复检、更换材料，更换施工设备和机具，加强工艺流程和技术措施管理等措施，消除后续可能出现的不合格。

对已经出现不合格的工程产品，应按规定进行标识、记录、评价、隔离，防止非预期的使用或交付。同时采用返修、加固、返工等措施处置不合格品。表 6.2.2.2 展示了各类质量验收不合格处理的方法。

表 6.2.2.2 质量验收不合格处理的方法

处理方法	应用条件	方法举例
返修处理	某些部分质量虽未达到规范、标准、设计要求，存在一定缺陷，但经过整修等措施后可达到质量标准，又不影响使用功能、外观要求时，可采取返修处理	混凝土结构表面或局部缺陷（蜂窝、麻面）、局部损伤（结构撞击、局部未振实、冻害、火灾、酸类腐蚀、碱骨料反应等）不影响使用和外观时修补；混凝土裂缝经分析不影响安全和使用，缝宽≤0.2mm 时表面密封；>0.3mm 时嵌缝密闭；较深时灌浆修补等
加固处理	危及结构承载力的质量缺陷通过加固处理，使建筑结构恢复或提高承载力，重新满足结构安全性与可靠性的要求，使结构能继续使用或改作其他用途	增大截面加固法、外包角钢加固法、粘钢加固法、增设支点加固法、增设剪力墙加固法、预应力加固法等
返工处理	工程质量缺陷经过返修、加固处理后仍不能满足规定的质量标准要求，或不具备补救可能性，则必须采取重新制作、重新施工的返工处理措施	混凝土强度不满足要求，必须凿除重新施工；预应力张拉系数不达标只能重做等
限制使用	工程质量缺陷按修补方法处理后无法保证达到规定的使用要求和安全要求，而又无法返工处理时	结构原设计作为重型厂房使用，经计算校核后改为轻型厂房或其他办公、仓储用房
不做处理	某些工程质量问题虽然达不到规定的要求或标准，但其情况不严重，对结构安全或使用功能影响很小，经过分析、论证、法定检测单位鉴定和设计单位等认可后可不做专门处理	不影响结构安全和使用功能的情形： 已建成的工业建筑物、设备基础出现严重放线定位偏差，超过规范标准规定，但这种偏差对生产工艺和正常使用无影响，外观上也无明显缺陷，若要纠正会造成重大经济损失的，可经过分析、论证后不做处理。 某些部位混凝土表面裂缝经检查分析属于表面养护不当产生的干缩微裂，不影响安全和外观，也可不做处理
		后道工序可以弥补的质量缺陷： 混凝土结构表面的轻微麻面，可通过后续的抹灰、刮涂、喷涂等弥补，也可不做处理。 混凝土现浇楼面的平整度偏差达到 10mm，但由于后续垫层和面层的施工可以弥补，所以也可不做处理
		法定检测单位鉴定合格： 某检验批混凝土试块强度值不满足规范要求，强度不足，但经法定检测单位对混凝土实体强度进行实际检测后，其实际强度达到规范允许和设计要求值时，可不做处理。 混凝土试块强度经检测未达到要求值，但相差不多，经分析论证，只要使用前经再次检测达到设计强度，也可不做处理，但应严格控制施工荷载

续表

处理方法	应用条件	方法举例
不做处理	某些工程质量问题虽然达不到规定的要求或标准，但其情况不严重，对结构安全或使用功能影响很小，经过分析、论证、法定检测单位鉴定和设计单位等认可后可不做专门处理	出现的质量缺陷，经检测鉴定达不到设计要求，但经原设计单位核算，仍能满足结构安全和使用功能（这种做法实际上耗费、挖掘了设计预留的潜力或安全余量，应谨慎处理）。如某一结构构件截面尺寸不足或材料强度不足，但经设计单位按实际情况复核验算后，仍能满足设计要求的承载力时，可不进行专门处理
报废处理	出现质量事故的项目，经过分析或检测，采取上述处理方法后仍不能满足规定的质量要求或标准，且无法用于其他用途	废弃、拆除

6.2.3 质量事故

根据《质量管理体系 基础和术语》GB/T 19000—2016 的有关定义，与预期或规定用途有关的质量不合格，称为质量缺陷。质量缺陷可能影响使用功能或工程结构安全。永久性、重大的质量缺陷可能导致重大安全隐患，甚至直接导致工程倒塌，造成经济损失和人身伤亡。根据质量缺陷造成的人员伤亡和直接经济损失的大小，在规定限额（即100万元）以下的称为质量问题，在规定限额以上的称为质量事故。

质量事故的分级、报告、调查、处理应依据有关法律、法规的规定执行。以下主要结合住房城乡建设部《关于做好房屋建筑和市政基础设施工程质量事故报告和调查处理工作的通知》（建质〔2010〕111号）介绍质量事故的部分知识。

1. 质量事故的分类和分级

（1）按事故后果

根据工程质量事故造成的人员伤亡或者直接经济损失，工程质量事故分为4个等级：

① 特别重大事故：指造成30人以上（等级划分所称的"以上"包括本数，所称的"以下"不包括本数，下同）死亡，或者100人以上重伤，或者1亿元以上直接经济损失的事故；

② 重大事故：指造成10人以上30人以下死亡，或者50人以上100人以下重伤，或者5000万元以上1亿元以下直接经济损失的事故；

③ 较大事故：指造成3人以上10人以下死亡，或者10人以上50人以下重伤，或者1000万元以上5000万元以下直接经济损失的事故；

④ 一般事故：指造成3人以下死亡，或者10人以下重伤，或者100万元以上1000万元以下直接经济损失的事故。

（2）按事故责任

事故责任可分为：

① 指导责任事故：指由于工程实施指导或领导失误而造成的质量事故。如由于工

程负责人片面追求施工进度，放松或不按质量标准进行控制和检验，降低施工质量标准等。

② 操作责任事故：指由于作业、操作者不按规程和标准施工而造成的质量事故。如浇筑混凝土时随意加水，或振捣疏漏造成混凝土质量事故等。

③ 自然灾害事故：指由于突发的严重自然灾害等不可抗力造成的质量事故。如地震、台风、暴雨、雷电、洪水等造成破坏甚至倒塌。这类事故虽然不是人为责任直接造成，但灾害事故造成的损失程度也往往与人们是否在事前采取了有效的预防措施有关，相关责任人员也可能负有一定责任。

2. 质量事故的报告和应急处理

事故发生后，施工单位应立即采取必要措施防止事故危害扩大和次生、衍生灾害发生。如果造成人员伤亡，或引发安全事故的，施工单位应立即启动事故应急预案，组织抢险救援。

工程质量事故发生后，事故现场有关人员应当立即向工程建设单位负责人报告；工程建设单位负责人接到报告后，应于1小时内向事故发生地县级以上人民政府住房和城乡建设主管部门及有关部门报告。情况紧急时，事故现场有关人员可直接向事故发生地县级以上人民政府住房和城乡建设主管部门报告。住房和城乡建设主管部门接到事故报告后，应当按有关规定逐级上报，并同时通知公安、监察机关等有关部门。

事故报告应包括下列内容：
① 事故发生的时间、地点、工程项目名称、工程各参建单位名称；
② 事故发生的简要经过、伤亡人数（包括下落不明的人数）和初步估计的直接经济损失；
③ 事故的初步原因；
④ 事故发生后采取的措施及事故控制情况；
⑤ 事故报告单位、联系人及联系方式；
⑥ 其他应当报告的情况。

事故报告后出现新情况，以及事故发生之日起30日内伤亡人数发生变化的，应当及时补报。

3. 质量事故的调查

住房和城乡建设主管部门应当按照有关人民政府的授权或委托，组织或参与事故调查组对事故进行调查，并履行下列职责：
① 核实事故基本情况，包括事故发生的经过、人员伤亡情况及直接经济损失；
② 核查事故项目基本情况，包括项目履行法定建设程序情况、工程各参建单位履行职责的情况；
③ 依据国家有关法律法规和工程建设标准分析事故的直接原因和间接原因，必要时组织对事故项目进行检测鉴定和专家技术论证；
④ 认定事故的性质和事故责任；
⑤ 依照国家有关法律法规提出对事故责任单位和责任人员的处理建议；

⑥ 总结事故教训，提出防范和整改措施；
⑦ 提交事故调查报告。

事故调查报告应当包括下列内容：
① 事故项目及各参建单位概况；
② 事故发生经过和事故救援情况；
③ 事故造成的人员伤亡和直接经济损失；
④ 事故项目有关质量检测报告和技术分析报告；
⑤ 事故发生的原因和事故性质；
⑥ 事故责任的认定和事故责任者的处理建议；
⑦ 事故防范和整改措施。

事故调查报告应当附具有关证据材料。事故调查组成员应当在事故调查报告上签名。

4. 质量事故的处理

质量事故处理又包括质量事故缺陷的处理和质量事故责任的处理。

（1）质量事故缺陷的处理

缺陷的处理要在事故调查报告的基础上，广泛听取专家及有关方面的意见，经科学论证后制定事故处理的技术方案。技术方案应做到安全可靠、技术可行、不留隐患、经济合理、具有可操作性、满足安全和使用功能要求。技术方案制定后，应经过审批后执行。

质量事故缺陷处理完毕，应进行检查鉴定和验收，确认缺陷处理是否达到预期目的，工程是否依然存在隐患。有关检查、鉴定工作应符合施工验收规范和相关质量标准的规定进行，并辅以实际量测、试验和仪器检测等方法获取必要的数据，最终形成处理结果的鉴定结论。

（2）质量事故责任的处理

住房和城乡建设主管部门应当依据有关人民政府对事故调查报告的批复和有关法律法规的规定，对事故相关责任者实施行政处罚。处罚权限不属本级住房和城乡建设主管部门的，应当在收到事故调查报告批复后15个工作日内，将事故调查报告（附具有关证据材料）、结案批复、本级住房和城乡建设主管部门对有关责任者的处理建议等转送有权限的住房和城乡建设主管部门。

住房和城乡建设主管部门应当依据有关法律法规的规定，对事故负有责任的建设、勘察、设计、施工、监理等单位和施工图审查、质量检测等有关单位分别给予罚款、停业整顿、降低资质等级、吊销资质证书其中一项或多项处罚，对事故负有责任的注册执业人员分别给予罚款、停止执业、吊销执业资格证书、终身不予注册其中一项或多项处罚。负有事故责任的人员涉嫌犯罪的，依法追究刑事责任。

5. 质量事故的预防措施

施工质量控制的所有措施和方法，都是预防施工质量事故的措施。采用风险管理的理论和方法，可以帮助识别引发质量事故的某些重大风险因素和风险事件，并有针对性地采取一些预防措施。

（1）质量事故的常见风险因素和风险事件

风险因素主要包括：

① 技术风险。如地质勘察过于疏略，对水文地质情况判断错误，地基基础设计、基坑支护、降水采用了不正确的方案；结构设计方案不正确，计算失误，构造设计不符合规范要求；施工管理及实际操作人员的技术素质差，采用了不合适的施工方法或施工工艺等。

② 管理风险。如施工单位或监理单位的质量管理体系不完善，质量管理措施落实不力，施工管理混乱，不遵守相关规范，违章作业，检验制度不严密，质量控制不严格，检测仪器设备管理不善而失准，以及材料质量检验不严等原因引起质量事故。

③ 环境风险。如违反基本建设程序，无立项、无报建、无开工许可、无招投标、无资质、无监理、无验收的"七无"工程，边勘察、边设计、边施工的"三边"工程，某些企业盲目追求利润而不顾工程质量，在投标报价中随意压低标价，中标后则依靠违法的手段或修改方案追加工程款，甚至偷工减料等。

风险事件主要包括：人为的设备事故、安全事故连带发生质量事故，自然灾害等不可抗力引发的质量事故等。

（2）事故预防的具体措施

事故预防的具体措施主要包括：

① 严格按照基本建设程序办事，要做好策划决策和论证，经过深入调查分析、严格论证决定有关技术方案，杜绝无证设计、无图施工，禁止任意修改设计和不按图纸施工，不进行试车运转、不经竣工验收不得交付使用。

② 详细、准确地调查工程地质水文条件，适当布置钻孔位置和设定钻孔深度，查清地下软土层、滑坡、基穴、孔洞等有害地质构造，防止因不符合实际的地质资料而采用错误的技术方案。做好对软弱土、冲填土、杂填土、湿陷性黄土、膨胀土、溶洞、土洞等不均匀地基的科学加固处理。

③ 进行必要的设计审查复核，可以请专业审图机构对施工图进行审查复核，防止因设计考虑不周、结构构造不合理、设计计算错误、沉降缝及伸缩缝设置不当、悬挑结构未通过抗倾覆验算等原因导致质量事故。

④ 把好建筑材料及制品的质量关，从采购订货、进场验收、质量复验、存储和使用等环节严格控制建筑材料及制品的质量，防止不合格材料用于工程施工。

⑤ 对施工人员进行必要的技术培训，使施工人员掌握基本的建筑结构和建筑材料知识，懂得遵守施工验收规范对保证工程质量的重要性，从而在施工中自觉遵守操作规程，不蛮干，不违章操作，不偷工减料。

⑥ 依法进行施工组织管理，施工管理人员要认真学习、严格遵守国家相关政策法规和施工技术标准，依法进行施工组织管理。施工人员首先要熟悉图纸，对工程的难点和关键工序、关键部位应编制专项施工方案并严格执行。施工作业必须按照图纸和施工验收规范、操作规程进行；脚手架和楼面不可超载堆放构件和材料。施工技术措施要正确，施工顺序不可搞错。要严格按照制度进行质量检查和验收。

⑦ 做好应对不利施工条件和各种灾害的预案，要根据当地气象资料的分析和预

测，事先针对可能出现的风、雨雪、高温、严寒、雷电等不利条件，制定相应的施工技术措施，还要对不可预见的人为事故和严重自然灾害做好应急预案，并有相应的人力、物力储备。

⑧ 加强施工安全与环境管理，许多施工安全、环境事故会连带发生质量事故，需要加强施工安全、环境管理。

关联知识 6.2.3.1
质量事故管理相关文件

6.2.4 施工质量与设计质量的协调

工程施工是按照设计文件（特别是施工图纸）进行的，优良的施工质量要靠优良的设计质量和周到的设计现场服务来保证。项目的设计工作必须符合国家相关法律法规、强制性标准和合同规定的明确需求以及潜在需求。

1. 设计质量控制的流程

设计质量控制应包括下列流程和活动：
① 按照设计合同要求进行设计策划。
② 根据设计需求确定设计输入。
③ 实施设计活动。
④ 设计评审：对设计能力和结果的充分性和适宜性进行评价。
⑤ 设计验证：为确保设计输出满足输入的要求，依据所策划的安排对工程设计进行的认可活动。
⑥ 设计确认：为确保产品能够满足规定的使用要求或已知用途的要求，依据所策划的安排对工程设计进行认可。
⑦ 实施设计变更控制：设计单位依据建设单位要求对原设计内容进行的修改、完善和优化。设计变更应以图纸或设计变更通知单的形式发出。

2. 设计质量控制的主要内容

应开展如下设计的质量控制工作：
① 功能性质量控制：指保证建设工程项目使用功能的符合性，包括：项目内部的平面空间组织、生产工艺流程组织，如满足使用功能的建筑面积分配以及宽度、高度、净空、通风、保暖、日照等物理指标和节能、环保、低碳等方面的符合性要求。
② 可靠性质量控制：指建设工程项目建成后，在规定的使用年限和正常的使用条件下，保证使用安全和建筑物、构筑物及其设备系统性能稳定、可靠。
③ 观感性质量控制：指建筑物的总体格调、外部形体及内部空间观感效果，整体环境的适宜性、协调性，文化内涵的韵味及其魅力等的体现。道路、桥梁等基础设施工程同样也有其独特的构型格调、观感效果及其环境适宜的要求。
④ 经济性质量控制：指不同设计方案选择对建设投资的影响。设计经济性质量控制目的在于强调设计过程多方案比较，通过价值工程、优化设计，不断提高建设工程项

目的性价比。在满足项目投资目标要求的条件下，做到经济高效，防止浪费。

⑤ 施工可行性质量控制：由于任何设计意图都要通过施工来实现，设计意图不能脱离现实的施工技术和装备水平，否则再好的设计意图也无法实现。设计一定要充分考虑施工的可行性并尽量做到方便施工，施工才能顺利进行，施工质量也能得到保证。

3. 施工与设计协调沟通

施工质量的控制离不开建设单位、设计单位、施工单位、监理单位等多方的沟通与协调工作。这些协调沟通可从以下几个方面开展：

（1）设计联络

在 EPC 总承包等模式中，建设单位、监理单位可以组织施工单位到设计单位进行设计联络。设计联络的主要任务是：

① 了解设计意图、设计内容和特殊技术要求，提前分析其中的施工重点和难点，以便有针对性地编制施工组织设计，及早做好施工准备。

② 了解设计进度，根据项目进度控制总目标、施工工艺顺序和施工进度安排，提出设计出图的时间和顺序要求，对设计和施工进度进行协调，使施工得以连续顺利进行。

③ 从施工质量控制的角度提出合理化建议，优化设计，为保证和提高施工质量创造更好的条件。

④ 对于现有施工技术、装备水平实施有困难的设计，及时提出协商修改意见，或探讨通过技术攻关实施的可能性。

⑤ 施工单位向设计单位介绍、推荐先进的施工工艺、"四新"（新技术、新材料、新工艺、新设备）技术等，争取得到设计应用。

（2）设计交底和图纸会审

建设单位和监理单位应组织设计单位向所有的施工实施单位进行详细的设计交底，使实施单位充分理解设计意图，了解设计内容和技术要求，明确质量控制的重点和难点。通过图纸会审，还可以深入地发现和解决各专业设计之间可能存在的矛盾，消除施工图的矛盾和差错。

（3）设计现场服务和技术核定

对于规模大、技术复杂的建设工程项目，建设单位、监理单位可要求设计单位派出得力的设计人员到施工现场进行设计服务，解决施工中发现和提出的与设计有关的问题，及时做好相关设计核定工作。

（4）设计变更

施工期间需要进行设计变更的，应按规定程序将变更意图、请求报送监理工程师审查，经设计单位审核认可并签发《设计变更通知书》后，再由监理工程师下达《变更指令》，施工单位执行。

6.2.5 数理统计方法在质量管理中的应用（选修）

请扫码学习有关内容。

模块 6.3

练习提高

请扫描二维码查看本单元习题：

单元 7 建设工程项目的职业健康安全与环境管理

案例导入

2016年11月，江西某发电厂扩建工程发生冷却塔施工平台坍塌特别重大事故，造成73人死亡、2人受伤，直接经济损失10197.2万元。依据《中华人民共和国安全生产法》和《生产安全事故报告和调查处理条例》（国务院令第493号）等有关法律法规，国务院批准成立了国务院江西某发电厂"11·24"冷却塔施工平台坍塌特别重大事故调查组，并聘请了建筑施工、结构工程、建筑材料、工程机械等方面专家参与事故调查工作。

事故调查组坚持"科学严谨、依法依规、实事求是、注重实效"的原则，通过现场勘验、调查取证、检测鉴定、模拟试验、专家论证，查明了事故发生的经过、原因、人员伤亡和直接经济损失情况，认定了事故性质和责任，提出了加强和改进工作的措施建议。

调查认定，该特别重大事故是一起生产安全责任事故。事故的直接原因是：施工单位在7号冷却塔第50节筒壁混凝土强度不足的情况下，违规拆除第50节模板，致使第50节筒壁混凝土失去模板支护，不足以承受上部荷载，从底部最薄弱处开始坍塌，造成第50节及以上筒壁混凝土和模架体系连续倾塌坠落。坠落物冲击与筒壁内侧连接的平桥附着拉索，导致平桥也整体倒塌。导致违规拆除模板的施工管理原因包括：在7号冷却塔施工过程中，施工单位为完成工期目标，施工进度不断加快，导致拆模前混凝土养护时间减少，混凝土强度发展不足；在气温骤降的情况下，没有采取相应的技术措施加快混凝土强度发展速度；筒壁工程施工方案存在严重缺陷，未制定针对性的拆模作业管理控制措施；对试块送检、拆模的管理失控，在实际施工过程中，劳务作业队伍自行决定拆模等。

调查认定，该工程的施工单位、劳务分包单位、材料供应单位、设计单位、监理单位、业主单位、质量监督总站等部门均负有不同程度的安全事故责任。根据事故原因调查和事故责任认定，依据有关法律法规和党纪政纪规定，对事故有关责任人员和责任单位提出处理意见，涉嫌犯罪的有关人员移交司法机关采取强制措施。

各建筑业企业要进一步牢固树立新发展理念，坚持安全发展，坚守发展决不能以牺牲安全为代价这条不可逾越的红线，充分认识到建筑行业的高风险性，杜绝麻痹意识和侥幸心理，始终将安全生产置于一切工作的首位。各有关部门要督促企业严格按照有关法律法规和标准要求，设置安全生产管理机构，配足专职安全管理人员，按照施工实际需要配备项目部的技术管理力量，建立健全安全生产责任制，完善企业和施工现场作业安全管理规章制度。要督促企业在施工过程中加强过程管理和监督检查，监督作业队伍严格按照法规标准、图纸和施工方案施工。

模块 7.1

职业健康安全与环境管理概述

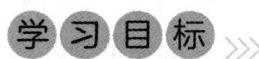

知识目标：职业健康安全管理概述；施工单位的安全管理责任和基本要求；环境管理概述；职业健康安全与环境管理体系

7.1.1 职业健康安全管理概述

《职业健康安全管理体系 要求及使用指南》（GB/T 45001—2020/ISO 45001：2018）指出：组织应对工作人员和可能受其活动影响的其他人员的职业健康安全负责，并促进和保护他们的生理和心理健康。组织应当防止对工作人员的伤害和健康损害，以及提供健康安全的工作场所。在上述要求中：

① 工作人员：是在组织控制下从事工作或与工作相关的活动的人员。

在不同安排下，人员有偿或无偿地开展工作或与工作相关的活动，如定期的或临时的、间歇性的或季节性的、偶然的或兼职的等。工作人员包括最高管理者、管理类人员和非管理类人员。根据组织所处的环境，在组织控制下所开展的工作或与工作相关的活动可由组织雇佣的工作人员、外部供方的工作人员、承包方、个人、外部派遣工作人员，以及其工作或与工作相关的活动在一定程度上受组织共同控制的其他人员来完成。

② 伤害和健康损害：是指对人的生理、心理或认知状况的不利影响。这些不利影响包括职业疾病、不健康和死亡。

③ 工作场所：是在组织控制下，人员因工作需要而处于或前往的场所。组织对工作场所的责任取决于其对工作场所的控制程度。

对于建设工程项目，职业健康安全管理就是要通过控制和管理各类健康安全风险，防止和尽可能减少作业和管理人员、工作场所内的员工或其他工作人员（包括临时工和承包方员工）、访问者或任何其他人员受到伤害和健康损害。

在我国，由于历史原因和体制因素，职业健康安全管理涉及多个主管部门，如应急管理部（安全生产主管部门）、国家卫生健康委（职业病防治主管部门）、人力资源和社会保障部（劳动主管部门）、全国总工会（工会主管部门）等。各个部门从不同角度沿用各自的历史惯例制定了许多相关法规和政策，使得我国职业健康安全管理领域产生了多种多样的用语或称谓及做法（我国很长时间以来都没有对"安全生产"给出明确和统一的定义），与国际上统一认可的"职业健康安全管理"具有一定的差异，造成了纷繁复杂的职业健康安全管理局面。随着《职业健康安全管理体系 要求及使用指南》GB/T 45001—2020 的广泛实施，以及我国职业健康安全管理国家标准体系的建立和完善，上述复杂的局面将会逐步得到改观并进一步得到统一和明晰。

无论是否建立职业健康安全管理体系，国家的强制性规定是建设工程项目职业健康安全管理的核心要求，相关的所有管理活动也必须以此为重点实施开展。各工程建设组织及其项目管理机构应按照《中华人民共和国建筑法》《中华人民共和国职业病防治法》《中华人民共和国安全生产法》《中华人民共和国劳动法》《建设工程安全生产管理条例》《建筑与市政施工现场安全卫生与职业健康通用规范》等法律法规、标准规范的要求加强职业健康和安全管理。对于已经按《职业健康安全管理体系 要求及使用指南》GB/T 45001—2020 标准建立组织职业健康安全管理体系的工程建设组织，应按照管理体系的有关文件要求开展各类职业健康安全管理工作。

1. 建设工程项目劳动者的基本权利

《中华人民共和国劳动法》《中华人民共和国职业病防治法》规定，劳动者依法享有下列职业卫生保护权利：

① 获得职业卫生教育、培训。

② 获得职业健康检查、职业病诊疗、康复等职业病防治服务。

③ 了解工作场所产生或者可能产生的职业病危害因素、危害后果和应当采取的职业病防护措施。

④ 要求施工单位提供符合防治职业病要求的职业病防护设施和个人使用的职业病防护用品，改善工作条件。

⑤ 对违反职业病防治法律、法规以及危及生命健康的行为提出批评、检举和控告。

⑥ 拒绝违章指挥和强令进行没有职业病防护措施的作业。

⑦ 参与施工单位职业卫生工作的民主管理，对职业病防治工作提出意见和建议。

⑧ 国家对女职工和未成年工实行特殊劳动保护。施工单位不得安排女职工、未成年工（年满十六周岁未满十八周岁）从事第四级体力劳动强度的劳动和其他禁忌从事的劳动。不得安排女职工在经期、怀孕期间、哺乳未满一周岁的婴儿期间从事第三级体力劳动强度的劳动及其他禁忌从事劳动。

⑨ 施工单位必须依法参加工伤保险，确保劳动者依法享受工伤保险待遇。

因此，建设工程项目各相关方都应保障劳动者行使上述所列权利，为劳动者创造符合国家职业卫生标准和卫生要求的工作环境和条件，配备、提供劳动安全卫生设施和必要的劳动防护用品，建立健全劳动安全卫生制度，严格执行国家劳动安全卫生规程和标准，对劳动者进行劳动安全卫生教育，防止劳动过程中的事故，减少职业危害。

2. 建设工程项目各相关方的安全生产管理责任和基本要求

《建设工程安全生产管理条例》等法律法规对建设工程项目各相关方的安全生产管理责任进行了明确规定，如表 7.1.1.1 所示。

表 7.1.1.1　各相关方的安全管理责任

相关方	安全生产管理责任
建设单位	① 组织建设项目安全评价。 ② 确保安全设施与主体工程同时设计、同时施工、同时投入生产和使用的"三同时"。 ③ 申请领取施工许可证，提供建设工程有关安全施工措施的资料。 ④ 向施工单位提供施工现场及毗邻区域与安全生产有关的资料。 ⑤ 组织勘察、设计等单位在施工招标文件中列出危大工程清单，要求施工单位在投标时补充完善危大工程清单，并明确相应的安全管理措施。 ⑥ 将安全有关费用纳入建设项目概算。 ⑦ 不得向其他相关方提出不符合建设工程安全生产法律、法规和强制性标准规定的要求。 ⑧ 拆除工程必须发包给具有相应资质等级的施工单位，且向有关部门备案
勘察单位	① 依法依规开展勘察。 ② 勘察文件应当真实、准确，满足建设工程安全生产的需要。 ③ 勘察作业应严格执行操作规程，保证周边设施和建（构）筑物安全
设计单位	① 依法依规开展设计。 ② 在设计文件中注明涉及施工安全的重点部位和环节，提出保障工程周边环境安全和工程施工安全，防范生产安全事故的意见，必要时进行专项设计。 ③ 在采用新结构、新材料、新工艺的建设工程和特殊结构的建设工程设计中提出保障施工作业人员安全和预防生产安全事故的措施建议。 ④ 设计单位和注册建筑师等注册执业人员应当对其设计负责
施工单位	① 应当具备国家规定的注册资本、专业技术人员、技术装备和安全生产等条件。 ② 依法取得相应等级的资质证书，并在其资质等级许可的范围内承揽工程。 ③ 取得安全生产许可证。 ④ 制定安全生产目标，建立安全生产组织与责任体系和安全生产管理制度，保证安全生产条件和费用支出，配备安全生产设施、设备和劳动防护用品。 ⑤ 依据有关安全生产制度开展生产活动，以及安全技术管理、安全生产预警、施工现场安全管理、应急救援管理、生产安全事故管理、安全检查和改进、安全考核与奖惩等安全管理活动
咨询监理单位	① 按照法律法规和工程建设强制性标准实施监理。 ② 监理单位应当审查施工组织设计中的安全技术措施或者专项施工方案是否符合工程建设强制性标准。 ③ 实施监理过程中发现存在安全事故隐患的应当要求施工单位整改；情况严重的应当要求施工单位暂时停止施工，并及时报告建设单位；施工单位拒不整改或者不停止施工的，应当及时向有关主管部门报告。 ④ 工程监理单位和监理工程师应对建设工程安全生产承担监理责任
物资设备供应及其他单位	① 机械设备和配件提供单位应当按照安全施工的要求配备齐全有效的保险、限位等安全设施和装置。 ② 出租的机械设备和施工机具及配件，应当具有生产（制造）许可证、产品合格证；出租单位应当对出租的机械设备和施工机具及配件的安全性能进行检测，在签订租赁协议时应当出具检测合格证明。 ③ 在施工现场安装、拆卸施工起重机械和整体提升脚手架、模板等自升式架设设施必须由具有相应资质的单位承担；编制拆装方案、制定安全施工措施，并由专业技术人员现场监督；安装完毕后，应由安装单位自检，出具自检合格证明，向施工单位进行安全使用说明，办理验收手续并签字。 ④ 施工起重机械和整体提升脚手架、模板等自升式架设设施的使用达到国家规定的检验检测期限的，必须经具有专业资质的检验检测机构检测合格后方能继续使用；检验检测机构应当出具安全合格证明文件，并对检测结果负责

续表

相关方	安全生产管理责任
政府主管部门	① 国务院负责安全生产监督管理的部门对全国建设工程安全生产工作实施综合监督管理；县级以上地方人民政府负责安全生产监督管理的部门对本行政区域内建设工程安全生产工作实施综合监督管理。 ② 国务院建设行政主管部门对全国的建设工程安全生产实施监督管理；县级以上地方人民政府建设行政主管部门对本行政区域内的建设工程安全生产实施监督管理。 ③ 国务院铁路、交通、水利等有关部门按照国务院规定的职责分工，负责有关专业建设工程安全生产的监督管理；县级以上地方人民政府交通、水利等有关部门在各自的职责范围内，负责本行政区域内的专业建设工程安全生产的监督管理。 ④ 建设行政主管部门在审核发放施工许可证时应当对建设工程是否有安全施工措施进行审查，并将施工许可证、拆除工程有关资料的主要内容抄送同级负责安全生产监督管理的部门。 ⑤ 建设行政主管部门或者其他有关部门可以将施工现场的监督检查委托给建设工程安全监督机构具体实施

关联知识 7.1.1.1
建设项目的安全评价

关联知识 7.1.1.2
安全生产设施"三同时"制度

关联知识 7.1.1.3
《建设工程安全生产管理条例》

关联知识 7.1.1.4　安全生产许可证制度

7.1.2　施工单位的安全管理责任和基本要求

1. 安全生产目标

施工企业应依据组织的总体发展规划，制定组织年度及中长期安全管理目标，包括生产安全事故控制指标、安全生产及文明施工管理目标等。安全管理目标应分解到各管理层及相关职能部门和岗位，并应定期进行考核。

2. 安全生产组织与责任体系

根据《建筑施工企业安全生产管理机构设置及专职安全生产管理人员配备办法》等法律法规的要求，施工单位应建立安全生产组织体系，明确企业安全生产的决策、管理、实施的机构或岗位。建筑企业应设立独立的安全生产管理机构，并应按规定配备专职安全生产管理人员。同时，建立和健全与企业安全生产组织相对应的安全生产责任体系，并应明确、落实各管理层、职能部门、岗位的安全生产责任，如表7.1.2.1所示。

表7.1.2.1 职能部门及岗位的安全生产责任

组织体系	责任体系
各管理层的主要负责人	法定代表人是企业安全生产第一责任人，领导企业安全管理工作，依法对本单位的安全生产工作全面负责。 ① 对分管范围内的安全生产负责。 ② 组织制定企业中长期安全管理目标，审议、决策重大安全事项。 ③ 建立健全并落实本单位全员安全生产责任制，加强安全生产标准化建设。 ④ 组织制定并落实企业安全生产规章制度和操作规程。 ⑤ 组织制定并落实企业安全生产教育和培训计划。 ⑥ 保证本单位安全生产投入的有效实施。 ⑦ 组织建立并落实安全风险分级管控和隐患排查治理双重预防工作机制，督促、检查本单位的安全生产工作，及时消除生产安全事故隐患。 ⑧ 组织制定并实施本单位的生产安全事故应急救援预案。 ⑨ 及时、如实报告生产安全事故。
专职安全生产管理机构	专职安全生产管理机构负责人应协助本单位主要负责人履行安全生产管理职责。 企业做出涉及安全生产的经营决策，应当听取安全生产管理机构以及安全生产管理人员的意见。 专职安全生产管理机构的主要职责： ① 组织开展安全教育培训与交流，宣传和贯彻国家有关安全生产法律法规和标准，通报在建项目违规违章查处情况。 ② 编制并适时更新安全生产管理制度并监督实施，组织或参与企业生产安全事故应急救援预案的编制及演练。 ③ 协调配备项目专职安全生产管理人员。 ④ 制订企业安全生产检查计划并组织实施，参加生产安全事故的调查和处理工作。 ⑤ 监督在建项目安全生产费用的使用。 ⑥ 参与危险性较大工程安全专项施工方案专家论证会。 ⑦ 建立企业在建项目安全生产管理档案，组织开展安全生产评优评先表彰工作。 ⑧ 考核评价分包企业安全生产业绩及项目安全生产管理情况。 ⑨ 企业明确的其他安全生产管理职责
各相关职能部门岗位及专兼职安全管理人员	各相关职能部门负责人应明确并组织落实本管理层各职能部门和岗位的安全生产职责，实现本管理层的安全管理目标。 各相关职能部门岗位及专兼职安全管理人员应承担职能范围内与安全生产相关的安全管理目标和安全生产职责，互相配合，实现相关安全管理目标。具体包括： ① 技术管理：安全生产的技术保障和改进。 ② 施工管理：生产计划、布置、实施的安全管理。 ③ 材料管理：安全生产物资及劳动防护用品的安全管理。 ④ 动力设备管理：施工临时用电及机具设备的安全管理。 ⑤ 其他：与人员配备、资金、教育培训、卫生防疫、消防等安全有关的管理
注册安全工程师	鼓励企业聘用注册安全工程师从事安全生产管理工作

上述安全生产责任、职责应与安全生产职责、目标、考核奖惩标准等一起形成安全生产责任书，并应经责任部门或责任人确认。

此外，建筑施工企业主要负责人、项目负责人和专职安全生产管理人员（以下简称安管人员）应当具备相应文化程度、专业技术职称和一定安全生产工作经历，与企业确立劳动关系，并经企业年度安全生产教育培训合格。安管人员应当通过其受聘企业，向企业工商注册地的省、自治区、直辖市人民政府住房城乡建设主管部门申请安全生产考核，并取得安全生产考核合格证书。

3. 安全生产管理制度

企业应依据法律法规，结合企业的安全管理目标、生产经营规模、管理体制建立以安全生产责任制为核心的安全生产管理制度，并至少包括：安全生产教育培训，安全费用管理，施工设施、设备及劳动防护用品的安全管理，安全生产技术管理，分包（供）方安全生产管理，施工现场安全管理，应急救援管理，生产安全事故管理，安全检查和改进，安全考核和奖惩等方面的制度等。

企业的各项安全生产管理制度应规定工作内容、职责与权限、工作程序及标准，并随有关法律法规以及企业生产经营、管理体制的变化，适时更新、修订完善。

企业各项安全生产管理活动必须依据企业安全生产管理制度开展。

4. 安全生产教育培训

根据《生产经营单位安全培训规定》《建设工程安全生产管理条例》等法律法规的要求，生产经营单位的主要负责人和安全生产管理人员必须具备与本单位所从事的生产经营活动相应的安全生产知识和管理能力。单位负责本单位从业人员的安全培训工作。必须按照安全生产法和相关法规规定，建立健全安全培训工作制度。对从业人员进行安全生产教育和培训，保证其具备必要的安全生产知识，熟悉有关的安全生产规章制度和安全操作规程，掌握本岗位的安全操作技能，了解事故应急处理措施，并知悉自身在安全生产方面的权利和义务。

生产经营单位的安全生产教育培训应贯穿于生产经营的全过程，培训对象至少应包括主要负责人、安全生产管理人员、特种作业人员和其他从业人员。新上岗、待岗复工、转岗、换岗的作业人员等也应接受安全教育培训。如使用被派遣劳动者，应将其纳入本单位从业人员统一管理，并为他们进行岗位安全操作规程和安全操作技能的教育和培训。劳务派遣单位也应对被派遣劳动者进行必要的安全生产教育和培训。接收中等职业学校、高等学校学生实习的，应为他们提供相应的安全生产教育和培训，并给予必要的劳动防护用品。学校应协助企业对学生进行安全生产教育和培训。

生产经营单位应根据安全生产教育培训的需求编制教育培训计划，并建立安全生产教育和培训档案，如实记录安全生产教育和培训的相关情况。此外，单位应定期对从业人员的持证上岗情况进行审核、检查，并及时统计、汇总从业人员的安全教育培训和资格认定等相关记录。

关联知识 7.1.2.1
建设工程生产单位的安全生产教育培训

关联知识 7.1.2.2
《建筑施工特种作业人员管理规定》

5. 安全生产条件和费用

企业应当具备基本的安全生产条件，安全生产条件所必需的资金投入，由企业的决策机构、主要负责人或者个人经营的投资人予以保证，并对由于安全生产所必需的资金投入不足导致的后果承担责任。

企业应当按照规定提取和使用安全生产费用，在成本中据实列支，专门用于改善安全生产条件。安全生产费用应包括安全技术措施、安全教育培训、劳动保护、应急准备等，以及必要的安全评价、监测、检测、论证所需费用。各管理层应根据安全生产管理需要，编制安全生产费用使用计划，明确费用使用的项目、类别、额度、实施单位及责任者、完成期限等内容，并应经审核批准后执行。各管理层相关负责人必须在其管辖范围内，按专款专用、及时足额的要求，组织落实安全生产费用使用计划。各管理层应建立安全生产费用分类使用台账，应定期统计，并报上一级管理层。各管理层应定期对下一级管理层的安全生产费用使用计划的实施情况进行监督审查和考核，进行安全生产费用管理情况年度汇总分析，并及时调整安全生产费用的比例。

6. 安全生产设施、设备和劳动防护用品

企业应依法根据安全管理目标，生产经营特点、规模、环境等，配备符合安全生产要求的、合格的安全生产设施、设备、劳动防护用品及相关的安全检测器具。企业应自行设计或优先选用标准化、定型化、工具化的安全生产设施设备和用品器具。企业应做好安全生产设施设备和用品器具的购置、租赁、装拆、验收，检测、使用、保养、维修、改造和报废等管理工作，建立相关的管理档案，并应记录下列内容：

① 来源、类型、数量、技术性能、使用年限等静态管理信息，以及目前使用地点、使用状态、使用责任人、检测、日常维修保养等动态管理信息。

② 采购、租赁、改造、报废计划及实施情况。

企业应定期分析施工设施、设备、劳动防护用品及相关的安全检测器具的安全状态采取必要的改进措施。

7. 安全技术管理

安全技术措施是消除或有效抑制生产过程中已知或潜在危险源、不安全因素及其危害，同时采取保险和保护措施，以避免伤害事故发生的工艺和方法。

安全技术措施应包括安全技术规划、分析、控制、监测与预警、应急救援及其他安全技术等。

① 安全分析技术包括危险源辨识、安全风险评价、实现分析、事故统计分析、安全作业空间分析等有关技术等。

② 安全控制技术包括专项施工技术、监控、保险、防护技术等。

③ 监测与预警技术包括安全检查、安全检测、安全信息、安全监控、预警提示技术等。

④ 应急救援技术包括应急响应技术、专项救援技术、医疗救护技术等。

⑤ 其他安全技术包括安全卫生、安全心理、个体防护技术等。

在我国，建设工程项目施工的安全技术措施应符合《建筑施工安全技术统一规范》GB 50870—2013等标准规范的要求。具体工作可包括：

① 建立安全技术管理制度，制定施工组织设计、专项施工方案、安全技术措施的

编制、审定、监督实施程序，对施工方案及需设计计算部分应建立审核制度、安全技术资料归档制度。各管理层的技术负责人应对管理范围内的安全技术管理负责。

② 企业必须配备满足安全生产需要的法律法规、各类安全技术标准和操作规程，并可结合生产实际制定企业内部安全技术标准和图集。

③ 根据施工组织设计、专项安全施工方案（措施）编制和审批权限的设置，分级进行安全技术交底，编制人员应参与安全技术交底、验收和检查。

④ 企业应定期进行技术分析，改造、淘汰落后的施工工艺、技术和设备，应推行先进、适用的工艺、技术和装备，并应完善安全生产作业条件。严禁使用国家明令淘汰的技术、工艺、设备、设施和材料。

⑤ 企业采用新工艺、新技术、新材料或者使用新设备，必须了解、掌握其安全技术特性，采取有效的安全防护措施，并对从业人员进行专门的安全生产教育和培训。

⑥ 企业宜利用 BIM 等信息技术辅助安全生产管理等。

8. 安全改进

企业应定期对安全生产管理的适宜性、符合性和有效性进行评估。发生下列情况时，企业也应及时进行安全生产管理评估：

① 适用法律法规发生变化。

② 企业组织机构和体制发生重大变化。

③ 发生生产安全事故。

④ 其他影响安全生产管理的重大变化。

企业应根据评估的结果确定改进措施，并对其有效性进行跟踪验证和评价，同时建立并保存评估、改进活动的资料与记录。

9. 安全考核与奖惩

企业安全考核的对象应包括施工企业各管理层的主要负责人、相关职能部门及岗位和工程项目的参建人员。企业各管理层的主要负责人应组织对本管理层各职能部门、下级管理层的安全生产责任进行考核和奖惩。安全考核应包括下列内容：

① 安全目标实现程度。

② 安全职责履行情况。

③ 安全行为。

④ 安全业绩。

企业应针对生产经营规模和管理状况，明确安全考核的周期，并应及时兑现奖惩。

7.1.3 环境管理概述

《环境管理体系 要求及使用指南》GB/T 24001—2016 指出：为了既满足当代人的需求，又不损害后代人满足其需求的能力，必须实现环境、社会和经济这"三大支柱"之间的平衡与可持续性，并实现可持续发展目标。同时，因污染、资源低效使用、废物管理不当、气候变化、生态系统退化、生物多样性减少等给环境造成的压力不断增大，社会对可持续发展、透明度和责任的期望值已发生了变化，与环境有关的法律法规日趋严格。因此，组织应采用系统的方法进行环境管理，以期为"环境支柱"的可持续性做出贡献。在上述要求中，环境（Environment）是组织运行活动的外部存在，包括空气、水、土地、自然资源、植物、动物、人，以及它们之间的相互关系。外部存在可能从组织内延伸到当地、区域和全球系统，并可用生物多样性、生态系统、气候或其他特征来描述。

建设工程项目的各个阶段，都必须满足有关环境保护法律法规的要求，做好绿色节能，环境保护。工程建设组织可以根据策划结果建设绿色建筑，进行绿色建造。《中华人民共和国环境保护法》《中华人民共和国环境影响评价法》《中华人民共和国海洋环境保护法》《建设项目环境保护管理条例》等法律法规规定，一切单位和个人都有保护环境的义务。企业事业单位和其他生产经营者应当防止、减少环境污染和生态破坏，对所造成的损害依法承担责任。

我国有关法律法规对建设工程项目各相关方的环境管理责任的要求包括：

1. 污染控制

建设产生污染的建设项目，必须遵守污染物排放的国家标准和地方标准；在实施重点污染物排放总量控制的区域内，还必须符合重点污染物排放总量控制的要求。工业建设项目应当采用能耗物耗小、污染物产生量少的清洁生产工艺，合理利用自然资源，防止环境污染和生态破坏。改建、扩建项目和技术改造项目必须采取措施，治理与该项目有关的原有环境污染和生态破坏。

2. 环境影响评价

国家根据建设项目对环境的影响程度，按照下列规定对建设项目的环境保护实行分类管理：

① 建设项目对环境可能造成重大影响的，应当编制环境影响报告书，对建设项目产生的污染和对环境的影响进行全面、详细的评价。

② 建设项目对环境可能造成轻度影响的，应当编制环境影响报告表，对建设项目产生的污染和对环境的影响进行分析或者专项评价。

③ 建设项目对环境影响很小，不需要进行环境影响评价的，应当填报环境影响登记表。

建设单位编制环境影响报告书，应当依照有关法律规定，征求建设项目所在地有关单位和居民的意见。依法应当编制环境影响报告书、环境影响报告表的建设项目，建设单位应当在开工建设前将环境影响报告书、环境影响报告表报有审批权的环境保护行政主管部门审批；建设项目的环境影响评价文件未依法经审批部门审查或者审查后未予批准的，建设单位不得开工建设。建设项目环境影响报告书、环境影响报告表经批准后，建设项目的性质、规模、地点、采用的生产工艺或者防治污染、防止生态破坏的措施发生重大变动的，建设单位应当重新报批建设项目环境影响报告书、环境影响报告表。

3. 环境保护设施建设

建设项目的初步设计，应当按照环境保护设计规范的要求，编制环境保护篇章，落实防治环境污染和生态破坏的措施以及环境保护设施投资概算。建设单位应当将环境保护设施建设纳入施工合同，保证环境保护设施建设进度和资金，并在项目建设过程中同时组织实施环境影响报告书、环境影响报告表及其审批部门审批决定中提出的环境保护对策措施。建设项目需要配套建设的环境保护设施，必须与主体工程同时设计、同时施工、同时投产使用。

编制环境影响报告书、环境影响报告表的建设项目竣工后，建设单位应当按照国务院环境保护行政主管部门规定的标准和程序，对配套建设的环境保护设施进行验收，编制验收报告。建设单位在环境保护设施验收过程中，应当如实查验、监测、记载建设项目环境保护设施的建设和调试情况，不得弄虚作假。除按照国家规定需要保密的情形外，建设单位应当依法向社会公开验收报告。分期建设、分期投入生产或者使用的建设项目，其相应的环境保护设施应当分期验收。编制环境影响报告书、环境影响报告表的建设项目，其配套建设的环境保护设施经验收合格，方可投入生产或者使用；未经验收或者验收不合格的，不得投入生产或者使用。

编制环境影响报告书、环境影响报告表的建设项目投入生产或者使用后，应当按照国务院环境保护行政主管部门的规定开展环境影响后评价。

7.1.4 职业健康安全与环境管理体系

与质量管理体系类似，组织可以建立职业健康安全管理体系（Occupational Health and Safety Management Systems，OHSMS）和环境管理体系（Environmental Management System，EMS），并将它们作为组织管理体系的组成部分。

① 职业健康安全管理体系是与防止对工作人员的伤害和健康损害，以及提供健康安全的工作场所有关的，组织用于实现职业健康安全方针的，包括组织建立方针和目标以及实现这些目标的过程的一组相互关联或相互作用的要素。

② 环境管理体系是与管理环境因素、履行合规义务，并应对与环境有关的风险和机遇有关的，组织用于实现环境方针的，包括组织建立方针和目标以及实现这些目标的过程的一组相互关联或相互作用的要素。

在我国，职业健康安全管理体系宜按照《职业健康安全管理体系 要求及使用指南》GB/T 45001—2020 建立和运行。该标准等同于 ISO 45001：2018《Occupational health and safety management systems——Requirements with guidance for use》。环境管理体系则按照《环境管理体系 要求及使用指南》GB/T 24001—2016、《环境管理体系 通用实施指南》GB/T 24004—2017 等建立和运行。

按有关标准建立和实施职业健康安全与环境管理体系，可以：

① 为管理职业健康安全风险和机遇提供一个框架。组织通过职业健康安全管理体系，可以应用有效的预防和保护措施消除危险源，最大限度地降低职业健康安全风险，从而提高其职业健康安全绩效（即与职业健康安全相关的可测量结果）。提升其职业健康安全绩效，并有助于组织满足法律法规要求和其他要求。

② 按有关标准建立的环境管理体系，可以为组织提供框架以实现其设定的环境管理体系的预期结果，保护环境，响应变化的环境状况，与社会经济需求保持平衡。

职业健康安全管理和环境体系也是基于 PDCA 原理建立和运行的。其中：

① 职业健康安全管理体系的方法和模式以及主要内容如图 7.1.4.1、图 7.1.4.2 所示。

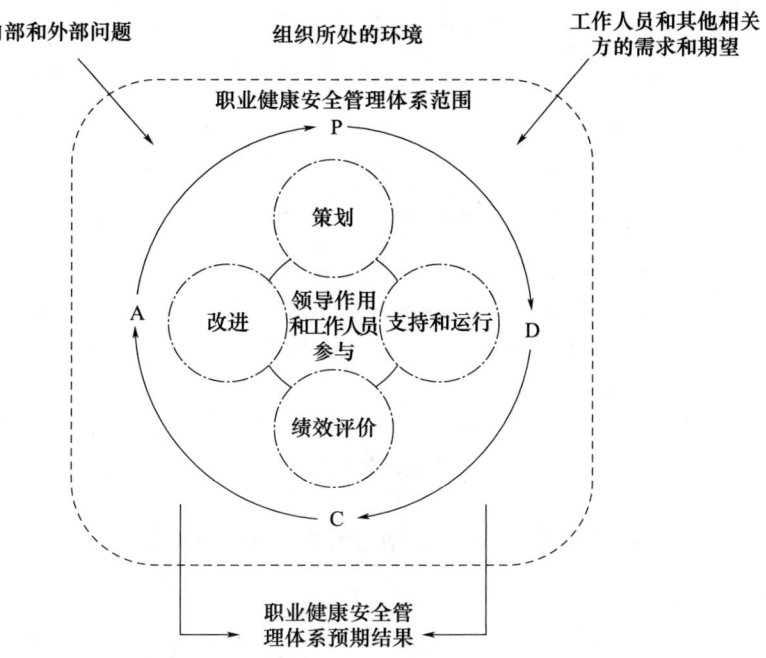

图 7.1.4.1 职业健康安全管理体系的 PDCA 循环

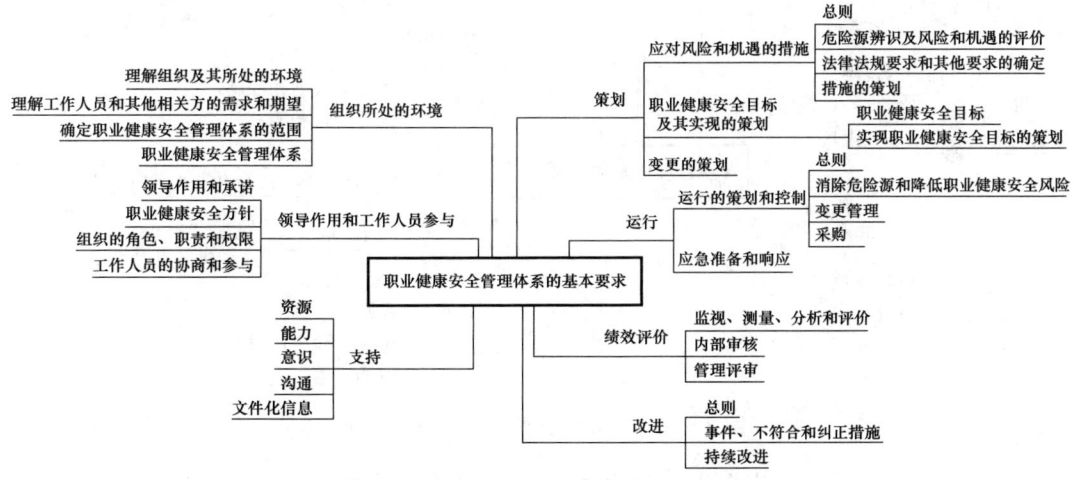

图 7.1.4.2 职业健康安全管理体系的基本要求

② 环境管理体系的方法和模式以及主要内容如图 7.1.4.3、图 7.1.4.4 所示。

1. 职业健康安全管理体系与环境管理体系的建立与运行

与质量管理体系的建立类似，职业健康安全管理体系与环境管理体系最好也能依据有关的标准策划和建立。职业健康安全管理体系与环境管理体系的建立，一般也要经历策划与设计、文件编制、试运行、审核和评审等阶段。对职业健康安全管理体系与环境管理体系质量管理系统建立不熟悉的企业，可以采购专业咨询公司的服务。

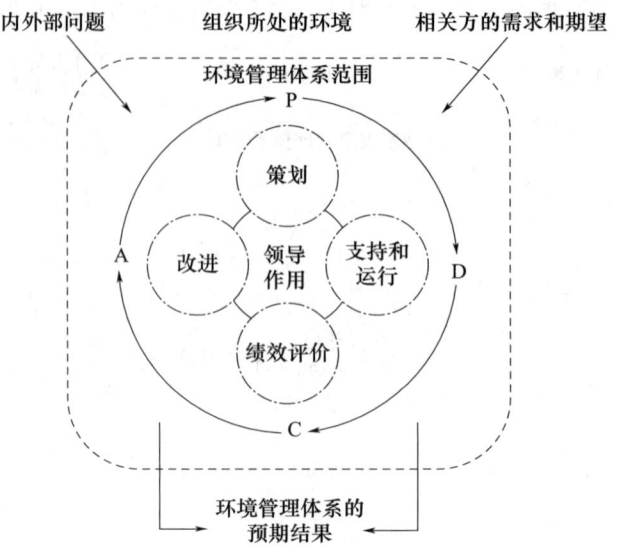

图 7.1.4.3 环境管理体系的 PDCA 循环

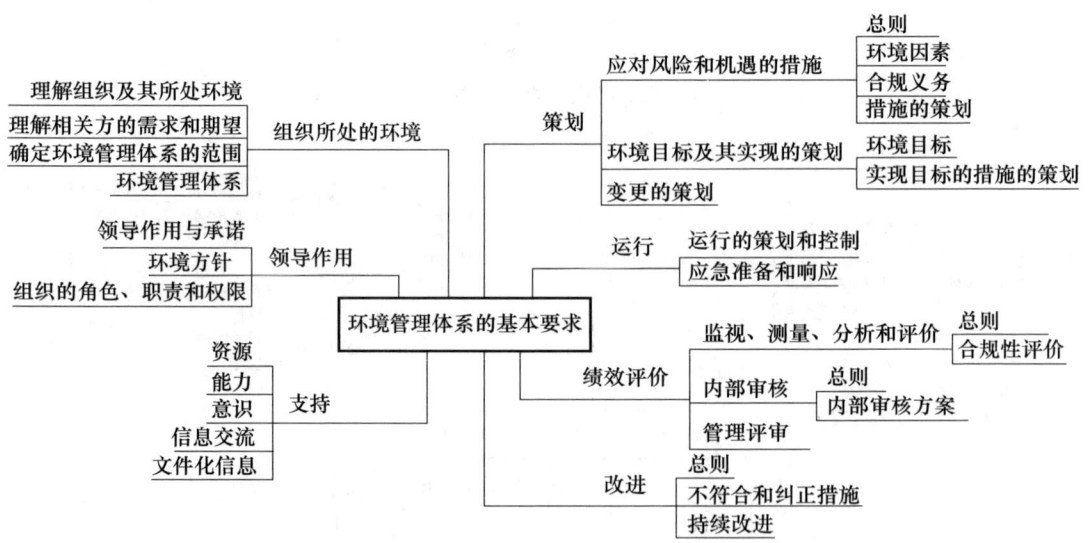

图 7.1.4.4 环境管理体系的基本要求

管理体系建立后，应当在生产和服务的全过程按有关管理体系文件所制定的程序、标准、工作要求及目标分解的岗位职责进行管理，并按管理体系有关文件做好监视、评价、改进等工作。

2. 职业健康安全管理体系与环境管理体系的认证

职业健康安全管理体系与环境管理体系建立并成功运行一段时间后，组织可以就其职业健康安全管理体系与环境管理体系向有关机构申请认证。许多建设工程的采购活动中也常将组织是否具备职业健康安全管理体系与环境管理体系的认证证书作为资格审查、评标的重要参考依据。有关认证活动主要依据《职业健康安全管理体系认证规则》

《环境管理体系认证管理规定》等文件执行。

关联知识 7.1.4.1
职业健康安全管理体系与环境管理体系的建立

关联知识 7.1.4.2
职业健康安全管理体系与环境管理体系的运行

关联知识 7.1.4.3
职业健康安全管理体系的发展历程

关联知识 7.1.4.4
环境管理体系的发展历程

模块 7.2

建设工程项目的施工职业健康安全与环境管理

学习目标

知识目标：施工风险；施工安全管理；生产安全事故和应急救援管理；施工职业健康管理；建设工程项目的施工环境保护

技能目标：能识别建设工程项目施工的主要危险源；能描述建设工程项目施工的安全目标；能评价判断建设工程项目安全检查的结果；能进行生产安全事故的报告和处理；能描述建设工程项目基本的职业健康安全防护措施；能描述建设工程项目基本的环境保护措施；能进行施工现场平面布置；能描述文明施工的基本要求

7.2.1 施工危险源

导致施工安全风险的因素、事件很多。在安全管理领域，一般将可能导致人员伤害或疾病、物质财产损失、工作环境破坏或这些情况组合的根源或状态因素称为危险源。危险源辨识、评价、应对和监控是施工安全管理工作的重要基础。

1. 危险源分类

危险源的分类有多种方法。通常有以下几种：

（1）按在事故发生发展过程中的作用分类

危险源表现形式不同，但从事故发生的本质讲，均可归结为能量的意外释放或者有害物质的泄漏、散发。如果意外释放的能量作用于人体，并且超过人体的承受能力，则造成人员伤亡。如果意外释放的能量作用于设备、设施、环境等，并且能量的作用超过其抵抗能力，则造成设备、设施的损失或环境破坏。根据在事故发生、发展过程中的作用，可把危险源分为第一类危险源和第二类危险源两大类。

① 第一类危险源：是生产过程中存在的、可能会意外释放的能量（能源或能量载体）或有害物质，它们在一定条件下都可能是危险源。如高处作业起吊重物的势能、带电导体上的电能、行驶车辆或各类机械运动部件的机械能、噪声的声能、电焊的光能、高温作业热能等。而棱角、毛刺、地面等静止物体虽然不具备上述能量，但人体运动、跌落、摔倒时的动能、势能也会导致危险。如表 7.2.1.1 所示。

表 7.2.1.1　各种能量对人体伤害情况

能量类型	产生伤害	事故类型
机械能	移位、刺伤、割伤、撕裂、挤压皮肤的肌肉、骨折、内部器官损伤	高处坠落、物体打击、机械伤害、起重伤害、坍塌、火药爆炸、车辆伤害、锅炉爆炸、压力容器爆炸
热能	皮肤发炎、凝固、烧伤、烧焦、焚化	烧伤、灼烫、火灾
电能	干扰神经、肌肉功能、凝固、烧焦和焚化伤及身体任何层次	触电、烧伤
化学能	化学性皮炎、化学性烧伤	火灾、化学灼伤

有害物质在一定条件下能损伤人体的生理机能和正常代谢功能，破坏设备和物品的效能，也是最根本的危险源。如作业场所中存在有毒物质、腐蚀性物质、有害粉尘、窒息性气体等有害物质，当它们直接、间接与人体或物体发生接触，会导致人员的死亡、职业病、伤害、财产损失或环境的破坏等。

关联知识 7.2.1.1
第二类危险源

② 第二类危险源

正常情况下，生产过程中的能量或有害物质都处于约束或受控状态。如高空设置防止跌落的围栏，施工机械按照制定的路线行驶，电流在导线中流通，有害物质存储在专门容器中等。

但是，如果这些约束或受控状态受到破坏或失效（如发生故障），就可能引发事故。相应地，这种导致破坏或失效的因素就是第二类危险源，又包括物的故障、人的失误和环境等因素。

（2）按导致事故和职业危害的直接原因分类

《生产过程危险和有害因素分类与代码》GB/T 13861—2022 将生产过程中的危险因素与危害因素分为四大类，分别是"人的因素""物的因素""环境因素"和"管理因素"。此种分类方法所列的危险、危害因素具体、详细，也比较适用于建设工程项目的危险源识别和分析。

（3）按引发的事故类型分类

为了统计企业职工伤亡事故，《企业职工伤亡事故分类》GB/T 6441—1986 将事故分为二十类，即物体打击、车辆伤害、机械伤害、起重伤害、触电、淹溺、灼烫、火灾、高处坠落、坍塌、冒顶片帮、透水、放炮、火药爆炸、瓦斯爆炸、锅炉爆炸、容器爆炸、其他爆炸、中毒和窒息、其他伤害等。

关联知识 7.2.1.2
《生产过程危险和危害因素分类与代码》的危险因素分类

这种分类方法基本是根据危险源进行分类的。由于使用历史较长，与事故调查、统计和教育口径比较一致，更容易被广大职工熟悉和理解。

2. 施工危险源识别

建设工程项目危险源识别的方法有很多，如现场调查法（包括询问、交谈、查阅记录、获取外部信息等）、安全检查表法、危险与可操作性研究、事件树分析、故障树分析等。

危险源识别时，应注意以下事项：

① 危险源的识别是一个动态的过程，要根据生产过程保持高度警觉，持续预测、发现危险源。

② 应了解危险源的作用方式或途径，确认伤害与影响的结果。

③ 应充分了解危险源分布情况。从范围上，应包括对施工安全有影响或被影响的全部阶段、人员、场所等。从状态上，应考虑正常状态（指固定、例行性作业与程序）、异常状态（指非固定、例行性作业与程序，如塔吊顶升）、紧急状态（指应急状态、事故状态）。从时态上，应考虑过往、现在、将来可能遗留、存续、新增的危险源。

④ 要特别关注重大危险源，防止遗漏。

⑤ 要充分发挥各方作用，广泛听取各相关方及工作人员的意见，必要时征求监督管理部门的意见。

3. 施工危险源评估

危险源的安全风险评估目的是评估、分析各类危险源的危险程度（如分类为极其危险、高度危险、显著危险、一般危险、稍有危险等）。评价的方法包括专家评估法、作业条件危险性评价法、安全检查表法等。

4. 施工危险源的应对

安全风险的应对实际上与施工安全管理工作是密不可分的。如要建立安全管理组织和责任体系，健全各类安全生产管理制度，保证安全生产的条件和资金、资源，做好安全生产教育培训，加强安全监督检查，落实施工组织设计和（专项）施工方案中的安全技术措施等。

对于施工过程中的重大危险源，还应根据有关法律法规、标准规范的要求进行严格控制和管理，如《危险性较大的分部分项工程安全管理规定》（中华人民共和国住房和城乡建设部令第 37 号）等。

安全风险应对和监控的基本原则是：

① 冗余安全：可以考虑设置安全冗余，通过增加多道安全设防防线，增加安全技术措施的数量和质量等方式应对。这样即使有一道或几道防线失效，或出现局部轻微的缺陷故障时，安全功能也可以得到保障。如为了应对高空坠落，可以设置防护栏、警示牌，夜间又增加警示红灯等。

② 综合应对：某一单项的危险源通常需要综合的、多角度的安全技术措施和管理措施进行应对。如，对人的因素进行应对，则既要控制好人的安全功能，也要从施工设备机具、现场安全生产环境等方面做好配合。又如，为了应对施工现场的电气火灾危险，则不仅要对配电箱、用电线路进行防护改造，确保配电设施设备的安全功能，还要加强人的用电操作教育，组织好用电设施的巡查维护，严禁乱拉乱接、超负荷使用等违规行为。

③ 重点分级：应根据危险源的危险程度分级，有针对性地采取应对措施。

④ 动态应对：危险源具有动态性，对危险源的应对也应具有动态性，要及时发现生产过程中的新增危险源，分析已有危险源的变化情况，及时调整应对措施，防止原有的应对措施失效，防止小的危险发展为大的危险。

⑤ 预防为主，预防与减灾并重：应对危险源时，首先需要尽可能减少危险源出现的可能性，设法降低危险源的不利后果。但无论预防措施如何完善，都不能完全避免事故发生。因此，施工安全管理还必须建立应急救援管理体系，制定并演练应急救援预案，准备应急救援设施设备。一旦出现重大安全风险，就能将其不利后果尽量降到最低。

关联知识 7.2.1.3 施工安全预警

7.2.2　施工安全管理

1. 施工安全管理组织和责任体系

（1）施工单位

施工单位及其项目管理机构是施工职业健康安全管理的核心组织。施工单位及其项目管理机构应加强工程项目施工过程的日常安全管理，项目管理机构应接受企业各管理层职能部门和岗位的安全生产管理，并接受建设行政主管部门及其他相关部门的监督检查，对发现的问题应按要求落实整改。

施工单位应当在建设工程项目组建以项目负责人作为工程项目安全生产第一责任人的施工方安全生产领导小组。项目负责人应按规定到岗带班指挥，实施考核奖惩，实现项目安全管理目标。

建设工程实行施工总承包的，安全生产领导小组由总承包企业、专业承包企业和劳务分包企业项目负责人（项目经理）、技术负责人和专职安全生产管理人员组成。

安全生产领导小组的主要职责包括：

① 制定项目安全管理目标，建立安全生产组织与责任体系，明确安全生产管理职责，实施责任考核。

② 贯彻落实国家有关安全生产法律法规和标准，组织制定项目安全生产管理制度并监督实施。

③ 组织编制安全技术措施、方案、危险性较大工程安全专项施工方案、应急预案，并组织应急救援预案并组织演练。

④ 配置满足安全生产、文明施工要求的从业人员、设施、设备、劳动防护用品及相关的检测器具，保证项目安全生产费用的有效使用。

⑤ 落实施工过程的安全生产措施，组织安全检查，整改安全隐患。

⑥ 确定消防安全责任人，制定用火、用电、使用易燃易爆材料等各项消防安全管理制度和操作规程，设置消防通道、消防水源，配备消防设施和灭火器材，并在施工现场入口处设置明显标志，组织施工现场场容场貌、作业环境和生活设施安全文明达标。

⑦ 开展项目安全教育培训。

⑧ 组织事故应急救援抢险，及时、如实地报告生产安全事故。

⑨ 对施工安全生产管理活动进行必要的记录，保存应有的资料，建立项目安全生产管理档案。

建筑施工单位、专业承包和劳务分包单位应当向建设工程项目委派专职安全生产管理人员。专职安全生产管理人员应当负责施工现场各自管理范围内的安全生产日常管理，并定期将项目安全生产管理情况报告企业安全生产管理机构。

项目专职安全生产管理人员的主要职责包括：

① 负责施工现场安全生产日常检查并做好检查记录。

② 现场监督危险性较大工程安全专项施工方案实施情况。

③ 对作业人员违规违章行为有权予以纠正或查处。

④ 对施工现场存在的安全隐患有权责令立即整改。

⑤ 对于发现的重大安全隐患，有权向企业安全生产管理机构报告。

⑥ 依法报告生产安全事故情况。

此外，工程项目部其他管理人员应承担本岗位管理范围内的安全生产职责。施工作业班组应在作业过程中执行安全生产要求。作业人员应严格遵守安全操作规程，并应做到不伤害自己、不伤害他人和不被他人伤害。

（2）分包单位

建设工程实行施工总承包的，由总承包单位对施工现场的安全生产负总责，并在分包合同中明确总承包和分包单位在安全生产方面的权利、义务。一般情况下，总承包单位对分包工程的安全生产承担连带责任，分包单位应当服从总承包单位的安全生产管理。分包单位不服从管理导致生产安全事故的，由分包单位承担主要责任。总承包企业应依据安全生产管理责任和目标，明确对分包（供）单位和人员的选择和清退标准、合同约定和履约控制等管理要求。对分包方安全生产管理的主要内容包括：

① 选择合法的分包（供）单位。企业可建立合格分包（供）方名录，并定期审核、更新。

② 与分包（供）单位签订安全协议，明确安全责任和义务。

③ 对分包单位施工过程的安全生产实施检查和考核，及时清退不符合安全生产要求的分包（供）单位。检查和考核的内容包括：分包单位安全生产管理机构的设置、人员配备及资格情况；分包（供）单位违约、违章情况；分包单位安全生产绩效等。

④ 分包工程竣工后对分包（供）单位安全生产能力进行评价。

(3) 咨询监理单位

监理单位的项目管理机构要成立以总监理工程师为组长的监理方安全生产领导小组，实行总监理工程师负责制，总监理工程师对工程项目安全监理全面负责，根据有关监理规划明确安全生产管理责任，并根据法律法规、工程审批文件、委托合同、施工合同、工程特点等组织制定本工程项目的安全生产工作管理规划和监理实施细则，在实施过程中组织落实。

2. 施工安全管理策划

施工安全管理策划应当包括如下内容：

① 施工风险管理策划：包括危险源辨识、评价、应对和监控的策划内容。

② 施工安全管理目标及其实现策划：包括制定安全管理目标，并进一步明确安全管理目标对应的负责人、工作内容、时间安排、评价方式、监控参数等。

③ 施工安全管理支持策划：包括安全管理目标所需资源、安全教育、安全沟通协调机制和措施、安全管理文件和档案的管理制度等。

④ 消除危险源，降低安全风险并改善安全条件的措施策划，包括施工安全技术规划等。

施工安全管理策划的结果应编制为建设工程项目的安全管理（或保证）计划。安全管理计划应在开工前完成编制，并作为项目管理策划文件的重要组成部分。

安全管理计划经过审批后实施，必要时上报主管部门、政府的监督管理部门备案。

在实施中，安全管理计划可根据实际情况进行补充和调整。

3. 施工安全管理目标

施工安全管理目标是建设工程施工阶段安全管理工作要达到的效果。施工安全目标应由施工单位及其项目管理机构制定。实行施工总承包的，施工安全目标应由总承包单位制定。

施工安全目标应符合如下要求

① 符合施工单位的安全方针和安全目标。

② 可监测、测量，或能够进行安全效果评价。

③ 必须符合法律法规、标准规范和其他要求。

④ 应当基于危险源和改进机遇的识别、评价的结果。

⑤ 应考虑相关方、工作人员及其代表的意见。

⑥ 应根据安全管理情况适时更新。

⑦ 为了确保安全管理总目标的实现，总目标之下各层次的安全管理目标均应适当高于总目标。

⑧ 宜与职业健康管理目标、环境管理目标统筹考虑，综合制定。

施工安全管理目标可包括以下内容

① 杜绝重大伤亡、设备、管线、火灾和环境污染事故。

② 安全管理控制指标，包括：伤亡事故指标（死亡率、重伤率、千人负伤率、经济损失额）、一般事故频率、连续安全生产天数等。

③ 遵守安全生产法律法规、标准规范的承诺。

④ 对各相关方的安全承诺。

⑤ 提高安全管理的措施和活动目标，如安全标准化工地建设、新的安全技术措施应用等。

⑥ 其他安全目标。

上述施工安全管理目标应被逐层分解，形成不同层次的安全管理目标系统。各层次安全管理目标应通过安全生产管理责任书等形式明确到责任部门和责任人，并归入安全生产档案中。如某建设工程项目的施工安全管理目标分为项目负责人的安全管理总目标、专职安全管理人员的安全管理目标、各部门的安全管理目标、施工作业班组的安全管理目标、个人安全管理目标等。

4. 施工安全管理实施

施工现场的安全管理实施的要点包括：

① 落实各项安全管理制度和操作规程。

② 落实安全教育计划，有关人员必须依法取得必要的岗位资格证书。

③ 根据安全计划采取安全技术措施，详见"施工安全技术措施"章节。

④ 配置齐全劳动防护设施和设备，确保施工场所安全。作业场所应设置消防通道、消防水源，配备消防设施和灭火器材，并在现场入口处设置明显标志。

⑤ 确保项目上使用的各种机械设备需要保证性能良好，运转正常。确保施工用电设计、配电、使用必须符合国家规范，确保人身安全和设备安全。

⑥ 定期或不定期地进行安全检查，及时消除事故隐患，详见"施工安全检查"章节。

⑦ 严禁使用国家及地方政府明令淘汰的技术、工艺、设备、设施和材料。

⑧ 建立安全生产档案，积累安全生产管理资料。

5. 施工安全技术措施

施工企业在编制施工组织设计时，应当根据建筑工程的特点制定相应的安全技术措施。对专业性较强的施工项目如爆破、起重吊装、深基础、高支模作业和高层脚手架（包括整体提升架）、垂直运输设备（塔吊、升降机等）的拆、装、建筑物（或构筑物）拆除以及结构复杂、危险性大的施工项目，应当编制专项安全施工组织设计，有图纸、计算书和单项安全技术措施，并应加强监理监督。对脚手架、高支模、施工用电、垂直运输设备（塔吊、升降机等）、起重机、施工机械及各种安全防护设施，在施工现场安装后，应按规定进行检查验收。对外购的设备、设施、产品，在正式使用前，应按相关标准进行验收确认。

项目管理机构应根据安全管理计划、专项施工方案等安全管理策划文件的要求，实行逐级安全技术交底制度。开工前，技术负责人应将工程概况、施工方法、施工中采用的安全技术措施等向全体职工进行详细交底。施工队长、工长应按工程进度向有关班组进行作业的安全交底；班组长每天应向班组进行施工要求和作业环境的安全交底。

对有关安全管理计划进行补充、调整时，应将补充、调整的部分内容也按规定进行分级安全交底。施工现场需在施工人员作业前进行施工方案、施工技术、安全技术交底工作，并保持交底人、被交底人签字记录。

6. 施工安全检查

施工安全检查是安全管理的重要工作内容，目的是增强员工安全生产意识、发现危险源和安全风险、及时采取应对措施，从而防止事故并改善劳动条件。

施工安全检查主要由施工单位及其项目管理机构按企业和项目的安全计划组织实施。

① 施工单位的安全检查主要由各管理人员进行自查、互查，并对下级管理层进行抽查。

② 施工项目的安全检查应由项目管理机构负责，并以项目负责人（项目经理）为首要负责人和组织者。

③ 两个以上施工或分包单位在同一作业区域内进行生产活动的，应当签订安全生产管理协议，明确各自的安全生产管理职责和应当采取的安全措施，并指定专职安全生产管理人员进行安全检查与协调。

进行施工安全检查时，施工单位应：

① 成立安全检查的组织或机构，抽调专业技术人员，确定检查的负责人，明确检查的分工。

② 应配备必要的检查、测试器具，对存在的问题和隐患，宜按隐患类别分类记录，定期统计。

③ 确定检查目的和检查项目、内容及检查标准、重点、关键部位。

④ 对人的检查除了进行违章指挥、违章作业检查，还应进行"应知应会"等抽查，以便了解管理人员及操作工人的安全素质和安全意识。

⑤ 认真、详细地做好检查记录。

7. 安全管理评估、评价和考核

项目管理机构应全面掌握项目的安全生产情况，对安全生产状况进行评估。施工单位则应按相关规定实施项目安全生产管理评价，评估项目安全生产能力满足规定要求的程度。企业及其项目管理机构应针对生产经营规模和管理状况，明确安全考核的周期，根据安全评估、评价的结果对安全责任人进行安全考核，并应及时兑现奖惩。

8. 危险性较大的分部分项工程安全管理

危险性较大的分部分项工程（简称"危大工程"），是指房屋建筑和市政基础设施工程在施工过程中，容易导致人员群死群伤或者造成重大经济损失的分部分项工程，本质是存在重大危险源的分部分项工程。

根据《危险性较大的分部分项工程安全管理规定》《住房城乡建设部办公厅关于实施

《危险性较大的分部分项工程安全管理规定》有关问题的通知》(建办质〔2018〕31号),房屋建筑和市政基础设施工程中危险性较大的分部分项工程应进行专门的安全管理。

关联知识 7.2.2.1
《危险性较大的分部分项工程安全管理规定》

关联知识 7.2.2.2
住房城乡建设部办公厅关于实施《危险性较大的分部分项工程安全管理规定》有关问题的通知

关联知识 7.2.2.3
施工安全检查

7.2.3 生产安全事故和应急救援管理

生产安全事故是指在生产期间,由于危险源及安全风险因素导致的人身安全和健康伤害、设备设施损坏、经济损失、生产活动暂时中止或永远终止的意外事件。生产安全事故的分级、报告、调查、处理应依据有关法律,法规的规定执行。

1. 生产安全事故的分类和分级

根据《企业职工伤亡事故分类》GB 6441—1986,生产安全事故可分为物体打击、车辆伤害等二十类。

按事故的严重程度,又可分为:

① 轻伤事故:只有轻伤的事故(轻伤:损失工作日低于105日的失能伤害)。

② 重伤事故:只有重伤,无死亡的事故(重伤:损失工作日等于、大于105的失能伤害)。

③ 死亡事故:重大死亡事故(1~2人死亡);特大死亡事故(3人及以上死亡)。

根据《生产安全事故报告和调查处理条例》,则生产安全事故可根据人员伤亡或者直接经济损失分为4个等级:

① 特别重大事故,是指造成30人以上(等级划分所称的"以上"包括本数,所称的"以下"不包括本数,下同)死亡,或者100人以上重伤,或者1亿元以上直接经济损失的事故。

② 重大事故,是指造成10人以上30人以下死亡,或者50人以上100人以下重伤,或者5000万元以上1亿元以下直接经济损失的事故。

③ 较大事故,是指造成3人以上10人以下死亡,或者10人以上50人以下重伤,或者1000万元以上5000万元以下直接经济损失的事故。

④ 一般事故,是指造成3人以下死亡,或者10人以下重伤,或者1000万元以下直接经济损失的事故。

2. 生产安全事故的报告和应急处理

事故发生后，事故现场有关人员应当立即向本单位负责人报告；单位负责人接到报告后，应当于 1 小时内向事故发生地县级以上人民政府安全生产监督管理部门和负有安全生产监督管理职责的有关部门报告。情况紧急时，事故现场有关人员可以直接向事故发生地县级以上人民政府安全生产监督管理部门和负有安全生产监督管理职责的有关部门报告。安全生产监督管理部门和负有安全生产监督管理职责的有关部门接到事故报告后，应按规定逐级上报，并通知公安机关、劳动保障行政部门、工会和人民检察院。事故报告应包括下列内容：

① 事故发生单位概况；
② 事故发生的时间、地点以及事故现场情况；
③ 事故的简要经过；
④ 事故已经造成或者可能造成的伤亡人数（包括下落不明的人数）和初步估计的直接经济损失；
⑤ 已经采取的措施；
⑥ 其他应当报告的情况。

自事故发生之日起 30 日内，事故造成的伤亡人数发生变化的，应当及时补报。道路交通事故、火灾事故自发生之日起 7 日内，事故造成的伤亡人数发生变化的，应当及时补报。

事故发生后，有关单位和人员应当妥善保护事故现场以及相关证据，任何单位和个人不得破坏事故现场、毁灭相关证据。因抢救人员、防止事故扩大以及疏通交通等原因，需要移动事故现场物件的，应当做出标记，绘制现场简图并做出书面记录，妥善保存现场重要痕迹、物证。事故发生单位负责人接到事故报告后，应当立即启动事故相应应急预案，或者采取有效措施，组织抢救，防止事故扩大，减少人员伤亡和财产损失。

3. 生产安全事故的调查

生产安全事故调查和处理应做到事故原因不查清楚不放过、事故责任者和从业人员未受到教育不放过、事故责任者未受到处理不放过、没有采取防范事故再发生的措施不放过。

一般特别重大事故、重大事故、较大事故、一般事故分别由国务院或国务院授权的机构、事故发生地省级人民政府、设区的市级人民政府、县级人民政府负责调查。未造成人员伤亡的一般事故，县级人民政府也可以委托事故发生单位组织事故调查组进行调查。事故调查人员有权向有关单位和个人了解与事故有关的情况，并要求其提供相关文件、资料，有关单位和个人不得拒绝。事故发生单位的负责人和有关人员在事故调查期间不得擅离职守，并应当随时接受事故调查组的询问，如实提供有关情况。

事故调查组应当自事故发生之日起 60 日内提交事故调查报告；特殊情况下，经负责事故调查的人民政府批准，提交事故调查报告的期限可以适当延长，但延长的期限最长不超过 60 日。事故调查报告应当包括下列内容：

① 事故发生单位概况。
② 事故发生经过和事故救援情况。

③ 事故造成的人员伤亡和直接经济损失。
④ 事故发生的原因和事故性质。
⑤ 事故责任的认定以及对事故责任者的处理建议。
⑥ 事故防范和整改措施。

4. 生产安全事故的处理

重大事故、较大事故、一般事故，负责事故调查的人民政府应当自收到事故调查报告之日起 15 日内做出批复；特别重大事故，30 日内做出批复，特殊情况下，批复时间可以适当延长，但延长的时间最长不超过 30 日。

有关机关应当按照人民政府的批复，依照法律、行政法规规定的权限和程序，对事故发生单位和有关人员进行行政处罚，对负有事故责任的国家工作人员进行处分。事故发生单位应当按照负责事故调查的人民政府的批复，对本单位负有事故责任的人员进行处理。负有事故责任的人员涉嫌犯罪的，依法追究刑事责任。

事故发生单位应当认真吸取事故教训，落实防范和整改措施，防止事故再次发生。防范和整改措施的落实情况应当接受工会和职工的监督。

安全生产监督管理部门和负有安全生产监督管理职责的有关部门应当对事故发生单位落实防范和整改措施的情况进行监督检查。事故处理的情况由负责事故调查的人民政府或者其授权的有关部门、机构向社会公布，依法应当保密的除外。

5. 生产安全事故统计与归档

施工单位应建立生产安全事故档案，事故档案应包括下列资料：
① 依据生产安全事故报告要素形成的企业职工伤亡事故统计汇总表。
② 生产安全事故报告。
③ 事故调查情况报告、对事故责任者的处理决定、伤残鉴定、政府的事故处理批复资料及相关影像资料。
④ 其他有关的资料。

6. 应急救援管理

施工单位应当加强生产安全事故应急工作，建立、健全生产安全事故应急工作责任制，其主要负责人对本单位的生产安全事故应急工作全面负责。施工单位应当建立应急救援组织，配备必要的应急救援器材、设备和物资，并进行经常性维护、保养，保证正常运转。施工单位还应当建立应急值班制度，配备应急值班人员。

7. 应急救援预案

施工单位应当针对本单位可能发生的生产安全事故的特点和危害，进行风险辨识和评估，制定相应的生产安全事故应急救援预案，与所在地县级以上地方人民政府组织制定的生产安全事故应急救援预案相衔接，向本单位从业人员公布，并定期组织演练。应急预案的编制、管理，应符合《生产安全事故应急预案管理办法》等法律法规的有关要求。其中：

① 综合应急预案：是指生产经营单位为应对各种生产安全事故而制定的综合性工作方案，是本单位应对生产安全事故的总体工作程序、措施和应急预案体系的总纲。生产经营单位风险种类多、可能发生多种类型事故的，应当组织编制综合应急预案。

② 专项应急预案：是指生产经营单位为应对某一种或者多种类型生产安全事故，或者针对重要生产设施、重大危险源、重大活动防止生产安全事故而制定的专项性工作方案。对于某一种或者多种类型的事故风险，生产经营单位可以编制相应的专项应急预案，或将专项应急预案并入综合应急预案。

③ 现场处置方案：是指生产经营单位根据不同生产安全事故类型，针对具体场所、装置或者设施所制定的应急处置措施。对于危险性较大的场所、装置或者设施，生产经营单位应当编制现场处置方案。事故风险单一、危险性小的生产经营单位，可以只编制现场处置方案。

④ 应急处置卡：生产经营单位应当在编制应急预案的基础上，针对工作场所、岗位的特点，编制简明、实用、有效的应急处置卡。应急处置卡的内容至少包括：重点岗位、人员的应急处置程序和措施，以及相关联络人员和联系方式，便于从业人员携带。

施工单位应当组织开展本单位的应急预案、应急知识、自救互救和避险逃生技能的培训活动，使有关人员了解应急预案内容，熟悉应急职责、应急处置程序和措施。应急培训的时间、地点、内容、师资、参加人员和考核结果等情况应当如实记入本单位的安全生产教育和培训档案。

施工单位还应当制定本单位的应急预案演练计划，至少每半年组织一次生产安全事故应急预案演练，并将演练情况报送所在地县级以上地方人民政府负有安全生产监督管理职责的部门。应急预案演练结束后，应急预案演练组织单位应当对应急预案演练效果进行评估，撰写应急预案演练评估报告，分析存在的问题，并对应急预案提出修订意见。

施工单位应当建立应急预案定期评估制度，应当每三年进行一次应急预案评估，对预案内容的针对性和实用性进行分析，并对应急预案是否需要修订做出结论。应急预案评估可以邀请相关专业机构或者有关专家、有实际应急救援工作经验的人员参加，必要时可以委托安全生产技术服务机构实施。当应急预案依据的法律、法规、规章、标准及上位预案中的有关规定发生重大变化的，应急指挥机构及其职责发生调整的，安全生产面临的风险发生重大变化的，重要应急资源发生重大变化的，在应急演练和事故应急救援中发现需要修订预案的重大问题的，或编制单位认为应当修订的其他情况的，应当及时修订并归档。

关联知识 7.2.3.1
《生产安全事故报告和调查处理条例》

关联知识 7.2.3.2
《生产安全事故应急预案管理办法》

关联知识 7.2.3.3
应急预案的主要内容

7.2.4 施工职业健康管理

建设工程项目在施工过程中的各种污染和环境危害影响按施工场界划分,因此,可分为施工场界内和施工场界外(即对周围环境的污染和环境危害)两个部分。一般将施工场界内的污染和环境危害防治归于职业健康安全问题,而将对周围环境的污染和环境危害防治归为环境保护的问题。关于建设工程项目的环境管理,详见"建设工程项目的施工环境保护"章节。

1. 职业健康管理与职业病防治

施工场界内的各类污染和环境危害都可能导致工作人员健康损害,严重的会引发有关疾病。在我国,职业健康管理和职业病防治主要依据《中华人民共和国建筑法》《中华人民共和国职业病防治法》等规定执行。

《中华人民共和国职业病防治法》规定的职业病,必须具备以下四个条件:
① 患病主体是企业、事业单位或个体经济组织的劳动者。
② 必须是在从事职业活动的过程中产生的。
③ 必须是因接触粉尘、放射性物质和其他有毒、有害物质等职业病危害因素引起的。
④ 必须是国家公布的职业病分类和目录所列的职业病。

建设工程项目施工过程中常见的职业健康危害因素及其引发的职业病如表7.2.4.1所示。

表7.2.4.1 职业健康危险因素及其引发的职业病

危害因素	职业病	危害因素发生部分和过程
粉尘	矽尘肺	碎石设备作业、爆破作业
	水泥尘肺	水泥搬运、投料、拌和
	电焊尘肺	手工电弧焊、气焊作业
噪声	噪声致聋	木工圆锯、无齿锯切、卷扬机、混凝土振捣作业
高温	中暑	高温作业
振动	手臂振动病	操作混凝土振动棒、风镐作业
化学毒物	锰及其化合物中毒	手工电弧焊作业
	氮氧化物中毒	手工电弧焊、电渣焊、气制、气焊作业
	一氧化碳中毒	手工电弧焊、电渣焊、气制、气焊作业
	苯中毒	油漆作业、防腐作业
	甲苯中毒	油漆作业、防水作业、防腐作业
	二甲苯中毒	油漆作业、防水作业、防腐作业
	接触性皮炎	混凝土搅拌机械作业、油漆作业、防腐作业
电光	电光性皮类	手工电弧焊、电渣焊、气焊作业
	电光性眼炎	手工电弧焊、电渣焊、气焊作业

2. 施工职业健康防护和职业病防治

根据《中华人民共和国职业病防治法》，我国的职业健康防护和职业病防治工作坚持预防为主、防治结合的方针，建立施工单位负责、行政机关监管、行业自律、职工参与和社会监督的机制，实行分类管理、综合治理。

施工单位应当建立、健全职业病防治责任制，对本单位产生的职业病危害承担责任，由单位的主要负责人对本单位的职业病防治工作全面负责。

施工单位应加强对职业病防治的管理，提高职业病防治水平，为劳动者创造符合国家职业卫生标准和卫生要求的工作环境和条件，并采取措施保障劳动者获得职业卫生保护，对从事有职业危害作业的劳动者定期进行健康检查。

关联知识 7.2.4.1
《中华人民共和国职业病防治法》

关联知识 7.2.4.2
施工单位应提供的基本防护用品

3. 职业病的诊断

根据《中华人民共和国职业病防治法》和《职业病诊断与鉴定管理办法》的有关规定，职业病诊断应当由省级以上人民政府卫生行政部门批准的医疗卫生机构承担，劳动者可以在用人单位所在地或者本人居住地依法承担职业病诊断的医疗卫生机构进行职业病诊断。

职业病诊断机构做出职业病诊断后，应当向当事人出具职业病诊断证明书。职业病诊断证明书应当明确是否患有职业病，对患有职业病的，还应当载明所患职业病的名称、程度（期别）、处理意见和复查时间。当事人对职业病诊断有异议的，在接到职业病诊断证明书之日起 30 日内，可以向做出诊断的医疗卫生机构所在地的市级卫生行政部门申请鉴定。

4. 建筑施工常见职业病防治措施

建筑施工常见职业病防治措施详见表 7.2.4.2 所示。

表 7.2.4.2　施工常见职业病防治措施

职业病	作业场所防护措施	个人防护措施
各类尘肺病	① 加强水泥等易扬尘的材料的存放处、使用处的扬尘防护。 ② 任何人不得随意拆除防护措施。 ③ 在易扬尘部位设置警示标志	① 落实相关岗位人员的持证上岗。 ② 给施工作业人员提供扬尘防护口罩。 ③ 杜绝施工操作人员的超时工作
噪声致聋	① 在作业区设置防职业病警示标志。 ② 对噪声大的机械加强日常保养和维护，减少噪声污染	① 为施工操作人员提供劳动防护耳塞。 ② 轮流作业，杜绝施工操作人员的超时工作

续表

职业病	作业场所防护措施	个人防护措施
中暑	① 配备遮阳设施。 ② 在高温期间，为职工备足饮用水或绿豆汤、防中暑药品、器材	减少工人工作时间，尤其是延长中午休息时间
手臂振动病	在作业区设置预防职业病警示标志	① 操作工人要持证上岗。 ② 提供振动机械防护手套。 ③ 延长换班休息时间，杜绝作业人员的超时工作
毒物接触、吸入引发中毒	加强作业区的通风排气措施	① 相关工种持证上岗。 ② 给作业人员提供防护口罩、手套。 ③ 轮流作业，杜绝作业人员的超时工作
电光性眼炎	—	① 电焊工必须持证上岗。 ② 作业时佩戴有害气体防护口罩、眼睛防护罩。 ③ 杜绝违章作业。 ④ 杜绝施工操作人员的超时工作，采取轮流作业

此外，为了避免长期超时超强度地工作，防止职工精神长期过度紧张，诱发或加剧其他职业病、精神疾病，施工单位及其项目管理机构还应：

① 提高机械化施工程度，减小工人劳动强度。

② 为职工提供良好的生活、休息、娱乐场所，加强施工现场文明施工。

③ 不盲目抢工期，即使抢工期也必须安排充足的人员能够按时换班作业，采取8小时作业换班制度。

④ 及时发放工人工资，稳定工人情绪。

7.2.5 建设工程项目的施工环境保护

对于各类建设工程项目，基本的环境管理要求是做好环境保护和资源节约工作。

1. 环境保护

项目管理机构应建立环境保护管理制度，在施工策划文件中包含环境保护内容，采取措施控制、防治各类污染，在醒目位置设环境保护标识，对施工现场的古迹、文物、墓穴、树木、森林及生态环境等采取有效的保护措施，制定地下文物应急预案。

环境保护的综合措施包括：

① 施工现场不应焚烧废弃物。

② 土方回填不得采用有毒有害废弃物。

③ 对施工使用的乙炔、氧气、油漆、防腐剂等危险品、化学品的运输和储存应采取隔离措施。

（1）大气污染防治

建设工程项目的大气污染种类很多，其中大部分污染物都是有机物。大气污染通常以气体状态和粒子状态存在于空气中。施工应采取大气污染和现场扬尘控制、防治措施。施工现场主要道路视气候条件洒水并定期清扫。

（2）水污染的防治

建设工程项目的水污染主要来源于：

① 工业污染源：指各种施工生产过程产生的废水和固体随水流向自然水体排放。包括泥浆、水泥、油漆、各种油类、混凝土外加剂、重金属、酸碱盐、非金属无机毒物等。

② 生活污染源：指现场办公、生活区的食物废渣、食油、粪便、合成洗涤剂、杀虫剂、病原微生物等。

③ 农业污染源：可能使用的化肥、农药等。

施工现场污水排放要与县级以上人民政府市政管理部门签署污水排放许可协议，申领《临时排水许可证》。雨水排入市政雨水管网，污水经沉淀处理后二次使用或排入市政污水管网。施工现场泥浆、污水未经处理不得直接排入城市排水设施和河流、湖泊、池塘。污水排放应符合《污水排入城镇下水道水质标准》GB/T 31962—2015 的有关要求。

（3）噪声污染的防治

建设工程项目的噪声污染主要来源于：交通噪声（如汽车、施工机械行驶的噪声）、工业噪声（如混凝土搅拌机生产的噪声）、建筑施工的噪声（如打桩机、切割、拆除的噪声）、生活噪声（如高音喇叭、收音机等）。噪声妨碍人们的正常休息、学习和工作，为防止噪声扰民，应控制人为强噪声。根据国家标准《建筑施工场界环境噪声排放标准》GB 12523—2011 的要求，施工场界环境噪声排放昼间不应超过 70dB（A），夜间不应超过 55dB（A）。

施工现场噪声的控制措施，可从监测控制、声源控制、传播途径控制、接收者的防护等方面来考虑。应符合下列规定：

① 监测控制：施工现场宜对噪声进行实时监测。噪声测量方法应符合国家标准《建筑施工场界环境噪声排放标准》GB 12523—2011 的规定。凡在人口稠密区进行强噪声作业时，须严格控制作业时间，一般晚 10 点到次日早 6 点之间停止强噪声作业。确系特殊情况必须昼夜施工时，尽量采取降低噪声措施，并会同建设单位找当地居委会、村委会或当地居民协调，张贴安民告示，求得群众谅解。

② 声源控制：从声源上降低噪声，这是防止噪声污染的最根本的措施。

③ 传播途径控制：又包括吸声、隔声、消声、减振降噪等方式。吸声是利用多孔材料等吸声材料、吸声结构形成的共振结构吸收声能，降低噪声。隔声是应用隔声结构，阻碍噪声向空间传播，将接收者与噪声声源分隔。隔声结构包括隔声室、隔声罩、隔声屏障、隔声墙等。消声是利用消声器阻止传播。允许气流通过的消声降噪是防治空气动力性噪声的主要装置。如对空气压缩机、内燃机产生的噪声等。减振降噪是对来自振动引起的噪声，通过降低机械振动减小噪声，如将阻尼材料涂在振动源上，或改变振动源与其他刚性结构的连接方式等。

④ 接收者的防护：让处于噪声环境下的人员使用耳塞、耳罩等防护用品，减少相关人员在噪声环境中的暴露时间，以减轻噪声对人体的危害。

（4）固体污染的防治

建设工程施工中常见的固体废物主要有：

① 建筑渣土：包括砖瓦、碎石、渣土、混凝土碎块、废钢铁、碎玻璃、废屑、废弃装饰材料等。

② 废弃的散装大宗建筑材料：包括水泥、石灰等。

③ 生活垃圾：包括炊厨废物、丢弃食品、废纸、生活用具、废电池、废日用品、玻璃、陶瓷碎片、废塑料制品、煤灰渣、废交通工具等。

④ 设备、材料等的包装材料。

⑤ 粪便。

施工现场产生的固体废弃物应在所在地县级以上地方人民政府环卫部门申报登记，分类存放、按时处置。建筑垃圾和生活垃圾应与所在地垃圾消纳中心签署环保协议，及时清运处理。有毒有害废弃物应运送到专门的有毒有害废弃物中心消纳，禁止将有毒有害废弃物现场填埋。对有可能造成二次污染的废弃物应单独储存，并设置醒目标识。有毒有害废弃物的分类率应达到100％。

固体废物处理的基本思想是：采取资源化、减量化和无害化的处理，对固体废物产生的全过程进行控制。主要处理方法包括：

① 回收利用：回收利用是对固体废物进行资源化的重要手段之一。建筑垃圾的回收利用应符合国家标准《工程施工废弃物再生利用技术规范》GB/T 50743—2012 的规定。

② 减量化处理：有关单位可制定建筑垃圾减量计划，对已经产生的固体废物进行分选、破碎、压实浓缩、脱水等减少其最终处置量，降低处理成本，减少对环境的污染。在减量化处理的过程中，也包括和其他处理技术相关的工艺方法，如焚烧、热解、堆肥等。

③ 焚烧：用于不适合再利用且不宜直接予以填埋处置的废物，除有符合规定的装置外，不得在施工现场熔化沥青和焚烧油毡、油漆，亦不得焚烧其他可产生有毒有害和恶臭气体的废弃物。垃圾焚烧处理应使用符合环境要求的处理装置，避免对大气的二次污染。

④ 稳定和固化处理：是利用水泥、沥青等胶结材料，将松散的废物胶结包裹起来，减少有害物质从废物中向外迁移、扩散，使得废物对环境的污染减少。

⑤ 填埋：是固体废物经过无害化、减量化处理的废物残渣集中到填埋场进行处置。填埋场应利用天然或人工屏障，尽量使需处置的废物与环境隔离，并注意废物的稳定性和长期安全性。

（5）光污染控制

光污染是一种新的环境污染源。施工现场的光污染包括电弧焊接光污染、施工照明灯具照射、施工机械车辆灯具照射等。对光污染控制应从光源、遮挡防护等方面着手。

2. 资源节约

在资源节约方面，一是针对施工现场耗用的降低各类资源，如建筑材料、水、能源、土地等消耗绝对量；二是提高各类资源利用效率，以最少的资源消耗获得最大的社会效益和经济效益。

模块 7.3

建设工程项目的施工现场管理

知识目标：施工现场平面布置与管理；施工临时给排水、暖通和电气设施；施工消防管理；文明施工。

在建设工程项目施工过程中，为了保障施工现场作业环境，改善市容环境卫生，并有效地减少对周边环境影响的施工活动，必须对施工现场的平面布置和管理、施工临时用水、施工临时用电、施工现场消防、安全文明施工等内容进行有效管理。上述管理工作内容既涉及职业健康安全管理、环境管理等部分，又涉及施工现场平面布置，是施工组织设计等策划文件的重要组成部分。由于我国许多建设工程相关法律法规、政策文件、标准规范，如《建筑施工安全检查标准》JGJ 59—2011、《建筑工程绿色施工规范》GB/T 50905—2014、《施工现场临时建筑物技术规范》JGJ/T 188—2009 等中均有关于上述管理的规定，因此本书将上述内容集中在一个章节进行叙述。

7.3.1 施工现场平面布置与管理

施工现场平面布置与管理，是根据有关策划文件的要求，在满足施工现场工艺流程、半成品生产、场内运输、办公生活等需求的前提下，对施工所需的各类临时设施、材料堆场和仓库、大型施工机械等进行空间（特别是平面）规划与设计，建立有关管理制度，并在施工过程中开展现场管理控制的有关活动。施工现场平面布置与管理得当与否，对施工安全、质量、进度、成本等主要目标的实现均有直接影响。

1. 施工平面布置的基本原则

施工平面布置的基本原则主要包括：
① 施工场地占用面积少，符合用地节约的有关要求。
② 施工区域划分、设施设备布置符合施工部署和工艺流程的要求，减少相互干扰。
③ 易于组织运输，减少二次搬运。
④ 施工与办公生活区分离，各区域设备设施完善，方便生产和生活。

⑤ 经济合理，充分利用既有建（构）筑物和既有设施为施工服务，降低建造采购费用。

⑥ 符合节能、环保、安全、消防等相关法律法规、标准规范的要求，符合当地建设工程主管部门和建设单位的有关要求，符合建设工程合同的具体规定。

2. 施工平面布置的主要内容

施工平面应根据有关策划文件的要求，规划和设计不同阶段的平面布置。如，建筑工程的平面布置可包括地基与基础工程施工阶段的施工平面布置、主体结构工程施工阶段的施工平面布置、装饰工程施工阶段的施工平面布置等。又如，根据施工方案的具体要求，绘制特定分部工程、分项工程的施工平面布置图。

各类平面布置的基本内容包括：

① 施工现场用地范围内及周边可能与施工有关的地形地貌、架空和地下管线、交通道路、配套设施等。

② 全部拟建的建（构）筑物、设备设施的平面位置。

③ 施工现场用地范围内的入口道路、临时设施、材料堆场和仓库、大型施工机械的平面位置。

④ 施工现场必需的消防设施、临时用水、临时用电、环保和垃圾处理设施等。

3. 主要功能分区

施工现场应设置办公、生活、生产、物料存贮等功能区。其中办公、生活区和其他区域应分区设置，且应采取相应的隔离措施，并应设置导向、警示、定位、宣传等标识。

各功能区、主要临时设施的防火间距应符合要求。临时建筑与架空明设的用电线路之间应保持安全距离。临时建筑不应布置在高压走廊范围内。

（1）办公、生活功能区

办公、生活功能区宜设置在建筑物的坠落半径和塔吊等机械作业半径之外。生活用房宜集中建设、成组布置，并宜设置室外活动区域。

办公、生活功能区应设置：办公室、会议室、宿舍、食堂（可包括厨房、餐厅）、厕所、淋浴间、盥洗池、开水房、饮水室、卫生室、文化娱乐室、阅览室、门卫室、吸烟室、停车场、宣传栏、密闭式垃圾收集容器等临时设施。

① 宿舍、办公用房不应与厨房操作间、锅炉房、变配电房等组合建造。

② 会议室、文化娱乐室、食堂等人员密集的房间应设置在临时用房的第一层。

③ 资料室等荷载较大的房间宜设置在临时设施的底层。

④ 办公用房宜设置在工地入口处。

⑤ 作业人员宿舍宜设置在现场附近（有条件时设在场区），方便工人上下班。

⑥ 生活福利设施宜设置在人员较集中或出入必经之处。

⑦ 食堂宜设置在生活区，或施工区与生活区之间。现场条件不允许设置食堂的，可采用送餐制。

⑧ 厨房、卫生间宜设置在主导风向的下风侧。

(2) 生产、物料功能区

生产、物料功能区总的规划设计指导思想是使材料和构件的运输量最小，垂直运输设备发挥较大的作用，且满足消防布置要求。

① 有关联的加工场地适当集中。

② 仓库一般应接近使用地点，其纵向宜与现场临时道路平行，尽可能利用现场设施装卸货。

③ 货物装卸需要时间长的仓库应远离道路边。

④ 固定动火作业场应布置在可燃材料堆场及其加工场、易燃易爆危险品库房等全年最小频率风向的上风侧，并宜布置在临时办公用房、宿舍、可燃材料库房、在建工程等全年最小频率风向的上风侧。

⑤ 易燃易爆危险品库房应远离明火作业区、人员密集区和建筑物相对集中区。宜设在水源充足、消防车能驶到的区域，且位于场地的下风侧方向。

⑥ 可燃材料堆场及其加工场、易燃易爆危险品库房不应布置在架空电力线下。

(3) 防火间距

防火间距是在建筑、设施设备之间为了防止火灾蔓延而预留的安全距离。应满足《建设工程施工现场消防安全技术规范》GB 50720—2011 的有关规定。

关联知识 7.3.1.1
建设工程施工现场的防火间距

关联知识 7.3.1.2
施工平面和临时设施设计要点

请扫描二维码观看施工现场布置 VR 展示及设计要点：

4. 施工平面布置图

施工平面规划和设计的结果应绘制为施工平面布置图。绘制时，应使用国家有关标准规范的绘图规则、比例、规定代号和规定线条，并标注图名、图例、比例尺、方向标记、必要的文字说明等图元要素。

施工平面布置图绘制完成后应作为施工组织设计、施工方案的重要组成部分，按有关规定审批后执行。施工平面布置图需要变更、修改的，应重新履行相关审批手续。

5. 施工临时设施的建设、使用与拆除

施工平面内各临时建筑、设施应按设计要求采购、制作、建造和安全。施工结束后，应按有关规定拆除。其中，大型建筑设备的安装、使用、维护、拆除还应符合《塔式起重机安全规程》GB 5144—2016、《建筑施工升降机安装、使用、拆卸安全技术规程》JGJ 215—2010 等规程、规范的要求，并按有关专项施工方案进行。

关联知识 7.3.1.3
施工临时设施的
建设、使用与拆除

7.3.2 施工临时给排水、暖通和电气设施

施工临时给排水、暖通和电气设施的设计、建造、安装应做到安全可靠、经济合理、维护管理方便，并应整体协调。

1. 施工临时给排水

临时建筑、临时设施宜设置室内、外给水排水系统，采用节能和节水措施，并应采用节能型设备和节水型器具。

（1）临时用水水源

临时用水水源可采用市政水源或自备水源。施工单位宜在合同中与发包人约定临时用水的来源、市政给水管网的接驳点、市政管网接入的手续办理等内容。市政引入管上应设水表，各用水点可根据管理的需要分别设置水表。市政水源无法（完全）满足施工需要的，可设置取水设施、净水设施、贮水装置。但市政引入管严禁与自备水源供水管道直接连接。

临时生活用水和施工用水应在引入管后分成各自独立的给水管网，其中施工用水管网的起端应采取防回流污染措施。

生活给水的饮用水系统、杂用水系统和热水系统的水质应满足使用要求，并应符合国家现行有关卫生标准的规定。为保证生活饮用水管网不受污染，生活饮用水池（或水箱）应与其他用水的水池（或水箱）分开设置，且应有明显的标识。生活饮用水池（或水箱）应采用独立的结构形式，不宜埋地设置，且应采取防污染措施。生活饮用水管网严禁与非饮用水管网连接。严禁生活饮用水管道与大、小便器（或槽）直接连接。

当采用非饮用水或自备水源作为施工、冲洗和浇洒等用水时，应采取防止误饮误用的措施。

（2）临时用水量

临时用水量可根据临时用水定额计算。临时用水定额宜根据用途、卫生器具完善程度和区域条件等因素，按国家标准《建筑给水排水设计标准》GB 50015—2019 及有关标准确定。其中临时建筑消防给水设置应根据各类用房的性质、面积、层数等因素，按照国家现行有关防火规范执行，详见"施工消防管理"章节。

施工总用水量Q_s与如下用水量q_1、q_2、q_3、q_4、q_5有关,其中:
① 施工用水量q_1应按下式计算:

$$q_1 = K_1 K_2 \sum \frac{Q_1 N_1}{8 \times 3600 \, T_1 t}$$

式中 K_1——未预计的施工用水系数(可为1.05~1.15);
　　 K_2——用水不均衡系数(施工现场用水取1.5);
　　 Q_1——年度或季度分部分项工程量;
　　 N_1——分部分项工程施工用水定额(浇筑混凝土约2400L/m³;砌筑约250L/m³);
　 8×3600——每班按8小时计算,每小时3600秒;
　　 T_1——年度或季度有效作业日;
　　 t——作业日工作班数。

② 机械用水量q_2应按下式计算:

$$q_2 = K_1 K_3 \sum \frac{Q_2 N_2}{8 \times 3600}$$

式中 K_1——未预计的施工用水系数(可为1.05~1.15);
　　 K_3——用水不均衡系数(可取2.0);
　　 Q_2——同一机械台班数;
　　 N_1——机械台班用水定额;
　 8×3600——每班按8小时计算,每小时3600秒。

③ 施工现场生活用水量q_3应按下式计算:

$$q_3 = K_4 \sum \frac{P_1 N_3}{8 \times 3600 t}$$

式中 K_4——用水不均衡系数(施工现场用水取1.3~1.5);
　　 P_1——施工现场高峰昼夜人数;
　　 N_3——施工现场生活用水定额,一般为20~60L/(人·班),主要视当地气候而定;
　 8×3600——每班按8小时计算,每小时3600秒;
　　 t——作业日工作班数。

④ 生活区生活用水量q_4应按下式计算:

$$q_4 = K_5 \sum \frac{P_2 N_4}{24 \times 3600}$$

式中 K_5——用水不均衡系数(取2.0~2.5);
　　 P_2——生活区居民人数;
　　 N_4——生活区昼夜全部生活用水定额;
　24×3600——每天24小时,每小时3600秒。

⑤ 消防用水量q_5详见"施工消防管理"章节。
根据上述参数,可计算非消防用水量Q':

$$Q' = q_1 + q_2 + q_3 + q_4$$

随后按如下方式计算未考虑漏水损失的施工总用水量Q:
① 如果$Q' < q_5$,且工地面积$< 50000 m^2$,则:

$$Q=q_5$$

② 如果 $Q' < q_5$，且工地面积 $\geqslant 50000\mathrm{m}^2$，则：

$$Q=q_5+\frac{1}{2}Q'$$

③ 如果 $Q' \geqslant q_5$，则：

$$Q=Q'$$

最后，将计算施工总用水量 Q 乘以一个考虑漏水损失的系数 1.1，得到施工总用水量 Q_s：

$$Q_s=1.1Q$$

例 7.3.2.1 临时用水量计算

(3) 临时用水的水压

各用水点压力应满足使用要求。各配水横管的给水压力大于 0.35MPa 时，应设置减压或调压设施。采用市政水源的，生活给水系统应充分利用城镇给水管网的水压直接供水。当城镇管网的压力无法满足使用要求，且供水条件许可时，宜采用管网叠压供水方式。

(4) 临时用水管网的设置

室内、外给水系统应采用卫生安全、耐压、耐腐蚀、连接密封性好的管材、配件和阀门，并应采取有效的措施防止管网漏损现象。给水管网一般沿道路布置。给水管道穿过施工道路等部分，可加设套管并埋入地下 $\geqslant 0.6\mathrm{m}$ 处以防损坏。在严寒地区和寒冷地区等有可能结冻的场所，给水排水管道和设施还应采取防冻措施。

给水管道布置的原则如下：

① 应能保证不间断供水，主要供水管线采用环状布置，孤立点可设支线。

② 管道铺设距离尽可能短，且经过所有用水点。

③ 要考虑施工期间各段管网移动的可能性。

④ 尽量地利用已有的或提前修建的永久管道。

给水管道的管径应能满足最大流量、水流速度等要求。一般管网中的水流速度 $v=1.5\sim 2\mathrm{m/s}$。注意到 $1\mathrm{m}^3=1000\mathrm{L}$；$d=2r$，则每秒通过 1m 管道中水的体积为：

$$V=\pi r^2 v \times 1=\frac{Q}{1000}$$

因此管道的半径为：

$$r=\sqrt{\frac{Q}{1000\pi v}}$$

管道的直径为：

$$d=2\sqrt{\frac{Q}{1000\pi v}}$$

同时，管径尚需满足消防给水管的有关直径要求，一般不小于 DN100，详见"施工消防管理"章节。

例 7.3.2.2 给水管道管径计算

(5) 临时热水供应系统

浴室等场所宜设置热水供应系统。热水供应系统热源的选择，应根据施工现场、当地气候和自然资源条件综合确定，宜优先利用可再生能源。燃气热水器、电热水器必须带有保证使用安全的装置。当采用燃气作为热源时，除平衡式燃气热水器外，其他燃气热水器不得设置在淋浴室内,并应设置可靠的通风排气设施。

(6) 临时排水系统

施工现场应保证排水设施通畅,场地内不得大面积积水。临时建筑、设施周边采用明沟或散水排水,定期疏浚清理。室内、外排水应有组织地排放,不得污染周边环境和水体。排水系统应按污水和雨水分流的原则设计。排入城市下水道、明沟(或明渠)和自然水体的污、废水应根据排放要求进行处理,并应达到规定的排放标准。生产过程产生的泥浆和污水未经沉砂池等处理,不得直接排放。在水资源紧缺地区,宜根据施工现场和区域降雨情况,采取雨水收集回用的措施。

生活饮用水储水箱(或水池)的泄水管和溢流管、开水器和热水器的排水管不得与污、废水管道系统直接连接,应采取间接排水的方式。卫生器具内无水封时,在室内排水沟与室外排水管道连接处应设置水封装置,且水封深度不得小于50mm。食堂内排水宜与其他排水系统分开单独设置,并应采取隔油处理措施。化粪池距离地下水取水构筑物不得小于30m。

2. 施工临时用电

施工现场供用电应依据《建设工程施工现场供用电安全规范》GB 50194—2014、《施工现场临时用电安全技术规范》JGJ 46—2005等要求实施。

关联知识 7.3.2.1 《建设工程施工现场供用电安全规范》

关联知识 7.3.2.2 《施工现场临时用电安全技术规范》

3. 采暖、通风与空调

严寒地区和寒冷地区的临时建筑宜设采暖设施。最热月平均室外气温不低于25℃地区的临时建筑可设置空调设备。空调室外机应统一安装,其安装位置应统一设计。室外机应设置在通风良好、便于散热的地方,并应避开人行通道。空调设备的冷凝水应有组织排放。冷凝水不应直接与污水管或雨水管连接。

当办公室、会议室、宿舍、文体活动室及餐厅等房间设置空调时,夏季室内设计温度不宜低于26℃,冬季室内设计温度不宜高于18℃。当公共浴室设置采暖设施时,采暖室内设计温度宜为 25℃，并应有防止烫伤的措施。

临时建筑内严禁采用明火采暖。设置空调及采暖时，宜采用单元式空调机或多联式空调机。除电力充足和供电政策支持外，不应采用直接电热式采暖供热设备。

浴室、厕所、盥洗室等，当利用自然通风不能满足室内卫生要求时，应设置机械通风，其排风换气次数不应小于 10 次/h。

7.3.3 施工消防管理（选修）

施工现场的消防管理工作，应遵照国家有关法律法规，以及《建筑防火通用规范》GB 55037—2022、《建设工程施工现场消防安全技术规范》GB 50720—2011 等规程规范的要求执行。

请扫码学习有关内容。

7.3.4 文明施工

文明施工是指在建筑施工活动中，加强施工现场管理、保持施工现场良好作业环境、改善城乡风貌和环境卫生、维护作业人员身体健康，并减少对周边环境影响的施工活动。

文明施工有利于培养和提高施工队伍的整体素质，促进企业综合管理水平的提升，提高企业的知名度和市场竞争力。

文明施工的基本要求包括：围挡、大门、标牌标准化，材料码放整齐化，安全设施规范化，生活设施整洁化，职工行为文明化，工作生活秩序化，以及工完场清、施工不扰民、现场不扬尘、运输无遗撒、垃圾不乱弃，努力营造良好的施工作业环境等内容。

1. 文明施工策划

工程开工前，建设单位应办理与施工有关的各项管理审批手续。施工单位应进行文明施工策划，编制文明施工组织设计，或在施工组织设计中包含文明施工措施。施工单位、监理单位应建立文明施工、环境保护、环境卫生管理和检查制度，并做好检查记录。

2. 现场宣传

施工现场应张贴和悬挂安全生产、文明施工等宣传标语，主要施工部位、作业点、危险区域以及主要通道口必须有针对性地设置醒目的安全警示标志和警示灯。标语应规范、整齐、美观，安全警示标志应符合国家标准。

施工现场应设置宣传栏，并应及时更换宣传内容。设置宣传栏应牢固美观。

3. 人员管理

进入施工现场的工作人员应佩戴工作卡，工作卡内容包括：照片、单位、姓名、职务、部门、工种、编号等。鼓励施工企业采用人脸识别等信息化管理手段。提倡实施建筑务工人员实名制管理和"平安卡"制度，提倡安装工地现场视频监控设备。

普通工人、特种作业工人、施工管理人员、监理管理人员的安全帽（工作服）颜色应区分，宜分别为黄、红、白、蓝色。分包单位作业人员的安全帽（工作服）上宜做出标记以便于区别。

4. 治安保卫

施工现场要建立门卫制度、门卫巡视执勤制度，配备专职门卫值守人员，实行人员出入登记和门卫交接班制度。应安排门卫人员24小时值班，检查车辆、人员、材料出入证件和单据，或采用信息化管理手段识别、监控往来人员、车辆，严禁无关车辆、人员擅自进入施工现场。同时，加强对财务、库房、宿舍、食堂等易发案件区域的管理，要明确治安保卫工作责任人，制定防范措施，防止发生各类治安案件。要做好成品保卫工作，制定具体措施，严防被盗、破坏和治安灾害事故的发生。

项目管理机构应组织全体人员认真学习有关法律法规知识，增强法治观念，杜绝打架斗殴、赌博等违法行为发生。

施工现场治安保卫工作要建立预警制度，对于有可能发生的事件要定期进行分析，化解矛盾。事件发生时，必须报各上级主管部门，并做好工作，以防事态扩大。

5. 场地容貌

各区域场地容貌管理的要点如表7.3.4.1所示。

表7.3.4.1　场地容貌管理的要点

区域	管理要点
办公室	① 应在办公室醒目位置张贴施工许可证、规划许可证、主要管理人员组织机构图，墙上应张挂各种管理制度、岗位责任制及施工图表等，保持室内整洁卫生，避免杂乱。 ② 办公室内各种文件资料应归类存放，技术资料应存放于专用档案柜
宿舍	① 宿舍内应设置单人铺，层铺的搭设不应超过2层。严禁使用通铺。 ② 宿舍内宜配置生活用品专柜，宿舍门外宜配置鞋柜或鞋架。宿舍生活用品应摆放整齐，环境卫生应良好。 ③ 宿舍应设有盖垃圾桶，不乱泼乱倒。 ④ 夏季宿舍内应有防暑降温和防蚊蝇措施，冬季宿舍内应有采暖和防一氧化碳中毒措施。 ⑤ 应符合防火、电气使用等安全要求
食堂	① 食堂应建立食品卫生管理制度，严格执行《中华人民共和国食品卫生法》和有关管理规定。 ② 具备清洗消毒的条件和传染疾病的措施。 ③ 食堂内应在明显处张挂卫生许可证、炊事人员健康证和卫生责任制度。炊事人员上班时应穿戴工作服、工作帽，保持个人卫生。不得穿工作服出食堂，非炊事人员不得随意进入制作间。 ④ 餐炊具应定期进行清洗消毒，并应存放在封闭的橱柜内

续表

区域	管理要点
食堂	⑤ 采购食物必须符合卫生要求，每天必须留样并做相应记录，禁止采购有毒、有害、变质食物。食物应有遮盖，遮盖物品应有正反面标识。各种佐料和副食应存放在密闭器皿内，并应有标识，同时做到生熟分开。 ⑥ 售饭窗前应根据就餐人数提供符合卫生条件的就餐点，配备足够数量的简易餐桌，提供茶水。 ⑦ 就餐点及宿舍区必须配置密封式的泔水桶，并及时清运，禁止乱丢废物和剩余的饭菜
卫浴	厕所、淋浴间、盥洗室应设专人负责清扫、消毒，化粪池应定期清掏
其他	① 施工现场的文体活动室宜单独设置，使用面积不宜小于 $50m^2$，内设电视机、书报、杂志等文体活动设施、用品。 ② 施工区应设置固定的吸烟室或吸烟处。吸烟室或吸烟处应远离危险区并配置必要的灭火器材。 ③ 生活区应设置供作业人员晾晒衣物的场地

6. 材料堆放

施工现场的各种设施设备、建筑材料、构配件、工具等必须按照施工总平面图划定的区域分类堆放整齐，并设置标识牌，内容应包括：名称、规格、品种、产地、进场时间、检验情况等。建筑材料的堆放原则是散材成方、型材成垛并采取防火、防锈蚀、防雨等措施。其中：

① 钢筋应按规格分别搁置整齐，离地宜大于 200mm，并挂设标识牌，标识牌应标明规格与检验状态。

② 砂、石料堆放场宜设砖砌围挡，墙厚不宜小于 240mm，高度宜为 600～1000mm。

③ 水泥仓库四壁有防潮、防雨措施，地面用混凝土硬化并应高于室外地坪 150mm以上。水泥应按不同种类、批次、生产日期和强度等级分别架空堆放整齐，架空高度宜大于 300mm。

④ 危险化学品及易燃易爆物品必须按其性质设置专用库房分类存放，不得露天堆放。仓库内保持整洁、畅通，设置警示标牌。

7. 废料垃圾管理

建筑废料、建筑垃圾要及时清理到固定存放点，分类堆放，并及时清运，不得长期堆放在作业区内。废料、垃圾清运时，应采用器具或管道运输，严禁随意抛掷。

8. 卫生防疫

施工单位应严格执行卫生防疫管理的法律法规规定，建立健全施工现场卫生防疫管理制度，对疾病做到"早发现、早报告、早隔离、早治疗"，控制疾病传播。

施工现场应有卫生急救措施（常用药品及绷带、止血带、颈托、担架等急救器材），由经培训合格的急救人员，为作业人员配备有效的防护用品。

施工单位应积极做好施工人员的饮食、饮水卫生工作。生活区应设置饮水供应点、供应设施，如开水炉、饮用水保温桶等，施工区应配备流动保温水桶，水质应符合饮用水安全卫生要求。饮水供应点、供应设施不得设在易被污染的场所。

施工现场应定期开展职业健康、卫生防疫的宣传教育。每个施工现场必须开展防治艾滋病知识的宣传。

施工现场作业人员发生法定传染病、食物中毒或急性职业中毒时,施工单位必须在2个小时向施工现场所在地的住房城乡建设主管部门和有关部门报告,并积极配合调查处理。

现场施工人员患有法定传染病时,应及时地进行隔离并通知卫生防疫部门处理。

7.3.5　绿色施工(选修)

请扫描学习有关内容。

7.3.6　绿色施工评价(选修)

请扫描学习有关内容。

模块 7.4

建设工程项目施工现场的信息化管理

在建设工程项目中使用基于3D技术的职业健康和安全管理软件,项目管理人员可以便捷地开展过去需要大量时间、人力,且不易直观呈现的诸多职业健康和安全管理工作,如:施工总平面布置、危大工程的设计复核、安全技术措施的交底等。

受限于本书的篇幅,以下仅简要介绍广联达BIM施工现场布置软件在建设工程项目职业健康和安全管理中的一些应用。广联达BIM施工现场布置软件是一款专业的施工现场三维建模和施工模拟轻量级BIM产品,软件在3D图形平台技术基础上内嵌了数百种施工场地布置常用的构件库,支持通过积木式建模交互方式快速建模,便于项目管理人员快速进行施工总平面布置的临建设计、标书制作、施工方案模拟、施工方案动画交底等工作。

请扫二维码观看教学视频：

模块 7.5

练习提高

请扫描二维码查看本单元习题：

单元 8　建设工程项目的采购与合同管理

2007年6月、7月，某房地产公司（甲方）与某建筑公司（乙方）签订《施工协议书》三份，约定将甲方投资建设位于某市某县的某城项目部分工程发包给乙方施工，约定合同价款约1597万元。以上三份《施工协议书》分别签订以后，乙方即进入工地开始施工。2007年8月，甲方对上述工程项目进行了招投标，但该招投标是由甲方开会具体安排运作中标、陪标事宜，而乙方根据甲方安排进行中标。中标后，双方又签订了《建设工程施工合同》两份，约定合同价款约1438元。该两份合同在某县住房和城乡建设局进行了备案。随着工程的进行，工程于2008年6月竣工，2008年10月由甲方验收合格。当乙方与甲方进行竣工结算时，甲方称应按照《建设工程施工合同》计算，于是乙方将甲方起诉至人民法院。

法院经过审理认为，甲、乙双方于2007年6月、7月签订三份《施工协议书》虽系双方真实意思表示，但《中华人民共和国招标投标法》第三条规定，在中华人民共和国境内进行的大型基础设施、公用事业等关系社会公共利益、公众安全的项目必须进行招标。根据《最高人民法院关于审理建设工程施工合同纠纷案件适用法律问题的解释》第一条规定，建设工程必须进行招标而未招标或者中标无效的，建设工程施工合同无效。因没有依法进行招标程序双方就签订了三份《施工协议书》，故该三份《施工协议书》为无效协议。而原、被告于2007年8月签订的两份《建设工程施工合同》，虽进行了招投标并在某县住房和城乡建设部门进行备案，但根据《中华人民共和国招标投标法》的有关规定，甲、乙双方在进行招投标之前不仅就实质性内容进行谈判，签订了《施工协议书》，原告对案涉工程实际进场施工，且在招投标过程中原、被告双方又存在串通投标，损害国家利益、社会公共利益或者他人的合法权益，故中标无效。双方据此签订的两份《建设工程施工合同》也无效。

最终，考虑本案双方首先签订三份《施工协议书》进场施工，且双方实际履行的也是《施工协议书》，故《施工协议书》系双方真实意思表示，应参照此支付工程价款，故判决甲方按《施工协议书》给付乙方剩余款项。

在建设工程项目管理中，有的从业人员的法律意识淡薄，缺乏依法订立和履行合同的意识，产生了合同管理上的问题，造成不少失误和损失，增加了管理的不确定因素和管理的成本。本单元将从我国法律关于建设工程招投标和建设工程合同的基本规定着手，讲解建设工程项目采购（招投标）与合同管理的基本知识和方法。

模块 8.1

建设工程项目的采购管理

学习目标

知识目标： 建设工程项目的采购概述；建设工程项目的一般采购；建设工程项目的招标投标采购；投标管理

技能目标： 能描述建设工程项目招标采购的基本流程；能描述建设工程项目招标采购的禁止性法律规定；能描述建设工程项目投标的基本流程

课程导入

采购是工程建设组织获取设计、施工、咨询和管理等各类工程服务和产品、材料、机械设备和劳动力的有效方式。一般将对设计、施工、咨询、监理等任务的发包和承包称为广义的建设工程项目采购，将工程材料、机械设备和劳动力等的采购称为狭义的建设工程项目采购。根据项目管理的基本原理，供方（即为组织提供货物、产品、服务的供应方、承包方、分包方等）的自身情况、供方在不同阶段提供的服务和产品最终决定了项目目标的实现情况。建设工程项目必须开展与采购有关的管理，通过适当的采购程序和采购方法，经济、高效地选择合适的供方，并高质量地获取所需的产品和服务。

8.1.1 建设工程项目的采购概述

1. 建设工程项目的采购方式

我国建设工程项目采购的方式主要有招标采购（包括公开招标、邀请招标）、询价、直接签订合同采购、零星采购等。国际上建设工程项目的采购方式也与我国大致相似。如世界银行贷款项目中的工程和货物的采购方式，按照其采购指南可分为国际竞争性招标、有限国际招标、国内竞争性招标、询价、直接签订合同和自营工程等。其中，国际竞争性招标和国内竞争性招标相当于公开招标，有限国际招标相当于邀请招标，直接签订合同一般用于针对单一来源的采购。

工程建设组织可根据项目规模、采购主体、采购内容等的不同选择采购方式。

（1）项目规模与项目采购方式

较小规模的建设工程项目，可以通过较简单的流程快速采购。

① 直接委托：可以将无需招标的工程项目、短期临时工作（如小型装饰装修工程、现场保洁服务、告示牌制作安装等）直接委托有资质的承包单位或个人。

② 询价：对于规格、标准统一，质量差别小，现货充足，价格变化小的物资，可以预先考察供应商并建立合格供应商名录，当需要采购物资时，从名录中选定若干家进行报价比较采购即可。

③ 零星采购：项目实施过程中采购金额小，市场现货充足，属于项目负责人采购权限范围内的物资，可以直接在市场上现款采购，一般也无需签订合同。

而对于投资较大的建设工程项目，由于其建设过程和结果对社会经济发展、人民健康安全财产等都有很大影响，我国一般要求采用招标投标的方式进行采购，并签订书面合同。所谓招标投标，是指采购方（即招标方）事先提出采购的条件和要求，邀请多家供应商（即投标方）参加投标，然后由招标方按照规定的程序和标准，一次性择优选择若干潜在的交易对象，并与其中提出最有利条件的供应商签订采购合同的过程，又称招标采购、招标投标、招投标等。如《中华人民共和国招标投标法》第三条规定："在中华人民共和国境内进行下列工程建设项目包括项目的勘察、设计、施工、监理以及与工程建设有关的重要设备、材料等的采购，必须进行招标：（一）大型基础设施、公用事业等关系社会公共利益、公众安全的项目；（二）全部或者部分使用国有资金投资或者国家融资的项目；（三）使用国际组织或者外国政府贷款、援助资金的项目。前款所列项目的具体范围和规模标准，由国务院发展计划部门会同国务院有关部门制定，报国务院批准。法律或者国务院对必须进行招标的其他项目的范围有规定的，依照其规定。"

根据有关法律法规的规定，招标又分为公开招标和邀请招标。

① 公开招标又称竞争性招标，是指招标人以招标公告的方式邀请不特定的法人或者其他组织投标。由于是公开发布招标信息，公开程度高，参加竞争的投标人多，竞争比较充分，招标人的选择余地大，当然费用也较高，费时较多，程序较为复杂。

② 邀请招标又称有限竞争招标，是指招标人以投标邀请书的方式邀请特定的法人或者其他组织投标。由于是在有限的范围内发布信息，进行竞争，虽然可以选择，但选择余地不大，它的费用和时间都可以省一些，但不正当竞争的风险稍大。

（2）采购主体与项目采购方式

当采购主体为普通自然人、法人时，采购行为一般是民事行为，适用民事法律。而当采购主体为政府部门时，则需按照《中华人民共和国政府采购法》《中华人民共和国政府采购法实施条例》等法律法规执行。

《中华人民共和国政府采购法》第二十六条规定："政府采购采用以下方式：（一）公开招标；（二）邀请招标；（三）竞争性谈判；（四）单一来源采购；（五）询价；（六）国务院政府采购监督管理部门认定的其他采购方式。公开招标应作为政府采购的主要采购方式。"

这样就以法律形式规定了当政府作为采购主体时必须采用的采购方式。

（3）采购内容与项目采购方式

建设工程项目采购内容既包括各类设计、咨询、施工、安装等服务，也包括设备、货物、材料等采购。不同的采购内容适用的法律法规不同，且采购方式也不同。如，采购设计服务时，可能使用到设计竞赛的方式。设计竞赛是由建设单位就设计理念、设计方案、设计问题等组织开展设计竞赛，广泛征集来自不同建筑师、设计单位的解决方案，并对征集到的方案进行评奖；建设单位根据设计竞赛结果，在综合研究分析后决定设计任务的采购和委托。又如，在我国建设工程项目的施工、勘察设计、货物采购应分别遵循《工程建设项目货物招标投标办法》《工程建设项目施工招标投标办法》《工程建设项目勘察设计招标投标办法》等的规定。而不同行业的施工招标，如房屋建筑和市政基础设施工程、铁路工程等，尚应遵循《房屋建筑和市政基础设施工程施工招标投标管理办法》《铁路工程建设项目招标投标管理办法》等的规定。

关联知识 8.1.1.1
必须招标的建设工程项目范围

关联知识 8.1.1.2
不招标的建设工程项目范围

关联知识 8.1.1.3
邀请招标的建设工程项目范围

关联知识 8.1.1.4
其他政府采购方式简介

2. 建设工程项目采购的原则

为了以较低价格采购到符合要求的服务或产品，避免盲目选择和不正当交易，建设工程项目的采购应遵循一定的原则进行。世界银行在其贷款项目的工程和货物采购指南中提出，尽管项目实施所遵循的具体采购规则和程序取决于项目的具体情况，但世界银行对货物和工程采购的要求一般是出于以下四个方面的考虑：

① 项目的实施需要经济性和效率性，包括所需工程和货物的采购。
② 向所有合格投标人提供同样的信息和平等的机会。
③ 促进借款国的承包业和制造业的发展。
④ 采购过程的透明性。

在我国，许多建设工程项目采购活动都属于民事活动。根据《中华人民共和国民法典》，民事主体（能够参与民事法律关系，享有民事权利和承担民事义务的当事人）在民事活动中应遵循平等、自愿、公平、诚实信用、公序良俗和绿色的基本原则。

而对于政府采购、大型建设工程项目采购等活动，由于采购主体、采购资金来源常常具有特殊性，采购主体的行为对采购资金的使用状况、政府采购现象、采购的结果、经济社会的发展等方面都具有较强的影响，必须加强规范管理，提高采购透明度，努力节约采购支出,提高效率,鼓励供应商参与采购活动,促进充分竞争,保证给予供应商公平和平等的待遇,维护国家利益和社会公共利益,做到诚实守信,提高公众对采购活动的信任度,促进廉政建设。《中华人民共和国政府采购法》第三条规定:"政府采购应当遵循公开透明原则、公平竞争原则、公正原则和诚实信用原则。"《中华人民共和国招标投标法》第五条规定:"招标投标活动应当遵循公开、公平、公正和诚实信用的原则。"

关联知识 8.1.1.5
民事活动的基本原则

关联知识 8.1.1.6
建设工程项目采购的基本原则

关联知识 8.1.1.7
政府采购行为的性质

3. 建设工程项目采购的组织

工程建设组织应组建专门的组织或指定专门的机构负责建设工程项目的采购工作。

(1) 一般采购

对于无需采用招标投标方式进行的采购的部分,采购工作相对简单。建设单位、(总)承包单位都可以组建专门的采购部门考察供应商或分包商,对合格的供应商、分包商进行清单管理,并由采购部门负责采购工作。

在建设工程项目管理机构中,也可以成立采购部或指定采购员、材料员、机械员、劳务员等负责相应内容的采购。

(2) 招标采购

对于需要进行招标的工程项目采购,如果组织具有编制招标文件和组织评标能力的,可以组建部门自行开展。《中华人民共和国招标投标法》《中华人民共和国招标投标法实施条例》规定,招标人具有编制招标文件和组织评标能力(指招标人具有与招标项目规模和复杂程度相适应的技术、经济等方面的专业人员)的,可以自行办理招标事

关联知识 8.1.1.8
招标代理机构

宜。如果采购人不具备上述的相关能力的,则可以委托专业的机构负责,这种机构一般是招标代理机构。招标代理机构是依法设立、从事招标代理业务并提供相关服务的社会中介组织。

招标人有权自行选择招标代理机构,委托其办理招标事宜。任何单位和个人不得以任何方式为招标人指定招标代理机构。招标代理机构应当在招标人委托的范围内办理、开展招标代理业务,并应当遵守招标投标法和本条例关于招标人的规定,任何单位和个人不得非法干涉。

4. 建设工程项目采购的计划

在采购活动开始前,组织应根据项目立项报告、工程合同、设计文件、项目管理实

施规划、采购管理制度、采购需求计划等编制采购计划。在采购设备、物资等时，还应对资源库存和调剂情况进行分析。

采购计划应包括采购模式和采购方式、采购内容和要求、采购的组织机构、采购进度计划等。

① 采购模式和采购方式：根据采购的内容不同，采购模式、采购方式应根据项目特点、法律法规要求，对不同模式和方式的实施可能性、优势劣势等对比分析后确定。如建设工程采购可采用平行发包、总承包等模式；材料、设备、劳务分包的采购可采用招标投标、询价等方式。

② 采购内容和要求：可以根据范围管理、管理目标的有关成果，按分解后的工作内容确定需要进行采购的产品、服务的内容和要求，特别是各项产品、服务的数量、技术标准和质量规范等。为了使采购工作经济、高效地进行，可以对部分内容进行再次分解或打包合并。如将类似的产品服务打包后实施批量采购，往往可获得更多的价格优惠；一次性大额采购要考虑融资情况和财务成本，因为大额采购会限制投标人数量，小额采购可能感兴趣的投标人不足等；要考虑制造、存储的条件和周期，对预制构件制造、运输周期要与安装进度协调，大量构配件堆放施工现场会影响施工，水泥采购要考虑有效期等。

③ 采购组织：对采购的部门、人员的安排，并将采购的任务分解、分配到相关责任人。

④ 采购进度：要根据建设工程项目的整体进度计划安排各项内容的采购，保障建设工程项目的顺利进行。

⑤ 其他采购要求：确定产品和服务验收、检验的方式和标准、供方资质审查要求、特殊的采购要求如人员文化背景、工作年限、培训要求等。

⑥ 计划编制和审批：正式编制建设工程项目采购计划，经过相关部门审核，并经授权人批准后实施。必要时，采购计划应按规定进行变更。

5. 建设工程项目采购的实施与监控

在采购过程中，各工程建设组织应根据采购计划、采购制度的要求开展采购，通过评审选择合适的供方，签订采购合同，并监督、监控和确认供方的供应过程。

（1）采购制度

工程建设组织应建立采购管理的有关制度。承包单位还应建立与投标有关的管理制度。有关制度的范围包括：

① 采购活动的基本管理目标、工作内容、基本流程、实施方式。

② 采购管理与控制的程序和方法。

③ 内部监督程序及其他管理要求等。

（2）供方选择和评审

采购组织应在技术、商务评审的基础上选择供方或产品，并保存有关评审记录。评审的内容可包括：

① 经营许可、企业资质。

② 相关业绩与社会信誉。

③ 人员素质和技术管理能力。
④ 质量要求与价格水平等。
（3）监控和验证

供方项目实施前，组织应对供方进行相关要求的沟通或交底，确认或审批供方编制的生产或服务方案。组织应对供方的下列生产或服务过程进行监督管理：
① 实施合同的履约和服务水平。
② 重要技术措施、质量控制、人员变动、材料验收、安全条件、污染防治。
③ 需根据项目管理需求实施供方的供应、承包或服务方案的内容审批。

对特殊产品（如特种设备、材料、制造周期长的大型设备、有毒有害产品等）和服务的供方，还应进行实地考察并采取措施进行重点监控，实地考察应包括下列内容：
① 生产或服务能力。
② 现场控制结果。
③ 相关风险评估，如对人员、资质、财务、质量、成本等方面变化情况的评价。

承压产品、有毒有害产品和重要设备（如预制构件、钢结构、梁板、危险化学品、起重机、盾构机等）采购前，组织应要求供方提供下列证明文件：
① 有效的安全资质。
② 生产许可证。
③ 其他相关要求的证明文件。

确认是针对特定要求实施认可的过程，一般宜在项目实施前或过程中进行。组织应依据采购合同或相关要求对供方的下列生产和服务条件进行确认。
① 项目管理机构和相关人员的数量、资格。
② 主要材料、设备、构配件、生产机具与设施。
（4）签订采购合同

组织应按建设工程项目合同管理的一般要求，与供方订立采购合同或规定相关要求。采购合同或相关要求应明确双方责任、权限、范围和风险，并经组织授权人员审核批准，确保采购合同或要求内容的合法性。
（5）移交、验收和确认

采购的服务和产品应按采购合同、采购文件及有关标准规范进行验收、移交，并办理完备的交接手续。应根据采购合同检查交付的产品和质量证明资料，填写产品交验记录。关于建设工程施工服务采购验收的内容，详见"建设工程项目的质量管理"等章节。

对于工程项目中涉及的一般材料、货物、设备等采购验收和确认，则应符合下列要求：
① 项目采用的设备、材料应经检验合格，满足设计及相关标准的要求。
② 检验产品使用的计量器具、产品的取样和抽验应符合标准要求。
③ 进口产品应确保验收结果符合合同规定的质量标准，并按规定办理报关和商检手续。
④ 采购产品在检验、运输、移交和保管过程中，应避免对职业健康安全和环境产生负面影响。
⑤ 采购过程应按规定对产品和服务进行检验或验收，对不合格产品或不符合项依据合同和法规要求进行处置。

⑥ 需针对进口产品的质量标准及服务要求进行验收，不合格的应及时实施处置。

（6）不合格产品或不符合服务的处置

采购验收和确认无法通过的不合格产品，必须严格按有关规定处理，对不合格产品进行记录和标识，并根据合同和相关技术标准采用返工、返修、让步接收、降级使用、拒收等方式进行处置。详见"建设工程项目的质量管理"等章节。

（7）采购资料归档

采购全过程的资料应归档保存。包括计划、供应商评价选择记录、采购招标投标文件、询价记录、合同以及要约与承诺的有关文件。详见"建设工程项目的信息、知识和技术管理"等章节。

8.1.2 建设工程项目的一般采购

建设工程的采购以及建设工程所用的材料、设备、施工机械、专业和劳务分包等的采购，在限额以上的，应采用招标投标方式采购的。限额以下采购的，工程建设组织可制定合格（劳务分包）供应商名录，建立长期良好的合作关系，按简化采购流程进行一般采购管理。

1. 建设工程项目的物资采购

建设工程项目所用的材料、设备、施工机械的采购，应根据有关需求计划、采购计划进行。物资采购的方式包括询价、零星采购等。

（1）询价

采用询价方式采购时，工程建设组织一般需要从合格供应商名录中选定若干家进行报价比较，随后签订合同进行采购。询价采购的一般过程是：

① 资源信息收集：工程建设组织及其项目管理机构应通过市场调查收集供应商信息，初步筛选合作意愿较强，信誉良好的供应商。

② 背景调查：对供应商的营业执照、管理体系认证、产品认证、产品加工制造能力、检验能力、技术力量、履约能力、售后服务、经营业绩等进行调查。

③ 供应商评审：组织安全、质量、技术、财务、商务、市场等部门人员对供应商进行评审。应重点关注其安全环境管理能力、质量管控能力、产品交付能力、售后服务、财务状况和履约信誉等情况。

④ 建立合格供应商名录：将通过评审的供应商列入合格供应商名录，并根据其供应范围、供应能力、质量保证能力等进行分级、分类管理。

⑤ 投标或报价：采购物资前，组织名录内 3 家以上的供应商参与投标或报价。

⑥ 签订合同：确定供应或服务单位，签订采购合同，约定采购费用、运输费用、交货期限、付款条件、售后服务等内容。对于物资需求大、采购价格优惠合理的物资，可签订长期供货协议，锁定采购价格。

（2）零星采购

零星采购是指偶然发生的、采购数量和金额较小的采购。如商务接待、零星材料、办公用品等的采购。

工程建设组织及其项目管理机构应确定零星采购的限额,限额以上的零星采购,经过有关部门和负责人审批后再进行。

进行零星采购时,采购部门和人员应选择可靠的供应商,应购买注有品名、商标、制造厂商、保质期等基本信息的合格商品,并对所采购物资的质量负责。应要求供应商开具发票、收款收据等凭证。

零星采购所用的资金,应按资金管理的有关要求纳入有关预算进行管理。零星采购的物资需要登记入库的,应按有关规定办理。

(3) 应急采购

在某些情况下,工程建设组织及其项目管理机构可能还需要应对紧急需要进行应急采购。应急采购前,采购部门和人员应检查库存情况,核实确需采购的,向有关部门和负责人报告,经审批后进行采购。

应急采购一般无需进行询价,应以最便捷的方式进行采购,兼顾价格和质量。应急采购结束后,采购部门和人员按有关规定办理资金开支手续、入库手续。

2. 建设工程项目的分包采购

建设工程项目限额以下专业分包、劳务分包的采购,也可以通过建立合格供应商名录,与分包单价建立良好的合作关系,按照简化采购的过程进行。分包采购的一般过程是:

① 资源信息收集:由总承包商应定期收集、筛选分包单位资源信息,初选合作意愿较强、施工信誉和业绩良好、劳动力及管理人员充足、符合各种资格条件、具有较完善的内部管理体系的分包单位。

② 资格审查:对分包单位的企业性质、企业规模、资质等级、社会信誉、获奖情况、资金情况、劳动力资源情况、施工业绩、履约能力、管理水平、企业信誉、不良行为和诉讼记录等进行审查。

③ 实地考察:对分包单位的内部管理模式、管理水平、已完工工程实体质量、在建工程管理水平、文明施工状况、劳动力分布等进行考察。

④ 评定:确定符合工程项目实施所需管理水平、劳动力数量要求的一批分包单位,列入合格供应商名录。

⑤ 投标或报价:工程项目实施前,组织名录内的分包单位进行投标或报价。

⑥ 签订合同:根据评标、报价对比、谈判、磋商的情况选定分包单位,发出中标通知书,依据建设工程合同范本等签订分包合同。

8.1.3 建设工程项目的招标投标采购

1. 招标投标采购的法律基础

招标投标是政府采购、大中型建设工程主要的采购方式。根据《中华人民共和国民法典》《中华人民共和国招标投标法》的规定，招标、投标、中标的过程实质上是合同订立的要约邀请、要约和承诺的过程。

（1）招标与要约邀请

要约邀请是希望他人向自己发出要约的意思表示。要约邀请的特点是：

① 要约邀请的对象不特定，存在广泛性。

② 内容不明确，不具有合同成立的主要条件。

招标行为的法律性质是一种要约邀请。具体表现为：

① 招标人向不特定的人发布招标通知书或投标邀请书，从众多投标人中寻找最佳合作者。

② 招标人发布招标通知或投标邀请书的直接目的在于邀请投标人投标，而不是直接与受邀请人签订合同，投标人投标之后并不当然要订立合同。虽然招标文件对招标项目有详细介绍，也提出了一系列条件，但它缺少合同成立的主要条件。比如价格等有待于投标者提出的内容。

③ 如果招标人不同意投标人的条件，可以拒绝投标，而不用承担法律责任。

综上所述，要约邀请只是订立合同的预备行为，而非订约行为，对行为人不具有合同意义上的约束力，即使对方完全同意或接受该要约邀请所提出的条件，发出要约邀请的一方仍不受约束。因此，作为要约邀请的招标行为一般没有法律约束力，招标人可以澄清、修改招标公告和招标文件。由于招标行为的特殊性，采购机构为了实现采购的效率和公平性等原则，对招标文件进行修改时也要遵循一些基本原则。如修改应在投标有效期内进行，应向所有的投标商提供相同的修改信息，并不得在此过程中对投标商造成歧视等。但这种约束力不是合同约束力。

（2）投标与要约

要约是一方当事人以缔结合同为目的，向对方当事人所做的意思表示。该意思表示应当内容具体确定，并表明经受要约人承诺，要约人即受该意思表示约束。

招标行为的法律性质是一种要约。具体表现为：

① 投标具有缔结合同的主观目的。投标人提交的投标文件均包含了根据招标人的条件提出的，自己订立合同的具体条件。在投标函中，投标人则明确表示，愿意以报出的价格按投标文件的内容与招标人签订合同，只要招标人承诺（发出中标通知书）就可签订合同。

② 作为要约的投标行为具有法律约束力。因为投标是一次性的，同一投标人不能就同一投标进行一次以上的投标，各个投标人对自己的报价负责。在投标文件发出后的投标有效期内，投标人不得随意修改投标文件的内容和撤回投标文件，一旦中标，投标人将受投标书的约束。

（3）中标与承诺

承诺是受要约人同意要约的意思表示。招标人一旦发出中标通知书，即表示招标人同意接受中标投标人的投标条件（即接受该投标人的要约的意思表示）。中标通知书发出以后，招标人和中标人各自都有权利要求对方签订合同，也有义务与对方签订合同。

确定招标、投标的法律性质后，对招标投标中的许多规定就更容易理解了。

2. 招标人的基本工作和流程

招标人的基本工作和流程包括：

（1）具备招标条件

招标的条件首先要有可以依法进行招标的项目，只有这样才能形成交易。其次要求招标项目是合格的项目，即具有与项目相适应的资金或者可靠的资金来源，具备必需的技术文件等。最后招标人应为法人或者其他组织，皆应是依法进入市场进行活动的经济实体，它们能独立地承担责任、享有权利。具备能力的采购人，应成立负责招标采购的组织和机构。不具备相关能力的采购人，可以自主选择并委托招标代理机构负责。

（2）进行招标采购策划

采购组织应在有关法律法规、企业制度、授权范围等的约束下，依据工程特点和条件、类似的采购经验等进行招标采购策划。招标采购策划应包括如下内容：

① 潜在供方研究：提前调研供方市场的实际情况，了解有意愿且有能力参与招标项目的潜在投标人的情况，预判潜在投标人的综合能力、提供技术方案的优劣性、投标报价策略的偏向性，从而为编制评标办法、标包划分等环节提供可靠而充分的依据。

② 采购要求：包括技术和商务要求。

③ 标包划分：标包划分是指将若干同类或类似项目合并成一个项目，或将一个项目拆分成不同项目实施招标采购。标包划分过大或过小对采购均有不利影响。一般标包预算越大，划分数量越少，承包商参与积极性也越大，招标成本和采购管理工作量就越小，但违约风险也大。反之亦然。

④ 进度计划：提出为如期完成建设工程项目必需的招标采购活动时间安排，考虑为应对采购中的风险而预留的时间余量，并满足招标投标法律法规对招标活动的时间规定。

⑤ 评标办法：在遵守招标投标法律法规的前提下，根据工程条件和特点，研究评标采用的规则、方法和程序。

（3）招标审批和备案

《中华人民共和国招标投标法》第九条规定："招标项目按照国家有关规定需要履行项目审批手续的，应当先履行审批手续，取得批准。"《中华人民共和国招标投标法实施条例》第七条规定："按照国家有关规定需要履行项目审批、核准手续的依法必须进行招标的项目，其招标范围、招标方式、招标组织形式应当报项目审批、核准部门审批、核准。项目审批、核准部门应当及时将审批、核准确定的招标范围、招标方式、招标组织形式通报有关行政监督部门。"

依法必须进行招标的项目，招标人自行办理招标事宜的，应当向有关行政监督部门备案。根据不同的建设工程项目，可能需要在招标的事前、事中、事后（中标），对招标采购活动本身、招标文件、中标结果等进行备案。

（4）编制招标文件

招标文件规定了招标采购的基本程序，提出投标人应知晓的关键信息、需求和条件，规定了拟订立合同的框架内容，是招标投标过程中最具重要意义的文件，其编制质量和深度关系着招标采购工作的成败。招标人自行办理招标事宜的，可自行准备招标文件；委托招标代理机构的，可将招标文件准备工作一并委托给招标代理机构。

招标文件的主要内容包括：招标公告或投标邀请书、投标人须知、评标办法、投标文件格式等，主要阐述招标项目需求概况和招标投标活动规则，对参与项目招标投标活动各方均有约束力，但一般不构成合同文件；工程量清单、设计图纸、技术标准和要求、合同条款等，全面描述招标项目需求，既是招标活动的主要依据，也是合同文件构成的重要内容，对招标人和中标人具有约束力；参考资料，供投标人了解分析与招标项目相关的参考信息，如项目地址、水文、地质、气象、交通等参考资料。

此外，法律法规中对招标文件做出了防止和排除招标人的不正当行为的若干规定，招标文件编制单位应当遵守。

(5) 编制标底和最高投标限价（如果需要）

招标人可根据需要编制标底和最高投标限价。

标底是建设单位对招标项目的预期价格，即准备付出全部费用的额度。编制标底主要是为了控制工程造价，并作为判断投标报价合理性、可靠性的内部依据。由于标底对评标得分有重要影响，为避免不正当竞争，标底在开标前必须严格保密。

最高投标限价是指招标人在招标文件中明确的投标人最高报价，投标价高于该价格的投标文件将被否决。最高投标限价无需保密，不作为评标的评分依据，但可作为投标人报价的参考。设置最高投标限价可以防止招标人恶意压低工程造价（过低的最高投标限价使投标人无利可图，而无人投标就会导致项目流标），防止投标人恶意抬高工程造价，以维护市场公平合理的可持续发展。

(6) 编制资格审查文件

资格审查是指招标人对资格预审申请人或投标人的履约能力和资格资质等进行的评估审查。资格审查既是招标人的权利，也是大部分招标采购的必要程序，对保障招标人和投标人的利益具有重要作用。

招标投标中的资格审查可分为资格预审和资格后审。关于资格预审和资格后审的区别如表 8.1.3.1 所示。

表 8.1.3.1 资格预审和资格后审对比

	资格预审	资格后审
审查时间	发售招标文件之前	开标后的评标阶段
审查人	招标人或资格审查委员会	评标委员会
评审对象	资格预审申请文件	投标文件
审查方法	合格制（凡合格者均可投标）或有限数量制（潜在投标人数量太多时选择特定数量的合格者参加投标）	合格制（凡合格者均进行评标）
优点	避免不合格申请人进入投标，节约成本；提高投标人的投标针对性、积极性；减少评标工作量，缩短评标时间，提高评标科学性；如果申请人数量太少，招标人可以修改招标文件以吸引更多的潜在投标人	减少资格预审环节，缩短招标时间；投标人数多，竞争性强，更有可能获取物美价廉的产品和服务；对潜在投标人的信息保密性高，可减少不正当竞争

续表

	资格预审	资格后审
缺点	招标时间长,招标人和投标人成本高;如果通过审查的申请人数少,则竞争性减弱;潜在投标人信息被事先收集掌握,如果保密工作不佳则可能导致不正当竞争	如果投标方案差异大,则评标工作难度也大;如果投标人数多,则评标时间、成本均增加
适用范围	技术难度大、投标文件编制成本高、潜在投标人数量多的项目	投标人数不多,或通用性、标准性强的项目

(7) 发布招标公告、资格预审公告或招标邀请书

基于招标投标的公开透明、公平竞争的原则,公开招标的建设工程项目为了吸引较多的潜在投标人参与,避免招标人与投标人相互勾结、暗箱操作,就必须将招标采购信息发布在知名度高、易于获取的媒介上广而告之。而对于邀请招标的建设工程项目,也需对一定数量(≥3家)的潜在投标人发出邀请,以增强竞争性,减少招标人和投标人相互串通的风险。

(8) 发售资格预审文件和招标文件

在发布招标信息后,应在招标公告、资格预审公告、投标邀请书等规定的时间发售资格预审文件和招标文件。如果采用资格预审的,则招标文件仅对通过资格预审的全部或部分申请人发售。

在公开招标中,为了使尽可能多的潜在投标人获取到资格预审文件和招标文件(仅针对不采用资格预审的项目),给潜在投标人预留较充足的准备时间,资格预审文件和招标文件发售时间均不得少于5日;自资格预审文件停止发售之日至提交资格预审申请文件的截止之日不得少于5日,自招标文件开始发出之日起至投标人提交投标文件截止之日不得少于20日。

考虑到招标文件编制、印刷、邮寄的可能花费,我国法律规定可以对招标文件收取一定的费用,但仅限于补偿印刷、邮寄的成本支出。这有助于平衡招标人、投标人的成本,促进投标人(特别是中小微企业)参与竞争,又能避免采购人、招标代理机构以出售招标文件盈利的行为。此外,如果招标过程中需要向投标人提供设计文件的,招标人也可以酌情收取押金,开标后投标人将设计文件退还的,招标人应当退还押金。

对于政府采购项目,为了更好地促进政府采购领域公平竞争、优化营商环境,《关于促进政府采购公平竞争优化营商环境的通知》(财库〔2019〕38号)提出:"实现电子化采购的,采购人、采购代理机构应当向供应商免费提供电子采购文件;暂未实现电子化采购的,鼓励采购人、采购代理机构向供应商免费提供纸质采购文件。"

(9) 进行资格预审(如果需要)

采用资格预审时,招标人或资格审查委员会应在提交资格预审申请文件截止之日后,按照资格预审文件载明的标准和方法组织开展。根据采购内容和资格预审结果,招标人应向全部(即合格制)或部分(即有限数量制)通过资格预审的潜在投标人发售招标文件。

(10) 踏勘、答疑、澄清、修改

为了使招标人、投标人更好地了解项目的有关信息,招标人出售资格预审文件、招

标文件后可组织踏勘项目现场,或组织召开投标预备会(又称答疑会、标前会议等),以使潜在投标人了解工程现场和周围环境情况,获取必要的信息。为了贯彻公平原则,避免招标人和投标人单独照面串通,招标人不得单独或者分别组织任何一个投标人进行现场踏勘。此外,现场踏勘属于投标人的自愿行为,招标人和招标代理机构不得将潜在投标人是否参加现场踏勘作为资格审查或评标加分条件之一,或以是否参加现场踏勘限制、排斥潜在投标人或投标人。

招标人还应对投标人在规定时间内(提交资格预审申请文件截止时间2日前,或投标截止时间10日前)就资格预审文件、招标文件提出的问题、质疑及时(3日内)做出答疑和澄清;如果澄清或者修改的内容可能影响资格预审申请文件或者投标文件编制的,则投标人应将澄清、修改结果书面通知所有文件收受人,并确保收受人有较充足的应对、修改时间(资格预审申请文件修改时间≥3日,投标文件修改时间≥15日)。

(11) 签收投标文件并按规定开标

在提交投标文件截止时间前,招标人或招标代理机构应按规定接收投标文件,并妥善保管。未通过资格预审的申请人提交的投标文件、不符合密封要求等的投标文件,招标人应拒收。

在提交投标文件截止的同时,招标人应按招标文件规定的地点,开启所有投标人提交的投标文件,公开宣布投标人的名称、投标价格及其他主要内容,即"开标"。如果投标人不足3个的,则不能开标,应当重新招标。

提交投标文件截止时间后提交的投标文件,招标人应拒收。

(12) 评标并确定中标人

开标后,招标人或招标代理机构应组建评标委员会,由评标委员会依据招标文件规定的评标标准和方法对投标文件进行审查、评审和比较。

评标委员会完成评标后,应当向招标人提出书面评标报告,并向招标人推荐1~3名中标候选人,随后由招标人确定中标人。国有资金占控股或者主导地位的项目,招标人应当确定排名第一的中标候选人为中标人。招标人也可以授权评标委员会直接确定中标人。

依法必须进行招标的项目,招标人应当自收到评标报告之日起3日内公示中标候选人,公示期不得少于3日。投标人或者其他利害关系人对依法必须进行招标的项目的评标结果有异议的,应当在公示期间提出,招标人应自收到异议之日起3日内做出答复;做出答复前,应当暂停招标投标活动。

关于评标和评标委员会的有关规定,可参看《评标委员会和评标方法暂行规定》。

(13) 中标并签署合同

中标人确定后,招标人应当向中标人发出中标通知书,同时通知未中标人,并与中标人在投标有效期内以及中标通知书发出之日起30日之内签订合同。招标人应当与中标人按照招标文件和中标人的投标文件订立书面合同,不得再行订立背离合同实质性内容的其他协议。中标通知书出后,招标人改变中标结果或者中标人放弃中标的,均应当承担法律责任。

招标人与中标人签订合同后5日内,应当向中标人和未中标的投标人退还投标保证金及银行同期存款利息。

如果招标人在招标文件中要求提供履约保证金的，投标人应按规定提供。履约保证金是招标人为了确保中标人履行合同，向投标人收取的金钱保证，具有履约担保的性质。履约保证金不得超过中标合同金额的 10%。投标人提交履约保证金的同时，招标人应当向中标人提供工程款支付担保。

依法必须进行招标的项目，招标人还应当自确定中标人之日起 15 日内向有关行政监督部门提交招标投标情况的书面报告。

3. 投标人基本工作和流程

（1）成立投标人

建设工程项目的投标人必须是法人或者其他组织，具备承担招标项目的能力，具备国家有关规定或招标文件要求的资格、资质条件，不得借用他人名义、他人资质参加投标。详见"编制资格审查文件"章节。

国家保护、鼓励各类符合资格、资质条件的潜在投标人参与各类招标采购活动，但与招标人存在利益关系，可能影响招标公正性的法人、其他组织或者个人除外。

如果招标人允许，两个以上法人或者其他组织可以自愿组成一个联合体（Joint Venture），以一个投标人的身份共同投标。联合体各方均应当具备承担招标项目的相应能力，但由同一专业的单位组成的联合体，按照资质等级较低的单位确定资质等级。组成联合体投标后，联合体各方不得再单独以自己的名义，或者参加另外的联合体投同一个标。

（2）获取招标文件

投标人拿到招标文件后，应进行全面细致的调查研究，分析招标文件的各项要求和条件，包括招标文件中的工作范围、专用条款以及设计图纸和说明，特别是招标文件中规定的实质性要求。若有疑问或不清楚的问题需要招标人予以澄清和解答的，应在收到招标文件后的规定期限内以书面形式向招标人提出。

（3）勘探、答疑

为更好地获取与编制投标文件有关的信息，投标人应按照招标文件中注明的现场踏勘和投标预备会的时间和地点，积极参加现场踏勘和投标预备会。

（4）编制投标文件

投标人应在规定的时间内（至少≥20 日）完成投标文件编制工作。如果招标人要求投标人提交备选方案的，投标人应当提交。

（5）提交投标文件和投标保证金

投标文件编制完成后应密封封装，并在提交投标文件的截止时间前提交至招标人或招标代理机构签收。在截止时间前，投标人还可以补充、修改或者撤回已提交的投标文件，并书面通知招标人。补充、修改的内容作为投标文件的组成部分。

如果招标人要求提供投标保证金的，则投标保证金应随投标文件提交给招标人或招标代理机构。投标保证金是为了避免因投标人在投标有效期内随意撤回、撤销投标或中标后不能提交履约保证金和签署合同等行为而给招标人造成损失，由投标人按照招标文件的要求向招标人出具的，以一定金额表示的投标责任担保。投标保证金除现金外，可以是银行出具的银行保函、保兑支票、银行汇票或现金支票。投标保证金不得超过项目估算价的 2%，且不得超过一定的数额（施工和货物项目不超过 80 万元，勘察设计项目不超过 10 万元）。招标结束后，投标保证金应按规定退回。投标截止后投标人撤销投标文件的，招标人可以不退还投标保证金。

（6）提交履约保证金并签署合同

如果投标人中标的，则按有关规定与招标人签署合同，并提交履约保证金，详见"中标并签署合同"章节。

4. 特殊项目的两阶段招标

对于技术复杂或者无法精确拟定技术规格的项目，招标人可以分两阶段进行招标。

第一阶段，投标人按照招标公告或者投标邀请书的要求提交不带报价的技术建议，招标人根据投标人提交的技术建议确定技术标准和要求，编制招标文件。

第二阶段，招标人向在第一阶段提交技术建议的投标人提供招标文件，投标人按照招标文件的要求提交包括最终技术方案和投标报价的投标文件。

招标人要求投标人提交投标保证金的，应当在第二阶段提出。

5. 招标采购的监督管理

招标采购作为涉及面广、竞争性强、利益关系敏感的经济活动，必须遵循公开、公平、公正、诚实信用的原则，有关行政监督部门有权对招标投标活动进行监督，有权查处招标投标活动中的违法行为。由于招标投标活动范围很广，专业性又强，很难由一个部门统一进行监督，有关行政管理事项分别由哪些主管部门分工负责，哪些是招标投标活动的行政监督部门，各个部门的具体职权划分等，都由国务院规定。

同时，招标投标活动当事人和其他相关单位、人员，也应接受依法实施的监督，这不仅是他们的法定义务，也是维护其自身合法利益的有力武器。

对招标采购的监督管理重点包括：

① 招标人的不正当行为。如泄露标底等保密信息，在招标文件中要求或者标明特定的生产供应者，编制含有倾向或者排斥潜在投标人的其他内容，招标代理机构在同一个项目中同时为招标人和投标人提供咨询服务等。

② 投标人的不正当行为。如串通投标（包括投标人之间相互串通，部分投标人之间的串通排挤另一部分投标人，投标人与招标人串通投标等），投标人向招标人或者评标委员会成员行贿的手段谋取中标，投标人以低于成本的报价竞标（低于成本的报价无助于建立正常的经济关系，对承包人而言无异于是自杀行为，不仅增加了项目中断失败的风险，诱发承包人降低工程质量的动机，还潜藏部分投标人骗取中标后实施其他不法行为的空间），投标人以他人名义投标或者以其他方式弄虚作假、骗取中标等。

③ 评标委员会的不正当行为。如私下接触投标人，收受投标人的财物或者其他好处，透露评标情况等。

④ 其他不正当行为。如其他任何单位和个人非法干预、影响评标的过程和结果等。

具体可参见有关法律法规条文的规定。

关联知识 8.1.3.1
《中华人民共和国招标投标法》

关联知识 8.1.3.2
《中华人民共和国招标投标法实施条例》

关联知识 8.1.3.3
《中华人民共和国政府采购法》

关联知识 8.1.3.4
《中华人民共和国政府采购法实施条例》

关联知识 8.1.3.5
《政府采购货物和服务招标投标管理办法》

关联知识 8.1.3.6
《工程建设项目勘察设计招标投标办法》

关联知识 8.1.3.7
《工程建设项目施工招标投标办法》

关联知识 8.1.3.8
《房屋建筑和市政基础设施工程施工招标投标管理办法》

关联知识 8.1.3.9
《评标委员会和评标方法暂行规定》

关联知识 8.1.3.10
《评标专家和评标专家库管理暂行办法》

8.1.4 投标管理

投标是各类投标单位承接项目的主要途径,在资源有限的情况下,投哪些项目的标,以何种策略进行投标,直接关系到是否能中标,中标后能获取多少利润,对组织的延续和发展影响重大。组织需在招标信息收集、分析过程中,围绕工程项目风险和利润,对比自身能力与招标人要求,进行投标决策,制定投标方案并实施。

1. 招标信息收集、分析

组织获取招标信息的途径包括:
① 各类公开发行的出版物。
② 信息平台。如政府采购信息平台、公共资源交易平台、招标采购交易平台。
③ 第三方机构。专门收集、分类整理招标信息的机构,一般是有偿提供。
④ 资源信息共享。如个人、机构的信息交换等。

投标单位应在广泛收集招标信息的基础上,识别和评审各类投标项目的投标要求,确认自身能力是否满足,从而筛选出有投标资格、具备投标前景且感兴趣的项目。这些要求包括:
① 招标文件和发包方明示的要求:在招标文件及工程合同等书面文件中明确提出的要求。
② 发包方未明示但应满足的要求:必须满足的行业技术或管理要求,与施工相关的法律、法规和标准规范要求及投标企业自身设计、施工能力必须满足的要求。
③ 法律法规和标准规范要求。
④ 组织的相关要求:如对项目管理机构的要求、投标企业为使发包方满意而对其做出的特殊承诺等。

2. 投标决策

我国建筑市场体量大、可投标的项目众多,而购买资格预审文件和招标文件、编制投标文件均有成本,投标单位不可能每标必投,必须首先筛选出可投项目,并有针对性地提出投标策略和报价方案。这种选择过程实际就是在诸多可能的方案中做出取舍的决策过程。

投标决策的结果直接关系到能否中标、中标后效益如何,影响着组织的存续发展和所有成员的利益。投标单位必须在信息收集分析的基础上,借助决策理论、决策方法进行投标决策。具体详见"建设工程策划与决策"章节。

一般将投标决策划分为前期投标决策阶段和后期投标决策阶段,每个阶段对应一类决策问题。

(1) 前期投标决策阶段

本阶段必须决策的问题是针对某个项目是否进行投标。决策必须在购买资格预审文件、招标文件前完成。决策的主要依据是招标广告、企业对工程和建设单位的调研考察、工程所在地的勘察调研资料等。如：

① 工程概况和建设单位信息。
② 市场经济环境、生产要素供应条件和价格、利率和汇率情况等。
③ 潜在竞争对手情况和发展机会。

一般有如下情况的，组织可放弃投标：

① 与本组织主营业务、兼营业务无关或差别过大的项目。
② 较大超出本组织技术力量、生产能力、财务融资能力的项目。
③ 本组织生产任务饱满，而工程盈利水平较低或风险较大的项目。
④ 本组织企业技术等级、信誉、施工水平明显不如竞争对手的项目。
⑤ 工程实施风险、建设单位支付违约风险较大的项目等。

(2) 后期投标决策阶段

本阶段主要决策应以何等策略（价格）投标。决定投标后即进入后期投标决策阶段，决策应在投标报价（递送投标书）前完成。在前期信息收集、分析的基础上，进一步决策应投什么性质的标，在投标中采取哪种策略。常见的投标性质和策略包括：

① 风险标：投标报价较高，中标概率难以确定，如果中标则能获得较多利润。还有一部分风险标的收益与项目完成情况、市场经济环境有关。完成情况好、市场经济情况佳则投标单位能获得较多利润，反之则可能亏本。

② 保本标：投标报价较低，中标概率大，但可在绝大多数情况下保证最低利润。

③ 盈利标：对于投标单位竞争力强、较有把握的项目，可以通过较高的投标报价争取尽可能多的利润。

④ 亏损标：投标报价可能不盈利甚至导致亏损，但投标单位为了争取市场地位（如进入新的国际市场）、减少亏损（如果承接不到项目，则企业无法继续运营）等目的也有可能采用。

3. 投标策划

根据决策结果，投标单位应在确保充分了解招标单位及有关各方的需求、要求的基础上制定投标目标，进行投标策划，依据规定程序形成投标计划，经过授权人批准后实施。

投标计划的内容可包括：

① 投标目标、范围、要求与准备工作安排。如投标团队组建、信息收集、目标分析、计划编制、沟通交流、风险评估等。
② 投标工作各过程及进度安排。
③ 投标所需要的文件和资料。
④ 与代理方以及合作方的协作。
⑤ 投标风险分析及信息沟通。
⑥ 投标策略与应急措施。
⑦ 投标监控要求等。

4. 投标实施

投标单位取得投标资格,获得招标文件后正式进入投标实施阶段。在本阶段的主要工作包括:

(1) 招标文件研究

投标单位首先应认真研究招标文件,充分了解其内容和要求。招标文件的研究重点包括:投标人须知、合同条款、设计图纸、工程范围及工程量、技术规范要求等。投标单位应重点关注招标文件中的以下方面问题:

① 投标人须知:投标人须知是招标人传递基础信息的文件,包括工程概况、招标内容、招标文件的组成、投标文件的组成、报价的原则、招标投标时间安排等关键的信息。投标单位应严格按招标文件的内容和范围编制投标文件,避免遗漏、多报,避免因提供的资料不全而被作为废标处理。此外,还要注意招标答疑时间、投标截止时间等重要时间安排,避免因遗忘或迟到等原因而失去竞争机会。

② 投标书附录与合同条件:重点关注招标人的特殊要求,投标人中标后应享受的权利、所要承担的义务和责任等。

③ 技术说明:重点关注技术说明、所采用的技术规范、技术说明中有无特殊工艺材料设备要求,是否允许材料、设备选择代用,以便较准确地确定投标价格。

④ 永久性工程之外的报价补充文件:重点关注是否存在旧有建筑物和设施的拆除,工程师的现场办公室及其各项开支、模型、广告、工程照片和会议费用等。

(2) 进行调查研究

投标人应对拟投标工程进行详细的调查研究,调查工程的自然、经济和社会条件,分析业主、咨询工程师的情况、业主的项目资金落实情况、参加竞争的其他公司与工程所在地的工程公司的情况、与其他承包商或分包商的关系等。

投标人可以参加现场踏勘和标前会议从而获得更充分的信息。

(3) 复核工程量

虽然大部分招标文件中提供了工程量清单,但投标者仍需要复核工程量以确定投标策略。如:

① 单价合同虽然一般以实测工程量结算工程款,但投标人仍应根据图纸仔细核算工程量,当发现相差较大时,投标人应向招标人要求澄清。

② 投标人在总报价大致确定的情况下,可以采用不平衡报价法,即对某些工程量在实施过程中可能减少的部分报低价以增强总报价竞争力;对某些工程量在实施过程中可能增加的报高价以增加利润。

③ 对于总价固定合同,工程量的估算错误可能带来无法弥补的经济损失,如果投标人发现工程量存在争议,且对投标人不利时,必须要求业主予以澄清和更正。如果业主不予更正的,投标人应按实际工程量调整报价。

核算工程量时,还要结合招标文件中技术规范要求复核工程量的具体条目和内容,避免出现单位、工程量或价格等方面的错误与遗漏。

(4) 制定施工组织设计

施工组织设计(技术标)是报价的基础和前提,也是评标的重要依据。施工组织设计直接决定了人工、机械与材料消耗水平,也直接影响了投标总报价。因此施工组织设计和投标报价(商务标)必须相互结合,同步编制。在施工组织设计中必须明确施工方法、主要施工机具配置、各工种劳动力的安排及现场施工人员的平衡、施工进度及分批竣工的安排、安全措施等内容,既能在工程安全、质量、进度等方面有优势,又有助于降低施工成本。

(5) 确定投标报价

投标报价计算应以施工组织设计、工程量复核的结果、施工预算等为基础,并与合同计价形式相协调。

(6) 投标文件编制和评审

基于施工组织设计和投标报价,投标人应按招标文件的有关要求进一步编制和完善投标文件。投标文件应对招标文件提出的实质性要求和条件做出响应,附带有竞争力的技术措施、管理方案、投标报价,为确保投标文件符合发包方及相关方的要求,可以经过投标文件内部评审后再投标。组织宜保存投标文件评审的相关记录。

投标文件内部评审的主要内容包括:

① 投标文件满足招标要求的程度。需要注意的是,投标不完备或投标没有达到招标人的要求,在招标范围以外提出新的要求,均被视为对于招标文件的否定,不会被招标人所接受。

② 技术标和实施方案的竞争力。

③ 投标报价的经济合理性。

④ 投标风险的分析与应对措施等。

(7) 正式投标

投标人按有关要求完成标书的准备与评审之后,就可以在投标截止日期之前向招标人正式提交投标文件。一般在招标文件中会注明投标文件提交的签章、密封、投标授权委托等具体要求,投标人必须全部遵守,以免投标文件被拒收或判定无效。

如果招标文件要求提供投标担保的,投标人应按要求提供。

5. 投标沟通

正式投标后,投标单位应依法与发包方或其代表有效沟通,分析投标过程的变更信息,形成必要的记录,为证实项目投标过程符合要求提供必要的追溯和依据。

投标沟通过程形成的有关记录包括:

① 沟通记录。

② 投标过程中的各类有关会议纪要。

③ 往来函件等。

6. 中标管理

中标后,投标单位应根据相关规定办理有关手续,准备合同谈判,并在规定时间内与招标人签订合同。

模块 8.2

建设工程项目的合同管理

知识目标：建设工程项目的合同管理；建设工程合同；建设工程的合同风险；建设工程合同的争议解决

技能目标：能描述建设工程项目合同评审的要点；能识别建设工程项目的合同风险；能识别建设工程合同的索赔事件；能计算建设工程合同索赔的工期和费用

建设工程项目采购离不开合同的保护和约束。合同规定了各方应履行的义务，是各相关方目标的具体体现，对建设工程项目管理的开展具有根本性的指导作用。建设工程项目实施过程中涉及的合同种类很多，大中型项目的合同数量数以千计，包括建设工程合同、买卖合同、租赁合同、承揽合同、运输合同、借款合同、技术合同等。其中，建设工程合同是最主要的合同管理对象。《中华人民共和国民法典》规定，建设工程合同是承包人进行工程建设，发包人支付价款的合同。建设工程合同包括工程勘察、设计、施工合同。对《中华人民共和国民法典》关于"建设工程合同"章节未规定的内容，可以适用承揽合同、委托合同的有关规定。

组织应根据《中华人民共和国民法典》《中华人民共和国建筑法》及其相关的国务院行政法规、部门规章、行业规范等的强制性规定，对各类合同的订立、履行、变更、索赔、终止、争议解决进行管理和控制，合法使用合同的知识产权，保证合同履行，达成各方预定目标，维护建筑市场秩序和合同当事人的合法权益。

8.2.1 建设工程项目的合同管理要点

合同管理应是全过程的管理，包括对合同订立、履行、变更、索赔、终止、争议解决以及控制和综合评价等内容的管理。项目合同管理应遵循下列基本程序：

① 合同策划与编制。

② 合同评审。

③ 合同谈判。

④ 合同订立。

⑤ 合同实施计划。

⑥ 合同实施控制。
⑦ 合同管理总结。

1. 建设工程项目合同管理的组织和责任体系

组织应建立项目合同管理制度，明确合同管理责任，设立专门机构或人员负责合同管理工作，配备符合要求的项目合同管理人员。

2. 合同策划与编制

合同管理机构、人员应在组织授权框架下实施合同的策划和编制活动，合同的策划与编制一般同步进行。合同策划需考虑的主要问题有：

① 项目需分解成几个独立合同，每个合同的工程范围。
② 采用何种委托和承包方式。
③ 合同的种类、形式和条件。
④ 合同重要条款的确定。
⑤ 各个合同的内容、组织、技术、时间上的协调等。

编制合同时，应注意保持合同与招标文件、投标文件实质性内容的一致性，否则合同无效且会被行政主管部门责令改正。这些实质性内容包括合同标的、价款、质量、履行期限等主要条款。此外，如果有关行政主管部门制定有通用合同示范文本的，则这些合同示范文本具有规范性、程序性、系统性、实用性、平等性、合法性等特点，内容详尽、条理清晰、责权明晰，有关合同可直接采用示范文本填写，在专用条款中进一步明确相关细节，或基于示范文本编制合同文本。

3. 合同评审

合同订立前，组织应进行合同评审，完成对合同条件的审查、认定和评估工作。一般由合同管理机构、个人负责召集工程、技术、质量、资金、财务、劳务、物资、法律等各相关部门，按照组织管理标准对合同的各项条款（又称管理底线）进行评审。

合同评审需实现以下目的：

① 保证合同条款不违反法律、行政法规、地方性法规的强制性规定，不违反国家标准、行业标准、地方标准的强制性条文。
② 保证合同权利和义务公平合理，不存在对合同条款的重大误解，不存在合同履行障碍。
③ 保证与合同履行紧密关联的合同条件、技术标准、施工图纸、材料设备、施工工艺、外部环境条件、自身履约能力等条件满足合同履行要求。
④ 保证合同内容没有缺项漏项，合同条款没有文字歧义、数据不全、条款冲突等情形，合同组成文件之间没有矛盾。通过招标投标方式订立合同的，合同内容还应当符合招标文件和中标人的投标文件的实质性要求和条件。
⑤ 保证合同履行过程中可能出现的经营风险、法律风险处于可以接受的水平。

根据采购方式的不同，一般采购、招标采购需要评审的合同文件有所不同。以招标方式订立合同时，组织应对招标文件和投标文件进行审查、认定和评估。需要评审的合同文件一般包括：招标文件及工程量清单、招标答疑、投标文件及组价依据、拟定合同主要条款、谈判纪要、工程项目立项审批文件等。

合同评审应包括下列内容：

① 合法性、合规性评审。

② 合理性、可行性评审。

③ 合同严密性、完整性评审。

④ 与产品或过程有关要求的评审。

⑤ 合同风险评估。

⑥ 合同内容涉及专利、专有技术或者著作权等知识产权时，应对其使用权的合法性进行审查。

对于合同评审中发现的问题，对合同文件及合同条件有异议时，应以书面形式提出，要求予以澄清或调整。对于双方不能协商达成一致的合同条款，可提请行业主管部门协调或者合同约定的争议解决机构处理。

合同评审结束后，将评审的综合意见上报组织主管部门和领导，按照管理权限确定是否批准订立合同。

4. 合同谈判

合同谈判是准备订立合同的双方或多方当事人为相互了解、确定合同权利与义务而进行的商议活动。组织应根据需要进行合同谈判，在不违背法律法规的前提下，就双方的权利、义务、责任和诉求达成一致，细化、完善、补充、修改或另行约定合同条款和内容。

合同谈判的人员一般需包括：

① 熟悉建设工程相关法律法规，保证合同合法合规，平等地确立合同当事人的权利和义务，避免合同无效、合同被撤销等情况的法律人员。

② 具有一定的工程技术知识和经验，防止合同出现影响安全、质量、进度目标等不利条款的技术人员。

③ 懂得工程经济，掌握主要生产要素成本和价格，保证合理公平利润的经济人员。

合同谈判之前，组织还应收集与合同订立、实施有关的信息和资料，提前掌握合同对方的资信状况、履约能力、发展阶段、已有业绩、合同标的由来、进展、资金来源等其他情况，并结合当时市场情况以及自身发展状况，制定本单位的谈判策略。

正式开展合同谈判时，合同双方应选择合适的场合、时间。合同谈判的内容可包括：重点解决订立合同应遵循的原则问题、订立合同的方式问题、缔约过失责任问题、格式条款问题、免责问题、合同无效问题、合同效力待定问题、合同条款规定不明应遵循的原则问题、合同风险处理问题、违约责任处理问题等。谈判过程是一个逐步妥协的过程，只有彼此考虑双方的关切，才能达成一致的意见。单纯坚持自己的观点、维护自身利益时，往往造成谈判的破裂。

关联知识 8.2.1.1
常见合同的评审和谈判重点

5. 合同订立

组织应依据合同评审和谈判结果，按程序和规定订立合同。根据《中华人民共和国民法典》等法律法规的规定，不得采取口头形式订立建设工程合同。

合同订立应符合下列规定：

① 合同订立应是组织的真实意思表示；不得采取欺诈、胁迫的手段或者乘人之危，使对方在违背真实意思情况下订立合同。

② 合同订立应采用书面形式，并符合相关资质管理与许可管理的规定。

③ 合同应由当事方的法定代表人或其授权的委托代理人签字或盖章；合同主体是法人或者其他组织时，应加盖单位印章。

④ 法律、行政法规规定需办理批准、登记手续后合同生效时，应依照规定办理。

⑤ 合同订立后应在规定期限内办理备案手续。

⑥ 审慎出具加盖单位公章的空白合同文件；不履行未生效、未依法备案的合同。

6. 合同实施计划

合同实施计划是保证合同履行的重要手段。组织应规定合同实施工作程序。合同实施计划需由组织的有关部门和专业人员编制，并经管理层批准。

合同实施计划应包括下列内容：

① 合同实施总体安排。

② 合同分解与分包策划。

③ 合同实施保证体系的建立。合同实施保证体系是全部管理体系的一部分，是为了实现合同目标而需要的组织结构、职责、程序和资源等组成的有机整体。合同实施保证体系应与其他管理体系协调一致。组织应建立合同文件沟通方式、编码系统和文档系统。

④ 对分包合同的管理。承包人应对其承接的合同做总体协调安排。承包人自行完成的工作及分包合同的内容，应在质量、资金、进度、管理架构、争议解决方式等方面符合总包合同的要求。分包合同实施应符合法律法规和组织有关合同管理制度的要求。

7. 合同实施控制

合同实施或合同履行是指工程建设项目的发包方和承包方根据合同规定的时间、地点、方式、内容和标准等要求，各自完成合同义务的行为。合同的履行，是合同当事人双方都应尽的义务。任何一方违反合同，不履行合同义务，或者未完全履行合同义务，给对方造成损失时，都应当承担赔偿责任。

对许多承包单位来说，合同文本的选择、合同条款的拟定、合同计价方式的确定等一般均没有较大的主导权，投标文件中已由业主确定，承包单位仅能就少部分非实质性条款进行谈判和修订。但合同签订后的良好的履行和跟踪管理，则考验承包单位的合同管理能力和水平。

合同签订以后，当事人必须认真分析合同条款，向参与项目实施的有关责任人做好合同交底工作,在合同履行过程中进行跟踪与控制,加强合同的变更管理,保证合同的顺利履行。合同实施控制包括自合同签订起至合同终止的全部合同管理内容。合同实施控制的工作包括:

(1) 合同分析

合同分析是从合同执行角度分析、补充、解释合同的具体内容和要求,将合同目标、合同规定落实到合同实施的具体问题和具体时间上,用以指导具体工作。合同分析往往由企业的合同管理部门或项目中的合同管理人员负责。

关联知识 8.2.1.2
合同分析的要点

(2) 合同交底

合同实施前,组织的相关部门和合同谈判人员应对项目管理机构进行合同交底。相关部门及合同谈判人员进行合同交底,既是向项目管理机构做合同文件解析,也是合同管理职责移交的一个重要环节。合同交底可以帮助熟悉合同中的主要内容、规定、管理程序,了解合同双方的合同责任、工作范围、法律后果,对合同的主要内容达成一致理解,帮助项目管理机构树立全局意识,避免合同违约。

合同交底可以以书面、电子数据、视听资料和口头形式实施,书面交底的应签署确认书。合同交底应包括下列内容:

① 合同的主要内容。

② 合同订立过程中的特殊问题及合同待定问题。

③ 合同实施计划及责任分配。

④ 合同实施的主要风险。

⑤ 其他应进行交底的合同事项。

(3) 合同跟踪与诊断

合同实施控制特别强调管理层和有关部门的作用,管理层和有关部门需在合同跟踪和诊断方面对项目管理机构进行监督、指导和协调,协助项目管理机构做好合同实施工作。项目管理机构应在合同实施过程中定期进行合同跟踪和诊断,对合同实施信息进行全面收集、分类处理,查找合同实施中的偏差,并定期对合同实施中出现的偏差进行定性、定量分析,通报合同实施情况及存在的问题。

合同跟踪和诊断的依据是:

① 合同。

② 依据合同而编制的各种计划文件。

③ 实际工程文件如原始记录、报表、验收报告等。

④ 依据管理人员对现场情况的直观了解,如现场巡视、交谈、会议、质量检查等。

合同跟踪和诊断的对象包括:

① 承包的任务:包括工程的质量、进度、数量、成本等。

② 分包人的工程和工作:对专业分包人的工作和负责的工程,总承包商负有协调和管理的责任,并承担由此造成的损失。因此,总承包人必须对分包人及其所负责的工程进行跟踪检查、协调关系,提出意见、建议或警告,保证工程总体质量和进度。

③ 业主和其委托的工程师的工作:业主是否及时、完整地提供了工程施工的实施条件,如场地、图纸、资料;是否及时给予了指令、答复和确认;是否及时并足额地支

付了应付的工程款项，这些对承包人工作的顺利开展、承包人的利益关系重大，也必须认真跟踪检查。

通过合同跟踪，可能会发现合同实施中存在偏差，即工程实施实际情况偏离了工程计划和工程目标，应该及时分析原因，采取措施，纠正偏差，避免损失。合同实施偏差分析的内容包括以下几个方面：

① 产生偏差的原因分析：可以采用鱼刺图、因果关系分析图、成本量差、价差、效率差分析等方法定性或定量地进行。

② 合同实施偏差的责任分析：即分析产生合同偏差的原因是由谁引起的，应该由谁承担责任。责任分析必须以合同为依据，按合同规定落实双方的责任。

③ 合同实施趋势分析：针对合同实施偏差情况，可以采取不同的措施，应分析在不同措施下合同执行的结果与趋势，包括最终的工程状况、合同违约方将承担什么样的后果等。

项目管理机构应根据合同实施偏差结果制定合同纠偏措施或方案，经授权人批准后实施。实施需要其他相关方配合时，项目管理机构应事先征得各相关方的认同，并在实施中协调一致。具体的纠偏措施包括各类组织措施、技术措施、经济措施、合同措施等。

(4) 合同变更

工程变更是指在工程施工过程中，根据合同约定对施工的程序、工程的内容、数量、质量要求及标准等做出的变更。根据我国《建设工程施工合同（示范文本）》有关变更的条款，除专用合同条款另有约定外，合同履行过程中发生以下情形的，应按约定进行变更：

① 增加或减少合同中任何工作，或追加额外的工作。
② 取消合同中任何工作，但转由他人实施的工作除外。
③ 改变合同中任何工作的质量标准或其他特性。
④ 改变工程的基线、标高、位置和尺寸。
⑤ 改变工程的时间安排或实施顺序等。

引发上述工程变更的主要原因包括：

① 业主新的指令，对建设工程的新要求、新意图，修改项目计划、削减项目预算等。

② 由于设计人员、监理方人员、承包商事先没有很好地理解业主的意图，或设计的错误，导致图纸修改。

③ 工程环境的变化，预定的工程条件不准确，要求实施方案或实施计划变更。

④ 由于产生新技术和知识，有必要改变原设计、原实施方案或实施计划。

⑤ 政府部门对工程新的要求，如国家计划变化、环境保护要求、城市规划变动等。

⑥ 由于合同实施出现问题，必须调整合同目标或修改合同条款等。

当必须实施变更时，应按照合同约定或者法律法规规定执行，变更或变更异议的提出，应符合合同约定或者法律法规规定的程序和期限。变更对合同价格及工期有影响时，相应调整合同价格和工期。当变更超过原设计标准或者批准规模时，应由组织按照规定程序办理变更审批手续。工程变更的基本程序为：

① 提出工程变更：根据工程实施的实际情况，承包商、业主方、设计方都可以主动提出。

② 工程变更的批准：承包商提出的工程变更，应该交予工程师审查并批准。由设计方提出的工程变更，应该与业主协商或经业主审查并批准。由业主方提出的工程变更，涉及设计修改的应该与设计单位协商，并一般通过工程师发出。工程师发出工程变更的权利，一般会在施工合同中明确约定，通常在发出变更通知前应征得业主批准。

③ 工程变更指令的发出及执行：为了避免耽误工程，工程师和承包人就变更价格和工期补偿达成一致意见之前有必要先行发布变更指示，先执行工程变更工作，然后再就变更价格和工期补偿进行协商和确定。

工程变更指示的发出有两种形式：书面形式和口头形式。一般情况下要求用书面形式发布变更指示，如果由于情况紧急而来不及发出书面指示，承包人应该根据合同规定要求工程师书面认可。

根据工程惯例，除非工程师明显超越合同权限，承包人应该无条件地执行工程变更的指示。即使工程变更价款没有确定，或者承包人对工程师答应给予付款的金额不满意，承包人也必须一边进行变更工作，一边根据合同寻求解决办法。

④ 工程变更的责任分析与补偿要求：根据工程变更的具体情况可以分析确定工程变更的责任和费用补偿。

由于业主要求、政府部门要求、环境变化、不可抗力、原设计错误等导致的设计修改，应该由业主承担责任。由此所造成的施工方案的变更以及工期的延长和费用的增加应该向业主索赔。

由于承包人的施工过程、施工方案出现错误、疏忽而导致设计的修改，应该由承包人承担责任。

此外，业主向承包人授标或签订合同前，可以要求承包人对施工方案进行补充、修改或做出说明，以便符合业主的要求。在授标后（或签订合同后）业主为了加快工期、提高质量等要求变更施工方案，由此所引起的费用增加可以向业主索赔。

（5）合同的索赔和争议解决

详见"建设工程合同的争议解决"章节。

（6）合同中止

合同中止应根据合同约定或者法律规定实施。因对方违约导致合同中止的，应追究其违约方责任；因不可抗力导致合同中止的，需按照合同约定或者法律规定签订部分或者全部免除责任协议，涉及合同内容变更的，应订立补充合同。项目管理机构应控制和管理合同中止行为。合同中止应按照下列方式处理：

① 合同中止履行前，应以书面形式通知对方并说明理由。因对方违约导致合同中止履行时，在对方提供适当担保时应恢复履行；中止履行后，对方在合理期限内未恢复履行能力并且未提供相应担保时，应报请组织决定是否解除合同。

② 合同中止或恢复履行，如依法需要向有关行政主管机关报告或履行核验手续，应在规定的期限内履行相关手续。

③ 合同中止后不再恢复履行时，应根据合同约定或法律规定解除合同。

8. 合同终止

根据《中华人民共和国民法典》，有下列情形之一的，债权债务（合同的权利义务关系）终止：

① 债务已经履行；
② 债务相互抵销；
③ 债务人依法将标的物提存；
④ 债权人免除债务；
⑤ 债权债务同归于一人；
⑥ 法律规定或者当事人约定终止的其他情形。
⑦ 根据《中华人民共和国民法典》第563条、第806条等的规定解除合同的。

一般情况下，当建设工程项目的发、承包人已分别按合同的约定支付款项和提供产品或服务后，合同即正常终止。详见"建设工程项目的收尾阶段管理"。

如果出现因不可抗力致使不能实现合同目的、履行期限届满前当事人一方明确表示或者以自己的行为表明不履行主要债务、催告后当事人一方未在合理期限内履行债务、当事人因违约行为致使不能实现合同目的等情形而导致合同终止的，应由合同双方通过协商、仲裁或诉讼等方式，根据合同约定及有关法律、法规的规定处理。受限于本书篇幅，可部分参考"建设工程合同的争议解决"章节，相关内容本书不再展开论述。

9. 合同管理总结

由于合同的重要性和复杂性，对于合同履行过程中的经验教训的总结就更为重要，组织管理层需抓好合同的综合评价工作，将项目个体的经验教训变成组织的财富。项目管理机构应进行项目合同管理评价，总结合同订立和执行过程中的经验和教训，提出总结报告。组织应根据合同总结报告确定项目合同管理改进需求，制定改进措施，完善合同管理制度，并按照规定保存合同总结报告。

合同总结报告应包括下列内容：

① 合同订立情况评价。
② 合同履行情况评价。
③ 合同管理工作评价。
④ 对本项目有重大影响的合同条款评价。
⑤ 其他经验和教训。

8.2.2 建设工程合同

1. 建设工程施工合同

建设工程施工合同包括施工总承包合同、施工分包合同。施工总承包合同的发包人是建设工程的建设单位，在合同中一般称为业主或发包人。施工总承包合同的承包人是承包单位，在合同中一般称为承包人。目前我国的施工分包合同包括专业工程分包合同、劳务作业分包合同。分包合同的发包人一般是取得施工总承包合同的承包单位，在分包合同中一般仍沿用施工总承包合同中的名称，即仍称为承包人。而分包合同的承包人一般是专业化的专业工程施工单位或劳务作业单位，在分包合同中一般称为分包人或劳务分包人。

为了规范和指导合同当事人双方的行为，国际工程界许多著名组织，如国际咨询工程师联合会（International Federation of Consulting Engineers，FIDIC）、美国建筑师协会（American Institute of Architects，AIA）等都编制了指导性的合同示范文本，规定了合同双方的一般权利和义务，对引导和规范建设行为起到非常重要的作用。

我国陆续颁布了《建设工程施工合同（示范文本）》GF—2017—0201、《建设项目工程总承包合同（示范文本）》GF—2020—0216，这些合同示范文本适用于房屋建筑工程、土木工程、线路管道和设备安装工程、装修工程等建设工程的施工承发包活动。

建设工程施工合同按照计价方式，可以分为单价合同、总价合同、成本加酬金合同等。

（1）单价合同

单价合同是发承包双方在合同中仅约定每项工程内容的单位价格（如每米、每平方米、每立方米的价格），结算、支付时则根据实际完成的工程量乘以该项工作的合同单价，得出应付工程价款的合同。单价合同可分为固定单价合同和变动单价合同，其中：

① 固定单价合同：固定单价合同是合同执行过程中，用于合同价款计算的综合单价不随各类因素变动，保持固定的合同。在这种合同中，发包人将价格变动引起的费用超支风险转移给了承包商，适用于工期较短、工程量变化幅度不大的项目。

② 变动单价合同：变动单价合同是合同执行过程中，用于合同价款计算的综合单价可被调整的合同，又称可调单价合同。在这种合同中，发包人和承包人较合理地分担了价格变动的风险，适用于各类工程项目，但合同价款的计算较复杂。

其中，变动单价合同的综合单价可以随工程量变动，也可以随社会经济因素调整。如，合同执行前双方先约定一个估计的工程量，合同执行过程中，如果实际工程量发生较大变化，则按合同约定的方式对综合单价进行调整。又如，合同双方可以约定，如果通货膨胀达到一定水平的，或国家政策发生变化的，或某些物价上涨超过一定水平的，综合单价可以进行调整。

单价合同的特点是：

① 单价合同并不规定用于工程价款计算的工程量，发包人、承包人在招标投标阶段也无需对工程范围做完整、详尽的规定和确认，从而缩短了招标投标的准备时间，并适用于无法事先准确计算工程量的项目。

② 在工程实施和结算阶段，合同双方都需要安排专门力量核实已经完成的工程量，协调工作量较大。

（2）总价合同

总价合同也称为总价包干合同，指在合同规定的工程范围和有关条件下，发包人应付给承包人的工程价款是一个规定、明确的数额,即当工程范围和有关条件不变时,工程的总价也保持不变。总价合同可分为固定总价合同和变动总价合同。其中:

① 固定总价合同:固定总价合同是以明确的设计文件、规范和标准为基础,工程范围、工程量和工程条件明确,合同的总价固定不变,不因为环境变化、工程量增减而变化的合同。固定总价合同适用于工程量小、工期短(通常1年以内),实施过程中环境、条件稳定、变化小的工程。

② 变动总价合同:变动总价合同也是以明确的设计文件、规范和标准为基础,其价格计算方式与固定总价合同类似,但却按时价(Current Price)计算暂定总价的合同。这里的总价是相对固定的价格,在实施过程中由于通货膨胀、设计变更、工程量变化、条件变化、外汇汇率、政策要求等原因导致成本增加时,可按合同约定对总价进行调整。相对于固定总价合同,承包人的价格变动风险较小,但发包人的费用控制风险和难度增大。

总价合同的特点是:

① 发承包双方在实施前都必须清楚、明确地描述所有的工程范围、内容特点、实施条件,通常要求具备详细完整的施工设计文件,招标投标准备时间长,不利于发包人在设计阶段获取承包人的改进意见。

② 由于承包人承担了全部的工程量计算复核风险和价格变动风险,承包人往往在报价中增加一笔应对价格变动及不可预见因素的费用,合同价格较高。

③ 在实施过程中,双方必须将设计和施工方面的变化控制在最小限度内,且经常因设计变更、条件变化频繁索赔。

④ 由于工程总价是基本不变的,因此在评标阶段发包人易于迅速确定最低报价,在中标阶段就较早的确定或者预测工程成本,并有利于调动承包人迅速完工的积极性。

⑤ 工程价款计算、结算也比较简单。

因此,总价合同适用于设计文件完整详细、工程范围和要求明确,投标期相对宽裕,发承包双方有足够时间分析复核工程量的工程。

需要注意的是,单价合同与总价合同有时在形式上很相似,但其性质是根本不同的。总价合同是以总价为优先,承包人报价、双方确定总价、最终结算均以总价为准。单价合同正好相反。

(3) 成本加酬金合同

成本加酬金合同与固定总价合同正好相反,工程价款是按照实际发生成本加上酬金计算的,又称为成本补偿合同。成本加酬金合同的形式有成本加固定费用合同、成本加固定比例费用合同、成本加奖金合同、最大成本加费用合同等。

① 成本加固定费用合同:双方经过讨论,综合考虑工程规模、估计工期、技术要求、工作性质及复杂性、所涉及的风险等因素,在合同中约定一笔固定数额的报酬作为管理费及利润,对工程发生的人工、材料、机械等直接成本则实报实销。

此外,成本加固定费用合同中还可以约定:如果因设计变更、工程量增加导致工程直接成本增加超过原估算成本的一定比例(如10%)时,原定的报酬可以增加;某些工程可根据工程进度分若干阶段支付,虽然不能鼓励承包人降低成本,但为了尽快地得到酬金,承包人往往会尽力缩短工期;可以在固定报酬之外根据工程质量、工期和节约成本等因素支付奖金，从而鼓励承包商积极工作。

成本加固定费用合同适用于工程总成本变化可能性不大的情况。

② 成本加固定比例费用合同：相比于成本加固定费用合同，成本加固定比例费用合同的酬金不是一个固定的数额，而是根据直接成本的一定比例计算报酬。因此报酬总额随直接成本的增加而增加，不利于缩短工期和降低成本。一般仅适用于工程初期难以描述工作范围和性质，工期紧迫，无法编制招标文件等情况。

③ 成本加奖金合同：在这种合同中，双方首先制定一个成本估算指标，并对成本估算指标约定底点（成本估算指标的 60%～75%）和顶点（成本估算指标的 110%～135%）。在合同结算时，如果工程实际成本低于顶点，则发包人向承包人支付一笔奖金（可约定为固定数额，或按直接成本一定比例计算的，但不超过某一限额的数额）作为酬金。如果工程实际成本低于底点，则发包人加大奖金支付的数额或比例。如果工程实际成本高于顶点，则发包人对超出部分进行罚款，但最大罚款数额不超过合同约定的最高奖金数额。成本加奖金合同适用于工程初期各项要求、条件不明，仅能确定某一成本估算指标的情况。

④ 最大成本加费用合同：在最大成本加费用合同中，当设计深度达到可以报总价的程度时，投标人报出一个最大保证价格和一个固定数额的酬金。后期实施过程中，如果实际成本超过最大保证价格，则承包人承担所有超出部分的费用。如果实际成本低于最大保证价格，则节余部分归业主所有，或业主与承包商按合同中约定方式分享。非代理型（风险型）CM 模式合同就采用这种方式。

除最大成本加费用合同外，上述各类成本加酬金合同的特点是：

① 发包人往往承担了所有工程量和价格变动的风险，费用控制难度大。

② 承包人由于无需承担价格风险，往往缺乏控制成本的积极性，甚至期望通过提高工程成本增加自己的经济收益，容易被不道德、不称职的承包商滥用，损害工程的整体效益。

因此，这些合同通常仅适用于工程特别复杂，工程技术、结构方案、工程费用、工程进度不能预先确定，或不易进行竞争性招标，难以通过总价合同或单价合同约定的工程项目。如具有研究开发性质的项目，时间特别紧迫而无法详细计划商谈的抢险、救灾项目等。

在某些特殊工程项目中，成本加酬金合同还有以下优点：

① 可不必等待所有施工图完成才开始招标和施工，工期得以缩短。

② 承包人积极性高，对工程变更、不可预见条件反应快。

③ 可以利用承包人的技术力量改进设计阶段的工作。

采用成本加酬金合同的，发包人和承包人还需注意以下问题：

① 应设定和明确向承包人支付酬金的条款，包括支付时间、金额计算方法、金额（由于变更和其他变化）调整的方法等。

② 应设定一套用于实际发生成本记录、记账、确认的方法和格式，并仔细保留与工程实际成本有关的各类账单、票据、付款记录和证明等文件，以便双方在审核和结算过程中核对实施过程中的各类成本数据。

关联知识 8.2.2.1
《建设工程施工合同（示范文本）》

关联知识 8.2.2.2
《建设项目工程总承包合同（示范文本）》

关联知识 8.2.2.3
《建设工程施工专业分包合同（示范文本）》

关联知识 8.2.2.4
《建设工程施工劳务分包合同（示范文本）》

2. 建设工程勘察设计和咨询合同

建设工程勘察设计和咨询服务是以咨询人员的专业知识为客户提供专业化服务，提供解决问题的建议和方案。与施工、物资供应不同，建设工程咨询服务一般不需专门的生产设备，主要投入是人的智力，故建设工程咨询合同具有专业性、知识性、综合性等特点。

我国陆续颁布了修改后的《建设工程勘察合同（示范文本）》GF—2016—0203、《建设工程设计合同示范文本（房屋建筑工程）》GF—2015—0209、《建设工程设计合同示范文本（专业建设工程）》GF—2015—0210、《建设工程监理合同（示范文本）》GF—2012—0202。

关联知识 8.2.2.5
《建设工程监理合同（示范文本）》

关联知识 8.2.2.6
《建设工程勘察合同（示范文本）》

关联知识 8.2.2.7
《建设工程设计合同示范文本（房屋建筑工程）》

关联知识 8.2.2.8
《建设工程设计合同示范文本（专业建设工程）》

关联知识 8.2.2.9
国际工程合同

关联知识 8.2.2.10
建设工程勘察设计和咨询合同的
费用构成和计价方式

8.2.3 建设工程的合同风险

建设工程的特点决定了工程实施过程中技术、经济、环境、合同订立和履行等方面诸多风险因素的存在。建设工程的合同风险指合同中内含的，或由合同引起的不确定性。为了应对合同风险，需采用风险分配、风险转移等策略进行应对。

1. 合同风险的产生

工程合同风险产生的主要原因在于合同的不完全性特征。合同的不完全性源于经济学的概念，是指由于个人的有限理性，外在环境的复杂性和不确定性，信息的不对称、交易成本以及机会主义行为的存在，合同当事人无法证实或观察一切，这就造成合同条款的不完全。由于建设工程产品和服务的特殊性，建设工程合同的不完全性的表现比一般合同更加复杂。

合同的不完全性体现为：

① 由于人的有限理性、对外在环境的不确定性的无法完全预知、对未来情况无法准确判断，合同条款无法将所有事件囊括在内，合同条款内在具有不完全、不完备性。

② 人类的语言表达与实际情况总是存在某些不完全吻合的地方，语句不清晰、不细致、不严密、相互矛盾都会产生不完全性。

③ 合同双方在订立、执行合同时，主观、客观上均有疏忽、忽略部分合同条款的可能。

④ 合同双方为订立、实施某一条款以解决某特定事宜的成本超出了其收益，则合同的交易成本就高于合同订立带来的成本。相对于在合同中详细描述某些意外事件的应对条款，合同双方更有可能采取等一等、看一看，或等待问题出现再解决的策略。

⑤ 信息的不对称。主要体现在：业主并不真正了解承包商实际的技术和管理能力以及财务状况；承包商的实际能力随时间、人员流动、项目条件等而变化；承包商对建筑技术、材料、工艺的了解大大超出业主的了解程度；承包商不完全了解业主的支付能力等。

⑥ 合同双方都有机会主义、提供虚假信息、掩盖实际情况的可能动机。

根据上述原因，建设工程合同的风险就可分为合同工程风险、合同信用风险。其中合同工程风险是由客观原因、非主观故意导致的风险。合同信用风险是由于合同双方的机会主义行为,如业主拖欠工程款、承包商层层转包、非法分包、偷工减料、以次充好、知假买假等导致的风险。此外,按合同的执行不同阶段分,又可分为合同订立风险和合同履约风险。

2. 合同风险的分配

根据合同订立的基本原则,合同的风险应公正、公平地分配给合同双方,不应由其中的某一方不合理地承担。如果合同的某一方任意在合同中增加对方的约束性条款和对自己的免责条款,则可能产生如下后果:

① 不承担风险也就缺乏工程控制的积极性和内在动力,工程不能顺利进行。

② 不平等的风险冲抵了合理利润,合同方缺乏信心和履约积极性。较大风险出现时,合同方会倾向通过偷工减料、减少工作量、降低材料设备和施工质量标准以降低成本、放慢施工速度、停工,甚至中止合同,最终影响工程整体效益。

③ 如果合同所定义的风险没有发生,则其中一方必定多支付了报价中的不可预见风险费,另一方取得超额利润。

反之,合理的分配合同风险,则合同的不确定性降低,业主获得合理报价的可能更高,承包方可以更准确地计划和安排工程施工,并最大限度地发挥合同双方风险控制和履约的积极性,整个工程的产出效益可能会更好。相应地,合同风险分配的基本原则应该是:

① 从工程整体效益出发,最大限度地发挥双方的积极性,尽可能做到:能最有效地(有能力和经验)预测、防止和控制风险,或能有效地降低风险损失,或能将风险转移给其他方面的合同方;控制相关风险是经济的,即能够以最低的成本来承担风险损失,同时管理风险的成本、自我防范和市场保险费用最低,同时又是有效、方便、可行的合同方;可以加强合同方责任,发挥其管理和技术革新的积极性等。

② 公平合理,责权利平衡:即谁承担了风险,就应获取相应的价格、利润补偿。风险承担者同时应能享有风险控制获得的收益和机会收益。

③ 符合工程管理的普遍理念。

④ 符合工程惯例,即符合通常的工程处理方法。

3. 工程保险

保险是指投保人根据合同约定向保险人支付保险费,保险人对合同约定的可能发生的事故所造成的损失承担赔偿保险金责任,或者当被保险人死亡、伤残、疾病或者达到合同约定的年龄、期限时承担给付保险金责任的保险行为。

在建设工程项目中,各相关方通常通过购买工程保险的方式向保险人转移部分风险。工程保险是对以工程建设过程中所涉及的财产、人身和建设各方当事人之间权利义务关系为对象的保险的总称,是对建筑工程项目、安装工程项目及工程中的施工机具、设备所面临的各种风险提供的经济保障,是业主和承包商为了工程项目的顺利实施,以建设工程项目,包括建设工程本身、工程设备和施工机具以及与之有关联的人作为保险对象,向保险人支付保险费,由保险人根据合同约定对建设过程中遭受自然灾害或意外事故所造成的财产和人身伤害承担赔偿保险金责任的一种保险形式。

由于投保人将威胁自己的工程风险通过按约缴纳保险费的办法转移给保险人（保险公司），如果事故发生，投保人可以通过保险公司取得损失补偿，以保证自身免受或少受损失。其好处是付出一定的小量保险费，换得遭受大量损失时得到补偿的保障，从而增强抵御风险的能力。

按照国际惯例以及国内合同范本的要求，施工合同的通用条款对于易发生重大风险事件的投保范围做了明确规定，投保范围包括工程一切险、第三者责任险、人身意外伤害险、承包人设备保险等。

需要注意的是，业主和承包商投保后仍需预防灾害和事故，尽量避免和减少风险危害。工程保险并不能解决所有的风险问题，只是转移了部分重大风险可能带来的损害，业主和承包商仍然要采取各种有力措施防止事故和灾害发生，并阻止事故的扩大。

关联知识 8.2.3.1
保险的基本术语

关联知识 8.2.3.2
工程保险

4. 工程担保

担保是为了保证债务的履行，确保债权的实现，在债务人的信用或特定的财产之上设定的特殊的民事法律关系。其法律关系的特殊性表现在，一般的民事法律关系的内容（即权利和义务）基本处于一种确定的状态，而担保的内容处于一种不确定的状态，即当债务人不按主合同之约定履行债务导致债权无法实现时，担保的权利和义务才能确定并成为现实。

（1）担保的方式

常见的担保方式有五种：保证、抵押、质押、留置和定金。其中：

① 保证担保：又称第三方担保，是指保证人和债权人约定，当债务人不能履行债务时，保证人按照约定履行债务或承担责任的行为。

② 抵押：是指债务人或者第三人不转移对所拥有财产的占有，将该财产作为债权的担保。债务人不履行债务时，债权人有权依法从将该财产折价或者拍卖、变卖该财产的价款中优先受偿。

③ 质押：是指债务人或者第三人将其质押物移交债权人占有，将该物作为债权的担保。债务人不履行债务时，债权人有权依法从将该物折价或者拍卖、变卖的价款中优先受偿。

④ 留置：是指债权人按照合同约定占有债务人的动产，债务人不履行债务时，债权人有权依法留置该财产，以该财产折价或者以拍卖、变卖该财产的价款优先受偿。

⑤ 定金：是当事人约定一方向另一方给付定金作为债权的担保，债务人履行债务后，定金应当抵作价款或者收回。给付定金的一方不履行约定债务的，无权要求返还定金。收受定金的一方不履行约定债务的，应当双倍返还定金。

(2) 工程担保

工程担保中大量采用的是第三方担保，即保证担保。工程保证担保在发达国家已有一百多年的历史，已经成为一种国际惯例。工程担保制度通过经济责任链条建立保证人与建设市场主体之间的责任关系。工程承包人的不规范行为可能损害担保人的利益，因此担保人在提供工程担保时会对申请人的资信、实力、履约记录等进行全面审核，并根据被保证人的资信情况实行差别费率，对其履约行为进行监督。这种制约机制和经济杠杆迫使当事人提高素质，规范行为，保证工程质量、工期和施工安全。同时，工程担保制度对于解决承包商拖延工期、拖欠工人工资和分包商工程款和货款、保修期内不履行保修义务，设计人延迟交付图纸及业主拖欠工程款等问题也十分重要。实践证明，工程保证担保制度对规范建筑市场、防范建筑风险特别是违约风险、降低建筑业的社会成本、保障工程建设的顺利进行等具有十分重要和不可替代的作用。

建设工程中经常采用的担保种类有：投标担保、履约担保、支付担保、预付款担保、工程保修担保等。

关联知识 8.2.3.3
工程担保

8.2.4 建设工程合同的争议解决

1. 索赔

建设工程索赔通常是指在工程合同履行过程中，合同当事人一方因对方不履行或未能正确履行合同，或者由于其他非自身因素而受到经济损失或权利损害，通过合同规定的程序向对方提出经济或时间补偿要求的行为。引起索赔的原因可包括：

① 合同对方违约，不履行或未能正确履行合同义务与责任。
② 合同错误，如合同条文不全、错误、矛盾等，设计图纸、技术规范错误等。
③ 合同变更。
④ 工程环境变化，包括法律、物价和自然条件的变化等。
⑤ 不可抗力因素，如恶劣气候条件、地震、洪水、战争状态等。

表 8.2.4.1 列举了建设工程项目中常见的索赔类型。

表 8.2.4.1 索赔的分类

索赔分类	分类举例
当事人	① 承包人与发包人之间的索赔。 ② 承包人与分包人之间的索赔。 ③ 承包人或发包人与供货人之间的索赔。 ④ 承包人或发包人与保险人之间的索赔等。
目的和要求	① 工期索赔：指承包人向业主或者分包人向承包人要求延长工期。 ② 费用索赔：即要求补偿经济损失，调整合同价格。

续表

索赔分类	分类举例
事件性质	① 工程延期索赔：关于工期拖延、需要延迟工期的索赔。 ② 工程加速索赔：关于进度加快引起的额外开支索赔。 ③ 工程变更索赔：关于增加或减少工程量、修改设计、变更施工顺序等的索赔。 ④ 工程终止索赔：关于工程非正常终止、合同无法继续履行的索赔，或关于业主及其监理人下令暂停全部或任何部分工程引发的索赔。 ⑤ 不可预见的外部障碍或条件索赔等：由于一方无法控制的、该方在签订合同前不能对之进行合理防备的、发生后该方不能合理避免或克服的、不主要归因于他方的索赔。 ⑥ 其他索赔：关于货币贬值、汇率变化、物价变化、政策法令变化等原因引起的索赔
引发原因	① 因合同文件引起的索赔，包括合同文件的组成、有效性、图纸或工程量表中的错误等。 ② 因合同条件引起的索赔，包括增减工程量、各种额外的试验和检查费用、工程质量要求的变更、指定分包商违约或延误等。 ③ 因工程条件引发的索赔，包括各类地质条件、人为障碍。 ④ 因合同履约引发的索赔，包括工程进度太慢（预计可能违约）、工期延误、质量不满足合同要求、未按合同要求办理保险、未按合同要求采取合理措施、未按合同要求付款等。 ⑤ 因特殊风险和不可抗力引发的索赔，包括战争、敌对行动、入侵行为、核污染及冲击波破坏、叛乱、革命、暴动、军事政变或篡权、内战、自然灾害等

索赔是双向的，业主和承包商都可以向对方提出索赔要求，任何一方也都可以对对方提出的索赔要求进行反驳和反击，这种反击和反驳就是反索赔。针对一方的索赔要求，反索赔的一方应以事实为依据，以合同为准绳，反驳和拒绝对方的不合理要求或索赔要求中的不合理部分。

工程索赔是承包人和发包人保护自身正当权益、弥补工程损失的重要而有效的手段，是合同当事人之间一项正常的而且普遍存在的合同管理业务，是一种以法律和合同为依据的合情合理的行为。工程建设组织及其项目管理机构应按照规定实施合同索赔、反索赔的管理工作，保护自身的合法权益。

(1) 索赔成立的条件

索赔的成立，应该同时具备如下3个前提条件，缺一不可：

① 与合同对照，索赔事件已造成了索赔方工程项目成本的额外支出，或直接工期损失。所谓索赔事件，又称为干扰事件，是指那些使实际情况与合同规定不符合，最终引起工期和费用变化的各类事件。在工程实施过程中，要不断地跟踪、监督索赔事件，就可以不断地发现索赔机会。如某工程的工程量清单发生漏项，则承包商承担了额外的费用支出，因此在符合合同各项要求的情况下承包商可提出索赔。

② 造成费用增加或工期损失的原因，按合同约定不属于索赔方的行为责任或风险责任。如某地基工程在施工过程中发现了勘察设计文件中未提示存在的软弱土层，增加了承包商的地基处理费用，则承包商也可以提出索赔。

③ 索赔方按合同规定的程序和时间提交索赔意向通知和索赔报告。

(2) 索赔的依据和证据

为了使索赔合法、合理、有效，索赔还应基于合同文件、法律、法规、工程建设惯例、索赔证据进行。其中，索赔证据是当事人用来支持其索赔成立或与索赔有关的证明文件和资料。索赔证据作为索赔文件的组成部分，在很大程度上关系到索赔的成功与否。证据不全、不足或没有证据，索赔是很难获得成功的。因此索赔证据应该具有真实性、及时性、全面性、关联性、有效性。

常见的工程索赔证据包括：

① 合同文本：包括合同协议书及其附件、中标通知书、投标书、标准和技术规范、图纸、工程量清单、工程报价单或者预算书、有关技术资料和要求、施工过程中的补充协议、投标前发包人提供的参考资料和现场资料。

② 往来文件：工程各种往来函件、通知、答复、会谈纪要。发包人或者工程师签认的签证、发包人或者监理人发布的各种书面指令和确认书，以及承包人的要求、请求、通知书等。

③ 策划文件：经过发包人或者监理人批准的承包人的施工进度计划、施工方案、施工组织设计。

④ 现场记录：包括有关设计交底、工程材料和机械设备的采购、验收与使用等方面的凭证及材料供应清单、合格证书；工程现场水、电、道路等开通、封闭的记录，停水、停电等各种干扰事件的时间和影响记录；施工日记、备忘录；气象报告和资料，如有关温度、风力、雨雪的资料；各种检查验收报告和各种技术鉴定报告；工地的交接记录、工程有关照片和录像等。

⑤ 经济财务资料：包括市场行情资料，即市场价格、官方的物价指数、工资指数、中央银行的外汇比率等公布材料；财务账册、欠据、收据；工程结算资料、财务报告、财务凭证；各种会计核算资料等。

关联知识 8.2.4.1
证据材料

⑥ 法律资料：国家法律、法令、政策文件；确定有关权利的判决书、法律文件。

在工程项目实施过程中，会产生大量的工程信息和资料，这些信息和资料是开展索赔的重要证据。因此，在施工过程中应该自始至终做好资料积累工作，建立完善的资料记录和科学管理制度，认真系统地积累和管理合同、质量、进度以及财务收支等方面的资料。

（3）索赔的基本程序和方法

索赔的一般程序和方法包括：

① 索赔意向通知：在工程实施过程中发生索赔事件或发现索赔机会后，索赔方首先要提出索赔意向，即在合同规定时间内将索赔意向以书面形式（即索赔意向通知书）及时通知被索赔方，向对方表明索赔愿望、要求或者声明保留索赔权利。索赔意向通知书要简明扼要地说明索赔事由发生的时间、地点、简单事实情况描述和发展动态、索赔依据和理由、索赔事件的不利影响等。

② 索赔资料的准备：主要工作包括跟踪和调查干扰事件，掌握事件产生的详细经过；分析干扰事件产生的原因，划清各方责任，确定索赔根据；进行损失或损害调查分析与计算，确定工期索赔和费用索赔值；搜集证据，获得充分而有效的各种证据；起草索赔文件。

③ 索赔文件的提交：提出索赔的一方应该在合同规定的时限内向对方提交正式的书面索赔文件。我国《建设工程施工合同（示范文本）》规定，索赔方必须在发出索赔意向通知后的 28 天内或经过同意的其他合理时间内提交一份详细的索赔文件和有关资料。如果干扰事件对工程的影响持续时间长，则应按合理间隔（一般为 28 天）提交中

间索赔报告，并在干扰事件影响结束后的 28 天内提交一份最终索赔报告。否则将失去就该事件请求补偿的索赔权利。

索赔文件的主要内容包括：总述部分、论证部分、索赔款项或工期计算部分、证据部分等。总述部分概要论述索赔事项发生的日期和过程，索赔方为该索赔事项付出的努力和附加开支，具体索赔要求等。论证部分是索赔报告的关键部分，其目的是说明自己有索赔权，是索赔能否成立的关键。索赔款项或工期计算部分是为解决能得多少款项、工期的定量说明。证据部分要注意引用的每个证据的效力或可信程度，对重要的证据资料最好附以文字说明，或附以确认件。

④ 索赔文件的审核：承包人向发包人索赔的，索赔文件应交由监理人审核。监理人根据发包人的委托或授权，对承包人索赔的审核工作主要分为判定索赔事件是否成立和核查承包人的索赔计算是否正确、合理两个方面，并可在授权范围内做出判断，初步确定补偿额度，或者要求补充证据，或者要求修改索赔报告等。对索赔的初步处理意见要提交发包人。发包人根据监理人的初步处理意见进行审查和批准，然后监理人才可以签发有关证书。如果索赔额度超过了监理人权限范围时，应由监理人将审查的索赔报告报请发包人审批。

发包人向承包人索赔的，一般由承包人的项目负责人审核。

⑤ 协商：对于监理人的初步处理意见，发包人和承包人可能都不接受或者其中的一方不接受，三方可就索赔的解决进行协商，达成一致，其中可能包括复杂的谈判过程，经过多次协商才能达成。

⑥ 其他争议解决方式：如果经过努力仍无法就索赔事宜达成一致意见，则发包人和承包人可根据合同约定选择采用其他争议解决方式（如仲裁、诉讼等）解决。

（4）反索赔

反索赔的工作内容可以包括两个方面：

一是防止对方提出索赔，应采取积极防御的策略。首先，自己严格履行合同规定的各项义务，防止自己违约，并通过加强合同管理，使对方找不到索赔的理由和根据。其次，如果在工程实施过程中发生了干扰事件，则应立即着手研究和分析合同依据，搜集证据，为提出索赔和反索赔做好两手准备。

二是反击或反驳对方的索赔要求。如果对方提出了索赔要求或索赔报告，则自己一方应采取各种措施来反击或反驳对方的索赔要求。常用的措施有：

① 抓对方的失误，直接向对方提出索赔，以对抗或平衡对方的索赔要求，以求在最终解决索赔时互相让步或者互不支付。

② 针对对方的索赔报告，进行仔细、认真地研究和分析，找出理由和证据，证明对方索赔要求或索赔报告不符合实际情况和合同规定，没有合同依据或事实证据，索赔值计算不合理或不准确等问题，反击对方的不合理索赔要求，推卸或减轻自己的责任，使自己不受或少受损失。

对索赔报告的反击或反驳要点包括：

① 索赔要求或报告的时限性：审查对方是否在干扰事件发生后的索赔时限内及时提出索赔要求或报告。

② 索赔事件的真实性，索赔证据的有效性：分析对方所提供的证据是否真实、有

效、合法，是否能证明索赔要求成立。证据不足、不全、不当、没有法律证明效力或没有证据，索赔不能成立。

③ 干扰事件的原因责任分析：如果事件责任属于索赔者自己，则索赔不能成立，如果合同双方都有责任，则应按各自的责任大小分担损失。

④ 索赔理由分析：分析对方的索赔要求是否与合同条款或有关法规一致。

⑤ 索赔数额审核：如果经过上述的各种分析、评价，仍不能从根本上否定对方的索赔要求，则必须对索赔报告中的索赔值进行认真细致地审核，审核的重点是索赔值的计算方法是否合情合理，各种取费是否合理适度，有无重复计算，计算结果是否准确等。

（5）索赔费用的构成

索赔费用的主要组成部分同工程款的计价内容相似。我国现行规定参见《建筑安装工程费用项目组成》等标准规范和文件。从原则上说，属于工程合同约定工作范围之内的人工费、材料费、机械费、管理费等均不得索赔，只有因为索赔事件引发的额外费用才可以索赔。

① 人工费：可索赔的人工费是指完成合同之外的额外工作所花费的人工费用、由于非承包人责任的工效降低所增加的人工费用、超过法定工作时间加班劳动、法定人工费增长以及非承包人责任工程延期导致的人员窝工费和工资上涨费等。

② 材料费：由于索赔事件致使材料实际用量超过计划用量而增加的费用，包括材料价格大幅度上涨、非索赔方责任导致工程延期的材料价格上涨、超期储存费用、运输费、仓储费以及合理的损耗费用等。由于索赔方管理不善造成材料损坏失效，则不能列入索赔计价。对承包人来说，应该特别注意建立健全物资管理制度，记录建筑材料的进货日期和价格，建立领料耗用制度，以便索赔时能准确地分离出索赔事项所引起的材料额外耗用量。为了证明材料单价的上涨，索赔方应提供可靠的订货单、采购单，或官方公布的材料价格调整指数。

③ 施工机械使用费：包括由于完成额外工作增加的机械使用费、非索赔方责任工效降低增加的机械使用费、窝工费等。窝工费的计算，如系租赁设备，一般按实际租金和调进调出费的分摊计算。如系承包人自有设备，一般按台班折旧费计算，而不能按台班费计算，因台班费中包括了设备使用费。

④ 现场管理费：指索赔方为了完成额外工程、索赔事项工作以及工期延长期间的现场管理费，包括管理人员工资、办公、通信、交通费等。

⑤ 利息：主要包括拖期付款的利息、错误扣款的利息。利息的利率根据合同的约定，可以采用同期银行贷款利率、银行透支利率、合同双方协议的利率、银行贴现率加若干百分点等形式。

⑥ 分包费：分包人的索赔费，一般也包括人工、材料、机械使用费的索赔。分包人的索赔应如数列入总承包人的索赔款总额以内。

⑦ 总部管理费：指的是工程增加的企业总部管理费。包括总部职工工资、办公大楼、办公用品、财务管理、通信设施以及总部领导人员赴工地检查指导工作等开支。这项索赔款的计算目前没有统一的方法。国际工程的总部管理费索赔计算可采用多种。如，按投标书中的总部管理费的比例，或按公司总部统一规定的管理费比率计算，即：

总部管理费＝公司管理费比率×（直接费索赔款额＋现场管理费索赔款额等）

又如，按工程延期的总天数为基础计算，即：

$$总部管理费 = 同期内公司的总管理费 \times \frac{该工程的合同额}{同期内公司的总合同额} \times \frac{工程延期天数}{合同实施天数}$$

⑧ 利润：一般来说，由于工程范围的变更、文件有缺陷或技术性错误、业主未能提供现场等引起的索赔，承包人可以列入利润。但对于工程暂停的索赔，由于利润通常是包括在每项实施工程内容的价格之内的，而延长工期并未影响削减某些项目的实施，也未导致利润减少。所以，一般监理人很难同意在工程暂停的费用索赔中加计利润损失。索赔利润的款额计算通常是与原报价单中的利润百分率保持一致。

⑨ 保险和担保的费用。包括因为工期延误、工作时间延长导致的保险、保函等费用的增加。

具体计算索赔费用的方法有：实际费用法、总费用法和修正的总费用法。

① 实际费用法：是计算工程索赔时最常用的一种方法，即以实际开支加上应得的间接费、利润作为索赔金额。为了获得准确的数额，系统而准确地积累记录资料是非常重要的。

② 总费用法：是发生多次索赔事件以后，重新计算该工程的实际总费用，实际总费用减去投标报价时的估算总费用，即索赔金额。即：

$$索赔金额 = 实际总费用 - 投标报价估算总费用$$

由于实际总费用中可能包括了双方履约不当、投标报价估算不准、中标价过低等因素导致的费用变动，因此这种方法只有在难以采用实际费用法时才应用。

③ 修正的总费用法：是对总费用法的改进，即在总费用计算的原则上，去掉一些不合理的因素，使其更合理。修正的总费用法准确程度已接近于实际费用法。

修正的内容包括：将计算索赔款的时段局限于受到外界影响的时间，而不是整个施工期；只计算受影响时段内的某项工作所受影响的损失，而不是计算该时段内所有施工工作所受的损失；与该项工作无关的费用不列入总费用中；对投标报价费用重新进行核算，按受影响时段内该项工作的实际单价进行核算，乘以实际完成的该项工作的工程量，得出调整后的报价费用。即：

$$索赔金额 = 某项工作调整后的实际总费用 - 该项工作的报价费用$$

（6）工期索赔计算

工期索赔是指工程实施过程中任何一项或多项工作的实际完成日期迟于计划规定的完成日期，从而可能导致整个合同工期的延长。工期延误的后果是形式上的时间损失，实质上会造成经济损失。

《建设工程施工合同（示范文本）》规定的可以索赔工期的条件包括：

① 发包人未能按合同约定提供图纸或所提供图纸不符合合同约定的。

② 发包人未能按合同约定提供施工现场、施工条件、基础资料、许可、批准等开工条件的。

③ 发包人提供的测量基准点、基准线和水准点及其书面资料存在错误或疏漏的。

④ 发包人未能在计划开工日期之日起 7 天内同意下达开工通知的。

⑤ 发包人未能按合同约定日期支付工程预付款、进度款或竣工结算款的。

⑥ 监理人未按合同约定发出指示、批准等文件的。

⑦ 专用合同条款中约定的其他情形。

因发包人原因未按计划开工日期开工的，发包人应按实际开工日期顺延竣工日期，确保实际工期不低于合同约定的工期总日历天数。因发包人原因导致工期延误需要修订施工进度计划的，按照施工进度计划的修订等条款执行。

工期索赔主要是根据合同约定或双方认可的总进度规划、详细进度计划计算的，并需要考虑变更指令、干扰事件、现场条件变化等的影响。由于关键线路上任何工作的延误都会造成总工期的推迟，因此，非承包商原因造成关键线路延误都是可索赔延误，而非关键线路上的工作一般都存在机动时间，其延误是否会影响到总工期的推迟取决于其总时差的大小和延误时间的长短。如果延误时间少于该工作的总时差，业主一般不会给予工期顺延，但可能给予费用补偿。如果延误时间大于该工作的总时差，非关键线路的工作就会转化为关键工作，从而成为可索赔延误。由此，工期索赔的分析和计算方法可分为直接法、比例分析法、网络分析法。

① 直接法

如果某干扰事件直接发生在关键线路上，造成总工期的延误，可以直接将该干扰事件的实际干扰时间（延误时间）作为工期索赔值。

② 比例分析法

如果某干扰事件仅仅影响某单项工程、单位工程或分部分项工程的工期，要分析其对总工期的影响，可以采用比例分析法。

采用比例分析法时，可以按工程量的比例进行分析，即：

$$工期索赔值 = 原工期 \times \frac{新增工程量}{原工程量}$$

但一般合同中会规定，工程量增减某个幅度（如10%）内，为承包商应承担的风险，则工期索赔值应该是：

$$工期索赔值 = 原工期 \times \frac{新增工程量 - 原工程量 \times 1.1}{原工程量}$$

此外，上述式中的工程量也可以采用工程造价代替，即：

$$工期索赔值 = 原工期 \times \frac{新增工程造价 - 原工程造价 \times 1.1}{原工程造价}$$

③ 网络分析法

当同时有多个延误事件发生时，工期延误的计算需要分析多个延误时间的具体责任方。如果两个或两个以上的延误事件从发生到终止的时间完全相同，称为共同延误。如果可索赔延误与不可索赔延误同时发生时，可索赔延误就将变成不可索赔延误，这是工程索赔的惯例之一。当两个或两个以上的延误事件从发生到终止只有部分时间重合时，称为交叉延误。这种索赔的责任分析就更为复杂，最好基于网络图进行计算。

其思路是：假设工程按照双方认可的工程网络计划确定的施工顺序和时间施工，当某个或某几个干扰事件发生后，使网络中的某个工作或某些工作受到影响，使其持续时间延长或开始时间推迟，从而影响总工期，则将这些工作受干扰后的新的持续时间和开始时间等代入网络中，重新进行网络分析和计

例 8.2.4.1
索赔计算案例

算，得到的新工期与原工期之间的差值就是干扰事件对总工期的影响，也就是承包商可以提出的工期索赔值。

2. 合同争议的其他解决方式

合同争议的其他解决方式一般包括协商、调解、仲裁或诉讼等。解决合同争议应注意以下合同约定的情形：

（1）协商

协商是最常见、最有效、最应首选的基本方式。双方依据合同友好磋商、谈判，互相让步，折中解决争议，对节省争议解决的时间和成本，为继续履行合同以及为将来进一步友好合作创造条件都最为有利。

（2）调解

如果合同双方经过协商谈判达不成一致意见，则可以邀请中间人进行调解。调解人通过调查分析，了解有关情况，根据争议双方的有关合同做出自己的判断，并对双方进行协调和劝说，仍以和平的方式解决合同争议。

调解的优点包括：

① 能较好地表达双方对协商谈判结果的不满意和争取解决争议的决心。

② 由于调解人的介入，增加了解决争议的公正性，双方都会顾及声誉和影响，容易接受调解人的劝说和意见。

③ 程序简单，灵活性较大，调解不成，不影响采取其他解决途径。

④ 节约时间、精力和费用。

⑤ 双方仍保持较好的合作关系。

（3）仲裁

仲裁是指纠纷当事人在自愿基础上达成协议，将纠纷提交非司法机构的第三者审理，由第三者做出对争议各方均有约束力的裁决的一种解决纠纷的制度和方式。相对于诉讼，仲裁的特点有：

① 仲裁必须由当事人在自愿的基础上达成仲裁协议后才能采用。这体现了对当事人在纠纷解决事务上的意思自治的尊重。

② 仲裁机构是非司法性质的第三方纠纷解决机关（但劳动仲裁是由专门的司法机构负责的，与一般仲裁并不相同）。仲裁机构不是司法机关，不列入司法机关序列，具有成立、组织、活动等方面的独立性。

③ 仲裁机构针对特定案件的裁决书具有强制执行力。根据《最高人民法院关于适用〈中华人民共和国仲裁法〉若干问题的解释》第29条的规定，当事人申请执行仲裁裁决案件，由被执行人住所地或者被执行财产所在地的中级人民法院管辖。

相对于诉讼，仲裁在解决工程合同争议方面具有一些优势，主要体现在：

① 仲裁程序效率高，周期短，费用少。

② 保密性。仲裁程序一般都是保密的。从开始到终结的全过程中，双方当事人和仲裁员及仲裁机构都负有保密的责任。

③ 专业化。建设工程承包合同争议的双方往往会指定那些具有建设工程技术、管理和法规等知识的专业人士担任仲裁员，从而可以更加快捷、公正地审理和解决合同争议。

关于仲裁所在的地点：

① 有些国家规定，承包合同在本国实施，则只准使用本国法律，在本国仲裁，裁决结果要符合本国法律，拒绝其他第三国或国际仲裁机构裁决。

② 在被诉方所在国仲裁。

③ 在合同中约定的第三国仲裁。

关于仲裁的效力，双方合同中应该约定仲裁决定是否为终局性的。如果合同一方或双方对裁决不服，是否可以提起诉讼，是否可以强制执行等。在我国，仲裁实行一裁终局制。

(4) 争端裁决委员会

在许多国际工程承包合同中，合同双方往往愿意采用争端裁决委员会（Dispute Adjudication Board，DAB）的方式解决。争端裁决委员会是合同双方经过协商，选定一个独立公正的争端裁决委员会，当发生合同争议时，由该委员会对其争议做出决定。合同双方在收到决定后28天内，均未提出异议，则该决定即是最终的，对双方均具有约束力。

采用争端裁决委员会的优点包括：

① 争端裁决委员会可以在项目开始时就介入项目，了解项目管理情况及其存在的问题。

② 争端裁决委员会的成员通常有较高的业务素质和实践经验，特别是具有项目施工方面的丰富经验。

③ 周期短，可以及时解决争议。

④ 费用较低。

⑤ 委员是发包人和承包人自己选择的，其裁决意见容易为他们所接受。

⑥ 裁决不是强制性的，不具有终局性，合同双方或一方对裁决不满意，仍然可以提请仲裁或诉讼。

根据工程项目的规模和复杂程度，争端裁决委员会可以由1人、3人或者5人（一般为单数）组成，一般为工程技术和管理方面的专家。争端裁决委员会的成员必须公正行事，遵守合同，不应是合同任何一方的代表，与业主、承包商没有任何经济利益及业务联系，与工程所裁决的争端没有任何联系。对争端裁决委员会及其每位成员的报酬以及支付的条件应由业主、承包商及争端裁决委员会的每位成员协商确定。业主和承包商应该按照支付条件各自支付其中的一半。

争端裁决委员会的任命通常有3种方式：

① 常任争端裁决委员会，在施工前任命一个委员会，通常在施工过程中定期视察现场。在视察期间，争端裁决委员会也可以协助双方避免发生争端。

② 特聘争端裁决委员会，由只在发生争端时任命的1名或3名成员组成，他们的任期通常在争端裁决委员会对该争端发出其最终决定时期满。

③ 由监理人兼任，其前提是，监理人是具有必要经验和资源的独立专业咨询工程师。

(5) 诉讼

诉讼是指国家专门机关在诉讼参与人的参加下，依据法定的权限和程序，解决具体案件的活动，是人民或检察官请求司法官本着司法权做出裁判的行为。

根据我国有关法律规定，诉讼有如下特点：
① 诉讼一般实行二审终审制，分为一审和二审，但部分案件实行一审终审。
② 在进行诉讼时，必须按照级别管辖与地域管辖的规定前往有管辖权的法院起诉和应诉。
③ 诉讼当事人无权指定法官。
④ 诉讼必须公开进行。
⑤ 诉讼的期限长（一审期限为 6 个月，并可延长，二审期限为 3 个月，也可延长，如果案件进入再审、重审或抗诉环节，审理流程可能会从头开始）。

相对于其他争议解决方式，通过诉讼解决建设工程项目的争议往往耗时长久且成本高昂，因此不宜作为首选的争议解决方式。

模块 8.3 练习提高

请扫描二维码查看本单元习题：

单元 9　建设工程项目其他要素和阶段的管理

案例导入

某大型工业园区项目占地面积约 1000 亩（1 亩≈666.67 平方米），总建筑面积超过 50 万平方米，建设了以 BIM 技术为核心的智慧管理平台，绘成"工程现场一张图"，帮助各相关方全方位实时掌控项目实施过程，为工程分析、决策和管理保驾护航。

在设计阶段，项目采用 BIM 和 GIS 技术，基于统一的地理坐标协调各标段、各单体和各专业建（构）筑物设计，组织数家设计单位同时开展工程协同设计，实现了各部分设计成果在 BIM 中的即时整合，有效避免各类错、漏、碰、缺，提升了设计质量，节约了设计沟通协调时间。

在施工前期阶段，项目采用 BIM 技术进行外立面、机电管线、钢结构等方面的深化设计，辅助设计、施工单位快速完成构件和材料的选型、计量、空间排布、加工优化和自动化出图，帮助施工单位开展三维技术交底，极大地提升了施工前期工作的效率，减少了构件和材料采购、加工的浪费，实现"实际与模型的精确对应"和"所见即所得"。

在施工阶段，项目运用基于智能放样机器人、"BIM＋三维点云扫描"等技术开展基于 BIM 模型的快速施工放样和施工质量验收。建成了"BIM＋智能建造管理平台"，综合运用 BIM、物联网、云计算、大数据、移动通信等技术手段，集成数字工地、劳务管理、安全管理、质量管理、物料管理、绿色施工、慧眼 AI、视频中心、结合现场人、机、料、法、环。对现场质量、安全、成本、进度进行可视化管控。

最终，该大型工业园区项目的 BIM 应用为各相关方节省了工期，降低了建设成本，同时提升了项目质量，成果显著。

模块 9.1

建设工程项目的资源管理

学习目标

知识目标：人力资源管理；材料管理；施工机械设备管理；资金管理

技能目标：能描述施工劳务人员管理的禁止性法律规定；能使用 ABC 分类法管理材料

建设工程项目的资源包括人力资源、工程材料与设备、施工机具与设施、资金等。工程建设组织应建立项目资源管理制度，确定资源管理职责和管理程序，根据项目目标管理的要求进行项目资源的计划、配置、控制，建立并监督项目生产要素配置过程，根据授权进行考核和处置。建设工程项目的资源的基本工作包括：

① 明确项目的资源需求。

② 分析项目整体的资源状态。

③ 确定资源的各种提供方式。

④ 按合同要求，编制资源配置计划，确定投入资源的数量与时间。组织应建立资源管理制度，依据资源供应条件、现场条件和项目管理实施规划编制资源使用计划、供应计划和处置计划，规定控制程序和责任要求。

⑤ 根据资源配置计划，实施各种资源的供应工作，提供并配置各种资源。包括按资源管理计划进行资源的选择、资源的组织和进场后的管理等。

⑥ 根据各种资源的特性，采取集成措施，进行有效组合，合理投入，动态调控，控制项目资源的使用过程。包括通过对资源投入、使用、调整以及计划与实际的对比分析，找出管理中存在的问题，并对其进行评价的管理活动；通过考核和处置能及时反馈信息，提高资金使用价值，持续改进等。

⑦ 对资源投入和使用情况定期分析，找出问题，总结经验并持续改进。

9.1.1 人力资源管理

1. 人力资源管理的主要工作

人力资源管理的主要工作包括：

① 项目管理机构应编制人力资源需求计划、人力资源配置计划和人力资源培训计划。

② 项目管理机构应对人力资源进行选择、培训和考核，确保人力资源符合项目管理需求。

③ 项目管理机构应选择劳务队伍，订立劳务分包合同，控制施工过程，进行劳务结算，组织劳务分包进退场，进行劳务人员培训，确保劳务管理符合项目进展需求。施工现场应实行劳务实名制管理，建立劳务突发事件应急管理预案，具体包括：劳务突发事件与紧急情况识别、应急措施、资源和人员准备等。

④ 特殊工种和相关人员应按规定持证上岗。组织宜为从事危险作业的劳务人员购买意外伤害保险。

⑤ 组织应对项目人力资源管理方法、组织规划、制度建设、团队建设、使用效率和成本管理进行分析和评价，对劳务计划、过程控制、分包工程目标实现程度以及相关

制度进行考核评价，以保证项目人力资源符合要求。

2. 人力资源管理的组织和责任体系

各工程建设组织及其项目管理机构应建立人力资源管理的组织和责任体系，指定专职或兼职劳务员负责建设工程项目人力资源管理的具体工作。

关联知识 9.1.1.1 劳务员的基本职责

3. 人力资源的选择和配置

关于项目管理机构所需的人力资源的选择和配置，详见"建设工程项目的组织管理"章节。

关于建设工程项目劳务人员的结构和人员配置，目前我国的建设工程项目劳务用工普遍存在如下现象和特点：

① 由于建设工程具有临时性和一次性，工程项目结束后，大部分劳务人员需要流动到新的建设工程项目工作，使许多工程建设组织和项目管理机构更倾向于招募短期工、临时工，长期合同工人数量较少。

② 建设工程的生产技术水平普遍较低，劳动技能要求不均衡，工程项目所需的技能工种、高级技能人才数量少，技术水平一般、未经长期培训的一般劳务人员比例较多。

③ 劳务人员平均年龄增加，中青年工人数量偏少。

④ 由于建设工程劳动强度高，许多作业安全风险较高，女性劳务人员数量较少，与全社会妇女的平均就业率相差甚远。

《住房和城乡建设部等部门关于加快培育新时代建筑产业工人队伍的指导意见》（建市〔2020〕105号）指出："党中央、国务院历来高度重视产业工人队伍建设工作，制定出台了一系列支持产业工人队伍发展的政策措施。建筑产业工人是我国产业工人的重要组成部分，是建筑业发展的基础，为经济发展、城镇化建设做出了重大贡献。同时也要看到，当前我国建筑产业工人队伍仍存在无序流动性大、老龄化现象突出、技能素质低、权益保障不到位等问题，制约建筑业持续健康发展。"在今后较长一段时间内，我国将通过引导现有劳务企业转型发展，大力发展专业作业企业，加快自有建筑工人队伍建设等一系列手段，建立符合建筑行业特点的用工方式，实现建筑工人公司化、专业化管理，完善建筑工人权益保障机制，健全建筑工人终身职业技能培训、考核评价体系，增加中级工以上建筑工人数量（1000万人以上）。到2035年，实现建筑工人就业高效、流动有序，职业技能培训、考核评价体系完善，建筑工人权益得到有效保障，获得感、幸福感、安全感充分增强，形成一支秉承劳模精神、劳动精神、工匠精神的知识型、技能型、创新型建筑工人大军。

目前，建设工程项目所需的劳务人员可按如下方式选择和配置：

① 以企业为依托，适当保留一些与本企业专业密切相关的核心、关键的高级技术工种工人。企业通常与此类人员签订了长期合同工或无固定期限的合同工，对其管理需纳入企业人力资源管理范畴。

② 非核心、非关键的劳务人员，可根据项目管理机构编制的劳动力计划为依据，由企业、项目管理机构向社会劳动力市场招募。

③ 建筑劳务分包企业也是项目劳务人员可靠、稳定的来源。组织应根据劳务分包合同进行管理。

4. 劳动力计划

劳动力计划包括劳动力需求计划、劳动力配置计划、劳动力培训教育计划等。编制劳动力计划的基本要求是：

① 结合其他建设工程项目的策划编制，保持劳动力均衡使用。如果以建设工程项目的时间进展为横坐标，劳动力需求数量为纵坐标绘制劳动力需求曲线，则应尽可能地对劳动力需求曲线"削峰填谷"，以免增加劳动力管理成本，或带来住宿、交通、饮食、工具、工作面组织等方面的问题。

② 要依据工程量、工程进度、施工定额对劳动力数量进行定量分析。工程量、工程进度、施工定额确定越精确，劳动力计划的编制就越有效、合理。

③ 要合理确定各类劳务人员比例，合理确定管理人员、工程技术人员和劳务人员之间的比例。

④ 要确保对所有人员进行教育和培训，增强各类人员的技能和素质。

（1）劳动力需求计划

劳动力需求计划是为满足工程进度、工程任务量的需要确定的关于劳动力数量的计划，其编制的基本依据是施工定额中关于劳动效率的指标。这种劳动效率指标通常使用"产量/单位时间"或"工时消耗量/单位工作量"表示。

在一定的条件下，完成某项工程任务所需的劳动力投入总工时可按下式计算：

$$劳动力投入总工时 = \frac{工程量}{产量/单位时间}$$

或

$$劳动力投入总工时 = 工程量 \times （工时消耗/单位工程量）$$

假设在工程任务持续的时间内，劳动力投入强度相等，而且劳动效率也相等，则当每日班次、每班次劳动时间确定时，需要投入的劳动力数量可按下式计算：

$$劳动力投入量 = \frac{劳动力投入总工时}{（班次/日）\times（工时/班次）\times 活动持续时间}$$

在应用上述劳动效率指标时，尚应考虑不同建设工程项目的具体环境和条件、工程特点、设备和材料供应能力，结合工程项目的其他策划要求进行合理调整，并协调不同工程任务、不同班次交接、不同施工班组间对劳动力投入的具体需求。

此外，劳动力计划中还需要考虑其他工作人员，包括医疗、食品供应、现场保洁、安全保卫、勤杂人员的具体需求。其他劳动力投入量计算的方法具体包括：

① 按机械设备计算定员：根据主要机械设备数量、操作人员的定额、生产班次等配置劳务人员。

② 按劳动定额计算定员：根据劳动定额配置劳务人员。

③ 按岗位计算定员：根据每个岗位需要人数配置劳务人员。

④ 按比例计算定员：按一定比例，以全部人员总数、生产人员总数为基础配置劳务人员。

⑤ 按组织机构职责范围、业务分工计算定员：主要用于技术管理人员的配置计算。

（2）劳动力配置计划

劳动力配置计划是根据工作制度、班次安排，根据不同工程任务生产过程的特点，提出关于工作时间、工作制度、工作班次等的计划。在劳动力配置计划中，要根据人员精简、高效的原则优化人员配置比例，提出各岗位、各工种所需的具体人员数量，确定各类人员应具备的基本技能和素质，测算劳务人员的工资和福利费用，研究提升劳动生产率的方案，拟定人员聘用和管理的方案。

5. 人力资源的优化和动态管理

建设工程项目人力资源优化的措施包括：

① 优化素质：采用平等竞争、择优选用、双向选择、优化组合的原则，选择职业道德优秀，具有较高技术知识水平和工程经验，身心素质好的人员。

② 优化培训：坚持岗前、岗中持续教育和岗前培训制度，提高有关人员综合素质。

③ 优化数量：根据企业实际和历史经验数据，按项目规模、技术特点等合理配备管理人员和各类劳务人员。确保合理、充分地利用智力和劳动力，避免人员配置比例失衡、人员配置与生产脱节等问题。

④ 优化组织：建立、运行和调整适应建设工程项目特点的组织结构、组织分工和工作流程组织。

建设工程项目人力资源动态调整的措施包括：

① 按资源需求计划、工程实际进度、劳务合同等动态平衡人力资源，进行劳动力补充或减员，允许劳动力合理调动、流动。

② 使用施工任务单、承包任务书并严格考核，根据作业质量和效率动态监控、调整劳务作业队伍。

③ 根据施工生产任务和施工条件的变化，及时解决劳动力配合中的矛盾。

④ 定期或及时与企业劳务部门、劳务分包单位保持信息沟通，做好人员使用和管理协调。

⑤ 严格按合同支付劳务报酬，做好劳务解除后的遣返、遣散管理。

6. 劳务分包管理

劳务分包是指工程总承包人、施工总承包人或工程专业分包人依据劳务分包合同约定，将所承包的工程中的施工劳务分包给具有相应资质条件的劳务分包人完成，并由发包人支付劳务报酬的承包方式。劳务分包目前仍是我国建设工程项目普遍的劳动力配置、管理模式。劳务分包的范围包括：木工作业、砌筑作业、抹灰作业、石制作业、油漆作业、钢筋作业、混凝土作业、脚手架作业、模板作业、焊接作业、水暖电安装作业、钣金作业、架线作业等。

关于劳务分包的采购，详见"建设工程项目的采购及合同管理"章节。签订劳务分包合同后，对劳务分包单位、劳务人员的管理工作包括：

① 注册登记：劳务分包单位按有关法律法规、管理文件等规定到总承包单位办理注册登记手续。总承包单位协助中标的劳务分包单位办理地方政府的注册手续（包括工

程注册、劳务注册等），到地方建设行政主管部门设立的建筑工程劳务发包承包交易中心和管理中心办理注册备案手续及施工许可证。

② 组织培训：对劳务分包单位、劳务人员开展培训，培训内容可包括总承包企业概况、总承包管理模式、工程质量、安全、进度、成本等管理模式，以及劳务人员必备的技能和素质等。

③ 进场及现场管理：总承包商全面负责对劳务分包单位、劳务人员的现场管理，对劳务人员进行进场教育，开展各类施工过程管理。劳务分包单位及劳务人员必须配合办理各种手续，严格遵守现场安全文明、环保和职业安全健康规定，按规定要求持证上岗。

④ 考核评价：总承包单位定期对劳务分包单位进行考核，竣工后对劳务分包单位进行综合评价，根据劳务分包管理、劳务人员管理、劳动作业质量等动态修订合格供应商名录。

⑤ 总承包单位应与有关劳务分包单位保持良好的合作关系，确保临时、紧急用工需求，保证工程顺利进行。

7. 施工劳务人员管理

由于我国建筑业发展的一些历史特点，目前我国施工企业的现场施工劳务人员有较大比例是短期、临时用工（即由劳务分包企业招募、管理的劳务人员，或由施工企业临时雇佣的短期用工等），且这些用工对象大部分属于进城务工人员（俗称农民工）。对这部分施工劳务人员的管理过去曾存在较多问题，是各级政府主管部门明令加强管理的重点对象。施工企业必须根据《中华人民共和国劳动法》《建筑工人实名制管理办法（试行）》《工程建设领域农民工工资专用账户管理暂行办法》等法律法规、文件规章的要求，对施工劳务人员进行实名制管理，保障各类劳动者的合法权益，维护建筑市场的正常秩序和稳定。

关联知识 9.1.1.2
《建筑工人实名制管理办法（试行）》

关联知识 9.1.1.3
《工程建设领域农民工工资专用账户管理暂行办法》

9.1.2 材料管理（选修）

请扫码学习相关内容。

9.1.3 施工机械设备管理（选修）

请扫码学习相关内容。

9.1.4 资金管理（选修）

请扫码学习相关内容。

模块 9.2

建设工程项目的信息、知识和技术管理

知识目标：建设工程项目的信息和知识管理；建设工程项目管理信息化；建设工程项目的技术管理（选修）

9.2.1 建设工程项目的信息和知识管理

信息指的是用各种方式传输、传达、传递的知识、新闻或情报。声音、文字、数字和图像等都是信息表达和传递的形式。除了物质、人力资源以外，信息也是建设工程实施所需的重要资源之一。

建设工程项目的信息管理是通过对建设工程项目中各阶段、各种类数据、信息的管理，使各相关方及其项目管理机构能更高效地获取、存储、存档、处理和交流各类信息，从而更好地达成甚至超越建设工程项目的有关目标。

1. 建设工程项目信息的分类

建设工程项目的信息可以有许多种分类方式。各相关方可根据各自的需求确定其信息的分类，但从促进信息交流、共享的需要出发，最好对建设工程项目的信息进行统一的分类。

建设工程项目信息分类的方法包括：

① 按项目管理工作的对象，即按项目的分解结构，如子项目1、子项目2等进行信息分类。

② 按项目实施的工作过程，如设计准备、设计、招标投标和施工过程等进行信息分类。

③ 按项目管理工作的任务，如投资控制、进度控制、质量控制等进行信息分类。

④ 按信息的内容属性，即目标控制的措施分类，可分为组织类信息、管理类信息、经济类信息、技术类信息等。图9.2.1.1展示了按目标控制措施分类的信息。

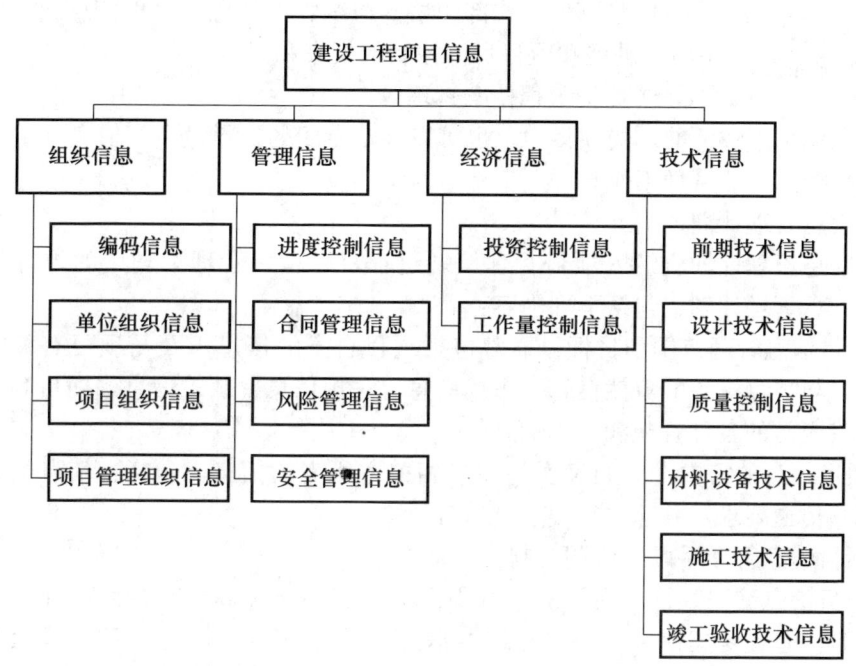

图9.2.1.1　建设工程项目信息的分类

此外，为满足项目管理工作的要求，还可以对建设工程项目信息进行综合分类，即按多维进行分类，如：

第一维：按项目的分解结构分类。

第二维：按相关方分类。

第三维：按项目实施的工作过程分类。

第四维：按项目管理工作的任务分类等。

2. 建设工程项目信息管理的主要工作

建设工程项目信息管理的主要工作包括：信息管理部门、信息管理计划、信息过程管理、信息安全管理等。

（1）信息管理部门

各相关方及其项目管理机构中的各个部门、管理工作等都与信息管理有关，如果有必要的，可成立专门的信息管理部门（有的文献称为信息中心）以确保信息管理工作的顺利进行，也有部分大型建设工程项目专门委托咨询公司从事项目信息动态跟踪和分析，以信息流指导物质流，从宏观上对项目的实施进行控制。

信息管理部门的主要工作包括：

关联知识 9.2.1.1
资料员的基本职责

① 负责编制信息管理计划和信息管理手册，在项目实施过程中进行必要的修改和补充，并检查和督促其执行。

② 负责协调和组织项目管理班子中各个工作部门的信息处理工作。

③ 负责信息处理工作平台的建立和运行维护。

④ 与其他工作部门协同组织收集信息、处理信息和形成各种反映项目进展和项目目标控制的报表和报告。

⑤ 负责工程档案管理等。

在信息化水平较低的一般项目中，也可以指定专职的资料员负责信息（主要是工程资料和工程档案）的管理工作。

（2）信息管理计划

项目信息管理计划应纳入项目管理策划过程，以项目管理策划中的内容为依据制定。项目信息管理计划应包括下列内容：

① 项目信息管理范围和目标：通常包括项目自身的信息以及与项目有关的各种外部信息。如与项目有关的自然信息、市场信息、法规信息、政策信息，项目利益相关方信息，项目内部的各种管理和技术信息等。

② 项目信息的需求：应明确实施项目相关方所需的信息，包括：信息的类型、内容、格式、传递要求，并应进行信息价值分析。

③ 项目信息管理手段和协调机制。

④ 项目信息编码系统。项目信息编码系统应有助于提高信息的结构化程度，方便使用，并且需首先考虑使用企业（组织）信息编码，并与之保持一致。若无企业编码的，应从信息的结构化程度以及方便使用角度编制项目信息编码。宜对项目的如下内容和信息进行编码：项目的工作分解结构；项目管理机构和相关方；与成本有关的信息；与进度有关的信息；与质量有关的信息和档案；合同；内外部往来文件等。图 9.2.1.2 展示了某项目工作单元中单个工作项（Activity）的综合编码。一个工作项由 12 个字符组成的综合编码表示。其编制的基础显然就是项目结构图（工作分解结构）。

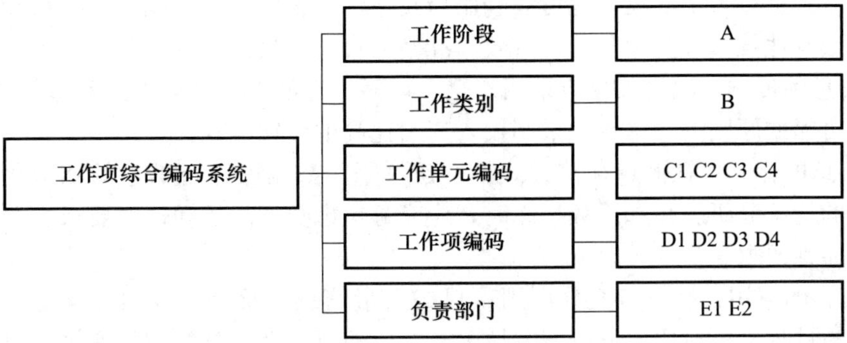

```
工作项综合编码系统 ─┬─ 工作阶段 ──── A
                    ├─ 工作类别 ──── B
                    ├─ 工作单元编码 ── C1 C2 C3 C4
                    ├─ 工作项编码 ── D1 D2 D3 D4
                    └─ 负责部门 ──── E1 E2
```

工作项编码：2-1-5498-3578-35
(A B C1 C2 C3 C4 D1 D2 D3 D4 E1 E2)

图 9.2.1.2　某项目的工作项综合编码

⑤ 项目信息渠道和管理流程：应明确信息产生和提供的主体，明确该信息在组织内部和外部的具体使用单位、部门和人员之间的信息流动要求。如信息管理计划和信息管理手册编制和修订的工作流程；为形成各类报表和报告，收集信息、录入信息、审核信息、加工信息、信息传输和发布的工作流程；工程档案管理的工作流程等。

⑥ 项目信息资源需求计划：由于信息管理需要各种资源支持及一定的经济投入，因此需要明确所需的人力、硬件、软件等资源，并进行费用估算，评估信息管理投入成本是否合适。

⑦ 项目信息管理制度与信息变更控制措施：应确保信息管理人员以有效的方式进行信息管理，信息变更控制措施应确保信息在变更时进行有效控制。

各相关方及其项目管理机构还可以通过编制信息管理手册等方式规范信息管理工作。信息管理手册描述和定义信息管理做什么、谁做、什么时候做和其工作成果是什么等。项目信息的主要内容包括：

① 信息管理的任务（信息管理任务目录）。
② 信息管理的任务分工表、管理职能分工表，各项信息管理工作的工作流程图。
③ 信息的分类、信息的编码体系和编码。
④ 信息输入输出模型、信息流程图。
⑤ 信息处理的工作平台及其使用规定。
⑥ 项目进展的月度报告、季度报告、年度报告和工程总报告等各种报表和报告的格式，以及报告周期。
⑦ 工程档案管理制度。
⑧ 信息管理的保密制度等。

（3）信息过程管理

项目信息过程管理应包括信息的采集、传输、存储、应用和评价过程，需充分利用现代信息技术，如互联网、物联网、数据库、商业智能等，实现从信息的采集、传输、存储，到应用、评价的高效的过程管理。

① 信息的采集：信息采集可以根据项目的管理要求、重要性、资金投入等因素，

采用传统方式进行人工采集，也可以利用新技术，如物联网、智能设备、移动终端、计算机终端或其他技术等实现及时、有效、准确的自动采集。

② 信息的传输：项目信息应采用安全、可靠、经济、合理的方式和载体进行传输，在保证、可靠的原则下，尽量地采用投入产出比高的传输方式。

③ 信息的存储：在信息存储方式上，建议采用数据库进行信息的结构化存储，以实现数据的统计分析。在选用数据库时，应充分考虑数据的访问速度要求，存储空间容量以及可靠性要求。

④ 信息的应用：组织应充分利用项目的大量信息，及时掌握项目实施各方面的实际情况，与计划进行对比，分析偏差情况，然后通过计划任务的调整安排，对偏差控制调整，促使计划与实际的一致性。

⑤ 信息管理的评价：项目信息管理评价应确保定期检查信息的有效性、管理成本以及信息管理所产生的效益，评价信息管理效益，持续改进信息管理工作。

（4）信息安全管理

由于项目信息系统包含了企业、个人的许多重要的情报，保证项目信息的安全也是十分重要的。组织应实施全过程信息安全的分类、分级管理，建立完善的信息安全责任制度，实施信息安全控制程序，并确保信息安全管理的持续改进。具体措施包括：

① 分层建立配套安全机构，设立信息安全岗位，明确岗位职责和信息安全人员分工。

② 定期或不定期地进行安全教育，进行信息安全检查，规范安全信息行为。

③ 在技术上，可采用防火墙、入侵检测、上网行为检测等先进技术以确保信息安全状态。

项目信息安全管理工作需遵循国家的有关法律法规和地方主管部门的有关规定。

3. 建设工程项目的文件与档案管理

建设工程项目的文件与档案是在项目各项工作中形成的，包括工程合同法律文件、设计勘察文件、往来文件、工程资料等方面的文字和图形记录。建设工程项目的文件与档案承载了建设工程项目的各项重大、关键信息，反映了建设工程项目安全、质量、成本、进度等目标的实现过程，是工程各项验收开展的基础，也是工程交付使用后运行、维修、保养、改扩建的依据。

（1）文件与档案管理的组织和责任体系

建设工程项目实行总承包管理的，总包单位应负责收集、汇总各分包单位形成的文件和档案，并应及时向建设单位移交。各分包单位应将本单位形成的工程文件整理、立卷后及时移交总包单位。建设工程项目由几个单位承包的，各承包单位应负责收集、整理立卷其承包项目的工程文件，并应及时向建设单位移交。

记录施工管理控制的工程质量、安全、进度过程控制资料，以及各种行政、财务、商务等管理资料，由项目各专业部门进行收集整理。总承包单位、分包单位应配备专职或兼职的文件与档案管理人员（工程资料管理人员、资料员），对上述文件和档案进行专业化的管理。建设工程项目即使已配备了信息管理员的，对于建设工程项目的文件或档案管理也应另配备专职或兼职人员。文件与档案管理人员应经过工程文件归档整理的专业培训。

工程文件的形成和积累还应纳入工程建设管理的各个环节和有关人员的职责范围。

（2）文件与档案管理的基本要求

文件与档案管理的基本要求是：

① 文件与档案的内容必须真实、准确，应与工程实际相符合。

② 项目管理过程中产生的文件与档案均应进行及时收集、整理，随工程建设进度同步形成，不得事后补编。

③ 项目文件与档案管理宜应用信息系统，对于不宜使用项目信息系统管理的，需按有关标准规范执行。

④ 文件与档案应完整、有效，并按项目的统一规定标识整理归档。

⑤ 文件与档案应注意保密。组织应制定信息安全和保密管理程序、规定和措施，确保文件、信息的安全，防止内部信息和领先技术的失密与流失，确保企业的竞争优势。保密要求高的信息或文件应按高级别保密要求进行防泄密控制，一般信息可采用适宜方式进行控制。

（3）文件与档案的内容和分类

文件与档案的内容主要包括：

① 综合管理类：包括各相关方之间、相关方内部与建设工程项目有关的各类决定、通知、通报、报告、请示、往来函件、会议纪要等公务文书。

② 商务管理类：包括各类招标投标文件，工程预算、结算文件，合同、法律文件等。

③ 技术资料类：包括建设过程中产生的各类勘察设计资料、施工管理、技术、验收、物资、测量、记录等资料。

④ 财务资料类：包括建设过程中产生的会计凭证（包括：原始凭证、记账凭证、汇总凭证、其他会计凭证等）、会计账簿（包括：总账、明细账、日记账、固定资产卡片、辅助账簿、其他会计账簿等）和财务报告等财务、会计专业材料。

建设工程项目文件与档案按载体形式，可分为纸质文件、电子文件、录音录像带、照片、底片、实物等。按保管期限，还可分为短期、长期和永久等几种情况。具体应符合组织和有关法律、法规的要求。

4. 工程文件的收集、整理和归档

对与工程建设有关的重要活动、记载工程建设主要过程和现状、具有保存价值的各种载体的文件，均应收集齐全、整理立卷后归档。根据建设程序和工程特点，归档和移交可分阶段分期进行，也可在单位或分部工程通过竣工验收后进行。勘察、设计单位应在任务完成后，施工、监理单位应在工程竣工验收前，将各自形成的有关工程档案向建设单位归档。

归档文件应符合《建设工程文件归档规范》附录 A、B 的范围要求。声像资料的归档范围和质量要求应符合现行行业标准《城建档案业务管理规范》CJJ/T 158 的要求。不属于归档范围、没有保存价值的工程文件，文件形成单位可自行组织销毁。

关联知识 9.2.1.2　《建设工程文件归档规范》

关联知识 9.2.1.3　公务文书管理

5. 档案的存放与管理

（1）档案的存放

存放档案应有专门的库房、柜架、装具，存放方法要科学和便于查找。档案库房要坚固，库房内严禁存放其他物品。库房要配备相应的防火器材，注意防火、防水、防光、防潮、防鼠、防虫、防尘、防盗。一般库房的温度应控制在 14~24℃，相对湿度控制在 45%~60% 为宜。

档案的管理人员必须熟悉档案库房情况，定期检查、核对库房和档案，保证档案账目与实际相符。检查中发现有误的，应立即追查、更正；发现档案破损、变质的，要及时修补和复制。电子类档案需制作好备份，存放在防磁、防光的部位。读取、存放电子类档案的计算机应做好病毒防护等工作。

档案库房是组织的重要场所。无关人员不得随意出入。组织应建立登记制度，对档案的收进、移出、保管和利用等情况进行登记和统计。

（2）档案的使用管理

组织应建立档案的借阅与利用制度。有关人员借阅档案时，应填写档案借阅申请，经有关部门（包括档案管理部门）审核后办理借阅手续。借阅时，应登记借阅人、借阅时间、借阅内容、档案管理人员签字等信息。

档案借阅后，借阅人必须妥善保管所借档案，不得私自拆装、撕页、涂改、污损、复制、转借、泄密、丢失。档案应在规定时间内归还。超出期限借阅的，应重新办理借阅手续。

档案归还后，档案管理人员必须进行认真核对，确认无误后，方可注销。

（3）档案的鉴定与销毁

组织应当定期对已达到保管期限的档案进行鉴定处置。鉴定工作应当符合组织关于档案管理的有关规定，由档案部门会同相关业务部门有关人员组成鉴定小组共同开展，必要时可邀请相关领域专家参与。一般在项目管理机构中，鉴定小组由项目技术负责人、档案管理部门和其他部门相关人员组成。

鉴定小组应根据档案保管期限，对到达保管期限的档案及确实没有继续保存价值的档案进行鉴定。鉴定时应采取直接鉴定法，在一个案卷内档案保管价值如果不同的，需要拆卷分拣。

鉴定结束后，应当形成鉴定工作报告，编制详细的统计和总结报告。对仍需继续保存的档案，应当重新划定保管期限并做出标注；对确无保存价值的档案，应当按规定予以销毁。销毁档案时，要严格执行保密规定。在指定地点由两人监销，并在销毁清册上签字。

6. 建设工程项目的知识管理

信息管理、技术管理与知识管理相结合，可以获得更大的管理价值。所谓知识，是用于生产管理的有意义的信息。所谓知识管理，是在组织中建构一个人文与技术兼备的知识系统，让组织中的信息与知识，通过获得、创造、分享、整合、记录、存取、更新等过程而不断创新并回馈到知识系统内，个人与组织的知识得以持续累积并成为组织的智慧资产，从而保证获得合格的工程产品和服务。

项目建设组织应把知识管理与信息管理有机结合，并纳入项目管理过程。知识管理的工作包括：

① 识别和获取组织所需的项目管理知识。获取知识的方法包括：编辑发布、邮件采集、网页监采和建立经验库、知识库、行业数据等。获取知识的内容应包括：知识产权、从有关经历获得的感受和体会、从成功和失败项目中得到的经验教训、对产品和服务的改进结果、标准规范的要求、发展趋势与方向等。

② 确定知识传递的渠道，实现知识分享，并进行知识更新。

③ 确定知识应用的需求，采取确保知识应用的准确性和有效性的措施。并在必要时进行知识创新。

9.2.2 建设工程项目管理信息化

1997年召开的首届全国信息化工作会议，对信息化和国家信息化定义为："信息化是指培育、发展以智能化工具为代表的新的生产力并使之造福于社会的历史过程。国家信息化就是在国家统一规划和组织下，在农业、工业、科学技术、国防及社会生活各个方面应用现代信息技术，深入开发广泛利用信息资源，加速实现国家现代化进程。"其中，现代信息技术是指以现代通信、网络、数据库技术等为基础，汇聚、整理、分析数据和信息以供特定目的使用的一种技术。信息化可以极大地提高人类社会的运行效率，降低各类成本，为推动人类社会进步发展提供极大的技术支持。信息化和工业化一样，是人类社会生产力发展的新标志。

信息技术在工程管理中的开发和应用，包括在项目决策阶段的开发管理、实施阶段的项目管理和使用阶段的设施管理中开发和应用信息技术。从全球范围来看，自20世纪 70 年代开始，信息技术经历了一个迅速发展的过程，信息技术在建设工程项目管理中的应用也有一个相应的发展过程：

① 20 世纪 70 年代，出现了用于计算工程网络计划的单项程序、施工图预算程序等。1975 年，美国学者查尔斯·伊士曼（Charles Eastman）首次提出了基于计算机的建筑描述，以便于实现建筑工程的可视化和量化分析，提高工程建设效率，被认为是 BIM 技术和思想的起源。

② 20 世纪 80 年代，开发出用于工程管理的系统化程序，如项目管理信息系统（Project Management Information System，PMIS）、设施管理信息系统（Facility Management Information System，FMIS）等。

③ 20 世纪 90 年代，出现了基于网络平台的工程管理系统。许多可用于 3D 设计的计算机辅助设计软件也被开发出来。

④ 2000 年前后，ISO 开始编制关于建筑信息的 12006 标准。在一些大型工程软件开发公司的推动下，BIM 技术的应用软件不断并购、整合，建设工程项目管理开始进入 BIM 时代。

目前，我国的建筑业和建设工程项目管理领域的信息化与发达国家相比尚存在较大的差距，主要体现在信息化观念、知识管理和信息化技术等方面。在信息资源开发方面，如组织类工程信息，管理类工程信息，经济类工程信息，技术类工程信息，法规类信息等，我国则有较为独特、成熟的系统体系。如我国各地的建设工程定额研究所、定额站发布的建设工程造价信息等。

住房城乡建设部组织编制的《2016—2020 年建筑业信息化发展纲要》提出，要全面提高建筑业信息化水平，着力增强 BIM、大数据、智能化、移动通信、云计算、物联网等信息技术集成应用能力，建筑业数字化、网络化、智能化取得突破性进展，初步建成一体化行业监管和服务平台，数据资源利用水平和信息服务能力明显提升，形成一批具有较强信息技术创新能力和信息化应用达到国际先进水平的建筑企业及具有关键自主知识产权的建筑业信息技术企业。

在建设工程项目中提倡应用信息化的好处包括：

① 有助于实现项目文档管理的一体化，降低人工对信息的采集、分析等的工作量，快速、自动化的获得项目进度、成本、质量、安全、合同、资金、技术、环保、人力资源、保险的动态信息，快速获得项目关键过程的具体数据并自动产生相关报表和图表，提高数据分析的效率和价值，可满足事前预测、事中控制、事后分析的需求等。

② 整合进度管理、成本管理、质量管理、安全管理、合同管理、技术管理及相关的业务处理功能。

③ 与工具软件、管理系统共享和交换数据，实现数据集成，消除信息孤岛。如许多项目信息化管理系统可以与进度计划、预算软件等工具软件对接，与人力资源、财务系统、办公系统等管理系统交换数据，实现数据共享、交换的数据集成。

④ 利用已有信息和数学方法进行预测、提供辅助决策。

⑤ 支持项目文件与档案管理的信息管理，对项目各个阶段所产生的文件按规定的分类进行收集、存储和查询，可以向档案管理系统直接推送文件，或在档案系统内对项目文件进行整理、归档、立卷、档案维护、检索。

1. 建设工程项目管理信息化的主要工具

（1）建设工程项目信息系统

20世纪70年代末至80年代初期，国际上出现了建设工程项目管理信息系统的商业软件。建设工程项目信息系统（PMIS）是主要用于建设工程项目管理的管理信息系统（Management Information System，MIS）。经过多年的发展，项目信息系统与互联网技术深度融合，已经出现了基于BIM技术和云技术、高度集成化的企业项目信息系统。当前项目信息系统的一些显著特点包括：

① 项目信息系统的部署云端化：在过去，项目信息系统常常部署在本地（如某个计算机或工作站），而目前主流的项目信息系统一般部署在局域网（如某台服务器）或互联网中，项目管理人员只需要使用轻量化的设备（如平板式计算机、手机等）和软件（如App、小程序、浏览器等）即可随时随地通过网络访问信息系统，并使用信息系统的各类模块和功能。

② 项目信息系统的服务集成化：在过去，项目信息系统常常是独立运行的软件，其管理的对象也是单独的项目，而当前的项目信息系统服务可以由某一个单独的服务商为众多企业和项目同时提供。这种集成化提供服务的优点包括：服务商的计算和存储资源更加庞大，信息系统可以更容易承载、分析大型/超大型项目的各类信息；项目管理机构和管理人员无需另行配置专门的硬件和软件，从而节约了信息化成本。

③ 项目信息系统的管理集成化：在过去，不同项目之间的数据往往是孤立且缺乏联系的，企业管理人员需要对企业名下所有项目进行单独管理。随着服务集成化程度的不断提升，大数据、云计算技术的不断发展，企业（级别的）项目信息系统已经被开发出来。企业决策层和管理层可以通过信息系统的首页（有的服务商称为"驾驶舱"）集中了解掌握企业名下所有项目的关键业务指标，调取各项目的三维图形、数据表单、管理过程等信息。

总的来看，在建设工程项目中应用更新、更集成的信息系统，可以实现对所有项目的全生命周期的管理，进一步规范和标准化项目管理过程，加强企业对项目及其项目管理机构的管控，促进项目间的信息资源共享，科学梳理企业和项目的任务分工，优化管理流程，实现企业到项目的高效率运转，精细化控制管理，最终形成企业的市场核心竞争力，成为推动企业市场地位提升的新增长点。

目前，建设工程项目信息系统的主要功能可包括一些基本的投资和成本管理、进度管理、质量管理、合同管理和办公自动化的功能，也可根据使用者的需求进行定制和调整。如：

① 投资控制（业主方）：包括项目的估算、概算、预算、标底、合同价、投资使用计划和实际投资的数据计算和分析；进行项目的估算、概算、预算、标底、合同价、投资使用计划和实际投资的动态比较（如概算和预算的比较、概算和标底的比较、概算和合同价的比较、预算和合同价的比较等），并形成各种比较报表；计划资金投入和实际资金投入的比较分析；根据工程的进展进行投资预测等。

② 成本控制（施工方）：包括投标估算的数据计算和分析；计划施工成本；计算实际成本；计划成本与实际成本的比较分析；根据工程的进展进行施工成本预测等。

③ 进度控制：包括计算工程网络计划的时间参数，确定关键工作和关键路线；绘制网络图和计划横道图；编制资源需求量计划；进度计划执行情况的比较分析；根据工程的进展进行工程进度预测等。

④ 合同管理：包括合同基本数据查询；合同执行情况的查询和统计分析；标准合同文本查询和合同辅助起草等。

(2) 建设工程信息门户

信息门户或互联网门户站是指提供某类综合性互联网信息资源并提供有关信息服务的应用系统。信息门户常用于提供搜索引擎、目录服务。如搜索引擎门户、综合性门户、个人门户等。后来逐渐发展出了为专门领域、专门用户或专门对象建立的信息门户，称为垂直门户（Vertical Portal）。

建设工程信息门户就是一种垂直门户，是在建设工程的各个阶段（包括决策阶段、实施阶段、运营阶段等），为建设工程的各相关方（包括工程建设组织、政府、金融机构、运营机构等）提供项目信息和项目管理服务（如信息交流、项目协作、目标管理、设施管理等）的信息系统。按其运行模式分类，项目信息门户可分为专用门户和公用门户。

① 专用门户（Project Specific Website，PSWS），是为一个项目的信息处理服务而专门建立的项目专用门户网站。采用这种模式时，一般是由项目的主导单位购买或自行开发一个项目专用门户，并为此配备专用的硬件和软件，初次投入费用较大。

② 公用门户（Application Service Provide，ASP），由 ASP 服务商提供的为众多单位和众多项目服务的公用网站。采用这种模式时，一般由项目的主导单位向 ASP 服务商购买在线服务即可，初次投入费用较低。

信息门户的组织理论基础是远程学（Telematics），这是一门新兴的组织学科。远程学中的一个核心问题是远程合作（Telecooperation），其主要任务是研究和处理分散的各系统和网络服务的组织关系。根据远程学，信息门户的核心功能包括：

① 项目各参与方的信息交流（Project Communication）。

② 项目文档管理（Document Management）。

③ 项目各参与方的共同工作（Project Collaboration）。

上述核心功能在建设工程中的应用可包括：

① 在决策阶段的应用：如建设环境和条件的调查与分析；项目建设目标论证（投资、进度和质量目标）与确定项目定义；项目结构分析；与项目决策有关的组织、管理和经济方面的论证与策划；与项目决策有关的技术方面的论证与策划；项目决策的风险分析等。

② 在实施阶段建设工程管理中的应用：包括设计准备阶段、设计阶段、施工阶段、动用前准备阶段和保修期的各类信息交流、文档管理和共同工作的任务。

③ 在运营阶段的应用：包括利用和管理项目实施阶段产生的信息；编制运营管理计划；形成运营维护档案等。

2. 建设工程项目管理信息化的实施

根据我国建筑业的实际情况和不同企业、项目的具体特点，建设工程项目信息系统在我国的全面落地应用仍有很长的路要走。对于一般的企业或项目管理机构，可以根据如下标准实施建设工程项目信息化。

（1）项目信息系统的规划

项目信息系统需先规划再实施。在规划阶段，应包括以下工作和环节：

① 明确项目的信息化管理目标。

② 确定项目的信息化管理实施策略。

③ 建立项目的信息化管理总体规划。

④ 制定项目的信息化管理行动计划。

⑤ 制定项目的信息化管理配套措施。

（2）项目信息系统的设计

项目信息系统的设计应明确项目信息系统的具体功能。相关功能应尽可能地包含项目管理的全部工作内容，为项目管理相关人员提供各种信息，并可以通过协同工作，实现对项目的动态管理、过程控制。

考虑到建设工程项目信息管理的安全性要求，项目信息系统也需要具有以下安全技术措施：

① 身份认证：信息系统必须具备密码认证或硬件认证功能。采用密码认证时，密码要求有一定的复杂性。

② 防止恶意攻击：服务器应进行安全加固和防护，网络内应配置防火墙或入侵检测系统，防止恶意攻击。

③ 信息权限设置：信息系统应有按用户或岗位设置信息权限的功能，实现数据的增、删、改、查权限控制。对流程审批，要设置审批权限和二次身份确认。

④ 跟踪审计和信息过滤：信息系统要具备信息的跟踪审计和信息过滤功能。

⑤ 病毒防护：网络内要安装网络版病毒防护软件，个人电脑和服务器端安装病毒防护软件客户端，并可以进行病毒库自动升级。

⑥ 安全监测：网络内应安装安全检测系统，对网络通信、服务器进行安全检测，发现异常能自动报警。

⑦ 数据灾难备份：需具备数据备份设施，备份方式可以采用差异备份或全备份。通过备份，保证信息数据的安全，保证项目的正常运行。

（3）项目信息系统的实施

在实施阶段，应包括以下工作和环节：

① 需求分析：结合项目信息系统规划进行。

② 选型采购：采购项目信息系统所需的软件、硬件资源，主要包括：服务器、网络设备、终端计算机和设备、信息管理系统等。

③ 系统实施：根据项目信息系统规划的内容，建立、调试项目信息系统的各组成部分。主要包括：计算机网络，部署本地或云服务器，安全信息系统，终端设备接入等。

④ 运行与维护：在项目实施阶段根据项目信息系统规划运行。项目管理机构应配备专门的运行维护人员，负责项目信息系统的使用指导、数据备份、维护和优化工作。维护工作也可以外包给专业的厂商负责。日常维护的内容包括：解决系统运行中出现的

问题，使用指导、问题解答，定期做数据备份及备份检查，进行数据恢复演练，对系统进行流程调整，人员、岗位调整，优化系统运行效率和速度等。

3. 云平台 BIM 5D 与建设工程项目管理

BIM 5D 建设工程项目管理的概念是指，在三维（3D）的 BIM 模型基础上，进一步整合"项目成本＋项目进度"这两个维度，通过专业软件的虚拟仿真建造、成本对比（包括但不限于施工图预算、施工预算、合同预算等造价文件的对比分析）、进度监控等功能，对建设工程项目进行系统综合的策划和监控，从而确保实现建设工程项目的各项目标。

采用 BIM 5D 辅助建设工程项目管理的好处包括：

① 建设工程模型以及数据的可视化能帮助项目管理人员直观掌握工程设计、施工条件、成本构成和变动、施工进度等关键信息。

② 项目管理人员可以在项目早期就开展精细的虚拟仿真建造，制定、分析多种施工组织设计和施工方案的优缺点，选择进度、成本相对最优的设计和方案。

③ 在工程施工阶段持续收集数据并更新模型，项目管理人员可以快速对比和分析各类成本偏差和进度偏差，并有针对性地采取纠偏措施。

④ 基于云技术，项目管理机构可以快速地向各层级管理人员、施工班组分配、下达项目管理任务，有效地追溯各项工作的执行和完成情况。

⑤ 基于云技术，企业领导层可以远程、实时、高效地掌控多个项目的关键信息，及时了解项目进展，更好地平衡企业旗下各个项目的资源调配，防止项目和企业经营失控。

⑥ 在 BIM 5D 基础上接入安全监控、在线采购等其他功能模块，可以实现更高水平的建设工程项目管理信息化。

以下仅通过广联达 BIM 5D 软件的使用讲解，简要介绍云平台 BIM 5D 技术在建设工程项目管理中的具体应用。广联达 BIM 5D 软件是以 BIM 平台为核心，集成土建、机电、钢构、场地、机械措施等全专业数据模型，在导入进度计划、成本信息的基础上，快速实现进度、预算、物资、图纸、合同、质量、安全等业务信息关联，通过三维漫游、施工流水划分、工况模拟、复杂节点模拟、施工交底、形象进度查看、物资提量、分包审核等核心应用帮助建设工程项目管理等人员进行有效决策和精细管理，从而达到减少项目变更，缩短项目工期、控制项目成本、提升施工质量的目的。

请扫二维码观看教学视频：

9.2.3 建设工程项目的技术管理（选修）

请扫码学习相关内容。

模块 9.3

建设工程项目的设计与收尾阶段管理

知识目标：建设工程项目的设计阶段管理；建设工程项目的收尾阶段管理；建设工程项目的保修和回访；建设工程项目的管理总结和评价

9.3.1 建设工程项目的设计阶段管理（选修）

请扫码学习相关内容。

9.3.2 建设工程项目的收尾阶段管理

项目收尾阶段包括工程收尾、合同收尾、管理收尾等工作。其中工程收尾是指竣工验收准备、工程竣工验收、工程档案移交、工程竣工结算与决算等工作。项目合同收尾则包括合同综合评价与合同终止。

项目管理机构应建立项目收尾管理制度，明确项目收尾管理的职责和工作程序，编制项目收尾计划，进行竣工验收、工程资料与档案移交、竣工结算与决算等多项工作，实施项目总结和评价，在保修期内进行保修和回访管理。

1. 收尾计划

项目管理机构应制定项目收尾计划。收尾计划的内容可包括：
① 收尾管理的要求。
② 需要理顺、终结的对外关系，包括清算合同双方的债权债务的有关工作安排。
③ 需要执行的标准与规定等。

2. 成立善后工作组织

组织或项目管理机构应设立专门的善后工作组织，如收尾工作小组、善后工作小组等负责验收、结算、回收，并在项目管理机构解体后在工程保修期间负责维修、返修等工作。善后工作组织可以是由项目管理机构留守人员（包括工程师、技术预算、财务、材料人员等）组成的工作小组，也可以是相关方组织内部常设或指定的部门。

3. 竣工验收

发包人应按照项目竣工验收的法律法规和部门规定，一次性或分阶段进行竣工验收。规模较小且比较简单的项目，可进行一次性工程竣工验收；规模较大且比较复杂的项目，宜分次进行工程交工验收。

4. 工程和资料档案验收和移交

工程竣工验收后，承包人应在合同约定的期限内进行工程移交。工程移交应按照规定办理相应的移交手续、固定资产移交手续，签认交接验收证书。交接记录应妥善保管、保存。工程移交的同时，应按照国家现行有关法规和标准的规定移交、归档工程资料和档案；国家无规定的，应按合同的约定执行。详见"建设工程项目的信息管理"章节。

5. 竣工结算与决算

竣工结算和竣工决算虽然只有一字之差，但内涵和工作是不同的。表 9.3.2.1 列举了竣工结算与竣工决算的差异。

表 9.3.2.1　竣工结算与竣工决算的差异

差异表现	工程竣工结算	工程竣工决算
编制依据	①合同文件。 ②竣工图和工程变更文件。 ③有关技术资料和材料代用核准资料。 ④工程计价文件和工程量清单。 ⑤双方确认的有关签证和工程索赔资料。	①项目可行性研究报告和有关文件。 ②项目总概算书和单项工程综合概算书。 ③项目设计文件、设计交底和图纸会审资料。 ④合同文件。 ⑤设计变更文件及经济签证、设备材料调价文件及记录、工程竣工结算书。 ⑥工程竣工档案资料。 ⑦相关项目资料、财务结算及批复文件

续表

差异表现	工程竣工结算	工程竣工决算
编制人和审查人	由承包人编制,发包人审查。 实行总承包的工程,由具体承包人编制,在总承包人审查的基础上,发包人审查。发包人也可以委托具有相应资质的工程造价咨询机构进行审查	由建设单位负责组织人员编写。 政府投资项目,尚应上报主管部门审查,同时抄送有关设计、财政部门、银行等单位
工作范围	主要计算工程项目最终结算价款,需按工程进度、施工合同、施工监理情况、工程实施过程中发生的超出施工合同范围的工程变更情况、调整的施工图预算价格等确定。 最终结算价款应等于合同价款加上合同价款调整额,再扣减预付款、已结算价款和质量保证金	主要计算从筹集到竣工投产全过程的全部实际费用。具体组成应符合财政部、国家发展改革委、住房城乡建设部的有关文件规定。 竣工决算费用等于建筑工程费加上安装工程费、设备工器具购置费用、预备费等其他费用
工作目标	主要为了反映基本建设工程的实际造价	主要是为了正确核算新增固定资产价值,考核分析投资效果,建立健全经济责任,反映建设项目实际造价和投资效果的文件

(1) 工程结算

工程竣工验收后,承发包人双方需在规定的期限内进行竣工结算核实。承包人应按照约定的条件向发包人提交工程竣工结算报告及完整的结算资料,报发包人确认,发包人审查,双方共同确认后支付。如果有修改意见,应及时协商沟通达成共识。对结算价款有异议的,应按照约定方式处理。

工程结算手续办理完成后,除工程保修等责任外,建设单位与主要承包人的经济和法律关系即予以解除。

(2) 竣工决算

发包人应依据规定编制并实施工程竣工决算,清楚、准确、客观地反映建设工程项目的实际造价和投资效果。编制工程竣工决算应遵循下列程序:

① 收集、整理有关工程竣工决算依据。
② 清理账务、债务,结算物资。
③ 填写工程竣工决算报表。
④ 编写工程竣工决算说明书。
⑤ 按规定送审。

工程竣工决算书应包括下列内容。

① 工程竣工财务决算说明书。
② 工程竣工财务决算报表。
③ 工程竣工造价分析表。

6. 项目管理机构解体

在善后工作组织完成上述工作,并满足下列条件时,建设工程项目的管理机构即可申请解体:

① 工程已经竣工验收,完成竣工结算,所有的合同已经结算完毕。
② 已协助企业与发包人签订了工程保修书文件。

③ 项目管理目标责任书已经履行完毕，并经审计合格。

④ 各项善后工作已与主管部门协商一致并办理有关手续。

项目经理部解体的程序与善后工作包括：

① 履行解体申请审批手续：项目管理机构向主管部门提交解体申请报告，内容包括解体的时间、善后工作负责人员、留用和解聘的人员名单等，经主管部门审查批准。

② 解聘人员：项目管理机构应提前通知解聘人员，使其有一定的求职时间。

③ 预留保修费用：保修费用数量可根据工程质量、结构特点、使用性质，结合合同的有关规定计算。保修费用应移交保修主管部门或善后工作机构专款专用、单独核算。

④ 处置剩余物资和债权债务：剩余材料原则上让售给上级主管物资设备的部门，材料价格根据新旧情况按质论价，双方发生争议时可由主管部门协调裁决，对外让售必须经公司主管领导批准。项目管理机构自购的通信、办公等小型固定资产，必须如实建立台账，按质论价移交或变卖。同时，尽快处理完成工程结算、价款回收、加工订货等过程中发生的债权债务。未能在规定时间内处理完成，或未办理任何手续的，差额部分计入项目管理机构审计核算的亏损。

⑤ 审计考核：由主管部门以项目实际发生成本与价款结算回收数为依据，对项目管理目标责任书的完成情况进行审计、考核和认定，并根据考核结果和项目管理目标责任书的奖惩规定，对项目管理机构负责人和项目管理机构进行奖励或处罚。

9.3.3 建设工程项目的保修和回访（选修）

请扫码学习相关内容。

9.3.4 建设工程项目的管理总结和评价

项目总结评价亦称"事后评价"，是工程建设组织或项目管理机构在项目管理的收尾阶段（或建成投产一段时间后），通过汇总、分析工程资料和档案进行项目管理的综合总结和评价，用以回顾并评估项目策划阶段所做的预测、判断和计划是否合适、正确，总结项目执行的经验和教训，并为今后开展其他项目提供有力支撑。

工程建设组织或项目管理机构应根据总结和评价结果编写项目管理总结和评价报告，在适当的范围内发布报告，兑现在项目管理目标责任书中对项目管理机构的承诺，根据岗位责任制和部门责任制对职能部门进行奖罚，并纳入项目管理档案。

许多大型组织对项目管理的总结和评价十分重视。如世界银行在其资助的项目建成投产后，要求原项目主管人员草拟"项目完成报告"，然后由世界银行特设的"业务评审局"对其进行审查。必要时该局还可以派员实地调查，提出自己的"审核报告"，直接送交执行董事会主席。

1. 项目管理总结

项目管理总结的依据包括：
① 项目可行性研究报告。
② 项目管理策划。
③ 项目管理目标。
④ 项目合同文件。
⑤ 项目管理规划。
⑥ 项目设计文件。
⑦ 项目合同收尾资料。
⑧ 项目工程收尾资料。
⑨ 项目的有关管理标准。

项目管理总结的内容包括：
① 项目可行性研究报告的执行总结。
② 项目管理策划总结。
③ 项目合同管理总结。
④ 项目管理规划总结。
⑤ 项目设计管理总结。
⑥ 项目施工管理总结。
⑦ 项目管理目标执行情况。
⑧ 项目管理经验与教训。
⑨ 项目管理绩效与创新评价等。

2. 管理绩效评价

项目管理绩效评价是项目各相关方职能机构、第三方评价机构等组织，在项目实施过程中、项目全部完成后对项目管理绩效的评价。

通过与工程项目管理目标责任书相关内容进行对照，组织得以对目标实现情况予以验证，对有关部门和人员实施奖惩，并作为组织持续改进的依据。

组织应制定和实施项目管理绩效评价制度，规定相关职责和工作程序，吸收项目相关方的合理评价意见。

项目管理绩效评价的基本原则是公开、公平、公正。

（1）管理绩效评价的过程

管理绩效评价的过程包括：

① 成立绩效评价机构：机构一般是组织负责实施项目管理评价的临时性实施小组或委员会，由组织内部专家或外部专家组成。评价机构一般在项目绩效评价前成立，完

成评价后予以解体。

② 确定绩效评价专家：专家应具备相关资格和水平，具有项目管理的实践经验、能力和意识，保持相对独立性。相对独立性是指项目管理绩效评价专家应与被评价对象没有利益关系（项目管理团队的评价专家不能自己评价自己的工作）。组织可以制定评价专家的选择、使用、考核制度和规定。如选择方法、管理程序、使用要求、考核标准、考核流程等。

③ 制定绩效评价标准：标准应由项目管理绩效评价机构负责确定，评价标准应符合项目管理规律、实践经验和发展趋势。

④ 形成绩效评价结果：评价机构应按项目管理绩效评价内容要求，依据评价标准，采用资料评价、成果发布、现场验证方法进行项目管理绩效评价，并采用透明公开的评价结果排序方法，以评价专家形成的评价结果为基础，确定不同等级的项目管理绩效评价结果。评价机构应在规定时间内完成项目管理绩效评价，保证项目管理绩效评价结果符合客观公正、科学合理、公开透明的要求。

（2）管理绩效评价的范围、内容和指标

项目管理绩效评价范围、内容和指标的确定与调整应简单易行、便于评价、与时俱进、创新改进，并经过授权人批准。

项目管理绩效评价的范围包括：

① 项目实施的基本情况。
② 项目管理分析与策划。
③ 项目管理方法与创新。
④ 项目管理效果验证。

项目管理绩效评价的内容包括：

① 项目管理特点。
② 项目管理理念、模式。
③ 主要管理对策、调整和改进。
④ 合同履行与相关方满意度。
⑤ 项目管理过程检查、考核、评价。
⑥ 项目管理实施成果等。

项目管理绩效评价的指标应层次明确，表述准确，计算合理，体现项目管理绩效的内在特征。具体应包括下列指标：

① 项目质量、安全、环保、工期、成本目标完成情况。
② 供方（供应商、分包商）管理的有效程度。
③ 合同履约率、相关方满意度。
④ 风险预防和持续改进能力。
⑤ 项目综合效益。包括：项目社会、环境和经济效益，是项目全部效益的综合体现等。

（3）管理绩效评价方法

项目管理绩效评价机构应在评价前，根据评价需求确定评价方法。评价方法应适合工程项目的特点，采用过程评价与结果评价相配套，定性评价与定量评价相结合。

评价机构应根据项目管理绩效评价需求规定适宜的评价结论等级，宜以百分制形式对项目管理绩效进行打分，在合理确定各项评价指标权重的基础上，汇总得出项目管理绩效综合评分。以百分制形式进行项目管理绩效评价的结论，宜分为优秀、良好、合格、不合格四个等级。不同等级的项目管理绩效评价结果应分别与相关改进措施的制定相结合，管理绩效评价与项目改进提升同步，确保项目管理绩效的持续改进。

（4）管理绩效评价的改进

项目管理绩效评价完成后，组织应总结评价经验，评估评价过程的改进需求，采取相应措施提升项目管理绩效评价水平。

模块 9.4

练习提高

请扫描二维码查看本单元习题：

参考答案

请扫描二维码获取参考答案：

参考文献

[1] 中华人民共和国国家质量监督检验检疫总局，中国国家标准化管理委员会．质量管理体系 基础和术语：GB/T 19000—2016［S］．北京：中国标准出版社，2017．

[2] 中华人民共和国国家质量监督检验检疫总局，中国国家标准化管理委员会．质量管理体系 要求：GB/T 19001—2016［S］．北京：中国标准出版社，2017．

[3] 国家市场监督管理总局，中国国家标准化管理委员会．质量管理体系 GB/T 19001—2016 应用指南：GB/T 19002—2018［S］．北京：中国标准出版社，2019．

[4] 国家市场监督管理总局，中国国家标准化管理委员会．职业健康安全管理体系 要求及使用指南：GB/T 45001—2020［S］．北京：中国标准出版社，2020．

[5] 中华人民共和国国家质量监督检验检疫总局，中国国家标准化管理委员会．环境管理 术语：GB/T 24050—2004［S］．北京：中国标准出版社，2004．

[6] 中华人民共和国国家质量监督检验检疫总局，中国国家标准化管理委员会．环境管理体系 要求及使用指南：GB/T 24001—2016［S］．北京：中国标准出版社，2017．

[7] 中华人民共和国国家质量监督检验检疫总局，中国国家标准化管理委员会．环境管理体系 通用实施指南：GB/T 24004—2017［S］．北京：中国标准出版社，2018．

[8] 国家市场监督管理总局，中国国家标准化管理委员会．项目管理指南：GB/T 37507—2019［S］．北京：中国标准出版社，2019．

[9] 中华人民共和国国家质量监督检验检疫总局，中国国家标准化管理委员会．项目管理 术语：GB/T 23691—2009［S］．北京：中国标准出版社，2009．

[10] 中华人民共和国国家质量监督检验检疫总局，中国国家标准化管理委员会．项目管理 框架：GB/Z 23692—2009［S］．北京：中国标准出版社，2009．

[11] 中华人民共和国国家质量监督检验检疫总局，中国国家标准化管理委员会．项目管理 知识领域：GB/Z 23693—2009［S］．北京：中国标准出版社，2009．

[12] 中华人民共和国住房和城乡建设部．建设工程项目管理规范：GB/T 50326—2017［S］．北京：中国建筑工业出版社，2018．

[13] 中华人民共和国住房和城乡建设部．建设项目工程总承包管理规范：GB/T 50358—2017［S］．北京：中国建筑工业出版社，2018．

[14] 中华人民共和国住房和城乡建设部．建设工程监理规范：GB/T 50319—2013［S］．北京：中国建筑工业出版社，2014．

[15] 中华人民共和国住房和城乡建设部．建筑工程施工质量验收统一标准：GB 50300—2013［S］．北京：中国建筑工业出版社，2014．

[16] 中华人民共和国住房和城乡建设部．建筑施工组织设计规范：GB/T 50502—2009［S］北京：中国建筑工业出版社，2009．

[17] 中华人民共和国国家质量监督检验检疫总局，中国国家标准化管理委员会．网络计划技术 第1部分：常用术语：GB/T 13400.1—2012［S］．北京：中国标准出版社，2013．

[18] 中华人民共和国国家质量监督检验检疫总局，中国国家标准化管理委员会．网络计划技术 第2部分：网络图画法的一般规定：GB/T 13400.2—2009［S］．北京：中国标准出版社，2009．

[19] 中华人民共和国国家质量监督检验检疫总局,中国国家标准化管理委员会. 网络计划技术 第3部分:在项目管理中应用的一般程序:GB/T 13400.3—2009 [S]. 北京:中国标准出版社,2009.
[20] 中华人民共和国住房和城乡建设部. 工程网络计划技术规程:JGJ/T 121—2015 [S]. 北京:中国建筑工业出版社,2015.
[21] 中华人民共和国住房和城乡建设部. 建筑工程检测试验技术管理规范:JGJ 190—2010 [S]. 北京:中国建筑工业出版社,2010.
[22] 中华人民共和国住房和城乡建设部. 建筑施工安全检查标准:JGJ 59—2011 [S]. 北京:中国建筑工业出版社,2012.
[23] 中华人民共和国住房和城乡建设部. 建筑与市政工程施工现场专业人员职业标准:JGJ/T 250—2011 [S]. 北京:中国建筑工业出版社,2012.
[24] 《建设工程项目管理》编委会. 建设工程项目管理 [M]. 2版. 北京:中国建筑工业出版社,2010.
[25] 中国建设监理协会. 建设工程监理概论 [M]. 北京:中国建筑工业出版社,2021.
[26] 中国建设监理协会. 建设工程质量控制:土木建筑工程 [M]. 北京:中国建筑工业出版社,2020.
[27] 中国建设监理协会. 建设工程投资控制:土木建筑工程 [M]. 北京:中国建筑工业出版社,2021.
[28] 中国建设监理协会. 建设工程进度控制:土木建筑工程 [M]. 北京:中国建筑工业出版社,2021.
[29] 中国建设监理协会. 建设工程合同管理 [M]. 北京:中国建筑工业出版社,2021.
[30] 全国咨询工程师(投资)职业资格考试用书编写组. 工程项目组织与管理 [M]. 哈尔滨:哈尔滨工程大学出版社,2018.
[31] 沈珠江. 论技术科学与工程科学 [J]. 中国工程科学,2006(3):18-21.
[32] 中共中央马克思恩格斯列宁斯大林著作编译局. 马克思恩格斯全集 第一卷 [M]. 北京:人民出版社,1995.
[33] 中共中央马克思恩格斯列宁斯大林著作编译局. 马克思恩格斯全集 [M]. 北京:人民出版社,2017.
[34] 金观涛,华国凡. 控制论与科学方法论 [M]. 北京:新星出版社,2005.
[35] 王雨田. 控制论、信息论、系统科学与哲学 [M]. 2版. 北京:中国人民大学出版社,1988.
[36] 陈传明. 管理学 [M]. 北京:高等教育出版社,2019.
[37] 周三多,等. 管理学:原理与方法 [M]. 上海:复旦大学出版社,1999.
[38] 斯蒂芬·罗宾斯,等. 管理学 [M]. 13版. 刘刚,等译. 北京:中国人民大学出版社,2017.
[39] 《建筑施工手册》(第五版)编委会. 建筑施工手册:缩印本 [M]. 5版. 北京:中国建筑工业出版社,2013.
[40] 臧秀平. 建设工程项目管理 [M]. 2版. 北京:中国建筑工业出版社,2019.
[41] 邓铁军,邓世维. 工程建设项目管理 [M]. 4版. 武汉:武汉理工大学出版社,2017.
[42] 田金信. 建设项目管理 [M]. 3版. 北京:高等教育出版社,2017.
[43] 刘允延. 建设工程造价管理 [M]. 2版. 北京:机械工业出版社,2016.
[44] 吴卫红. 工程项目管理理论与实践 [M]. 北京:机械工业出版社,2016.
[45] 周建华,何玉红. 建筑工程施工质量验收 [M]. 北京:机械工业出版社,2016.
[46] 李林. 建筑工程安全技术与管理 [M]. 2版. 北京:机械工业出版社,2016.
[47] 闫文周. 工程项目管理 [M]. 北京:清华大学出版社,2015.

[48] 吕佳丽. 施工现场监理 [M]. 武汉：华中科技大学出版社，2014.
[49] 丁士昭. 工程项目管理 [M]. 2版. 北京：中国建筑工业出版社，2014.
[50] 冀彩云. 建筑工程项目管理 [M]. 北京：高等教育出版社，2014.
[51] 付庆红. 建设工程质量控制 [M]. 北京：中国建筑工业出版社，2011.
[52] 陈金洪. 工程项目管理 [M]. 北京：中国电力出版社，2008.
[53] 丁士昭. 建设工程管理概论 [M]. 北京：中国建筑工业出版社，2010.
[54] 黄梯云. 管理信息系统 [M]. 4版. 北京：高等教育出版社，2009.
[55] 项建国. 建筑工程项目管理 [M]. 2版. 北京：中国建筑工业出版社，2008.
[56] 乐云. 项目管理概论 [M]. 北京：中国建筑工业出版社，2008.
[57] 林则夫. 项目管理软件应用 [M]. 北京：机械工业出版社，2008.
[58] 成虎. 建筑工程合同管理与索赔 [M]. 4版. 南京：东南大学出版社，2008.
[59] 吕宗斌. 建设工程技术资料管理 [M]. 3版. 武汉：武汉理工大学出版社，2014.
[60] 王家柱，徐长义. 三峡工程质量管理的实践和探索 [J]. 中国工程科学，2001（10）：77-81.
[61] 陶艳萍，盛昭瀚. 重大工程环境责任的全景式决策——以港珠澳大桥中华白海豚保护为例 [J]. 环境保护，2020，48（23）：56-61.
[62] 新华网. 长沙市"问题混凝土事件"：涉事企业未按国标规范要求进行质量控制，公安机关已对其法定代表人采取强制措施 [EB/OL]. （2019-11-16）[2024.5-30]. http：//www. xinhuanet. com/politics/2019-11/16/c_1125240378. htm
[63] 中华人民共和国应急管理部. 江西丰城发电厂"11·24"冷却塔施工平台坍塌特别重大事故调查报告 [EB/OL]. （2017-09-1）[2024.5-30]. https：//www. mem. gov. cn/gk/sgcc/tbzdsgdcbg/2017/201709/P020190415546100001991. pdf
[64] 河北省邯郸市中级人民法院. 河北省邯郸市中级人民法院民事判决书（2009）邯市民三初字第45号 [EB/OL]. （2010-4-9）[2024.5-30]. http：//www. law-lib. com/cpws/cpws_view. asp？id＝200401495060.
[65] 杨波，余括，袁波宏，等. 基于BIM的大型工业园区智慧建造应用研究 [J/OL]. 土木建筑工程信息技术：1-7 [2024-06-15]. http：//kns. cnki. net/kcms/detail/11. 5823. TU. 20240613. 1156. 010. html.